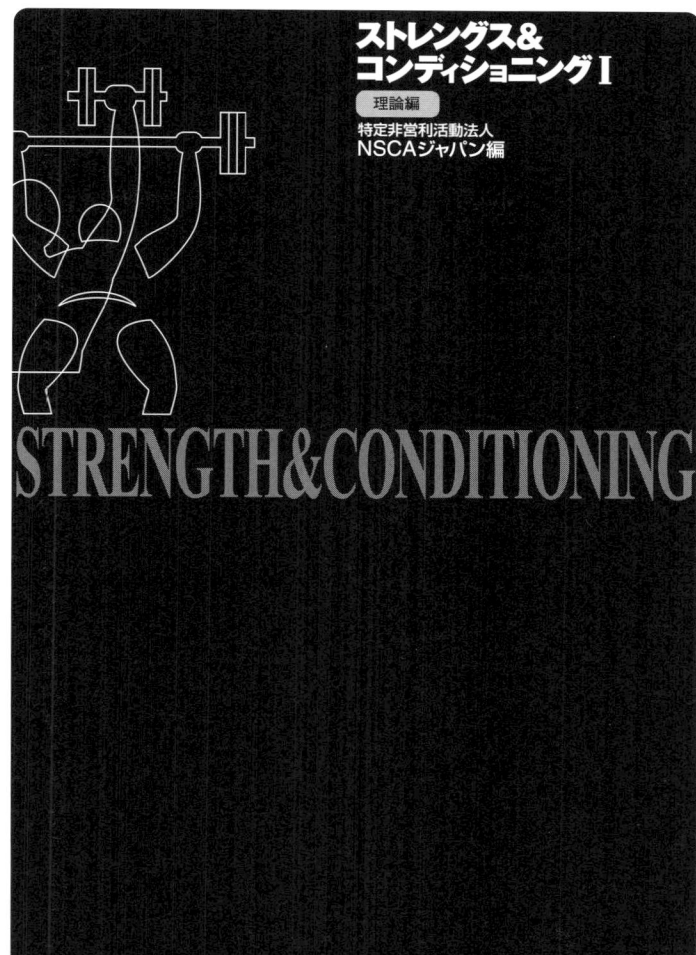

ストレングス＆コンディショニングⅠ
理論編

特定非営利活動法人
NSCAジャパン編

大修館書店

執筆者紹介 (執筆順)・執筆分担　　＊は編集委員

石井直方	東京大学教授・PhD・元NSCAジャパン理事長（1章・7章）
上田　大	文教大学准教授・PhD・CSCS・NSCS-CPT（2章）
岡田純一	早稲田大学教授・PhD・NSCAジャパン副理事長・CSCS・JASA-AT（3章）
瀬戸口芳正	医師・みどりクリニック院長・元NSCAジャパン理事・CSCS（4章）
阿部良仁	NSCAジャパン事務局長・CSCS＊D（5章）
小澤治夫	東海大学教授・PhD（6章）
金子基子	管理栄養士・日本体育大学非常勤講師（8章）
岡澤祥訓	大阪体育大学特任教授（9章）
太田泰平	トレーニングアドバイザー・CSCS（10章）
山本利春	国際武道大学教授・PhD・元NSCAジャパン理事・CSCS＊D・JASA-ATマスター（11章・20章）
小粥智浩	流通経済大学教授・CSCS・NSCA-CPT・JASA-AT（11章・20章）
＊有賀雅史	帝京科学大学教授・元NSCAジャパン理事・東京リゾート＆スポーツ専門学校講師・日本トレーニング指導者協会（JATI）副理事長・CSCS（12章）
＊有賀誠司	東海大学教授・元NSCAジャパン理事・日本トレーニング指導者協会（JATI）副理事長・CSCS・NSCA-CPT・JATI-SATI（13章）
土黒秀則	早稲田大学非常勤講師・元NSCAジャパン理事・CSCS・NSCA-CPT・NSCAジャパン認定検定員（14章）
森井秀樹	京都文教短期大学教授・CSCS・NSCA-CPT（15章）
＊長谷川裕	龍谷大学教授・元NSCAジャパン副理事長・日本トレーニング指導者協会（JATI）理事長・元名古屋グランパスエイト・コンディショニングアドバイザー・本田技研工業ラグビー部 Honda Heat・スポーツサイエンティスト　CSCS＊D・JATI-SATI・本書編集代表（序章・16章・17章）
須田民男	医師・マナクリニック院長・CSCS・NSCA-CPT（18章）
渡部龍也	株式会社プロフェッショナルトレーナーズチーム所属・パナソニック株式会社ラグビー部パナソニックワイルドナイツ ストレングス＆コンディショニングコーチ・CSCS・NATABOC-ATC・NASM-PES（19章）
齋藤健司	筑波大学教授・PhD（21章）
＊菊地真也	龍谷大学トレーニングセンター・ストレングス＆コンディショニングコーチ・元NSCAジャパン事務局長・CSCS＊D・NSCA-CPT・JATI-AATI（22章）

序　文

　我が国では，ここ十数年の間に筋力トレーニング（ストレングストレーニング）がめざましい普及を遂げたといえる。さまざまなスポーツ競技の選手が当たり前のように筋力トレーニングを行うようになり，高齢者の健康づくりにおいても，自重などを利用した軽負荷の筋力トレーニングが奨励されるようになってきている。筋力トレーニングに対し，息をこらえて重いバーベルを持ち上げるものといったイメージが強かったり，筋や関節を固くするといった誤解があったりした頃からすると，まさに隔世の感がある。

　一方，筋力トレーニングの意味が真に理解されているかというと，疑問を抱かざるをえないのが実状でもある。おそらくスポーツ競技においても，一般人の健康づくりにおいても，筋力トレーニングを行うことで，即競技力が向上したり，健康状態が改善したりすることが期待されているように思われる。残念ながら，これは誤った認識といえる。こうした期待が強いゆえに，さまざまなタイプの筋力トレーニングの手法のうち，あるものは効果的で，あるものは効果がないなどといった議論が生まれることにもなる。例えば，あるスポーツ選手にどのようなトレーニングが必要かといった問題に対しては，対象となる選手が現在どのようなレベルにあり，どのようなトレーニング歴をもち，何が課題となっているのかが重要なポイントになる。本来，こうしたファクターを考慮した上で，現時点で考えうる最適のトレーニングを導入すべきである。しかし，現実を顧みると，さまざまなトレーニング法のうち，「あのトレーニング」は効果的で，「このトレーニング」は効果的でないなどといった議論に短絡する傾向があるように感じられる。ある選手にとっては，今は「あのトレーニング」の方が効果的かもしれないが，別の選手にとっては，今は「このトレーニング」の方が重要かもしれないのである。

　このような問題を回避するためには，トレーニングのさまざまなバリエーションを積極的に理解するとともに，筋力トレーニングの本質を十分に把握する必要があろう。筋力トレーニングの本質は，1) さまざまな動作を安全に行うための基本的な筋力を養う，2) 障害を未然に防ぐための関節の安定性を獲得する，3) パフォーマンス発揮のための神経－筋系の協調性を高める，4) 身体の各筋群をバランスよくトレーニングすることで日常の体調を維持向上する，などに集約される。これらが達成されることで，より高度な技術練習や戦術練習が可能となり，その結果として競技力が向上し，またシーズン中の体調管理も十分になされることになる。スポーツ競技において，筋力トレーニングはこのように，競技力を維持・向上するための，ポジティブなコンディショニング

のサイクルの一環をなすものととらえるべきであろう。

　また，高齢者の健康づくりにおいても，筋力トレーニングは必ずしも単独で特効薬となるわけではない。あくまでも，筋力の向上→日常生活の活性化→さらなる筋力の向上と健康状態の改善，といったポジティブ・サイクルの出発点としてとらえるべきであろう。

　このように，筋力あるいは筋力トレーニングは，基本的にコンディショニングの基盤をなすものといえる。こうした立場は，全米ストレングス・アンド・コンディショニング協会（National Strength and Conditioning Association: NSCA）の掲げる理念と一致するものであり，また本書の原点でもある。

　NSCAは，1978年に数人のコーチ，アスレティックトレーナー，スポーツ科学者らによって設立された。当初は，筋力トレーニングに関する意見交換の場であったが，その後アメリカンフットボール，バスケットボール，野球など，さまざまなスポーツの現場に携わる指導者に加え，運動生理学やバイオメカニクスの研究者などが参加し，現在では全世界に25000人以上の会員を有する組織となった。非営利法人として，上記の理念に基づいた筋力トレーニングとコンディショニングの教育活動を行う他，「科学的研究と現場との橋渡し」を目標として，多数のセミナーやワークショップなどを開催している。また，現場指向のやや強いジャーナル（Strength and Conditioning Journal）と，研究ジャーナル（Journal of Strength and Conditioning Research）の2誌を世界に向けて刊行している。

　NSCAは，筋力トレーニングとコンディショニングに関する専門職の育成と資格の認定を行う機関としても多大な影響力を持っており，CSCS（Certified Strength and Conditioning Specialist）とNSCA-CPT（Certified Personal Trainer）の2種の資格の認定と運用を行っている。メジャーリーグやフットボールリーグ（NFL）などのチームのストレングス・コーチとなったり，公共の施設のトレーニング指導者になったりするためには，CSCSの資格を有することが必須の用件となっている。また，近年需要が高まってきているパーソナルトレーナーとなるためには，NSCA-CPTを有することが必要になりつつある。

　こうしたNSCAの活動を通じて強く感じることは，筋力トレーニングとコンディショニングの標準化と共有化が徹底していることである。どのチームであっても，どの選手であっても，どの個人であっても，ストレングス・コーチやパーソナルトレーナーは科学的知識に基づいた標準的トレーニングを指導することができ，またトレーニング方法に進歩があれば即それに対応することができる。スポーツ競技の場合にはこれが共通した基盤であって，勝負はさらにその一段上のレベルで競い合うことになる。この点は，ともすると多くの面で秘密主義が残存する我が国の場合と異なっていて，「米国の強さ」を認識させる

ものである。

　一方，1991年には我が国においても，NSCAの日本支部としてNSCAジャパンが設立され，前述のような理念に基づいた筋力トレーニングとコンディショニングの教育と普及が始まった。現在では，世界共通の資格であるCSCSとNSCA-CPTを日本語で受験することができるようになり（CSCSは1999年から，NSCA-CPTは1995年から），会員数はここ4年間で約1200名から約2400名に急増している。こうした活動実績が実を結び，2001年には特定非営利活動法人（NPO）として正式に認定されるに至っている。おそらくCSCSとNSCA-CPTは，今後我が国での有用性も増加すると考えられることから，さらなる発展が期待される。

　しかし，我が国におけるCSCSとNSCA-CPT取得者数はそれぞれ約200名，約400名余りであり，米国でのそれぞれ約18000名，約6000名と比べるとまだ遠く及ばないのも現状である。その一因として，資格受験へ向けての教育の難しさが上げられる。これらの資格を取得しようとすると，基本的にはNSCAの刊行している教科書 "Essentials of Strength Training and Conditioning" Beachle, T.R., Earle, R.W. 編，2nd ed.）を読破しなければならない。この日本語版も出版されてはいるが（石井直方　総監修，ブックハウスHD，2002年），こちらも700ページを超える大著であり，その内容を余すことなく理解するのは研究者にとっても容易ではないであろう。より効果的，効率的な教育という観点から，これらをコンパクトにしたハンドブック的な副読本を出版することが望まれるようになった。

　本書はこうした要望に応え，NSCAジャパンの理事，各委員会委員が中心となって編集したものである。"Essentials of Strength Training and Conditioning" に述べられている重要事項を踏襲しながら，さらに新しい知見を加味し，かつコンパクトにまとめるといった難題を乗り越えての出版といえる。そのような意味で，これからCSCSやNSCA-CPTを受験される方々にとどまらず，すでにこれらの資格を有する方々や，スポーツ科学やトレーニング科学の研究者を志す方々にも一読をお勧めする。

　最後に，執筆の労を賜った多くの先生方，編集にあたっていただいた長谷川裕先生，有賀誠司先生，有賀雅史先生，山本利春先生，菊地真也先生，出版に際し多大なお世話をいただいた大修館書店の浦田健吾氏に感謝の意を表したい。

2003年3月

東京大学教授
石井直方

CONTENTS

執筆者紹介　ii
序文　iii

PART I　ストレングス&コンディショニングの基礎理論

▶序章　ストレングス&コンディショニングとは何か　2
1. はじめに　2
2. ストレングスとは何か　2
3. ストレングストレーニング　3
4. ストレングス&コンディショニングの歴史と展望　4

▶1章　神経-筋系　6
1. 骨格筋の形態と機能　6
2. 筋力発揮のメカニズム　9
3. 骨格筋に対するトレーニング効果　12

▶2章　心臓血管系と呼吸器系　15
1. 心臓血管系の解剖と生理　15
2. 呼吸器系の解剖と生理　17
3. エネルギー供給システム　21
4. 心臓血管系と呼吸器系に対するトレーニング効果　24

▶3章　骨格筋系の機能解剖とバイオメカニクス　28
1. 運動器系とてこ　28
2. 筋力とパワー　33
3. さまざまな筋活動と抵抗　37
4. 関節の特性と安全なリフティング　39

▶4章　骨および結合組織　47
1. 骨に対するトレーニング効果　47
2. 関節軟骨に対するトレーニング効果　50
3. 結合組織に対するトレーニング効果　51

▶5章　無酸素性トレーニング　53
1. 無酸素性エネルギーの供給経路　53
2. 無酸素性トレーニングの効果　55

▶6章　有酸素性トレーニング　59
1. 有酸素性エネルギーの供給機構　59
2. 有酸素性トレーニングの効果　61

▶7章　レジスタンストレーニングと内分泌系　64
1. 筋に対するホルモンの作用　64
2. レジスタンストレーニングとホルモン分泌　66

▶8章 ストレングス&コンディショニングのための食事と栄養　　70
 1. 健康とパフォーマンスのための食事と栄養　　70
 2. パフォーマンス増強物質　　71
 3. 摂食障害　　75

▶9章 トレーニングとパフォーマンスの心理学　　78
 1. スポーツ心理学の基本概念　　78
 2. トレーニングの心理学　　78
 3. パフォーマンスとメンタルマネージメント　　80

 ◆NSCAの認定資格について　　84

PART II　ストレングス&コンディショニングの応用理論

▶10章 ウォーミングアップとクーリングダウン　　86
 1. ウォーミングアップの必要性　　86
 2. ウォーミングアップの方法　　86
 3. クーリングダウンの必要性　　88

▶11章 ストレッチングと柔軟性のトレーニング　　91
 1. 柔軟性を規定する要因　　91
 2. ストレッチング　　92

▶12章 レジスタンストレーニングのプログラムデザイン　　100
 1. トレーニングの名称について　　100
 2. レジスタンストレーニングの基本原則　　100
 3. トレーニング変数　　101
 4. プログラムデザインの実際　　105

▶13章 プライオメトリクス　　108
 1. プライオメトリクスの科学的基礎　　108
 2. プライオメトリクスの実施上の留意点　　110
 3. プライオメトリクスのプログラムデザイン　　111

▶14章 スピード系のトレーニング　　117
 1. スピード，アジリティーおよびクイックネスの基本特性　　117
 2. スピード，アジリティーおよびクイックネスのプログラムデザイン　　123

▶15章 有酸素運動のプログラムデザイン　　126
 1. 有酸素的持久力を規定する要因　　126
 2. 有酸素性トレーニングのタイプ　　127
 3. 有酸素性トレーニングのプログラムデザイン　　130
 4. 有酸素的運動処方の実際　　133

▶16章 カウンセリングおよびテストと評価　137
　　1. はじめに　137
　　2. カウンセリング　137
　　3. 契約の締結　139
　　4. スクリーニング　140
　　5. テストと測定　141
　　6. 測定結果の整理と評価　146

▶17章 ピリオダイゼーション　149
　　1. トレーニング・プログラムのバリエーション　149
　　2. ピリオダイゼーションの時期　150
　　3. ピリオダイゼーションにおける時期区分のスポーツシーズンへの適用　153

▶18章 特別な人のためのプログラムデザイン　156
　　1. 子どものレジスタンストレーニング　156
　　2. 女性のためのレジスタンストレーニング　159
　　3. 高齢者のためのレジスタンストレーニング　162
　　4. 危険因子を持つクライアントのためのプログラムデザイン　163

▶19章 運動による外傷と障害　168
　　1. スポーツ外傷　168
　　2. 主なスポーツ外傷　170
　　3. スポーツ障害　177
　　4. 主なスポーツ障害　177

▶20章 アスレティックリハビリテーション　182
　　1. アスレティックリハビリテーション実施上の留意点　182
　　2. アスレティックリハビリテーションの進め方　182

▶21章 リスク・マネジメントと法律問題　193
　　1. リスク・マネジメント　193
　　2. 法律問題　196

▶22章 ストレングス&コンディショニングのための施設設計と組織運営　200
　　1. ストレングス&コンディショニング施設における主なトレーニング器具　200
　　2. ストレングス&コンディショニング施設の設計に関して　201
　　3. トレーニング器具の配置　201
　　4. ストレングス&コンディショニング施設内の安全および環境の配慮　202
　　5. ストレングス&コンディショニング施設の運営の際に考慮すべき事項　205
　　6. 施設のメンテナンス　206

　付録　心肺蘇生法　209

　索引　212

　あとがき　215

PART I

ストレングス＆コンディショニングの基礎理論

序章

ストレングス＆コンディショニングとは何か？

KEYWORDS ●ストレングス ●コンディショニング ●ストレングス＆コンディショニング ●筋力 ●NSCA

1. はじめに

　ストレングス＆コンディショニングという用語がこの数年の間にスポーツにおけるトレーニング分野やフィットネス分野において急速に普及しつつある。これには、スポーツ選手のパフォーマンス向上に対して身体的能力のトレーニングを担当するコーチやトレーナー、あるいは広範な人々の健康・体力の維持・増進のための手助けをするフィットネス指導者が、ストレングスすなわち筋力に着目し、その重要性を改めて認識するようになってきたという背景がある。

　スポーツや日常生活における身体的パフォーマンスの改善のためには、筋力、持久力、柔軟性、バランス、敏捷性、スピードといった基礎的な身体的能力の向上や改善のための積極的で計画的な働きかけ、すなわちコンディショニングが重要であるということは、広く知られていた。ところが近年、これらの中でも特に筋力という要素の身体的能力全般にしめる特別な位置や特性が多くの研究や経験的事実から明らかとなり、パフォーマンス向上と健康・体力の維持・増進にとって筋力の持つ重要性が広く認識されてきたのである。このことが、身体全体のコンディショニングの重要性を表すとともに、特に筋力要素を強調するという意味が込められた、ストレングス＆コンディショニングという用語の普及につながっていると見ることができる。

　では、本来コンディショニング要素の中の一要素にすぎないストレングスが強調される特別な特性とは何か、またストレングス＆コンディショニングという言葉の誕生やそれが定着してきた歴史的経緯は何だろうか、本章では改めてストレングス＆コンディショニングという用語について振り返ってみよう。

2. ストレングスとは何か？

1 筋力としてのストレングス

　ストレングス（strength）とは、筋肉が外部抵抗に対抗して力を発生する能力、すなわち筋力のことである。

　筋によって発揮される力は常に、筋活動のタイプ、筋活動の速度、筋力発生に費やすことのできる時間、関節角度、姿勢、外部抵抗の種類等々の条件によって異なる。これらの条件が異なると発揮可能な筋力も異なり、その組み合わせによって筋の発揮する力は多様に変化する。このことを筋力発揮の特異性という。

　したがって、ストレングスという言葉は、単に一般的な条件で測定される最大筋力だけではなく、スポーツや日常生活の様々な課題条件に応じて特異的に発揮される特性を有する筋力を意味し、ストレングスへの着目とは、そうしたものとしての

筋力の重要性に着目することなのである。

2. 身体運動の源としてのストレングス

　筋で発生した力は，腱に伝わって，骨に作用し，さらにその力は関節に作用する。その結果として関節運動が生じ，この関節運動が身体全体に及ぶことによって全身運動が行われることになる。

　運動とは，身体の各部位や身体全体あるいはボールやバットなどの対象物が空間においてその位置を変化させることである。この位置変化の時間に対する割合が速度であり，速度の変化が加速度である。ある質量を持った物体の運動速度が変化するとき，そこには必ず力が作用している。これが，力学法則としてのニュートンの第2法則である。

$$F=ma \quad (力＝質量×加速度)$$

　この公式は，身体や対象物の質量が一定であると仮定すると，力が大きければ大きいほど大きな加速度が生み出されることを意味し，逆に大きな加速度を得るためには大きな力が必要となることを示している。

　ジャンプやスプリントなどはいかに身体を高速で移動させるかが重要な課題であり，投擲はいかに高速で対象物を投射するかによって記録が左右される。いずれの場合も，高い速度を得るための大きな加速度が必要となる。また，球技における急激なターンや相手の運動の阻止，日常動作における階段の下降，あるいは転倒しそうになった姿勢の立て直しのような場合には，大きなマイナスの加速度を得るための，つまり運動を減速させるための力が必要となる。

　さらに，一見静止して何も力が作用していないかに思える姿勢維持においても，ある方向に加速度を生み出そうとする力とその反対方向に加速度を生み出そうとする力がつり合っている場合が多く，一方の力が他方の力よりも大きくなった瞬間にその姿勢は崩れる。

　このように身体運動における速度の変化，すなわち加速や減速はまさに力そのものに対応しており，筋力こそが身体運動の源泉であるといっても決して過言ではない。

3. ストレングストレーニング

1. ストレングストレーニングの内容

　ストレングストレーニングとは，このような特性と意義を持つ筋力に働きかけるトレーニングをさす。したがって，その目的は，様々な条件において必要となる筋の諸機能を改善することであり，次のようないくつかの内容を持っている。

▶(1) 一般的筋力の向上

　特定の筋力発揮条件に限定せずに行われる一般的筋力向上のためのトレーニングは，様々な条件で発揮される特異的筋力の土台を作るための基礎的内容となる。

▶(2) パワーの向上

　通常，スポーツにおいても日常動作においても低速で大きな力を発揮することよりも，一定の速度条件のもとでいかに大きな力を発揮することができるかが問題となることが多い。したがって「**力×速度**」として示されるパワーは，ストレングストレーニングにおける重要なトレーニング課題となる。

▶(3) RFDの向上

　RFDとはRate of Force Developmentの略であり，筋力の立ち上がり速度と訳されることが多い。ごく短時間の限られた時間内にいかにすばやく大きな筋力に到達できるかという能力を意味し，RFDの向上によってスポーツや日常動作が改善される場面は数多く存在する。

▶(4) 筋持久力の向上

　一定の筋力発揮をできるだけ長時間にわたって持続させる能力は長距離の持久的スポーツだけでなく，多くのスポーツ場面や日常生活においても必要とされる。

▶（5）骨や結合組織の強化

　筋の発揮する力は腱と骨に伝わり，その結果として関節の運動が生じる。筋力のトレーニングは，腱，骨，靭帯，関節包，半月板などの結合組織に対する刺激となり，ストレングストレーニングによって骨や結合組織が強化されることになる。

▶（6）筋量の増加

　ストレングストレーニングよって筋線維を太くすることができる。筋肥大を伴わない筋力向上もあるレベルまでは可能であるが，筋肥大によって筋力は著しく増大する。筋肥大により筋量を増加させることもストレングストレーニングの内容である。

2. ストレングストレーニングの効果

　こうした内容を持つストレングストレーニングによって得られる効果には以下のものがある。こうした数多くの効果が期待できる点にもストレングスが重視される理由がある。

▶（1）スポーツ分野

・骨・結合組織強化と筋力，パワー，RFDの向上，筋肥大による外傷や障害の予防
・筋肥大による除脂肪体重の増加
・筋力・パワー・RFDの改善によるスピードと敏捷性の向上
・柔軟性の改善
・バランスの向上
・外傷や障害からの回復速度の向上

　この他にも，スポーツパフォーマンスの向上に及ぼすストレングストレーニングの様々な効果が明らかにされつつある。

▶（2）フィットネス分野

　フィットネス分野においてもストレングス・トレーニングの効果が数多く確かめられてきている。

・除脂肪体重の増加に伴う基礎代謝量の増大による肥満防止効果
・筋力向上と筋バランスの改善による腰痛予防と治療効果
・高血圧，高脂血症，心臓疾患，糖尿病，骨粗鬆症などの生活習慣病の予防効果と治療効果
・寝たきりにならないための筋力維持効果
・転倒を防ぐためのバランスや筋力・パワー・RFDの向上
・転倒後や術後の日常生活への早期復帰
・労働作業の効率化による疲労の軽減

　この他，心臓リハビリテーションにおけるストレングストレーニングの重要性や大腸ガンの予防効果などが，少しずつではあるが確かめられつつある。

4. ストレングス＆コンディショニングの歴史と展望

1. ストレングス・コーチ協会からストレングス・コンディショニング協会へ

　1973年7月28日，アメリカのネブラスカ州リンカーンにおいて，フルタイムのストレングス・コーチ75名によって全米ストレングス・コーチ協会（National Strength Coaches Association）が設立された。これは，当時のアメリカにおける大学スポーツとプロスポーツにおけるストレングストレーニングの本格的導入に対する気運の高まりに呼応したものであった。

　2年後の1980年，早くも2250名の会員数を擁していた同協会は，会員の多数がストレングス・コーチからだけではなく，多くの関連分野の専門家から構成されるに至ったことに気づく。と同時に，ストレングストレーニングがスポーツにおける成功の最も重要な柱であることを再認識しつつも，他の有酸素トレーニングやインターバルトレーニングなどのコンディショニング全体の一部分であるという事実認識を反映するべく，翌1981年，会の名称を全米ストレングス＆コンディショニング協会（National Strength & Conditioning Association "NSCA"）と改めた。ここに，スト

レングス&コンディショニングという独特の概念が誕生することになる。

2. ストレングスに対する社会的認知

以来，NSCAは科学的な根拠に基づくストレングス・トレーニングの重要性を強調しつづけた。と同時に，ストレングスを常に重要な柱として位置づける立場から，コンディショニング全般についての科学的知識の探求と普及を推し進めた。そのことは，ストレングストレーニングに関する科学的研究成果の公表を特徴とする科学研究雑誌 Journal of Strength & Conditioning Researchの発行や，コンディショニングの全領域をカバーしつつもストレングストレーニングの専門職としての力量を証明する資格認定制度としてのCSCS（Certified Strength & Conditioning Specialist）やCPT（Certified Personal Trainer）の試験内容にも反映されている。

このような科学的根拠に基づくストレングスを強調する専門的組織は当時，他には見当たらず，アメリカスポーツ医学界（ACSM）でさえも例外ではなかった。その結果，NSCAはストレングストレーニングに関心を持つストレングスコーチ，スポーツコーチ，研究者，教師，理学療法士，医師，アスレティックトレーナー，パーソナルトレーナー，フィットネス・インストラクターなど多くの人々を会員として迎え入れ，ストレングス&コンディショニングという概念が普及し定着していくこととなった。

3. ストレングス&コンディショニング新時代

世界中が高齢化社会を迎える中で，従来は避けられないと考えられていた高齢者の身体運動能力の低下が，適切なストレングストレーニングによって食い止めることができ，寝たきりを防ぐことが可能となるだけでなく，適切な指導のもとに，トレーニングを実施することにより，転倒後や手術後であっても自立した生活に復帰できることが各国の研究で確かめられてきた。

1998年6月，ACSMは，それまで断片的にしか記載してこなかった筋力トレーニングを，呼吸循環器系トレーニング，柔軟性トレーニングと並んで現代人の不可欠のトレーニングとして位置づける必要があるという公式見解を公表した。また，同年11月にはストレングストレーニングに関する第1回の国際学会がフィンランドのラハティで開催され，この学会はすでに3回を数えている。

日本国内においても，スポーツ分野におけるストレングストレーニングはますます注目度を増しており，多くの自治体レベルで，中・高齢者に対するストレングストレーニング教室が開催されるなど，ストレングス&コンディショニングに対する社会的関心は今後益々高まっていくに違いない。

さらに宇宙時代の到来が指摘される中，微小重力空間における人間の身体機能の問題も，近い将来，ストレングス&コンディショニングの重要な課題として解決を迫られることになるであろう。

理解度チェック問題

1. 次のうちストレングストレーニングの内容ではないものはどれか？
   a. 筋肥大
   b. パワー
   c. RFD
   d. 全身持久力

2. ストレングス&コンディショニングという言葉の生まれる背景となった組織は何か？
   a. ACSM
   b. NSCA
   c. NCAA
   d. NATA

解答：1.→d　2.→b

1章 神経-筋系

KEYWORDS ●筋線維 ●筋節 ●筋線維タイプ ●運動単位 ●短縮性筋活動 ●伸張性筋活動 ●自己受容器

　ヒトのすべての運動の源となるのは骨格筋の活動である。レジスタンストレーニングの目的は、この骨格筋の力学的、代謝的機能を改善することにある。また、骨格筋の活動を調節する神経系の機能を高めることも、運動の最終的なパフォーマンスを高める上で重要である。ここでは、運動やトレーニングを理解する上で必要となる、骨格筋の構造と機能、およびその神経支配についての基礎知識を解説する。

1. 骨格筋の形態と機能

1. 骨格筋のマクロな形態

　骨格筋は、筋組織、結合組織、神経、血管からなる器官である。そのマクロな形態は特有の階層構造を示す[3]（図1-1）。筋の中で能動的に張力を発揮したり、短縮したりするのは筋線維（筋細胞）で、通常筋の端から端にまでわたる、直径50〜100μmの細長い細胞である。個々の筋線維は、筋内膜と呼ばれる結合組織性[注]の膜でできた「さや」のような構造に覆われている。さらに、多数の筋線維が集まって束をつくり、その周囲を筋周膜という結合組織性の膜が覆っている。この筋線維の束を筋線維束（筋束）と呼ぶ。筋線維束と筋線維束の間の空間には、線維性の結合組織や血管がある。多数の筋束が集まり、筋外膜（または筋上膜）という結合組織性の膜に覆われ、筋となる。

筋の両端では、筋内膜、筋周膜、筋外膜と連続した結合組織が腱をつくり、腱の結合組織は、やはり結合組織性の膜である骨膜とつながっている。

注）これらの結合組織の主成分はコラーゲンである。

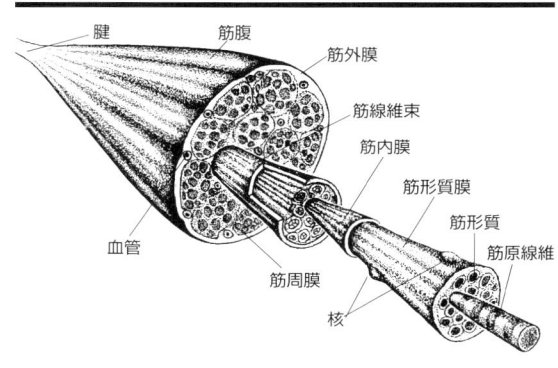

図1-1　骨格筋の階層構造

2. 筋線維のミクロな形態

　筋線維は、発生の段階で筋芽細胞と呼ばれる細胞が多数融合してできた多核細胞である。通常、核は細胞の表層に配列しているが、トレーニング後には、細胞の中心部付近にも見られることがある[1]（中心核）。細胞の内側は筋形質で占められている。筋形質中には、収縮タンパク質からなる収縮装置、ミトコンドリアや筋小胞体などの細胞器官（オルガネラ）、グリコーゲン顆粒、脂肪粒、種々の溶存タンパク質などが含まれる（図1-2）。

　収縮装置は筋形質の大部分を占め、直径約1μm

神経-筋系 **1**章

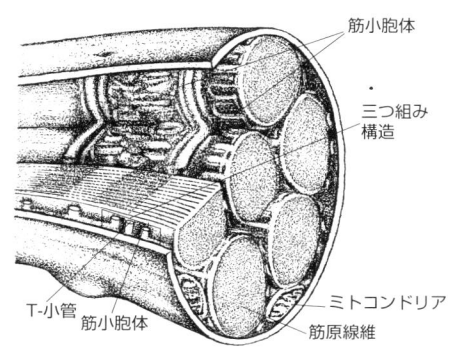

図1-2 筋線維の構造

の筋原線維が束になったものである。筋原線維の周囲は，筋小胞体という，複雑な網目構造をした袋状のオルガネラが取り巻いている。隣接する筋小胞体どうしの間には，細胞膜が落ちくぼんでできたT-小管という管が走っており，2つの筋小胞体と1本のT-小管の3者がつくる構造を三つ組み構造と呼ぶ。

筋原線維を光学顕微鏡で観察すると，明暗の横紋が見える。同様の横紋は心筋にも観察されるので，骨格筋と心筋を合わせて横紋筋と呼ぶ。横紋の中で，暗く見える部分をA-帯，明るく見える部分をI-帯，A-帯とA-帯の間で線状に見える部分をZ-帯またはZ-線と呼ぶ（図1-3）。2本の隣接するZ-線で挟まれた領域を筋節（サルコメア）と呼ぶ。横紋構造は，太いフィラメントと細いフィラメントという2種のフィラメント（ミクロな繊維状の構造）が，互いに規則的に重なり合うように配列していることで生じる。太いフィラメントは，約200個のミオシンというタンパク質が規則的に集合し，会合体を形成してできる。一方，細いフィラメントはアクチンという球形のタンパク質が，二重らせん状に重合してできる。太いフィラメント，細いフィラメントはそれぞれ，ミオシンフィラメント，アクチンフィラメントとも呼ばれる。細いフィラメント上には，アクチン以外に，トロポニン，トロポミオシンというタンパク質が

あり，筋活動の調節機構に関係している（本章2-1参照）。また，Z-線とZ-線の間は，ゴムひものような弾性をもつタイチンフィラメント（またはコネクチンフィラメント）が連結しており，筋を伸張するとこのタイチンフィラメントが引き伸ばされて受動的張力を発生すると考えられている。

ミオシン分子は，2個の頭部と1本の尾部をもつ巨大なタンパク質で，筋活動の源である収縮張力を発生する本体である。ミオシン頭部は，太いフィラメントから突き出ており，この突起をクロスブリッジと呼ぶ。このミオシン頭部には，アクチン分子と結合する部分と，筋活動のエネルギー源であるATPを結合する部分がある[4]。

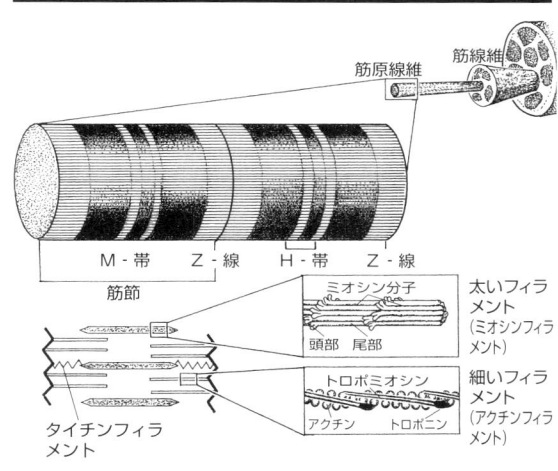

図1-3 筋原線維の微細構造と横紋のなりたち

3. 筋節と滑り説（滑走説）

筋活動によって筋線維が短縮するときには，A-帯の幅は変わらず，隣接するZ-帯の間の間隔が狭まる。このことから，太いフィラメントと細いフィラメントの長さは常に一定で，これらが互いに滑り合うようにして筋活動が起こると考えられ，このような考え方を滑り説または滑走説と呼ぶ（図1-4）。

2種のフィラメント間の滑りは，ミオシン頭部

007

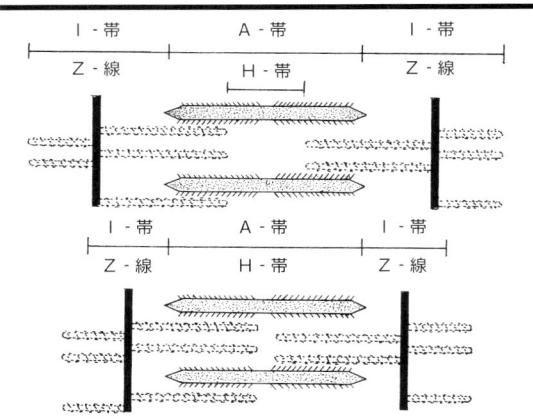

図1-4 筋収縮（筋活動）の滑り説
筋活動は太いフィラメントと細いフィラメントの間の滑りによって起こるので，筋節が短縮したときにはA-帯の幅は変わらず，I-帯とH-帯の幅が狭まる。

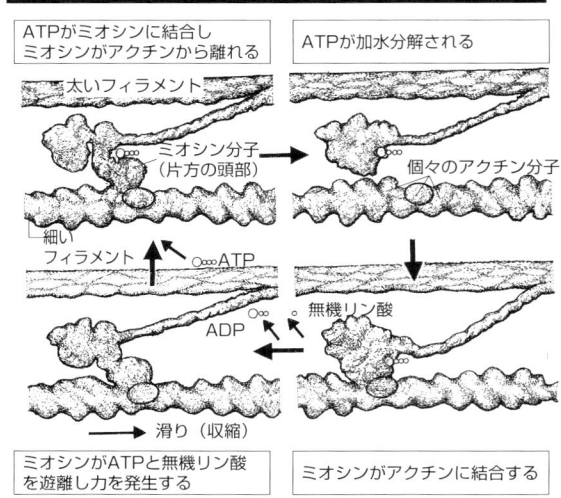

図1-5 筋活動の分子機構
ミオシン分子がATPのエネルギーを利用して変形し，アクチン分子と結合・解離を繰り返すことによって張力発揮が起こる。

がATPを分解しながら，アクチンと結合・解離を繰り返すことによって起こると考えられている（**図1-5**）[4]。したがって，収縮張力は筋節の中の太いフィラメントと細いフィラメントのオーバーラップの量に比例して変化する，すなわち，筋節長や筋線維長に依存して変化することになる。こうした筋線維長と張力の関係を長さ－張力関係と呼ぶ。筋線維の長さ－張力関係は，身体内では，関節角度に依存して発揮筋力が変化するような，関節角度－トルク関係を生じる一要因となる。

4. 筋の神経支配

　筋線維の活動は，運動神経からの指令によって起こる。運動神経は脊髄前核に細胞体をもち，軸索を筋に向けて伸ばしている。細胞体は上位中枢からの神経の終末とシナプスを介して接合し，入力を受けている。運動神経の軸索は，途中で数十～千回枝分かれし，枝分かれした1本の軸索はそれぞれ1個の筋線維に接合する。この運動神経の終末と筋線維の接合部を，神経－筋接合部または終板と呼ぶ。1個の運動神経（1個の細胞体と枝分かれした多数の軸索）と，それが支配する筋線維の集団を運動単位と呼ぶ（**図1-6**）。

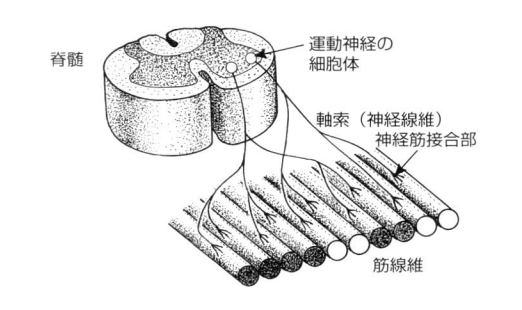

図1-6 運動単位の模式図
ここでは，2つの運動単位を示すが，実際には1個の運動単位は数十～数千の筋線維を支配する。

　神経の興奮は，活動電位として軸索を伝導し，終板にまで伝えられる。活動電位は，全か無の法則に従い，閾値下の刺激では全く発生せず，閾値を超える刺激では刺激の強さにかかわらず同一の反応を示す。神経を伝導してきた活動電位は，終板の神経終末から，神経伝達物質であるアセチルコリンを放出させる。すると，筋線維はアセチルコリンを受容して，全か無の活動電位を発生する。このようにして，運動単位は全体として，同期した全か無の活動を示す。同じ運動単位に属する筋線維のうち，あるものは活動し他は活動しないということは起こらない。

2. 筋力発揮のメカニズム

1. 筋活動の調節と興奮−収縮連関

　筋線維内には，エネルギー源であるATPが常にほぼ一定量存在する。したがって，筋活動をオンにしたりオフにしたりするのはATPの量的変化ではなく，他の要因である。この役割を果たしているのがカルシウムイオン（Ca^{2+}）である。静止状態では，筋形質内のCa^{2+}濃度はきわめて低く（細胞外の約1/10,000），筋線維が興奮して活動するときには，静止状態の濃度の約100倍にまで増加する。すると，Ca^{2+}は細いフィラメント上にあるトロポニン（図1-3）に結合し，細いフィラメントの微細構造が変化してミオシン頭部と結合できるようになる。

　こうした筋形質内のCa^{2+}濃度の変化には，筋小胞体とT-小管がはたらいている。筋線維が活動電位を発生すると，活動電位は細胞膜からT-小管の奥まで伝導する。T-小管の活動電位は，未解明の機構によって，三つ組み構造をつくっている筋小胞体の端に伝達され，筋小胞体に多量に蓄えられているCa^{2+}が筋形質に向けて放出される。筋線維の興奮が終わると，筋形質中のCa^{2+}は筋小胞体の膜にあるカルシウムポンプによって筋小胞体に再吸収され，筋線維は活動を止めてすみやかに弛緩する。

2. 単収縮と強縮

　実験上，1個の活動電位を筋線維に生じさせたときに起こる1回の短い収縮を単収縮（twitch）と呼ぶ。一方，繰り返し刺激によって，一連の活動電位を生じさせたときに起こる収縮を強縮（tetanus）と呼ぶ。さらに，低頻度の活動電位によって起こり，それぞれの単収縮のピークが分離しているものを不完全強縮，高頻度の活動電位によって起こり，張力発揮がなめらかなものを完全強縮と呼ぶ（図1-7）。生理的条件下での生体内の筋活動は通常，すべて強縮である。

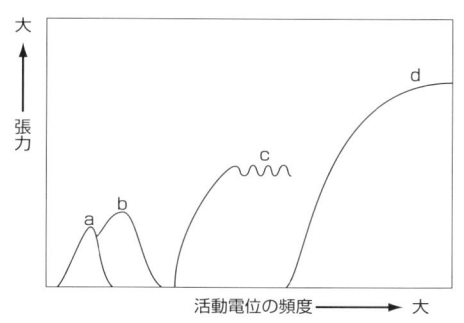

図1-7　単収縮と強縮の模式図
図中（a）は1個の単収縮，（b）はさらにもう1個の単収縮が加重したものを示す。繰り返し刺激による強縮では，低頻度の刺激の場合，個々の単収縮のピークが分離された不完全強縮（c）となり，刺激頻度の増加とともに張力も増大する。個々の単収縮のピークが完全に融合し，なめらかな張力発揮を示すものを完全強縮という（d）。

3. 筋線維タイプ

　筋線維は大きく，速筋線維（FT線維[注]）と遅筋線維（ST線維[注]）に分類される。FT線維は単収縮が速く，その張力も大きいもの，ST線維は単収縮が遅く，その張力が小さいものである。最大強縮における断面積当たりの張力もFT線維の方が大きい。一方，ST線維は有酸素性代謝能力が高く，持久力にすぐれている。細胞内の酸素運搬にかかわるミオグロビンや，ミトコンドリアでのエネルギー生産にかかわるチトクロームなど，赤色の色素タンパク質を多量にもつため，外観上赤みをおびていることから，赤筋線維とも呼ばれる。FT線維はこれらの色素タンパク質が少なく，白筋線維とも呼ばれる。FT線維とST線維は，特殊な染色法や，ミオシン分子種（アイソフォーム）の違いによる識別法に基づき，さらに細かくタイプ分けされている。最も一般的な標記法では，遅筋線維をタイプI線維，速筋線維をタイプII線維と呼ぶ。タイプII線維はさらに，最も収縮速度が速く，持久力に乏しいタイプIIb線維と，タイプIとタイプIIの中間的で，オールマイティーな性質をもつタイプIIa線維に分けられる。これらのさ

らに中間的な特性をもつ線維群（タイプIIab，IIac，IIc，Ic）もわずかではあるが存在する[3]。ひとつの運動単位は，ひとつのタイプの筋線維群のみを支配する。

注）単収縮はtwitchの訳であり，FTはfast-twitch，STはslow-twitchの略である。

4. 運動単位の動員様式

一般に，ST線維を支配する運動神経は，その細胞体が小さく，興奮の閾値が低く，運動単位に含まれる筋線維の数も少ない（運動単位のサイズが小さい）という特徴をもつ。反対に，FT線維を支配する運動神経は，その細胞体が大きく，興奮の閾値が高く，運動単位に含まれる筋線維の数も多い（運動単位のサイズが大きい）。通常の筋力発揮を行った場合，まずサイズが小さく，動員閾値の低いST線維の運動単位から優先的に動員され，筋力発揮レベルの増大とともに，サイズの大きな，FT線維の運動単位が付加的に動員されてゆく（**図1-8**）。これを「サイズの原理」と呼ぶ[2]。レジスタンストレーニングにおける筋線維の動員様式も，基本的には負荷強度の大小に応じ，サイズの原理に従って変動する。一方，伸張性筋活動（後述）や，クイックリフトなどの場合には，サイズの原理に反して，FT線維から優先的に動員されると考えられている[7, 8]。

5. 筋活動の様式

筋の主な活動様式には，a）等尺性（アイソメトリック），b）等張力性または等張性（アイソトニック），c）等速性（アイソキネティック）の三者があり，それぞれに対応したトレーニング法がある。a）は筋の長さが一定のもとで張力発揮を行うもの，b）は張力が一定のもとで短縮・伸張を行うもの，c）は短縮・伸張速度が一定のもとで張力発揮を行うものである。トレーニングの場合にも，a）～c）に準じた動作様式に対応して，アイソメトリックトレーニング，アイソトニックトレーニング，アイソキネティックトレーニングと呼ぶ。

6. 力と短縮速度

等張力性および等速性筋活動では，張力と短縮速度は互いに反比例し，双曲線で近似される関係を示す（**図1-9**）。これを力－速度関係と呼ぶ。

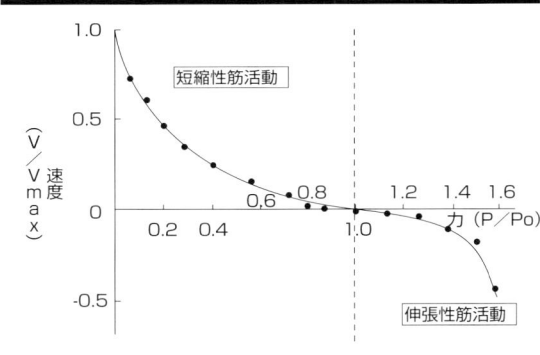

図1-9 等張力性筋活動におけるヒト肘屈筋の力－速度関係（山田と石井，未発表データ）
Poは等尺性最大筋力，Vmaxは最大短縮速度を示す。負の速度は伸張速度を示す。

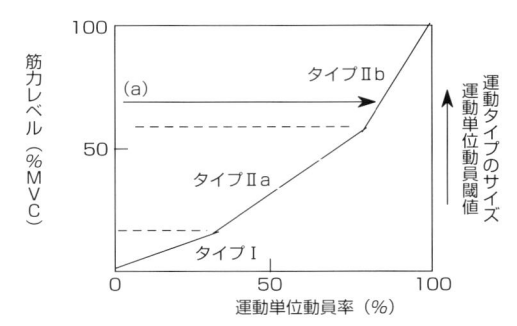

図1-8 通常の筋力発揮における運動単位の動員順序（サイズの原理）を模式的に表したグラフ
（a）は筋肥大・筋力増加に通常必要とされる負荷強度に相当する筋力レベルを示す。

7. 短縮と伸張

等張力性および等速性筋活動で，筋が張力を発揮しながら短縮する場合を短縮性筋活動（コンセ

ントリック・アクション），逆に張力を発揮しながら強制的に伸張される場合を伸張性筋活動（エキセントリック・アクション）と呼ぶ。トレーニング動作では，前者は負荷を挙上する動作，後者はブレーキをかけながら負荷を下ろす動作に対応する。一般に，伸張性筋活動は短縮性筋活動に比べ，より大きな筋力発揮が可能である（図1-9）。

伸張性筋活動ではまた，サイズの原理に反して，FT線維から優先的に動員されると考えられている。このため，トレーニング全般においては，伸張性筋活動を十分に利用すること，すなわち，負荷を下ろすときにも十分に筋力を発揮することが重要である。また，やや特殊なトレーニングとして，伸張性筋活動に重点をおいた方法があり，エキセントリックトレーニングと呼ぶ。一方，伸張性筋活動は，筋線維の微小な損傷を引き起こし，遅発性筋痛（DOMS）を誘発する原因となる[8]。このため，オーバートレーニングには十分に注意する必要がある。

8. 予備的伸張によるパフォーマンスの増強

筋が活動した状態で一旦伸張され，切り返して短縮するようにすると，短縮時の張力発揮やパワー発揮が，単に短縮のみを行う場合に比べて増大する[9]。そのメカニズムには，腱などの弾性成分での弾性エネルギーの蓄積・放出と，収縮装置そのものの特性の両者が関与する[9]。筋のこうした性質は，伸張-短縮サイクルトレーニング（SSCトレーニング）や，プライオメトリックトレーニングに利用されている。

9. 筋力を決める要因

身体が発揮できる最大筋力を決める要因には，a) 筋横断面積，b) 神経系の機能，c) 筋に占めるFT線維の割合，の三者がある。このうち，c) は主に遺伝的に決定され，レジスタンストレーニングによって大きくは変化しないので[3]，トレーニングの主目的は，筋肥大と神経機能の改善の2点に集約される。

10. 筋力の調節

我々は必要に応じ，微小な筋力から最大筋力までの間で，発揮筋力の調節をしている。これを筋力発揮のグレーディングという。筋力発揮の調節には，a) 動員する運動単位の数による調節，b) 活動電位の頻度（発火頻度）による調節の2種がある。前述の通り，運動単位は全体として全か無の反応を示すので，動員する運動単位の数に応じて筋力も変化する。一方，強縮張力は，ある範囲内では，筋線維の活動電位の頻度が増すと増大し，やがて一定値に達する（図1-7）。したがって，比較的小さな筋力発揮のもとでは，こうした活動電位の頻度による調節も行われる。

11. 筋の形態と筋力・速度

骨格筋は，筋線維の走行方向に基づき，紡錘状筋（または平行筋）と羽状筋に分類される。紡錘状筋では，筋線維が筋の長軸と平行に走行しているが，羽状筋では，筋線維は筋の長軸に対して一定の角度（羽状角）をもって走行していて，鳥の羽のような形状を呈する（図3-3参照）。筋長に対する筋線維長の割合は，紡錘状筋で大きく，羽状筋では羽状角に応じて小さくなる。一方，筋の体積当たりの力学的に並列な筋線維数は，羽状筋の方が多くなる。したがって，横断面積当たりの筋力は羽状筋が大きく，短縮速度は紡錘状筋の方が大きい。上腕二頭筋などは紡錘状筋，外側広筋，腓腹筋などは羽状筋である。

12. 自己受容器と反射

身体には，自身の状態を感受する受容器があり，自己受容器と総称される。骨格筋には，筋紡錘とゴルジ腱器官という2種の自己受容器がある（図1-10）。筋紡錘は筋の長さの変化を，ゴルジ腱器官は張力を受容する。

筋紡錘は，筋の中に散在する微小な器官で，袋

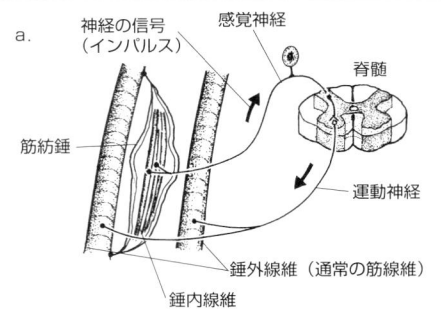

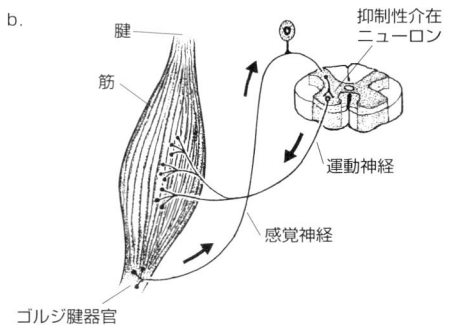

図1-10 筋の自己受容器とそのはたらき
a. 筋紡錘による筋の活動増強（伸張反射）。b. ゴルジ腱器官による筋の活動抑制（ゴルジ腱反射）。

状の鞘の中に特殊化した筋線維をもっている。筋紡錘の内部の筋線維を錘内線維，外部にある通常の筋線維を錘外線維と呼ぶ。錘内線維が伸張されると，伸張の程度や速度に応じた反応を示す。錘内線維は運動神経（γ-運動神経）の支配も受けており，錘内線維が短縮すると筋紡錘の感度が高まる。筋が急激に伸張されると，筋紡錘の興奮は中枢に伝えられて感覚を生じ，一方，脊髄中で運動神経（α-運動神経）に入力され，同じ筋の筋活動を引き起こす。このように，急激な伸張に抗するための反射を伸張反射[注]と呼ぶ。膝蓋腱をハンマーで軽く叩くと膝伸展が起こる膝蓋腱反射がその代表例である。伸張反射は，姿勢の維持や，様々なスポーツ動作に利用されている。

ゴルジ腱器官は腱にある感覚神経の終末で，腱の微小な伸張，すなわち筋の張力を感受する受容器である。この器官が興奮すると，ゴルジ腱反射と呼ばれる反射が生じる。この反射は，脊髄で同じ筋を支配する運動神経を抑制するようにはたらき，体を過大な張力発揮から保護する役割をもつ。

注）反射とは，無意識に起こる反応や行動をさす。

3. 骨格筋に対するトレーニング効果

1. レジスタンストレーニング

レジスタンストレーニングは，用いる負荷の大きさや，動作様式に応じ，神経-筋系に様々な適応を引き起こす。

▶(1) 神経系の適応

レジスタンストレーニングを開始して初期の間（1〜15ヶ月）は通常，著しく筋力が増加するが，この間には筋横断面積はあまり増大しない。すなわち，この間には主に筋横断面積当たりの筋力が増加する。これは，神経系に適応が起こり，中枢神経系およびゴルジ腱反射などによる筋力発揮の抑制が低減するためと解釈されている。ある程度トレーニングされている選手などの場合，こうした神経系の適応を引き出すためには，高強度（1RMの90％以上）のトレーニングが必要である（詳細なトレーニングプログラムについては第12章参照）。

▶(2) 筋肥大

神経系の適応が上限近くに達すると，筋横断面積の増大，すなわち筋肥大が起こるようになる。筋肥大は，主としてタイプII筋線維の横断面積の増大によって起こる。トレーニング条件によっては，筋線維の損傷とその再生に伴い，筋線維数の増加（筋線維の増殖）も起こることが示唆されているが，その程度はきわめて小さいとされている[3]。タイプI線維の太さは，高強度のトレーニングでは変わらないが，筋肥大を主目的とするトレーニングプロトコルでは若干増大する。筋線維の肥大とともに，筋内の結合組織断面積も増大するが，

一般的なトレーニングの場合，その増大の程度は筋線維断面積の増大と比例すると考えられている。筋肥大には筋内でのタンパク質合成の活性化が必要である。この過程には，筋線維が強く活動することの他，内分泌系が活性化されることが重要である。

▶(3) 代謝的適応

筋線維が繰り返し活動すると，その活動に有利となるように特定のタンパク質の合成が活性化すると考えられる。レジスタンストレーニングは通常，無酸素性代謝に依存するので，無酸素性代謝に関連した酵素の合成が高まり，筋の無酸素性代謝能力が向上する。一方，筋肥大のための中〜高強度，大容量のトレーニングを行うと，タイプIIb線維では，有酸素性代謝も高まり，徐々にタイプIIa線維に向かうサブタイプ転換が起こる。また，筋線維内のグリコーゲン量，クレアチンリン酸濃度の増大が起こり，これらも筋線維の肥大にある程度関与すると考えられている。

2. 有酸素性持久力トレーニング

▶(1) 代謝的適応

有酸素性持久力トレーニングに対しては，筋は一般的にレジスタンストレーニングの場合と反対の適応を示す。特に，すべてのタイプの筋線維で有酸素性代謝に関連した酵素活性が上昇し，有酸素性代謝能力が向上する。同時に，筋線維内のミトコンドリア密度の上昇，筋内の毛細血管密度の上昇が起こる。タイプIIb線維は，タイプIIa線維を経て，最も有酸素性能力の高いタイプIIc線維に向かうサブタイプ転換を示す。動物実験などではさらに，タイプIIcからタイプIへのタイプ変換が起こりうるが，ヒトで同様のことが起こるかは明らかではない[5]。

注）タイプII線維は，有酸素性能力の高い順に，IIc，IIac，IIa，IIab，IIbのサブタイプに分類されている。

▶(2) 筋線維のサイズ

適度な有酸素性持久力トレーニングでは，筋線維の横断面積には著しい変化は起こらない。しかし，高強度のトレーニングを長期間行うと，タイプI線維とタイプIIc線維では筋横断面積の減少が起こるとされている[5]。これは，筋線維が細いほど，酸素や代謝産物の拡散や輸送に都合がよく，そのための適応であろうと解釈されている。こうしたことからも，筋力やパワーが重要となる競技種目で，レジスタンストレーニングと有酸素性持久力トレーニングを組み合わせて行う際には，注意深いプログラムが必要であることがわかる。

理解度チェック問題

1. 筋の構成要素のうち，より大きな構造から小さな構造の順に並べたものとして正しいものはどれか？
   a．筋線維束＞筋線維＞筋原線維＞太いフィラメント
   b．筋原線維＞筋線維束＞筋線維＞細いフィラメント
   c．太いフィラメント＞筋線維束＞筋線維＞筋原線維
   d．筋＞筋原線維＞筋線維＞太いフィラメント

2. 筋が短縮するとき，横紋の構成要素の中で幅の変わらないものの組み合わせはどれか？
   a．I-帯とH-帯
   b．H-帯とA-帯
   c．A-帯とZ-線
   d．I-帯とA-帯

3. 最大筋力の80％以上の筋力を発揮しているとき，動員されていると考えられる筋線維タイプの組み合わせはどれか？
   a．タイプIIaとIIb
   b．タイプIとIIaとIIbの一部
   c．タイプIとIIb
   d．タイプIとIIbとIIaの一部

4. 筋が張力発揮中に，外力によって急激に伸張された。このとき，どのような反射が起こると考

えられるか？
 a．筋紡錘のみが刺激され，張力発揮の増強が起こる。
 b．ゴルジ腱器官のみが刺激され，張力発揮の抑制が起こる。
 c．筋紡錘とゴルジ腱器官の両方が刺激され，張力発揮の増強が起こる。
 d．筋紡錘が刺激されて張力発揮の増強が起こる場合と，ゴルジ腱器官が刺激されて張力発揮の抑制が起こる場合が考えられる。

解答：1.→a　2.→c　3.→b　4.→d

【文献】
1) E.R.Barton-Davis et al. (1998). Viral mediated expression of insulin-like growth factor I blocks the aging-related loss of skeletal muscle function. Proc. Natl. Acad. Sci. USA, 95 : 15603-15607.
2) Hennemann, E., Somejen, G. and Carpenter, D.O. (1965). Functional significance of cell size in spinal motoneurons. J. Neurophysiol., 28 : 560-580.
3) Hunter, G.R. (2000). Muscle Physiology. In Baechle, T.R. and Earle, R.W. (Ed.), Essentials of Strength Training and Conditioning.-2nd ed (pp.3-13).Human Kinetics.
4) 石井直方（2001）．ミオシン分子が力を発生するメカニズムは？．大野秀樹，及川恒之，石井直方編　運動と遺伝（pp. 106-107）．大修館書店．
5) Kraemer, W. J. (2000). Physiological adaptations to anaerobic and aerobic endurance training programs. In Baecle, T.R. and Earle, R.W. (Ed.), Essentials of Strength Training and Conditioning.-2nd ed (pp.137-168). Human Kinetics.
6) Mellah, S., Rispal-Padel, L. and Riviere, G. (1990). Changes in excitability of motor units during preparation for movement. Exp. Brain Res., 82 : 178-186.
7) Nardone, A., Romano, C, and Schieppati, M. (1989). Selective recruitment of high-threshold human motor units during voluntary isotonic lengthening of active muscles. J. Physiol., 409 : 451-471.
8) Stauber, W.T. (1989). Eccentric action in muscles: physiology, injury, and adaptation. Exerc. Sports Sci. Rev., 17 : 157-185.
9) Takarada Y. et al. (1997). Stretch-induced enhancement of mechanical work production in frog single fibers and human muscle. J. Appl. Physiol., 83 : 1741-1748.

心臓血管系と呼吸器系

KEYWORDS ●心臓血管系 ●呼吸器 ●代謝 ●トレーニング効果

1. 心臓血管系の解剖と生理

　心臓血管系は身体の各細胞に酸素と栄養素を輸送し，それらが消費されて発生した二酸化炭素と代謝産物を排出する。さらに，体水分や酸-塩基平衡の調節も司る器官である。ここでは，心臓および血管の解剖と機能について論ずる。

1. 心臓血管系の構造

▶(1) 心臓

　心臓は筋肉性器官である。重さは約300g（女性だと約250g），大きさは握りこぶし程度であり，その内腔は中隔によって左右の心房および心室に区分される。心房は主に血液を取り込み，心室へ血液を送り出す。一方，心室は心臓の収縮・弛緩により肺循環および体循環へ血液を拠出する。心臓には4つの弁（三尖弁，僧帽弁，大動脈弁，肺動脈弁）があり，血流を一定方向に保って逆流を防いでいる（図2-1）。

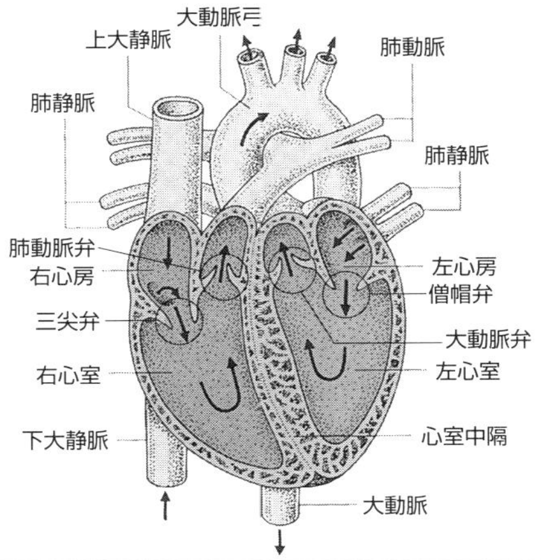

▶(2) 血管

　血管は，動脈，細動脈，毛細血管，および静脈に分類される。動脈は血管壁が厚く，内膜，中膜，外膜の3層構造になっている。内側は，内皮組織と弾力組織からなる内膜があり，その外側に内弾性板がある。さらに，平滑筋と弾性線維からなる中膜があり，結合組織である外膜がある。毛細血管は，1層の内皮細胞であり，この部分で栄養素や酸素，二酸化炭素などの物質交換が行われる。静脈は平滑筋と結合組織からなり，大静脈では逆流を防ぐための弁が分布している。

2. 血液循環の調節系

▶(1) 心臓の神経支配

　心筋は，骨格筋と同様に横紋があることから構造上は横紋筋に分類される。一方，平滑筋と同様に自律神経の支配を受けることから機能上は不随意筋に分類される。また心筋は，刺激が起こる限り収縮と弛緩を繰り返す。

　心筋は交換神経系と副交換神経系との二重支配を受けており，両者は拮抗的に作用している。交換神経は心筋の収縮力を強めて心拍数を高めようとするはたらきをもち，一方，副交換神経系は心

図2-1　心臓の断面図

拍数を抑えるはたらきをもっている。

▶(2) 心臓の刺激伝導系

心拍動の起始部は，右心房の静脈洞付近にある洞房結節であり，拍動はここからスタートしてリズム調節をしている。洞房結節で発生した興奮は，心臓の自動性により房室結節→ヒス束→右脚と左脚のプルキンエ線維へと伝達され，興奮を心尖部から心室へ伝えていく。

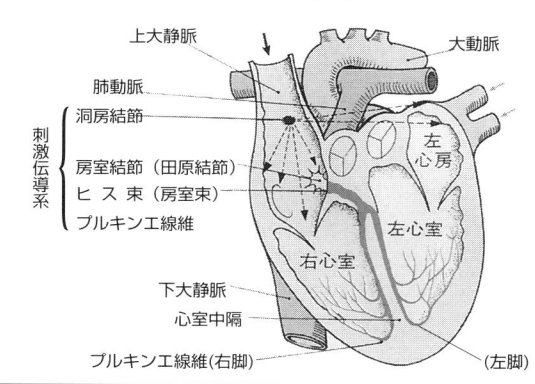

図2-2　心臓の刺激伝導系

▶(3) 心電図

心筋が収縮するとき，その興奮で電位を発生する。この電気的活動を体表で記録してグラフ化したものが心電図（ECG）である。心電図は，心臓の働きや疾患状態，または運動による生理的変化を観察するのに利用される。

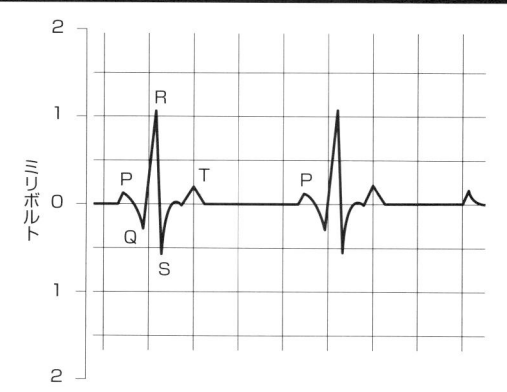

図2-3　心電図の一般的な形

心電図は，一般的には図2-3に示すような形をしている。P波は心房の興奮，QRSは心室の興奮開始，T波は心室の興奮終了を示している。

SからTまでをST部というが，ST部は心筋に障害がある場合に低下する。また，酸素不足に陥るとこの部分が基線より低下する。

3. 心臓血管系の生理

▶(1) 体循環・肺循環

血液は，細胞間における酸素や栄養分の供給，老廃物の排出などを司る。血液の循環路は，左心室を中心とした体循環と，右心室を中心とした肺循環の二つに分類される（図2-4）。

老廃物を含んだ静脈血は上大静脈と下大静脈を介して，右心房へと運ばれる。右心房は体内で発生した二酸化炭素を含む静脈血すべてを受け取る。右心房に送り込まれた血液は，三尖弁を通して右心室へと運ばれる。

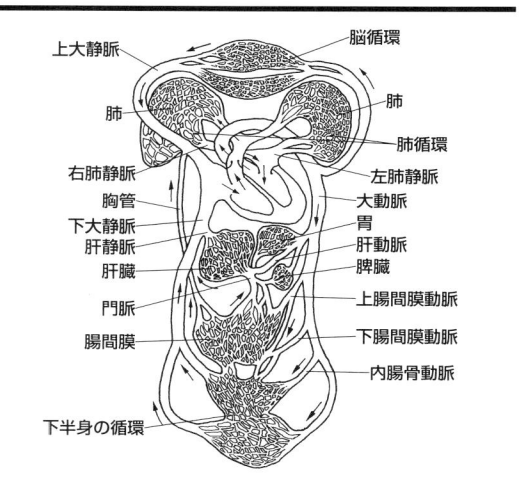

図2-4　血液循環

▶(2) 心拍数・心拍出量

心拍数は心電図上のR波を1回と考えて1分間値で表したものである。安静時心拍数は新生児で120～130拍/分，成人で約70拍/分である。また，安静時心拍数が100拍/分以上を頻脈，60拍/分以下を徐脈という。

1回の拍動で左心室から大動脈に送り出される血液量のことを1回拍出量という。また，心臓から拍出される1分間当たりの血液量は1回拍出量×心拍数で求められ，これが心拍出量である。心拍出量は，1回拍出量や心拍数の変動によって大きく変化する。

▶(3) 血圧

血圧は，血液が血管の壁に与える流圧のことであり，一般的には動脈血圧を指している。血圧は大動脈が一番高く，動脈，小動脈，毛細血管，小静脈，静脈の順で低くなり，大静脈においては0になる。

(a) 収縮期血圧：心臓の収縮時の血圧を収縮期血圧（最高血圧）という。収縮期血圧は，心拍出量×末梢循環抵抗によって求められる。年齢によって異なるが，一般に収縮期血圧は120mmHg程度である。

(b) 拡張期血圧：心臓の弛緩時の血圧を拡張期血圧（最小血圧）という。このときの血圧は動脈の弾力性によって得られ，末梢抵抗によって変化していく。拡張期血圧は80mmHg程度が一般的あるが，やはり加齢等によって影響を受ける。

(c) 血圧値：高血圧の判定基準はWHO（世界保健機関）によると，収縮期血圧が160mmHg，または拡張期血圧が95mmHgを超えた場合をいう。また，低血圧は収縮期血圧が90mmHg以下のことを指す。

(d) 影響を受ける外的因子：血圧は，姿勢，室温や気温，衣服，入浴，食事，精神状態，排便，その他（性差，年齢，体力，季節など）の要因で変化する。

(e) 影響を受ける内的因子：循環血液の増加，動脈硬化，末梢血管の狭窄，末梢抵抗の増加，血液粘性の増加，水分・Ca^{2+}・K^+等の増加，アドレナリン・ノルアドレナリンの上昇などによって血圧は上昇する。他にも，高血圧の遺伝的素因や肥満，糖尿病，腎臓病，貧血なども血圧に影響する。

4. 心臓血管系に運動が及ぼす急性的な影響

▶(1) 運動時の心拍数・心拍出量

強度や種類にもよるが，運動により交換神経の興奮と副交換神経の緊張低下が起こり，心拍数は増加する。心拍数は，運動強度の低い時では一旦上昇した後，定常状態に入る。一方で，その強度が個人の最大レベルにあれば最高心拍数まで増加する。最高心拍数には個人差があり，運動経験などによって異なるが，一般的には（220－年齢）拍/分で推定できる。

運動時の心拍出量は，最大運動時に最高値を示すが，1回拍出量が最大値を示すのは心拍数が140～150拍/分の時であり，その後心拍出量は定常状態となる。運動開始からの心拍出量は，心拍数が140～150拍/分の時までは心拍数と1回拍出量の増加に依存し，それ以後の増加は心拍数の増加によるものといわれている。

▶(2) 運動時の血圧

大きな筋力を発揮すると，筋の収縮により血管が圧迫され，それにより血流に対する抵抗が増し，血圧は急激に上昇する。

血圧の上昇は運動の種類，強度，時間などによって異なってくる。高強度のレジスタンスエクササイズ時では，筋の強い収縮によって末梢血管が圧迫されて血管抵抗が大きくなるため，収縮期血圧も拡張期血圧も上昇する。特に，バルサルバ法を用いてのアイソメトリック筋活動時は血圧にかなりの上昇がみられる。

これに対して，有酸素性運動では血流は多くなるが，末梢血管の拡張により血管抵抗は変わらないので，運動強度が高くなければ拡張期血圧は一定のままか，逆に低下する。

2. 呼吸器系の解剖と生理

ヒトは細胞の集合体であり，細胞が生きるためには代謝が必要である。それには体内に酸素（O_2）を取り入れ，組織での物質代謝の結果生じた二酸化炭素（CO_2）を体外に排出する必要がある。呼

吸器系は，このガス交換を司る器官である。

1. 呼吸器の構造

　肺換気のための器官を呼吸器と呼び，気道，肺胞，胸郭から成り立っている。空気は気道（鼻腔・咽頭・喉頭・気管・気管支）を経て肺に入り，肺胞に到達する（図2-5）。

　肺胞（図2-5）の数は，両肺で約5〜6億個ある。肺胞全体の表面積は約100m²でバドミントンコート全面よりも広い。肺胞の表面には，毛細血管が多くあり，その毛細血管の断面積はどの臓器よりも広くなっている。そのために，血流の肺胞通過には十分な時間がかかるので，その間にガス交換ができることになる。

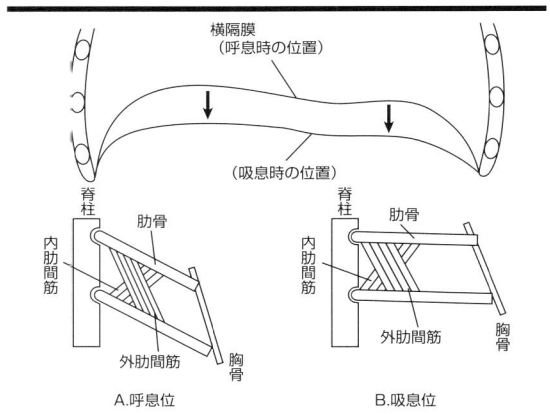

図2-6　呼息時および吸息時における横隔膜と胸郭の動き[8]

▶（2）呼吸の量

　安静時に1回の呼吸によって肺に出入りする空気の量は400〜500mlであり，これを1回換気量という。安静時の呼吸状態から約1,800ml吸うことができ，これを予備吸気量という。また，安静時の呼吸状態から約1,600mlはき出すことができ，これを予備呼気量と呼ぶ。以上の3つを合わせて肺活量という。しかし，肺胞内の空気をすべて出すことはできないため，約1,000mlは肺の中に残る。これを残気量という。そして，肺活量と残気量を合わせたものを全肺容量という。

▶（3）換気量と肺換気量

　1分間の換気量を毎分換気量（VE）といい，呼吸の深さ（1回換気量）と呼吸の回数（呼吸数）によって決まる。

　肺を出入りする空気の量を肺胞換気と呼び，1分間に出入りする外気の量を肺換気量というが，肺胞での換気量は死腔があるために，肺換気量は少し減少する。すなわち，

肺胞換気量＝（1回換気量－死腔量）×1分間の呼吸数となる。

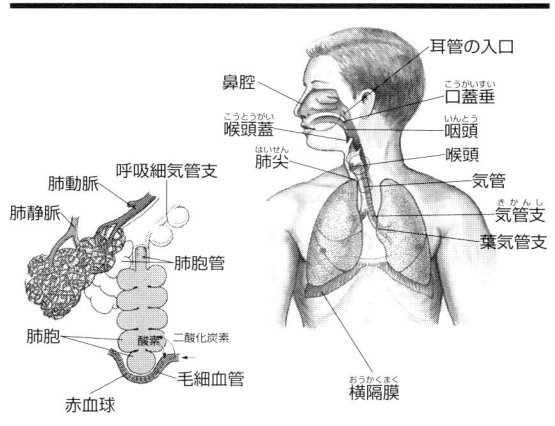

図2-5　呼吸器と肺胞の構造および肺胞内でのガス交換

2. 呼吸器系の生理

▶（1）呼吸運動

　呼吸は，吸息と呼息からなる反復呼吸運動である。ただし，肺自体には呼吸運動の能力はなく，大気の吸入は肺周辺の筋の収縮により受動的に行われている（図2-6）。左右の肺は胸腔の中にあり，内外肋間筋と横隔膜で囲まれている。静かに呼吸しているときは肋間筋が働き，強く吸い込むときは横隔膜が下方に引っ張られ，内外肋間筋と協同して働く。

3. 呼吸の調節

　呼吸運動は呼吸筋を意識的に収縮したり，弛緩したりすることで調節ができる。しかし，ほとんどの場合が延髄にある呼吸中枢によって無意識の

うちに行われているが，基本的には自動興奮による反射運動である。呼吸中枢は，神経的および化学的な影響を受け，呼吸を調整している。

▶(1) 神経的調節

呼吸の神経的調節の中で最も代表的なものに肺迷走神経反射がある。これは吸息によって肺胞が拡張すると肺胞にある伸展受容器が興奮し，迷走神経を介して呼吸中枢にインパルスが送られ反射的に呼息運動が起こることである。呼息によって肺胞が収縮するとインパルスが減少し吸息運動が起こる。

▶(2) 化学的調節

化学的調節には脳幹（中枢）と頸動脈小体および大動脈小体（末梢）の受容器が関与している。CO_2が産生され血中に流出すると炭酸（H_2CO_3）となり，これが水素イオンと重炭酸イオンに解離して中枢および末梢の受容器を刺激すると考えられている。頸動脈小体および大動脈小体の受容器は頸動脈分岐部および大動脈の付近にある。血中のCO_2分圧の増加，O_2分圧の減少，pHの酸性化は反射的に呼吸運動を促進させる。

4. ガス交換と運搬

▶(1) 肺胞でのガス交換

呼吸には，肺において肺胞と血液との間で行われる外呼吸と，血液と組織の間で行われる内呼吸がある。外呼吸と内呼吸におけるガス交換はどちらも拡散という物理的過程によって行われる。拡散とは気体が分圧の高い方から低い方へと無秩序に動くことである。

気管に吸入された空気は肺胞気中37℃で47mmHgの水蒸気で飽和されるので，肺胞気中O_2濃度が約14％（肺換気率）であるならば，その分圧（PO_2）は（760－47）×14／100＝100〜105mmHgとなる。図2-7に肺胞気，動脈血，静脈血および組織細胞での各ガス分圧を示している。

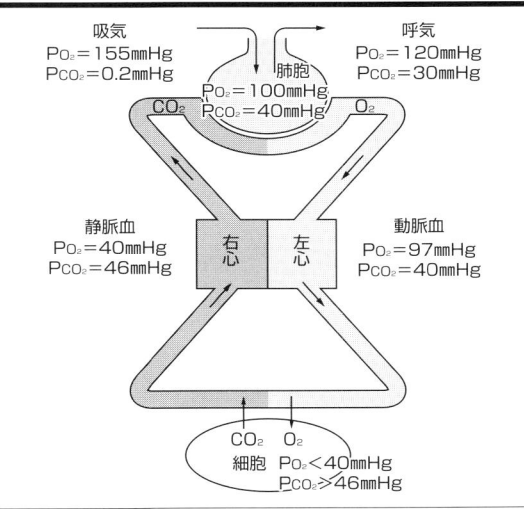

図2-7　身体各部位における酸素分圧と二酸化炭素分圧[8]

▶(2) 組織・細胞でのガス交換

組織でのPO_2は40mmHg，PCO_2は46mmHgと考えられている。したがって，肺胞気のPO_2と比べPO_2は60mmHg，PCO_2は6mmHgの分圧差が生じている。この分圧の差によってO_2は動脈血から組織へ，CO_2は組織から静脈血へ容易に拡散してゆく。

これらガスの拡散スピードはO_2の場合で約0.35秒以内と非常に速く行われている。

▶(3) 血液のガス運搬

血漿中に拡散したO_2は赤血球内に拡散し，化学的にヘモグロビンに結合して酸化ヘモグロビン（O_2Hb）となる。O_2を放出したヘモグロビンは還元ヘモグロビンと呼ばれる。O_2とヘモグロビンの結合は可逆的であり化学反応式で表すと

$$Hb + O_2 \rightarrow O_2Hb$$ となる。

この反応速度は非常に速いため血液は多量のO_2を取り込むことができる。

ヘモグロビンとO_2飽和度とO_2分圧との関係を示すものをヘモグロビンの解離曲線といい，O_2分圧が高いほどO_2と結合しやすいが，血液中のCO_2濃度，温度，pH，電解質などによってその解離曲線は変化する（図2-8）。特に，運動等により血液中のpHが酸性化に傾いたときなどでは，ヘモグロビンの親和性が低下する。

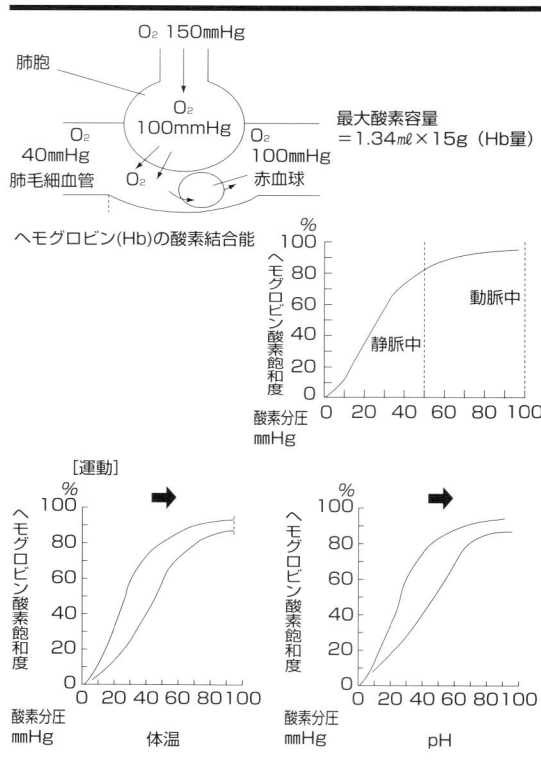

図2-8 ヘモグロビンの酸素解離曲線と体温とpH変化の影響[5]

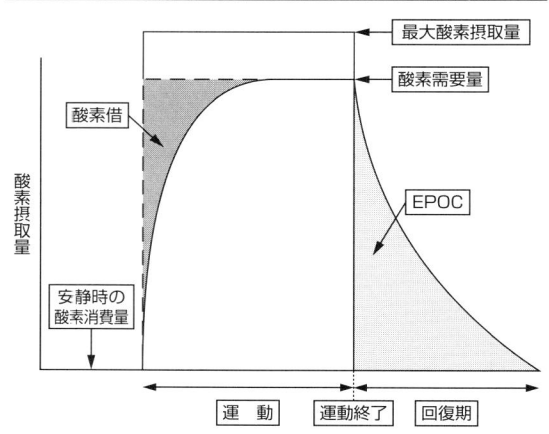

図2-9 運動中と回復期における酸素需要動態

5. 運動と酸素

▶(1) 酸素需要量

身体で消費される酸素の量は運動強度を示すものであり、これを酸素消費量（Oxygen Consumption）という。酸素消費量は内呼吸で取り入れた酸素量を指し、酸素摂取量（外呼吸＝Oxygen Intake）とは区別して用いられている。

一般的にヒトは、基礎代謝として1分間に200〜300mlの酸素を摂取している。そして、運動などで酸素の需要が高まると、呼吸・循環器系が応答し、運動に見合った量の酸素を身体に取り入れる。この運動に必要とされる酸素の量を酸素需要量という。酸素供給のための呼吸・循環器系は、運動を開始してすぐには応答できず（約3分後）、酸素摂取量は酸素需要量を下回った状態（酸素不足）となる。

運動強度が低い場合、酸素不足は少ないので運動開始後数分で酸素需要量と酸素摂取量は等しくなり長時間の運動が可能となる。この酸素需要量と酸素摂取量の等しい状態を定常状態という。しかし、運動直後には呼吸機能が直ちに応答できずに酸素を借りた状態で運動を行うことになり酸素不足が生じることになる。この状態を酸素借といい、運動強度が高くなるほどこの酸素借は大きくなる。

この酸素借は運動後に負債として補償されると考えられていたが、高強度運動あるいは長時間運動では酸素借と酸素負債が等しくならないことから、酸素負債は運動後過剰酸素消費（Excess post-exercise oxygen consumption：EPOC）と呼ばれるようになった（図2-9）。

▶(2) 酸素摂取量

体内に取り込む酸素の量を酸素摂取量（Oxygen Intake）といい、通常1分間に摂取できる酸素の最大値を最大酸素摂取量（Maximum Oxygen Intake：$\dot{V}O_2max$）として、有酸素性作業能力の指標として用いられている。

一般男子の最大酸素摂取量は毎分当たり平均2.5〜3ℓ、女子で1.6〜2.0ℓ程度であり、一流運動選手では理論的な最大値に近い値（約5ℓ）が報告されている。

最大酸素摂取量は，一般に身体の大きい方が高い値を示す。酸素は筋で消費されるので，筋肉量当たりで比較するのが望ましいが，簡便性を考えて体重1kg当たりや除脂肪体重1kg当たりで個人や性差を比較することが多い。日本人一般男子の体重1kg当たりの酸素摂取量は35〜45ml/kg/min，女子で30〜40ml/kg/minである。

▶ (3) 換気量

運動時には1回換気量と呼吸数が増加するためその量も多くなる。運動時の1回換気量は，運動強度に比例して増加していくが，ある強度で頭打ちが起きる。しかし，肺換気量はその後も増加していく。したがって，1回換気量が最高値に到達した後の肺換気量の増加は，呼吸数に依存することとなる。運動による肺換気量をみると，散歩では約15ℓ/min，速歩では約30ℓ/min，ジョギングでは40〜50ℓ/minとなり，激運動時には一般人で90〜120ℓ/min，運動選手では150〜200ℓ/minにも達することがある。

▶ (4) 無酸素性作業閾値 (Anaerobic Threshold：AT)

Wassermanら[15]は運動強度を徐々に増加させていくと，無酸素性の代謝亢進により乳酸が多量に生成され，それに伴って血中pHの酸性化が進み，ガス交換の変化が著しく生じる運動強度，あるいは酸素摂取量のレベルをATと名づけた。しかし，近年このガス交換と体内代謝系の関係については一致しないとの指摘がなされ，ATよりも乳酸性閾値（Lactate Threshold：LT），換気性閾値（Ventilatory Threshold：VT）などという言葉が使われることが多くなった。また最近では，血中乳酸値が4mmol/ℓに達する運動強度を，乳酸蓄積開始点（Onset of Blood Lactate Accumulation：OBLA）として，陸上長距離選手や水泳選手などの練習における目標スピード設定に利用されてきている（図2-10）

3. エネルギー供給システム

エネルギーは，生物，無生物にかかわらず必要不可欠なものである。我々動物は，植物のような光合成によるエネルギー合成は不可能である。そのため，植物や動物を食料として摂取し，それらを消化吸収することによって得られた物質をさらに合成・分解してエネルギーを作り出している。

1. 筋収縮とエネルギー

摂取された栄養は体内で多くの化学反応を繰り返し，最終的にアデノシン三リン酸（Adenoshine Triphosphate,：ATP）という高エネルギー結合をもったリン酸化合物になる。ATPは図2-11(A)のように示される。

筋収縮や神経伝達などのための直接エネルギーは第1結合の加水分解（ATP→ADP）によって得られる（図2-11(B)）。しかし，このATPの体内貯蔵量は極めて少ないため，数秒以上続く運動では，なんらかの方法でATPを補充（再合成）しなければ運動を継続することができなくなる。

2. ATPの再合成

▶ (1) ATP-PCr系

ATPの再合成反応として最初に利用されるのがクレアチンリン酸（Phosphocreatine：PCr）である。このPCrがクレアチンとリン酸に分解す

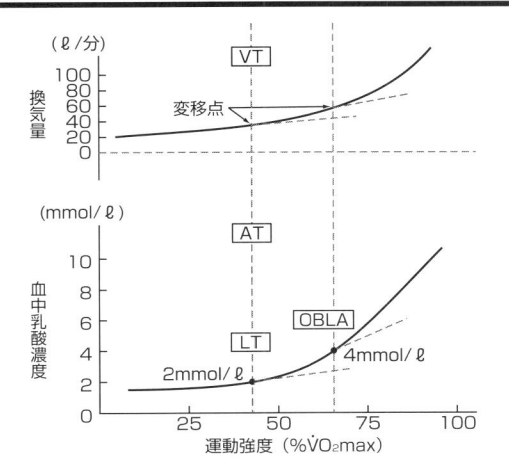

図2-10　ATとLT，VTとの関係，およびOBLA

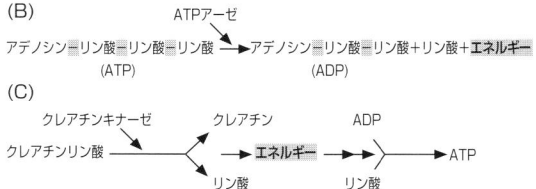

図2-11　(A) ATPの構造　(B) ATPの分解
(C) ATP-PCr系におけるATP再合成の過程

るときのエネルギーを利用してADPをATPに再合成させる。これがATP-PCr系のエネルギー獲得機構であり，この反応を示したものが**図2-11(C)**である。しかし，PCrはATPと同じように筋肉中の含有量がわずかであり，運動中では消耗するだけで補充がなされない。

　ATP-PCr系のエネルギー供給機構の特徴は
①酸素を必要としない無気的反応である。
②エネルギー供給のスピードがきわめて速い。
③最大持続時間が7～8秒である[10]。
④短時間の爆発的なパワー発揮に貢献する。

▶**(2) 解糖系**

　解糖系は，グリコーゲンの無気的（酸素を介さない）分解，あるいは血中から取り込まれたグルコースからATPを産生させるためのエネルギーを発生させ，これを利用する機構である。グリコーゲンは筋肉や肝臓に多く貯蔵され，体重70kgの人で約210gほどである。このグリコーゲンは**図2-12**に示すようにいくつかの中間代謝産物を経て，ピルビン酸になるまでに4分子のATPが生成される。しかし，フルクトース－6－リン酸からフルクトース－1，6－2リン酸になる過程で1つのATPが分解されるため，合計3分子のATPが合成されたことになる。ピルビン酸は，無酸素条件下では解糖系を進行させるための補酵素であるNADを供給するために乳酸に転換される。この様に酸素が介在しない解糖反応は無気的解糖と呼ばれ，ATP-PCr系とあわせて無酸素系という。

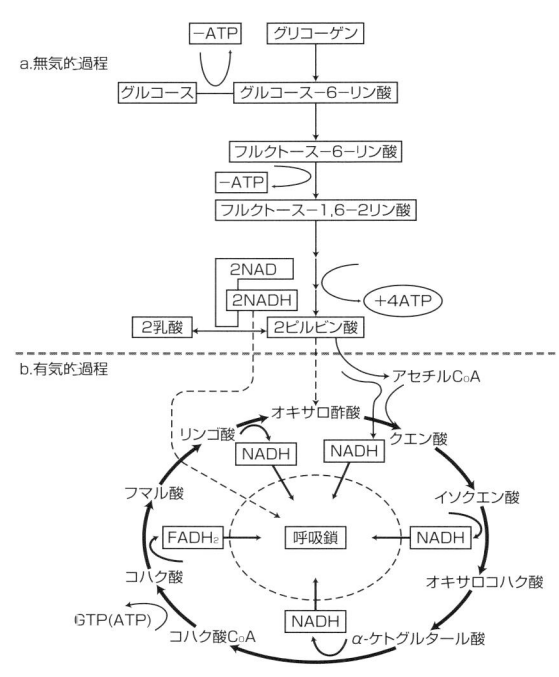

図2-12　解糖系の無気的および有気的代謝経路

　無機的な解糖系のエネルギー供給機構の特徴は，
①酸素を必要としない反応である。
②エネルギー供給のスピードがATP-PCr系ほどではないがかなり速い。
③最大持続時間が約33秒である[10]。
④ATP-PCr系ほどではないが高いパワーの発揮に貢献する。
⑤グリコーゲン1分子の分解で3ATPが再合成されるのみであるため効率のよい反応とはいえない。
⑥無気的過程のため乳酸が発生し，筋のpH低下を起こす。この筋の酸性化が筋活動の低下や解糖系酵素活性の抑制などを引きおこす。

▶**(3) 有酸素系**

　有酸素系は，グリコーゲンが酸素の介入によって水と二酸化炭素に完全に分解され，多くのATPを再合成する過程である。無酸素系は筋の細胞質内で反応していくが，有酸素系は筋細胞内のミトコンドリアで多くの酵素が関与して反応が

進んでいく。

　有酸素系のエネルギー供給反応は次に挙げる3つの経路によって行われている。1つは有酸素条件下でグリコーゲンが解糖系の経路を経てピルビン酸になり，乳酸は蓄積されず，無気的解糖と同じように3分子のATPを合成する（有気的解糖）。2つめは，第1経路で作られたピルビン酸がアセチル補酵素（Acetyl CoA）からクエン酸となって多くの酵素によって反応が進められ，オキサロ酢酸から再びクエン酸にもどってクレブス回路へと入る過程である。さらに3つめは，クレブス回路の酸化過程で放出された水素がNADに渡されフラビン酵素に渡される。そしてキノン補酵素CoQからチトクローム系に渡され，水素が酸素と反応して最終的には水を生じさせる。チトクローム系は水素の受け渡しではなく，電子の離脱による酸化還元を行う。これを電子伝達系と呼ぶ（図2-13）。

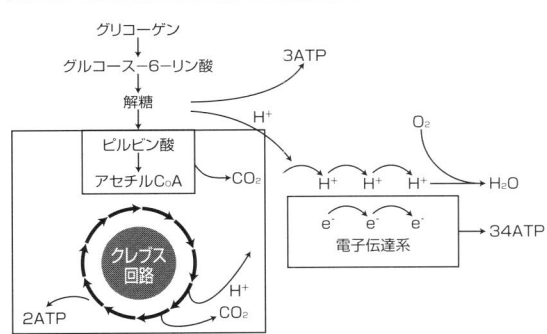

図2-13　グリコーゲンの有酸素性代謝過程[18]

　有酸素系のエネルギー獲得機構の特徴は
　①酸素が絶対必要である。
　②効率のよい反応であり，グリコーゲン1分子の分解で39ATPを再合成できる。
　③反応を起こすまで2～3分の時間を要する。
　④酸素の供給と燃料が十分あれば，エネルギーの産生を半永久的に継続することができる。

3. エネルギー燃料としての栄養素

▶（1）糖質（炭水化物）

　糖質はからだの中では血中グルコース（血糖），肝グリコーゲン，筋グリコーゲンの形で存在している。身体含有量は，血中グルコースが約5g，肝グリコーゲンが約70～100g，筋グリコーゲンが300～400gである。この様に糖質の体内貯蔵量には限界がある。糖質1gは約4kcalのエネルギーに相当する。

　運動の初期や激運動時には筋グリコーゲンが利用されるが，無気的解糖のため乳酸が生成される。この乳酸は血中に逸脱し，肝臓に運ばれてグルコースに再合成され，エネルギーとして利用される。また，乳酸は筋肉中のミトコンドリアに運ばれて有酸素的なエネルギー源としても利用される。一方，長時間の運動の場合には筋グリコーゲンの減少が見られるが，グルコースも同時に減少していく。運動によっては全エネルギー需要の40％もグルコースに頼ることもある。血中のグルコース濃度は空腹時に80～100mg/dℓに調節されているが，運動により血中グルコース濃度が著しく低下すると，低血糖反射が起こる可能性がある。われわれの脳・神経系はグルコースのみをエネルギー源としているため，運動などによる低血糖は生命に危険を及ぼす可能性がある。そこで，グルコースの低下にともなって肝グリコーゲンが動員され血糖値を一定の状態に保っている。

▶（2）脂質

　脂質は食物として摂取される他に，肝臓で過剰に摂取された糖質から合成される。脂肪はエネルギー効率が高く（1gで約9kcal）軽量である。からだと食物の中で見ることができる脂質は，トリグリセリド（中性脂肪），ステロール，リン脂質である。中でも中性脂肪は食物の95％を占め，からだの中でもこの型で蓄えられている。

　持続的な運動では，脂質は糖質と共に運動のためのエネルギー供給源として利用されるが，運動時間が長くなれば燃料源の主役は脂質へと変わる。中程度の運動では脂肪組織の中性脂肪は分解されて遊離脂肪酸（FFA）となる。このFFAが筋肉

に送られATP供給の主な燃料源として使用される。このように糖質と脂質は運動のエネルギー源として利用されるが，運動時にどちらの栄養素が優先的に利用されるかは，実施する運動の時間，強度によって異なる。高強度，短時間の運動では糖質が優先して使われ，逆に低強度，長時間の運動では脂質が使われる。

▶（3）タンパク質

タンパク質は，胃や小腸の消化酵素の働きでポリペプチドとアミノ酸に分解される。アミノ酸は小腸で吸収され，門脈をへて肝臓へ運ばれる。肝臓に運ばれたアミノ酸は代謝され，血漿タンパクなどの合成，筋肉や消化管などの構成成分となる。さらに，酵素や抗体の形成，酸塩基平衡，血液凝固，血中イオンや酸素の運搬などの役割を持っている。タンパク質は筋肉などの身体構成成分として利用され，運動のエネルギー源として使われることはほとんどない。ただ，飢餓のような特定条件ではエネルギー源としての役割を果たすこともある。

4. エネルギー代謝

身体の中ではたえず代謝が行われている。代謝によって産出される単位時間内のエネルギーをエネルギー代謝（Metabolic Rate）という。エネルギー代謝量は体内で生じるエネルギー量を測定して表す。このエネルギー代謝量は摂取する酸素の量がわかれば求めることができる。

▶（1）食物のエネルギー量

食物中に含まれる糖質，脂質，タンパク質1gが酸化して放出するエネルギー量はそれぞれ約4kcal，約9kcal，約4kcalである。この食物中のエネルギー量と摂取した酸素の量で消費したエネルギー量を求めることができる。

▶（2）呼吸交換比（Respiratory Exchange Ratio：RER）

どの栄養素を使ってエネルギーを産出したかを知るには，CO_2呼出量とO_2吸入量を測定しその比

表2-1 呼吸交換比と発生エネルギー[18]

RER	エネルギー発生量 (Kcal／酸素1ℓ)	％発生エネルギー 糖質	％発生エネルギー 脂質
0.71	4.69	0.0	100.0
0.75	4.74	15.6	84.4
0.80	4.80	33.4	66.6
0.85	4.86	50.7	49.3
0.90	4.92	67.5	32.0
0.95	4.99	84.0	16.0
1.00	5.05	100.0	0.0

を求めることでわかる。この比のことを，呼吸交換比という（RER＝CO_2/O_2）。

生体内では三大栄養素が単一で燃焼することはなく，身体活動によって変化するので，RERは0.7〜1.0の間を変動する。表2-1にはRERと栄養素の発生エネルギーを表している。

4. 心臓血管系と呼吸器系に対するトレーニング効果

1. 心臓血管系のトレーニング効果

▶（1）心臓

運動選手やトレーニング経験者の心拍出量が多いことは，1回拍出量が多いために起こるが，これは心臓が運動への適応を起こしたためである。運動の継続により，心臓は機能的にも構造的にも変化し，心肥大が生じる。これをスポーツ心臓と呼んでいる。スポーツ心臓にも，トレーニングの内容により違いを見ることができる。持久的なトレーニングでは左心室腔の容積が増大し，1回拍出量が大きくなるのが特徴である。これに対し，高強度のストレングストレーニングを行うと，左心室壁が肥大し，筋の厚さが増す。

一方，心臓弁膜症や高血圧症などの病気の場合でも心肥大することがある。この病的肥大は，機能的欠陥を代償する形で起こるもので，1回拍出量が少なく，ポンプ機能が正常より劣っている。したがって，強い運動には耐えられない心臓であり，スポーツ心臓と病的肥大心臓では，成因も機

能も全く異なることに注意しなければならない。

▶(2) 心拍数
(a) 安静時心拍数（Rest HR）

仮にRest HRが80拍/分である非鍛錬者に適度な持久性トレーニングを行わせると，特に最初の1〜2週間において毎週1拍/分のRest HRが低下していく。そして，10週間トレーニングを続けると，Rest HRは80→70拍/分へと変化する。Wilmoreら[17]は，20週間の高強度持久性トレーニングにより，Rest HRが65.0→62.4拍/分へと変化したと報告している。一流長距離選手のRest HRのレベルは，40拍/分以下になるともいわれている[17]。

(b) 最大下心拍数

ある特定の運動強度での最大下運動中における心拍数も持久性トレーニングによって低下する。6ヶ月の適度な持久性トレーニングプログラムにより，最大下心拍数が20〜40拍/分低下することが報告されている[18]。

(c) レジスタンストレーニングと心拍数

レジスタンストレーニングによっても，安静時心拍数および特定運動強度での最大下心拍数が低下する[18]。このメカニズムを詳細に示した先行研究は見受けられないが，おそらく心臓，特に心筋のサイズと収縮力の増加が関与しているものと思われる。

▶(3) 毛細血管と循環機能

有酸素性運動を継続的に行うと筋の血流量が増加する。筋の血流量が増加するには筋肉内の毛細血管が発達する必要があり，有酸素性運動にはその効果があるといわれている。また，持久的なレジスタンストレーニングによっても，毛細血管の数が増加し，筋線維に対する毛細血管の割合が増加するなどの一連の運動効果が認められる。

長時間の有酸素性運動では，循環機能が優れている方が有利であり，マラソンなどの長時間運動では呼吸循環器系の優劣が大きな要因となってくる。循環機能のトレーニング効果は，心拍出量の増加や心拍数の減少による心臓機能の獲得，筋のミトコンドリアの増加，筋グリコーゲンの増加などがある。

2. 呼吸器系のトレーニング効果

▶(1) 肺容量の変化

体格が大きく，よく鍛錬された運動選手ほど肺容量は大きい。ただし，肺容量と持久的な運動能力との関係については一致した見解が得られていない。

▶(2) 呼吸筋の変化

呼吸筋も他の骨格筋と同様に運動強度に比例してエネルギー消費量は高くなるため，呼吸筋への血流も多くなり呼吸筋の発達がみられる。そのため，よくトレーニングされた持久性運動選手の呼吸筋は，一般人に比べて同じ強度の運動時における酸素消費量が少なく，運動に動員される骨格筋へ多量の酸素を供給することができる。

▶(3) 酸素運搬系の変化
(a) $\dot{V}O_2max$の変化

日常の活動状況やトレーニングの方法や量によって異なるが，最大運動強度の60％以上の持久性トレーニングにより$\dot{V}O_2max$は増加する。一方，体力水準の低い人や日常の活動量が低い人では$\dot{V}O_2max$の30％程度でも効果があるという報告もある。ただし，$\dot{V}O_2max$は遺伝的要素が強く，トレーニングすれば誰もが競技選手レベルの$\dot{V}O_2max$が得られるわけではない。

$\dot{V}O_2max$は，発育にともなって増加し加齢にともなって減少するが，高い$\dot{V}O_2max$を持つ競技者でも，トレーニングを実施していても加齢にともなって低下していき，トレーニングを中止すると一般人と同じレベルにまで減少していく。

(b) LTの変化

LTが得られるランニングスピードでの持久性トレーニングによって乳酸の生成あるいは除去能力が高まる（図2-14）。非競技者では，$\dot{V}O_2max$の約65％がLTポイントとなるが，競技者では約75％から乳酸の蓄積が始まる。持久性トレーニン

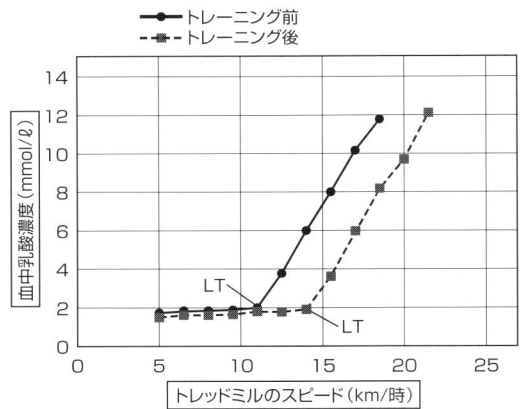

図2-14　持久的トレーニング前後でのLTの変化[18]

表2-2　非活動男性における持久的トレーニングの効果と世界レベル持久系競技選手との値の比較[18]

変数	非活動な一般男性 トレーニング前	非活動な一般男性 トレーニング後	世界レベルの長距離ランナー
心臓血管系			
安静時心拍数(拍/分)	71	59	36
最大心拍数(拍/分)	185	183	174
安静時一回拍出量(ml/拍)	65	80	125
最大一回拍出量(ml/拍)	120	140	200
心拍出量(ℓ/分)	4.6	4.7	4.5
最大心拍出量(ℓ/分)	22.2	25.6	34.8
心容量(ml)	750	820	1200
血液量(ℓ)	4.7	5.1	6.0
安静時収縮期血圧(mmHg)	135	130	120
最大収縮期血圧(mmHg)	210	205	210
安静時拡張期血圧(mmHg)	78	76	65
最大拡張期血圧(mmHg)	82	80	65
呼吸器系			
安静時換気量(ℓ/分)	7	6	6
安静時最大換気量(ℓ/分)	110	135	195
一回換気量(ℓ)	0.5	0.5	0.5
最大一回換気量(ℓ)	2.75	3.0	3.9
肺活量(ℓ)	5.8	6.0	6.2
残気量(ℓ)	1.4	1.2	1.2
代謝系			
安静時動静脈酸素較差(ml/100ml)	6.0	6.0	6.0
最大動静脈酸素較差(ml/100ml)	14.5	15.0	16.0
安静時酸素摂取量(ml/kg/min)	3.5	3.5	3.5
最大酸素摂取量(ml/kg/min)	40.5	49.8	76.7
安静時血中乳酸濃度(mmol)	1.0	1.0	1.0
最大血中乳酸濃度(mmol)	7.5	8.5	9.0
身体組成			
体重(kg)	79	77	68
体脂肪量(kg)	12.6	9.6	5.1
除脂肪量(kg)	66.4	67.4	62.9
体脂肪率(%)	16.0	12.5	7.5

グによってこの乳酸が蓄積するレベルを$\dot{V}O_2max$の80%以上に引き上げることができることも報告されている。

(c) 酸素運搬系の変化

トレーニングによって呼吸効率は増大する。呼吸効率は毎分酸素摂取量(ml)／毎分換気量(ml)＝酸素摂取率で求められる。

この呼吸効率の増大は、肺胞でのガス交換能の向上によるものである。

III　理解度チェック問題

1. 心臓の刺激伝導に大きく関係する神経系はどれか。
   a. 中枢神経
   b. 交感神経
   c. 体性神経
   d. 運動神経

2. 肺胞が効率的にガス交換できる要因として挙げられるのはどれか。
   I. 毛細血管が多い
   II. 表面積が大きい
   III. 神経分布が細かい
   IV. 平滑筋が多い
   a. Iのみ
   b. IとII
   c. IとIII
   d. IIとIV

3. 脂質の%発生エネルギーが100の場合、RERはどの値になるか。
   a. 0.71
   b. 0.85
   c. 0.95
   d. 1.00

4. 持久的トレーニングの効果として挙げられていないのはどれか。
   a. 最大下心拍数の低下
   b. 毛細血管網の発達
   c. 心容量の増加
   d. 心筋の肥大

解答:1.→b 2.→b 3.→a 4.→d

【文献】

1) Berne, R. M. and Levy, M. N. (1993). Physiology 3rd ed. Mosby Year Book. Inc.
2) Fleck, S. J. and Kraemer, W. J. (1997). Designing Resistance Training Program 2nd ed. Human Kinetics Publisher.
3) Ganong, W. F.：星猛他訳（1996）．医科生理学展望 原書17版．丸善株式会社．〈Ganong, W. F. (1995). Review of Medical Physiology 17th ed.. East Norwalk, Conn.：Lange Medical Publications.〉
4) Gledhill, N., Cox, D., and Jamnik, R. (1994). Endurance Athletes' Stroke Volume Does Not Plateau：Major Advantage is Diastolic Function. Med. Sci. Sports Exerc., 26：1116-1121.
5) 本間生夫（1999）．呼吸機能と働き．中野昭一編．スポーツ医科学（pp.62-75）．杏林書院．
6) 石河利寛，杉浦正輝（1989）．運動生理学．健帛社．
7) Keul, J., Dickhuth, H. H., Lehmann, M. and Staiger, J. (1982). The Athlete's Heart Haemodynamics and Structure. Int. J. Sports Med. 3 (Suppl. 1), 33-43.
8) 貴邑富久子，根来英雄（1999）．シンプル生理学．改訂第4版．南江堂．
9) MacDougall, J. D. (1994). Blood Pressure Response to Resistance, Static and Dynamic Exercise. In G. F. Fletcher (Ed.), Cardiovascular Response to Exercise (pp.155-173). Future Publishing Company Inc..
10) Margaria, R., Cerretilli, P., Aghemo, P., and Sassi, G. (1963). Energy Cost of Running. J. Appl. Physiol. 18：367-370.
11) McArdle, W. D., F. I. Katch, and V. L. Katch (2001). Exercise Physiology Energy, Nutrition, and Human Performance 5th ed. Lippincott Williams & Wilkins.
12) 中野昭一，白石武昌，栗原敏（1995）．学生のための生理学．医学書院．
13) 鈴木英夫，弘卓三（2002）．からだの科学と健康づくり．学術図書出版社．
14) 田中悦子，栗原敏（1999）．心臓・循環と運動．中野昭一編 スポーツ医科学（pp.44-61）．杏林書院．
15) Wasserman, K.. and McIlroy, M. B. (1964). Detecting the Threshold of Anaerobic Metabolism in Cardiac Patient during Exercise. Am. J. Cardiol. 14, 844-852.
16) West, J. B. (1973). Respiratory Physiology. Lippincott Williams & Wilkins.
17) Wilmore, J. H., Stanforth, P. R., Gagnon, J., Leon, A. S., Rao, D. C., Skinner, J. S., and Bouchard, C. (1996). Endurance Exercise Training Has a Minimal Effect on Resting Heart Rate：The HERITAGE Study. Med. Sci. Sports Exerc., 28：829-835.
18) Wilmore, J. H. and D. L. Costill (2000). Physiology of Sport and Exercise 2nd ed. Human Kinetics Publisher.

3章 骨格筋系の機能解剖とバイオメカニクス

KEYWORDS ●多関節筋 ●てこ ●モーメントアーム ●トルク ●パワー ●速度 ●加速度
●力―速度関係 ●張力―長さ関係 ●生理学的断面積

1. 運動器系とてこ

人体を大別すると，まず体幹と体肢から構成されていることがわかる。さらに体幹は頭，頸および胴に，体肢は上肢および下肢に区別される。人体それぞれの部位に運動器がある。運動器とは骨格と筋のことを指す。骨格は筋の作用を受ける，筋は能動的に活動し骨格へ力を伝える，この運動器の作用によって身体の運動が現出してくる。

1. 骨格

人体には骨と軟骨が連結して作る骨格があり，身体を支え，その形を保っている。人体の骨格は頭を含む体幹部の軸性骨格と体肢の付属性骨格から成っている。骨格は神経系や内臓を保護するほか，筋が多数付着しているので骨の連結部すなわち関節においては，運動器として働く（図3-1）。

2. 骨格筋の分類

▶(1) 概観

骨格筋はその両端が結合組織を介して骨に付着して（一部は筋膜に付くものもある）骨格とともに運動器を構成している（その他，関節包に付くもの：関節筋，皮膚に付くもの：皮筋などもある）。この付着部位のうち，収縮時に移動する方を停止（筋尾），固定して動かない方を起始（筋頭）という。上腕筋の場合，収縮によって肘関節が屈曲するので，動かない上腕側が起始，前腕（尺骨）側が停止となるように，体肢の場合は近位（体幹に近い方）に起始が，その反対側（遠位）が停止となるように区別がはっきりしている（図3-2）。

▶(2) 形の違い

筋の形状には，筋線維の走行や筋頭の違いから，次のような種類がある（図3-3）。

紡錘状筋：筋線維の走行方向が筋の長軸に（腱と平行）そっており，中央部（筋腹）が太く，両端が細い紡錘状である。例：上腕筋など。

半羽状筋：筋の片側にのみ腱があるもの。筋線維は互いに平行に走行しているが，文字通り鳥の羽のように，腱に対してある角度（羽状角）をもって筋繊維が接している。例：後脛骨筋，半膜様筋など。

羽状筋：筋の中心に腱があり，腱の両側に筋線維が付着し，その走行方向が腱とは異なっているので羽状角を持つ。例：大腿直筋，腓腹筋など。

多頭筋：筋には1つ，またはそれ以上の筋頭がある。二つの場合は二頭筋，三つのときは三頭筋，四つのときは四頭筋と呼ばれる。複数の腱（筋頭）から始まった筋が交わり一つの筋腹を構成する。上腕二頭筋は長頭と短頭，上腕三頭筋は外側頭と内側頭および長頭，大腿直筋，外側広筋，内側広筋，中間広筋からなる大腿四頭筋などが代表例である。これらとは反対に，筋腹から筋尾が複数に分かれる場合もある。

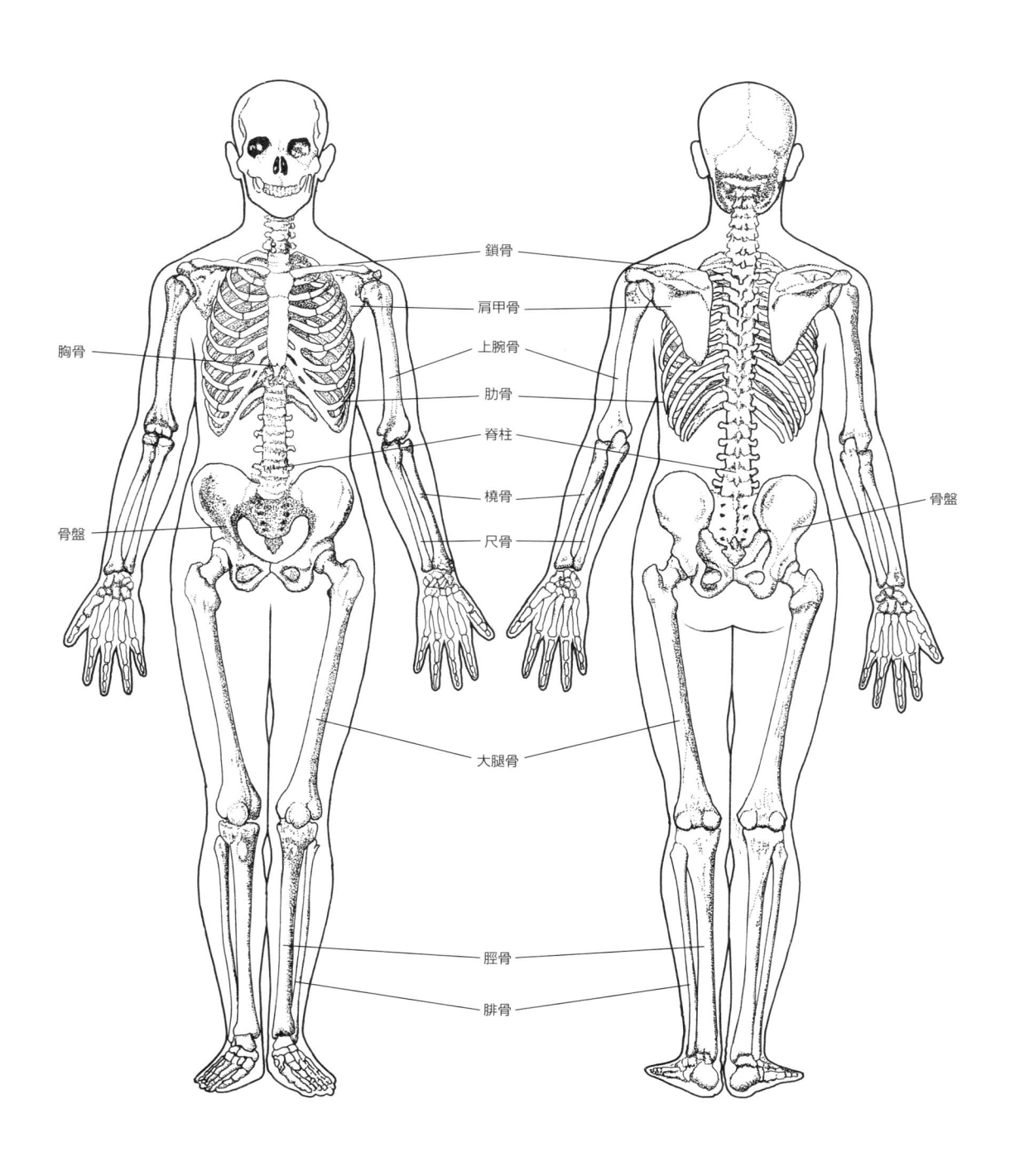

3章 骨格筋系の機能解剖とバイオメカニクス

図3-1 骨格系

図3-2　筋肉系

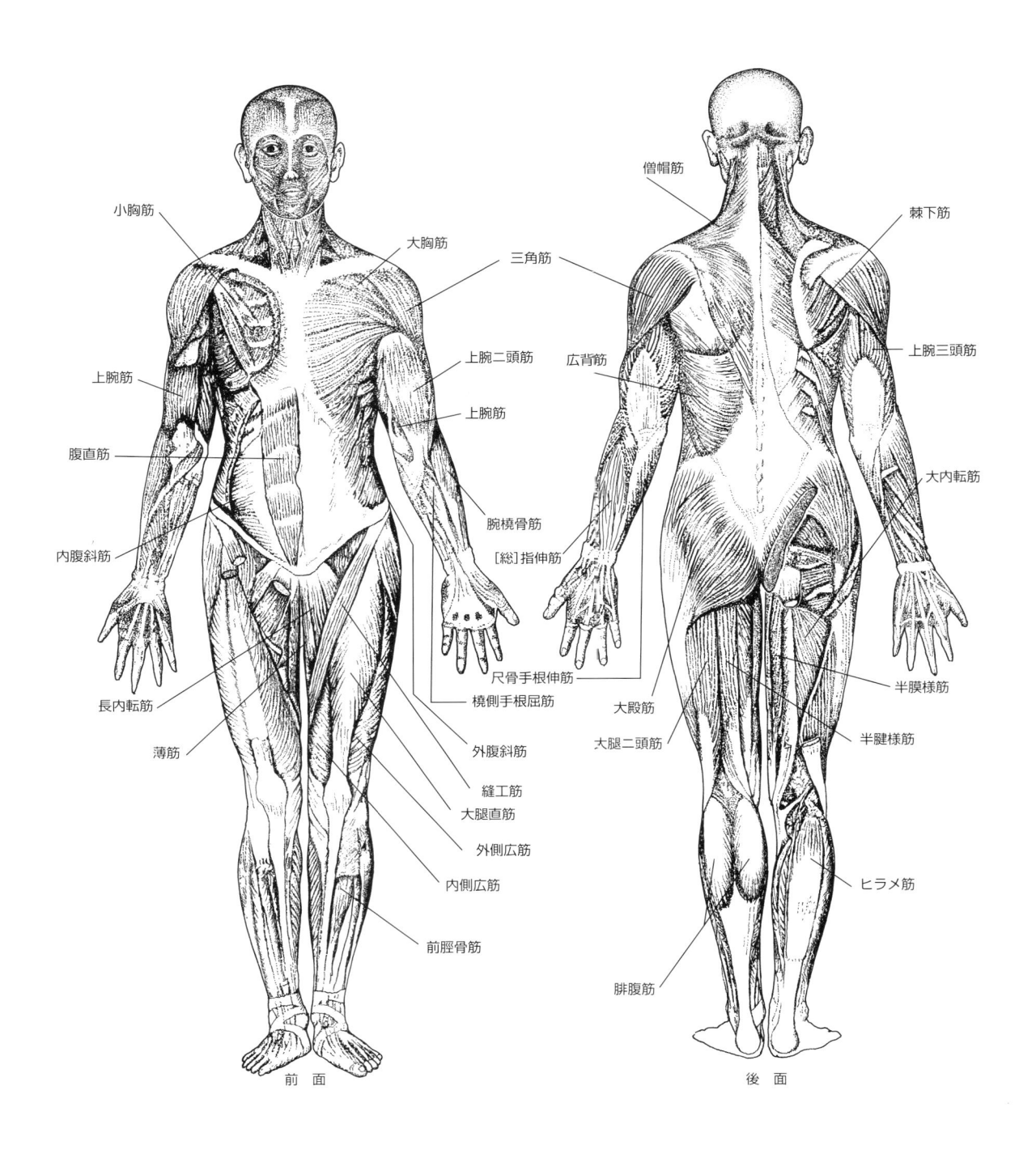

前面・後面の筋肉名（前面）：小胸筋、大胸筋、三角筋、上腕二頭筋、上腕筋、上腕筋、腕橈骨筋、[総]指伸筋、尺骨手根伸筋、橈側手根屈筋、腹直筋、内腹斜筋、外腹斜筋、長内転筋、薄筋、縫工筋、大腿直筋、外側広筋、内側広筋、前脛骨筋

（後面）：僧帽筋、棘下筋、広背筋、上腕三頭筋、大内転筋、大殿筋、大腿二頭筋、半膜様筋、半腱様筋、腓腹筋、ヒラメ筋

二腹筋：筋腹が腱によって中断される，すなわち中間で二腹に分かれている筋をいう。

このほか，鋸状，輪状，リボン状，板状，膜状など様々な形状の筋がある。

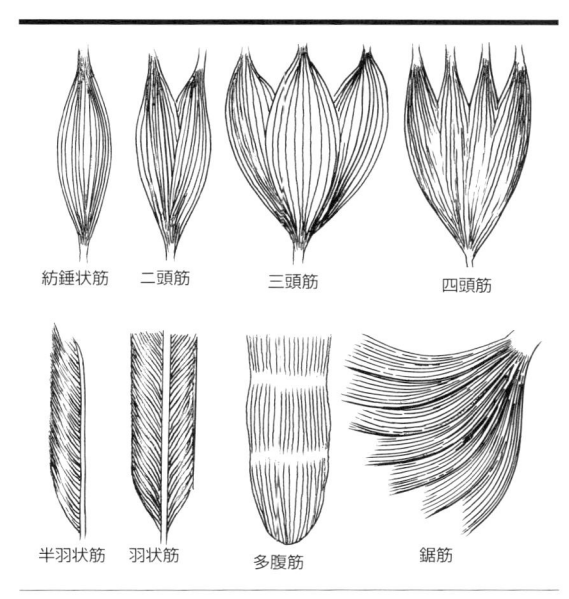

図3-3　筋の形状による分裂

▶ (3) 単関節筋と多関節筋

筋は関節をまたいで付着している。このとき1つの関節に関与しているものを単関節筋，複数の関節に関わるものを多関節筋と呼んでいる（図3-4）。

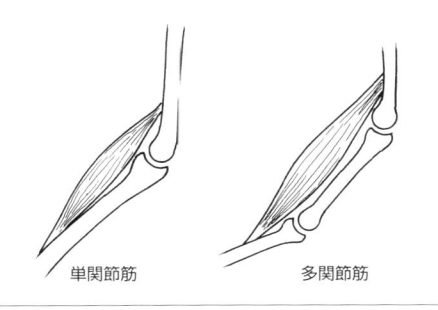

図3-4　単関節筋と多関節筋

前者には上腕筋，大殿筋，ヒラメ筋などがある。後者には上腕二頭筋，大腿直筋，大腿二頭筋などがあり，身体の運動において重要な役割を担う筋が多い。多関節筋の役割を理解することがプログラムデザインにおいて要求されていることを忘れてはならない。とくに基本的運動である走，跳という動作には，股関節の伸展・屈曲，膝関節の伸展・屈曲に二関節筋が関与しており，これら筋の動作中の役割を理解することが，動作特異性を考慮することに他ならないのである。

▶ (4) 役割による分類

関節を介して筋が働くとき，その関節運動の目的にもっとも貢献している筋または筋群を主働筋という。例えば，関節を屈曲させる場合，関節を屈曲させるために主に貢献する筋を主働筋とよび，反対の作用である伸展させる筋を拮抗筋と呼ぶ。また，運動はある筋の動作方向と一致することは稀であり，複数の筋が協力して大きな力を得ている。したがって，実際には一つの運動を行うのに同時に多くの筋が働いている。その主力となる主働筋に協力してその働きを補助する筋を共同筋（または協力筋）と呼んでいる。

図3-5のように肘関節の屈曲運動を例にしたとき，主働筋は上腕二頭筋および上腕筋，腕橈骨筋は共同筋である。一方，肘を伸展させる上腕三頭筋はこのとき拮抗筋となる。二関節筋においてはさらに複雑な場合がある。ジャンプ動作において，大腿二頭筋は股関節の伸展においては主働筋となるが，同時に起こっている膝関節の伸展において

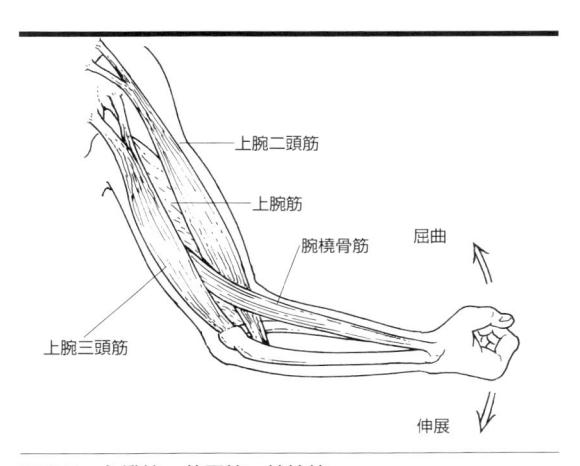

図3-5　主働筋・共同筋・拮抗筋

は拮抗筋となり，関連するそれぞれの関節でことなる役割を果たしていることになる。

3. てこ

「てこ」は栓抜き，電気のスイッチ，はさみなど日常生活においても我々が頻繁にその恩恵を受けている「しくみ」である。人体における骨格とそれに付着し収縮する筋も，てこの作用で運動が発現する。身体内部の筋収縮が身体運動として外部に対して現れるときには，この運動器の構造上のしくみに大きく影響を受けている。したがって，これを理解することが，身体運動を理解する上で必要である。

てこの働きは，力および速さにおいて利得をもたらす。速さについては動きの中心となる支点と，支点を中心に回転する軸を考えると分かりやすい。図3-6の（AC）が40度動いて（AE）へ移動したとき，同じ線上の（AB）も（AD）へ移動する。この場合，同じ速度で同じ角度だけ動いたとしても，軸が短い（AB）の移動距離（BD）に比べて，軸が二倍長い（AC）では移動距離（CE）も二倍となる。

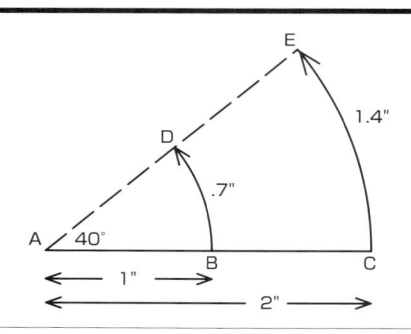

図3-6　てこの働き

力および速さでの利得は，てこの種類によってことなり，三種に分類されている。てこに関わる用語の定義を示す。

支点：てこの中心点。
モーメントアーム：支点から力の作用線に降ろした垂線の距離。
トルク（またはモーメント）：支点を中心として物体を回転させようとする力の大きさ。力とモーメントアームの積で求められる。単位はNm。
筋力：筋収縮にともない発揮される力。
抗力（抵抗）：重力，慣性，摩擦などにより筋張力に対抗して身体外部から加えられる力。挙上しているダンベルなどの重量はこれにあたる。単位はN（ニュートン）。
てこ比（機械的有効性）：筋力と抗力のモーメントアームの比率。「筋力のアーム÷抗力のアーム」。

図3-7に示すように，おもりAとBが同じ重さで，このシーソーが釣り合っているならば，支点からそれぞれの距離a，bも等しく（てこ比1：1＝1），A×a＝B×bが成り立つ。

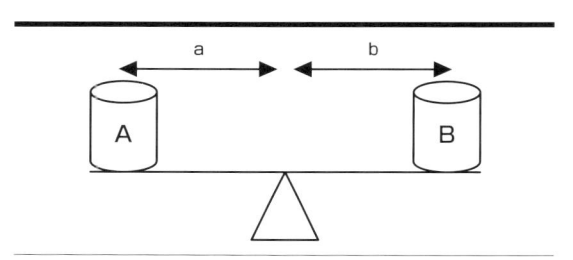

図3-7　てこ比（その1）

同様に筋の発揮トルクと外部抵抗のトルクが釣り合うためには，「筋力×モーメントアーム」は「抗力×モーメントアーム」と等しくなければならない。つまり図3-8のようにbが短い場合，てこ比はa/bとなり，仮にこれを2とすると，AとBが釣り合うためには，BはAの二倍の重量を要する。人体の関節においてもこのようなてこ作用

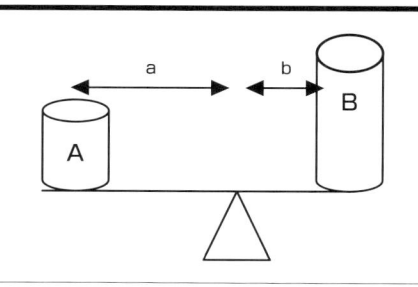

図3-8　てこ比（その2）

が影響し，運動がなされているのである。

▶ (1) 第一種のてこ

支点を挟んだ両側に筋力と抗力が作用するてこ。図3-9は上腕三頭筋による肘伸展運動を表している。肘の関節中心を支点として，筋力，抗力が作用する点と支点との距離がモーメントアームとなる。図3-9の例ではてこ比は1：8＝0.125となり，30kg（約300N）の力を発揮するときに，筋は8倍の240kg（約2400N）の筋力を要することになる。この位置関係のてこは力学的には不利な条件であり，比較的小さな抵抗（抗力）に対しても大きな筋力が必要とされることを示している。

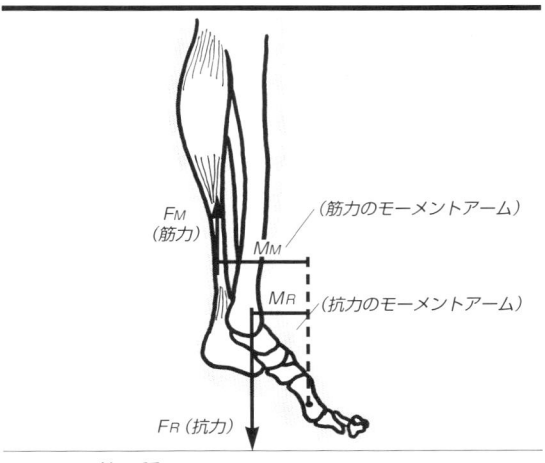

図3-10 第二種のてこ（文献13，一部加筆）

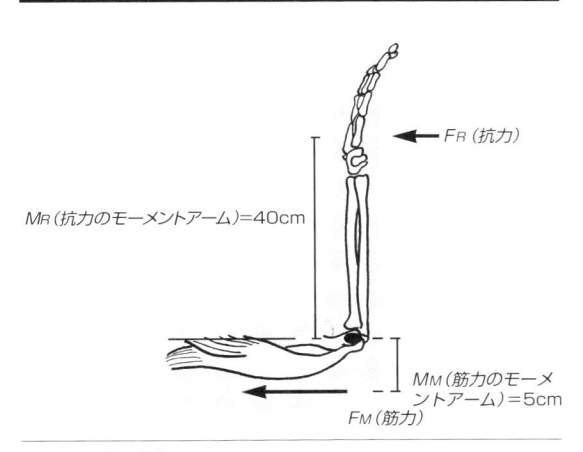

図3-9 第一種のてこ（文献13，一部加筆）

▶ (2) 第二種のてこ

第二種のてこは筋力と抗力が支点に対して同じ側にあり，筋力のアームの方が抗力のアームより長いてこである。カーフレイズの様な足関節の底屈において，拇趾球を支点として身体を挙上するとき，アキレス腱を介した下腿三頭筋の筋力は抗力である体重よりも軽くなる（図3-10）。一方，足関節のてこは第一種のてこであるという見方もある。この場合は，足関節を支点として拇趾球に抗力を受けることを想定している。具体的には，レッグプレスマシンなどで，つま先および拇趾球部分をフットプレートに置き，底屈運動をすることがこれに当たる（図3-11）。

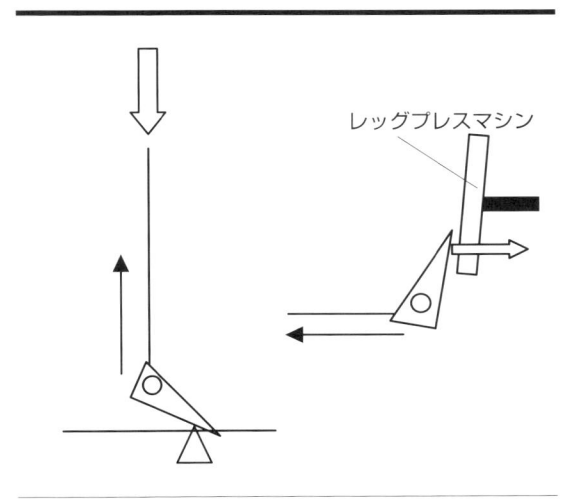

図3-11 第二種のてこ（b）

▶ (3) 第三種のてこ

筋力と抗力が支点に対して同じ側に位置しているが，抗力の方が筋力のアームより長いてこを第三種のてこという。身体では多くみられる種類である。図3-12のFはダンベルを保持している状態での力の作用線を表し，支点である肘関節からFまでの距離が筋力のアーム，ダンベルまでが抗力のアームとなる。したがって，これも第一種と同様に力学的に不利なてこ比となり，実際に挙上している負荷よりも大きな負荷を筋が受けることになる。つまり，筋や腱には多大な力がかかって

おり，断裂などの傷害が起きやすいことも理解できよう。

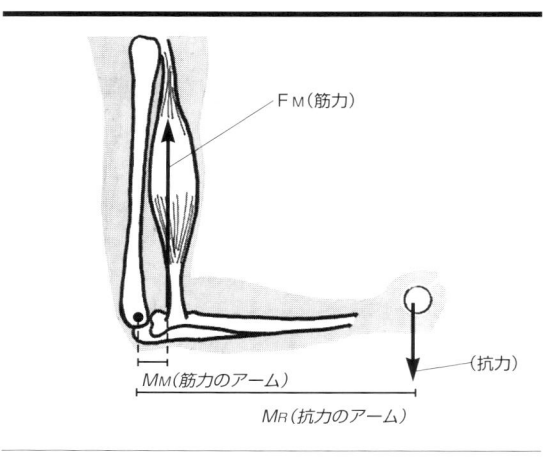

図3-12 第三種のてこ（文献13，一部加筆）

▶(4) 動作中の変化

体型ばかりでなく，人体の構造にも個人差がある。ある人が腱の付着位置が関節中心から遠い位置にあれば，モーメントアームが長く，より高重量を挙上できるかもしれない。しかし，この場合一定の可動域を確保するためにより大きな筋の短縮を必要とする。つまり，同じ筋の短縮距離でも，腱の付着位置が関節中心から近い位置と比べて，その関節の角度変化は小さいことになり，運動速度に対しては不利に作用する。とくに投球の腕振りなどで高速の動きが末梢（手・指先）において要求されるときには，力よりも速度に対して，てこの利得が影響することになろう（図3-13）。

上腕二頭筋の収縮によって肘屈曲が起こる。この動作中にモーメントアームは変化している。**図3-14**のMは筋力のアームを示しており，これが長くなると機械的有効性が増加し，大きな力が出やすくなる。Mが短くなればそれが減少し，出力としては不利になる。**図3-14**のように腕を下垂した状態ではMが短く，腕を持ち上げ水平位付近で最大となり，その後Mは減少する。したがって，可動域のなかで，もっとも大きな筋力を発揮できるのが動作の中間部である水平位付近となる。これは腕の例であり，個人差と同様，部位によってこの最大値の得られる位置が異なる。関節角度に

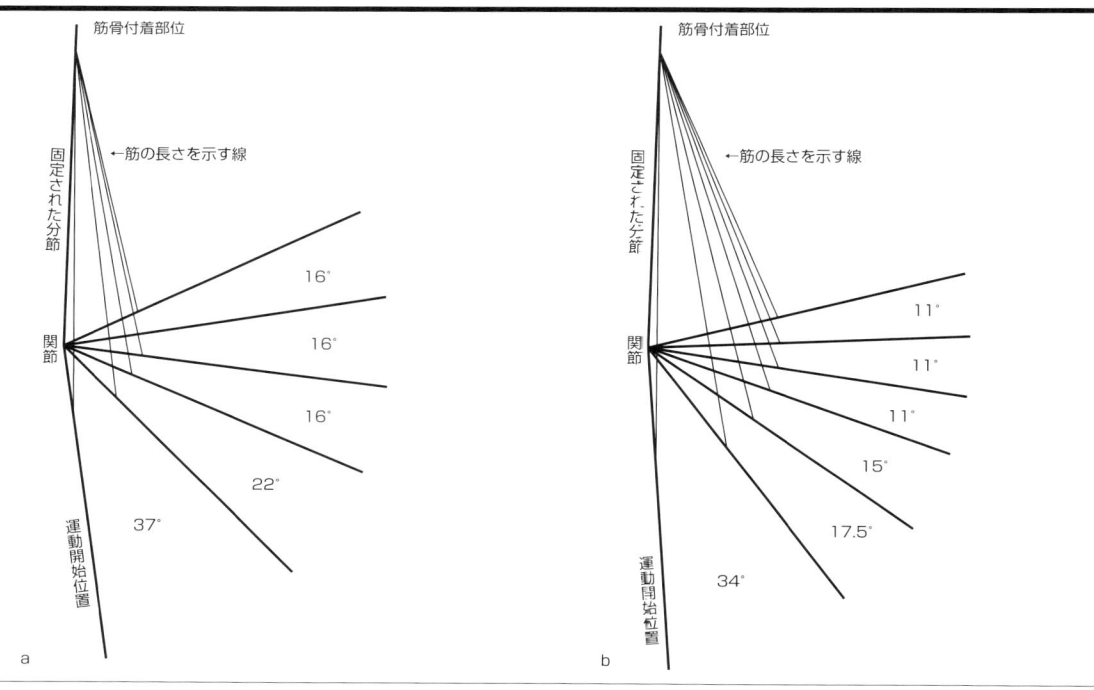

図3-13 付着部位の違い[13]

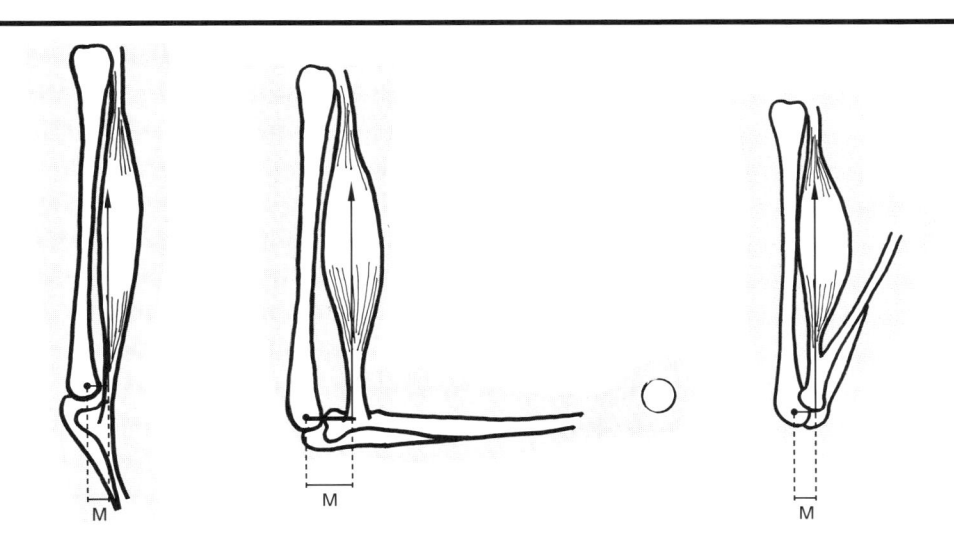

図3-14　動作中のモーメントアームの変化

よって発揮筋力がことなることの一つの要因である。

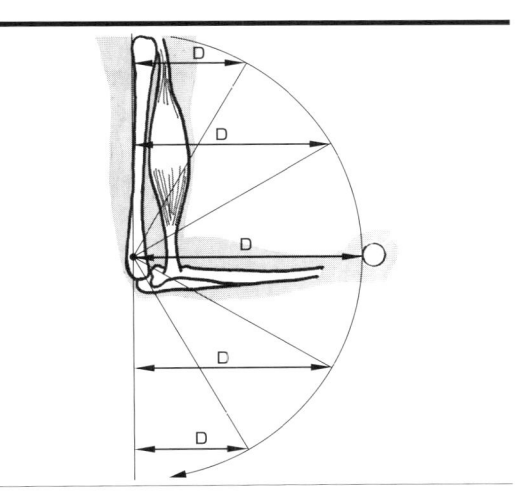

図3-15　抗力のモーメントアーム

一方，抗力のモーメントアームの変化について，アームカールの挙上動作を例に挙げたのが**図3-15**である。このとき抗力のアームは人の腕ではなく，ウエイトが作用する点から回転軸（肘関節中心）への水平距離（D）となる。つまり，肘を伸ばした状態からアームカールを始めると，徐々にモーメントアームが長くなり，トルクが大きくなっていく。前腕が水平になった水平位置でもっとも距離が遠くなり，トルクも最大になる。

これを過ぎて更に持ち上げていくと，水平距離が短くなり，トルクも小さくなる。このようにアームカールでは水平位置でもっとも抗力のアームが長くなり，大きなトルクが生じるため，いわゆるスティッキングポイントとなる一方で，筋力のアームも最大になり，力を発揮しやすい条件になっているのである。

2.筋力とパワー

「力」や「パワー」といった言葉は一般にも広く使用されてはいるものの，科学的にみると誤用である場合もよく耳にする。ここでは筋力・パワーに関わる諸変量についてヒトの筋力・パワー発揮に伴うバイオメカニクス的因子について確認する。

1. 基礎的な定義

▶(1) 質量と重量

普段，私たちは「体重は50kg」というように使っているが，本来kgは質量の単位である。質

量とは，物体固有の重さである。重力が重力加速度（約9.8m／秒^2）の影響を受けた状態を表すのが「重量」（単位はニュートン；N）である。力もニュートンで表され，質量の単位であるkgをニュートンに換算するときは重力加速度との積を求める。したがって，前述の「体重は50kg」を正確に表現すると，「身体質量は50kg，身体重量は490N（50×9.8）」となる。ただし，より正確な値を求める場合は地域毎の重力加速度を使用する。この他の国際単位系（SI）をまとめたのが表3-1である。

表3-1　国際単位

ニュートン（N）	＝ポンド（lb）×4.448
ニュートン（N）	＝キログラム重（kg）×地域の重力加速度
ニュートン（N）	＝キログラム力（kg）×9.807
メートル（m）	＝フィート（ft）×0.3048
メートル（m）	＝インチ（in）×0.02540
ラジアン（rad）	＝度（°）×0.01745

▶（2）パワー

力とは物体に対する働きのことである。慣性の法則によると，静止した物体は静止した状態を続けようとする。質量の大きいものほど慣性も大きく動きにくい。それを動かそうとすれば慣性を上回る力を作用させなくてはいけない（実際には摩擦など他の抵抗もある）。ここで，力を作用させることである物体が動き出したとき，その移動距離（m）と力（N）の積が仕事量（ジュール；J）となる。様々なケースが考えられるが，物体の移動を伴わない時には物理的な仕事は見積もられないことになる（もちろん生理学的エネルギーを消費しているとしても）。また，同じ仕事量（250J）であったとしても，その所要時間が5秒と50秒では同じことをしたとは言えない。仕事の質が異なるからである。この仕事の質を見極めるために，（単位）時間あたりの仕事量を求めると250÷5＝50J/s，250÷50＝5J/sとなる。この単位時間あたりの仕事量が仕事率，いわゆるパワー（単位はワット（W））である。まとめると

質量kg×重力g＝重量（または力）N
重量（または力）N×移動距離m＝仕事量J
仕事量J／時間s＝パワー（仕事率）W

この一連の式は，

パワー＝力×距離／時間
　　　＝力×速度

と表すことができる。つまり，パワーとは力と速度の積である。

▶（3）回転パワー

前述のパワーは物体の直線的な移動距離から算出したものである。とくに人体の四肢の運動は関節を中心とした回転運動となっているため，それに適した記述が必要となる。

回転運動では物体の移動は角度の変化として捉えられ，角変位という。角度のSI単位はラジアン（rad：180°＝π rad，1rad＝57.3°）である。同様に回転運動の速度は角速度といい，移動距離の代わりに単位時間あたりの角変位（rad/s）で表される。一方，力はトルク（重量×モーメントアームの距離）で表され，単位はNmである。仕事およびパワーは空間での運動と同じJおよびWであらわされる。

トルクNm×角変位rad＝仕事J
仕事J／時間s＝パワーW

すなわち，

パワー＝トルク×角変位／時間
　　　＝トルク×角速度

このように，パワーは単位時間あたりの仕事量であり，日常的に「力」と同じように理解あるいは使用していると誤解を招く。科学的な定義に基づいて正しく使用すべきである。また，パワーは力と速度の積であるために，同じパワー値でも，力が優位な場合と速度が優位な場合とがある。言

い換えると15という積を得る組み合わせに「3×5」と「5×3」があるように，競技種目の特性によって，速い動作が要求されているのか，低速でもより高い筋出力が求められているのかを見極める必要があろう。

2. 筋力に関与する因子

筋力が向上していく過程において大きく影響しているのは，神経系の改善と筋肥大による筋断面積増大の2つの因子である（図3-16）。

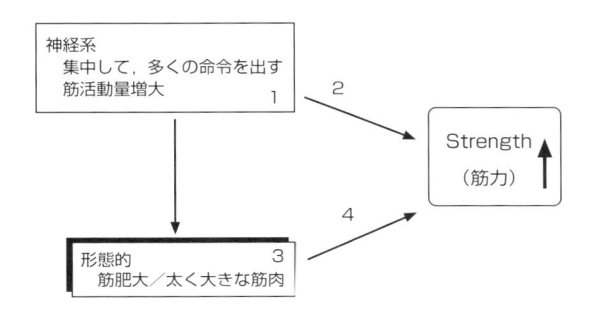

図3-16 筋力の向上 （Komi, 1986を改変）

▶(1) 神経系

筋出力の調節に関っているのは，筋収縮に参加する運動単位の数またはそのタイプ，そして発火頻度である（1章参照）。より速く強い収縮特性を持つ運動単位が数多く筋収縮に動員されると，発揮される筋力も増大する。また，発火頻度が上昇すると単縮よりも力が加重され筋の発揮張力が増大していく。これは力を調節する仕組みとして機能しているほか，トレーニングに伴う適応としてもみられる。ウエイトトレーニング開始初期に生じる，筋肥大を伴わない筋力の増大はこのような神経系の改善のために生じている。一方で，電気刺激を用いて生じる生理学的最大筋力より随意最大筋力が数十％低いのは，中枢神経的な抑制が働いているためといわれている（矢部，1976）。一時的なかけ声などでこの抑制が低減されることもあり，トレーニングによって改善される余地とも考えられる。

▶(2) 筋断面積と筋力

最大筋力は筋線維の横断面積の総和に比例する。すなわち，筋の結合組織等の割合が一定ならば，筋力は筋の生理学的横断面積（筋線維の走行に対し垂直な横断面の面積）に比例する。この面積はそこに内在する筋フィラメント数に比例している。図3-17のように筋断面積の大きな人は大きな筋力を発揮できる。また男女が同じ回帰直線上にプロットされ，筋断面積あたりの筋力は同等であることがわかる。詳細にみると，同じ面積でも力の差がみられるが，前述の神経系がその一因であると考えられる。

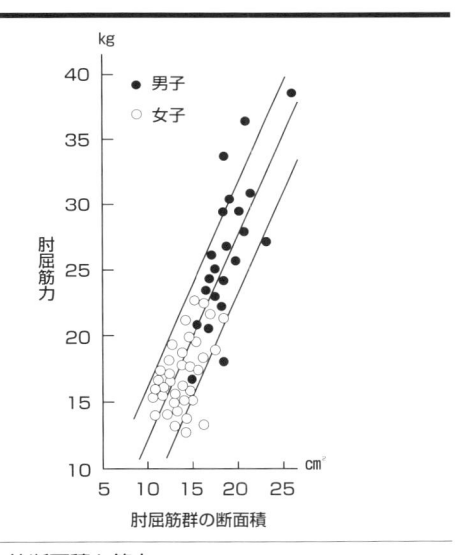

図3-17 筋断面積と筋力 （福永，1978）

▶(3) 筋線維の配列；羽状筋と紡錘状筋

紡錘状筋は筋線維が筋の長軸に平行して配列している。羽状筋は筋線維が斜めに配列されている。そのため筋線維長が紡錘状筋よりも短い。しかし，同じ筋量ならば紡錘状筋よりも数多くの筋線維を配列することができる。つまり，同じ体積ならば紡錘状筋よりも羽状筋の方がより生理学的断面積が大きく，大きな力を発揮できる（図3-18a）。一方，長い筋線維長を持つ紡錘状筋は，直列に配置したサルコメアを数多く有することになる。筋

線維が短縮するとき，各サルコメアの変化の総和が筋全体の短縮距離となってくる（**図3-18b**）。よって筋線維長が長い方が，距離の変化がより大きく，また短縮の速度も速い。

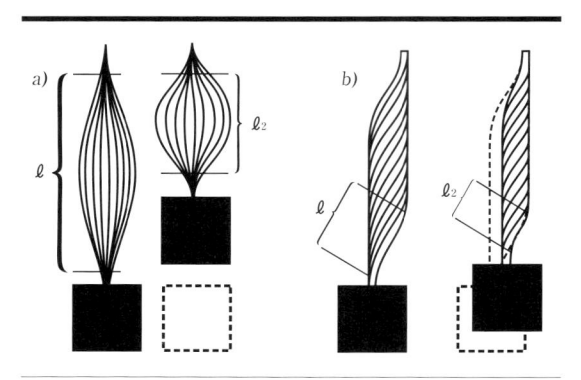

図3-18　筋断面積と筋力[14]　(a)紡錘状筋,(b)羽状筋

▶(4) 張力－長さ関係

等尺性収縮をするとき，筋線維が発揮する張力はある長さ（至適長）において最大を示し，それよりも短いあるいは長い（引き伸ばされる）と張力は減少する。この関係を力－長さ関係といい，サルコメアが至適長にあるときに，アクチンとミオシンが形成するクロスブリッジ数が最大になるため，最大の張力が発揮される。至適長よりも長い部分では，アクチンとミオシンの重なり合う部分が減少し，クロスブリッジも減少する。短い部分ではアクチン同士が重なったり，ミオシンが変形するなどの可能性が考えられている（**図3-19**）。

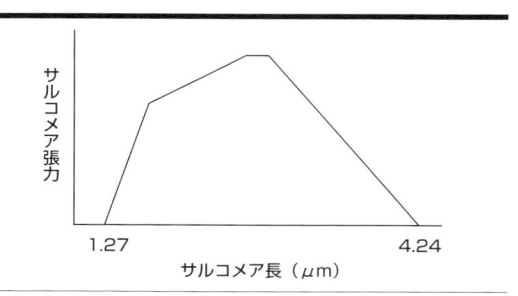

図3-19　張力－長さ関係[4]

▶(5) 力－速度関係：筋活動様式

カエルの摘出筋を使った収縮速度と力の関係はHill（1938）の研究により，収縮速度が高くなると，筋力が低下し，その関係は直角双曲線であることが古くから示されている。私たちも日常的に実感できることは，負荷を持たないで全力で肘屈曲動作をすると，最大速度が得られる。徐々に負荷を増していくと重量を挙上する速度は遅くなってくる。

筋活動には筋が短縮しながら力を発揮する短縮性筋活動，筋が伸ばされながら力を発揮する伸張性筋活動，筋がその長さを変えずに力を発揮する等尺性筋活動の3つに大別される。この短縮性を正，伸張性を負とした関節角速度とトルク（等速性筋力）の関係を示したのが**図3-20**である。

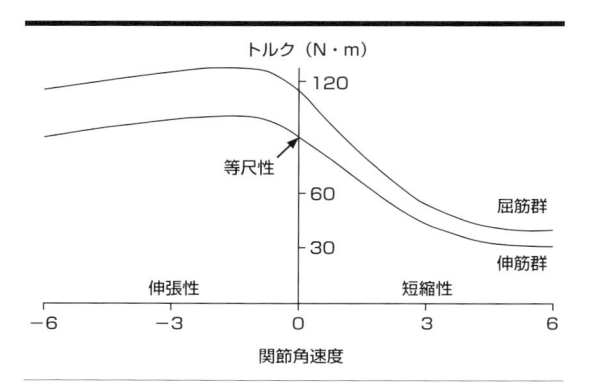

図3-20　関節角速度－最大トルク関係
(Jorgensen,K,1976)

速度が0のときは等尺性最大筋力であり，速度が正すなわち短縮性活動の速度を高めていくと発揮筋力が曲線的に減少していく。速度が負である伸張性活動時には，角速度が1.57rad/sあたりまでは筋力が増大しているが，その後徐々に減少する。

このように，「張力－長さ関係」，「力－速度関係」のほか，関節角度と発揮筋力（トルク）の関係もある角度を頂点とした曲線を描くけれども，必ずしも一致した傾向を示していない。理由として，1) 関節によって運動中に筋力のアームが変化したり，2) 複数の筋が関与する運動では，個々の筋が独自の「張力－長さ関係」を持っているため，3) 多関節筋の筋長は関与する関節の位

置（姿勢）によって変化することがあげられる。

▶(6) 筋力と体重

アスリートにとって筋力の向上を目指すことは非常に重要なことである。しかし，スプリント走やジャンプ，素早い方向変換など自分の体重を素早く移動させる必要がある場合，最大筋力の絶対値ばかりでなく，体重比に着目する必要がある。

ニュートンの第2法則によると

力（F）＝質量（m）×加速度（a）

この式を

加速度＝力／質量

と置き換えると，加速を生み出すためには質量に見合った力が必要であることがわかる。すなわち，体重あたりの筋力がアスリートの加速能力に直接影響することになる。仮に筋力が10％増加しても，体重の増加が20％もあったとしたら，体重あたりの筋力は低下し，加速能力がかえって悪くなってしまうだろう。

一般に，体重あたりの筋力は，小柄な選手の方が優れているようである。筋力が筋断面積と比例することは前述した。そこで，同じ筋断面積を有する大柄な選手と小柄な選手を比べると，大柄な選手の方が筋長の長い分だけ体積が大きくなり，体重が重くなってしまう。結果的に，小柄な選手の方が筋力―体重比において優れていることになる。

3. さまざまな筋活動と抵抗

レジスタンスエクササイズで最も頻繁に利用される負荷はバーベルやダンベルなどの重量物である。これらは手で持つ，背中に担ぐ，ベルトなどの装具を介して四肢につけるなど多様である。また，トレーニングマシンにおいてもウエイトスタック（板状の鉄製プレートを重ねたもの）を利用したものが多いけれども，その他に油圧や空気圧，バネやチューブといった弾性体，電磁ブレーキなど重量物以外の「道具」も利用されている。したがって，身体の構造上の様々な機構ばかりでなく，重力や慣性，摩擦，流体抵抗，弾性など他の物理学的因子の影響を受けている。

1. トレーニングマシン

▶(1) カム

前述したように，アームカール中に筋のモーメントアームが変化したり，筋の張力―長さ関係の影響で関節角度によって発揮トルクが異なる。例えば前腕が水平位で筋のモーメントアームも長くなり，力発揮に有効となる。多くのメーカーが，このような関節の特性に合わせて負荷が課せられるようにデザインしたカムをマシンに搭載している。可変抵抗（DVR; Dynamic Variable Resistance）とも呼ばれる。基本的にはカムによって関節可動域の中で，抗力のアームを変化させ，動作中にその関節の特性にあったトルクがかかることを意図しているが，慣性の影響を受けないようにゆっくりと一定速度で行うことが必要である（図3-21）。

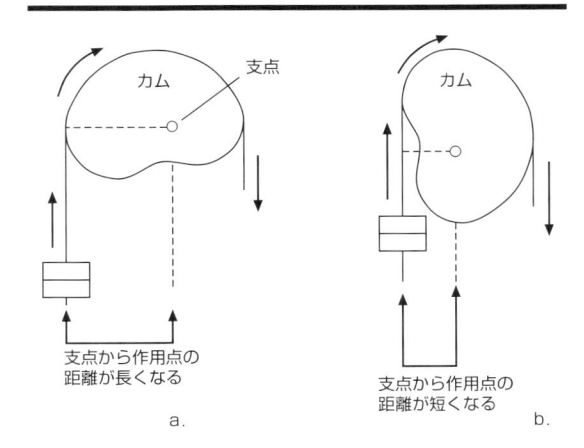

図3-21 トレーニングマシンのカム

▶(2) 単純なてこ

作用点が移動し，抗力のモーメントアームが変化するタイプが図3-22である。第二種のてこであるので，挙上の始めは比較的楽に挙がるが，

徐々に，負荷が手元に近づくため，てこ比が1に近づいてくる（重くなってくる）。

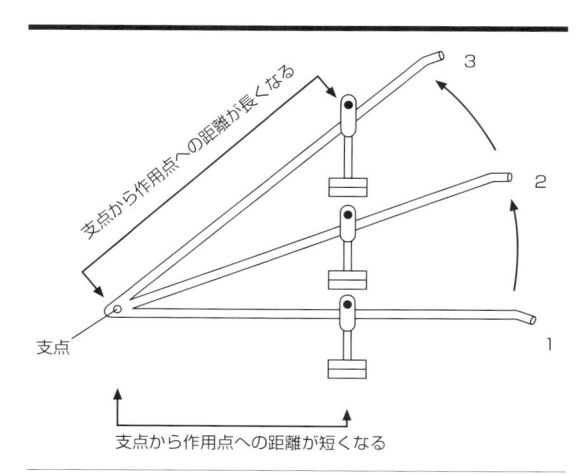

図3-22 抗力のアームが変化するてこ

▶**(3) 慣性**

慣性の法則とは静止または一様な直線運動をする物体は力が作用しない限り，その状態を持続すると定義される．人がある質量のバーベルをぶら下げて静止している状態では，重力による下向きの慣性と，挙上しようと加えている上向きの力が釣り合っている．上向きの力を増大させると，重力に打ち勝ち，上方への加速度が生じる．バーベルの挙上時には最初に重量物を動かすための加速度が必要であり，筋肉にかかる力と重量物の重さが必ずしも等しくはない．したがって，ニュートンの第2法則から重量物に対して上向きの慣性を与える力（慣性力）は，質量に上方への加速度を乗じたものとなる．すなわち，重力に打ち勝ち，バーベルを上方へ加速度を生じさせた力に相当する．

トレーニングにおいて，加速度を生ずることは，ときに適切な動作遂行を妨げることもあるので注意が必要である．しかし，それ自体はスポーツや日常生活動作においては，珍しいことではなく，ごく自然な現象である．オリンピックリフティングに含まれる，いわゆるクイックリフトの種目群は高負荷に対して大きな加速度を与えることに効果的である．

▶**(4) 摩擦**

摩擦力は，互いに接している二つの物体が移動する際に生じる抵抗である．トレーニング機器として，ベルトやブレーキパッドを利用した自転車エルゴメータなどがある．抵抗の特徴として，摩擦係数は動いている状態の方が静止状態よりも低い．すなわち静止している物体を移動させる方が大きな力を要することになる．摩擦抵抗を利用した機器においては，動き始めのときにより大きな力を必要とされる．

▶**(5) 流体抵抗**

流体中を移動したり，流体が穴の中を移動するような時に生じる抵抗を流体抵抗という．レジスタンストレーニング機器では油圧式（液体）のマシンが販売されている．この機構は，ピストンを運動させ，シリンダー内の流体が穴を通過するときの抵抗を利用しており，この穴を調節して抵抗を変えるタイプが多い．ピストンの運動が速く，穴の面積が小さく，流体の粘性が高いほど抵抗は大きくなる．しかし，このマシンではエキセントリックな局面がないので，アスリートには特異的ではないが，高齢者やリハビリテーション分野等での活用が期待できる．

2. 力発揮の特性

レジスタンストレーニングをするときに，同じ程度の負荷（重量）であっても，その動作の行い方で，その実体は随分変わってくる．**図3-23**は5kgの負荷で肘屈曲をしたときの，筋の仕事を評価したものである．

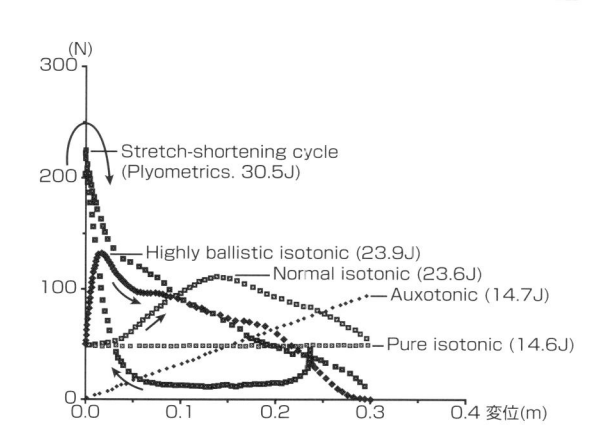

図3-23 やり方別（5種類）による筋力発揮パターン
（深代，1996年）

　Pure isotonicは上方への慣性が働かないように，ゆっくりと負荷を挙げているので，重量と同じだけの約50Nの力発揮である。Auxotonic（増張性）はチューブ（総仕事量がPure isotonicと同じになるもの）を用いており，動作初期の負荷は0から始まり，次第に増加していく。Normal isotonicは通常のトレーニング動作で，運動初期に慣性が働き120Nくらいの力を発揮しており，慣性が働かないときの2倍以上になっている。Highly Ballistic isotonicは最初に勢いをつけて，動作初期から素早く挙上している。すると重量の3倍近い力が発揮されていた。最初に大きな力が働き上方への大きな慣性が働いているので，動作の終盤は重量よりも小さな力になっている。さらに反動を利用したStretch-shortening cycleではPure isotonicの5倍近い力がかかっており，仕事量も大きくなっている。このように同じ重量でも力の出し方によって筋にかかる負荷は大きくことなり，トレーニングにおいても，単なる重量負荷の設定だけではなく力発揮の方法も考慮することが重要な点である。

4. 関節の特性と安全な リフティング

1. 関節の種類

　単軸関節は肘関節など運動軸が一つであるため，蝶番関節としての運動ができる。しかし，肘関節では回内や回外もできることから，車軸関節の性質も合わせ持つ（**図3-24**）。

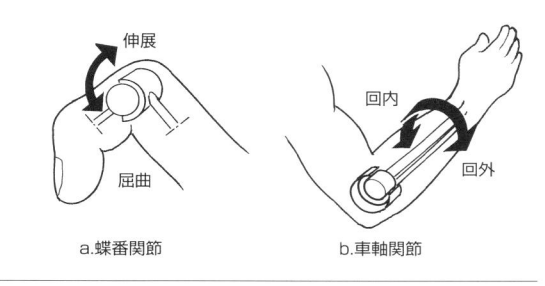

図3-24 単軸関節

　二軸関節は手・足関節など二本の運動軸が垂直に交わって多方向の運動が可能である（**図3-25**）。

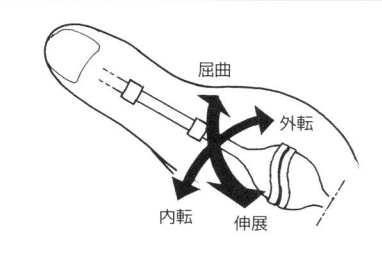

外転（手の中指から遠ざかる）
内転（手の中指に近づく）

図3-25 二軸関節

　多軸関節は肩や股関節などの球関節にみられ，多数の運動軸を有し，三次元の自由な運動が可能である。

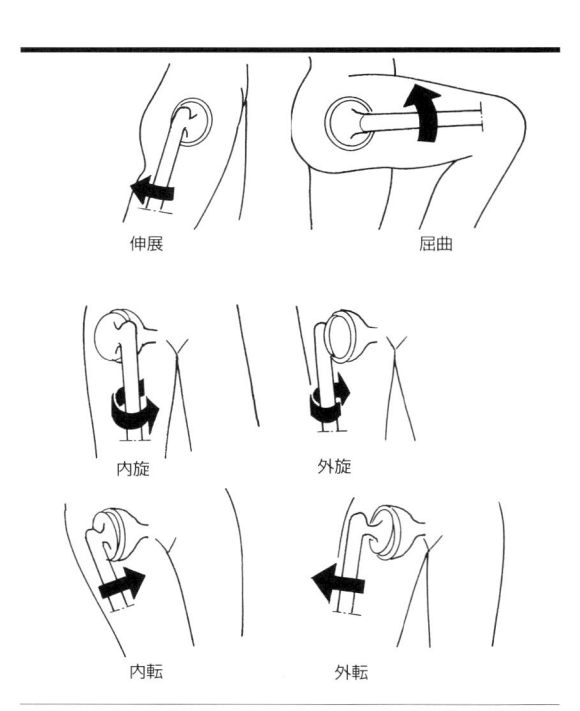

図3-26　多軸関節

2. 安全なリフティング

▶（1）傷害を起こしやすい姿勢

　レジスタンストレーニングの初心者がもっとも恐れることは腰部・脊椎の傷害である。とくに腰椎（L4-5），または腰仙部（L5-S1）の椎間板ヘルニアが多くみられる。バーベルを保持するために体幹部が前傾すると，脊柱とバーベルの距離が増して椎間板を軸とするトルクが増大するといわれている。そして脊柱起立筋の椎間板に対するモーメントアームが比較的短く（約5cm），バーベルの10倍以上の張力を背筋群が発揮しなくてはならないため，この力がさらに椎間板を圧縮するように働く。

　したがって，レジスタンストレーニングにおいては，脊柱の自然な外観を保つことが重要である。通常，胸椎部が背側，腰背部は前部にカーブを描いた（前弯）S字形である。この自然な状態では椎間板は扁平な形状だが，腰部が丸くなると椎間板を押し潰す力が働く。従って背部を丸くせず，背すじを伸ばし，腰背部の前弯を保った姿勢を保持するようにすべきだろう（図3-27）。

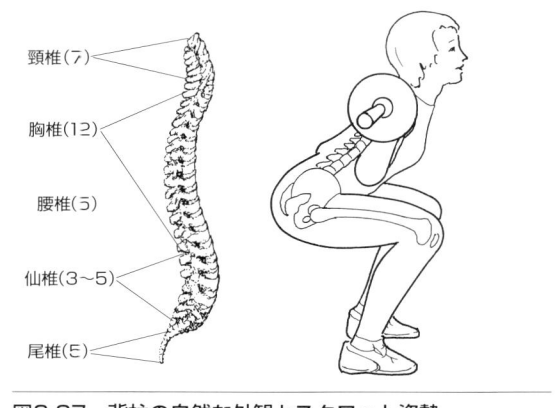

図3-27　背柱の自然な外観とスクワット姿勢

　レジスタンストレーニング中の腹腔内圧の上昇は，脊椎支持機能を持ち，脊柱起立筋の発揮張力と椎間板内圧を減少させる。リフティングベルトを着用することも，腹腔内圧の上昇に貢献するため傷害予防に役立つアイテムとして認知されている。しかし，常時これを着用すると，自らの力で腹腔内圧を上昇させる腹筋群へのトレーニング刺激が不十分になり，結果として体幹部の強化が不十分で，挙上中の外傷の危険性が高くなると懸念される。つまり，ベルトなしではトレーニングできない身体になってしまうかもしれない。

　スポーツ選手にとって膝および腰の傷害は選手生命にも影響する重要な問題である。勿論，レジスタンストレーニングでケガをすることは回避すべき最優先課題である。トレーニング中に発生するケガの多くはレジスタンスエクササイズそれ自体よりも，誤ったテクニック，不適切な負荷設定，疲労あるいは過度のトレーニングにあると考えられる。

▶（2）ウエイトトレーニングと傷害予防

　レジスタンストレーニングの顕著な効果は，筋力，筋肥大，筋持久力およびパワーといった機能的側面ばかりでなく，身体各部の向上にも貢献する。靱帯および腱の強度，骨密度の向上などがそ

の好例である．身体各部の筋力の向上により，関節の傷害予防あるいは症状の改善になるケースも含めれば，その有用性は高いといえよう．レジスタンストレーニングにより，結合組織，骨，靭帯および腱が強化されるという報告では，比較的トレーニング量の多い反復回数8〜12回のトレーニングを行う方が，少ない場合よりも結合組織の大きさおよび強度を増大させると考えられている．靭帯の強度が増すことは，長期的なエクササイズの刺激によってコラーゲン線維の再生が向上し，太さが増す，またはエクササイズによって生じる微細な損傷からの回復過程を通して，靭帯の強度が高められていると考えられている．

3. 身体動作の定義

動作を定義する際には方向，動作を表す用語を適切に使用する必要がある．関節によっては多方向に動くものがある．脚（大腿部）の動きにおいても，屈曲，伸展，内転，外転，内旋および外旋と6種ある．また，レジスタンスエクササイズのプログラムデザインにおいて，各エクササイズのしくみを十分に理解し，「どの関節を」，「どう動かすことによって」，「どの筋を使っているのか」が認識されていることが重要だろう．

まず，人体の常態を直立として，正中線にそって身体を左右に分ける面を矢状面という．左右から動きをみることになる．身体を上下に分割する面が水平面で，動きを上から見下ろしたり，足下から見上げるような面である．前額面は身体を前後に分ける面で，正面あるいは後ろからみる面である（図3-28）．

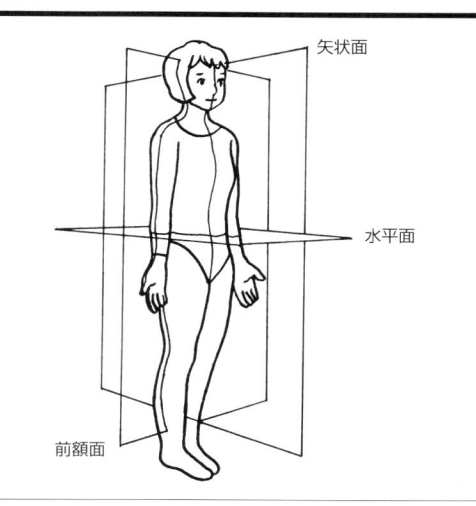

図3-28 身体の3つの面

図3-29には，これらの面に基づく，各関節の動きを示した．

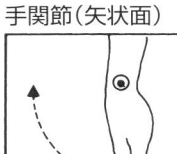

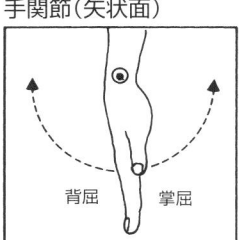

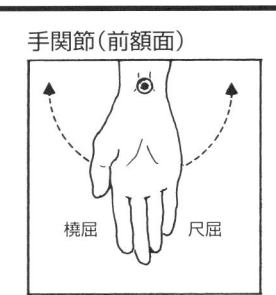

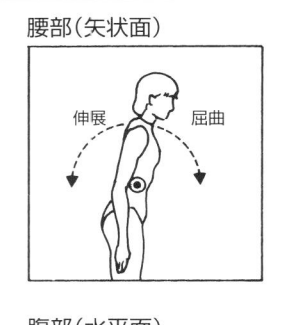

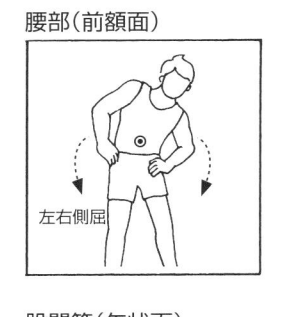

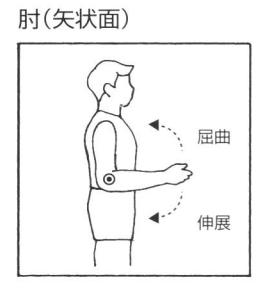

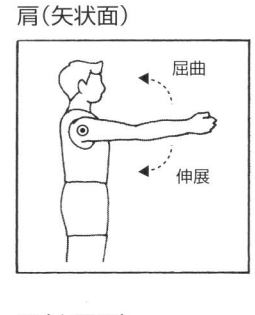

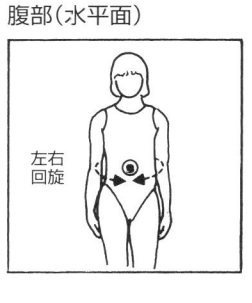

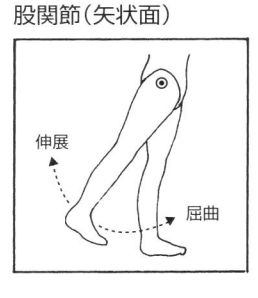

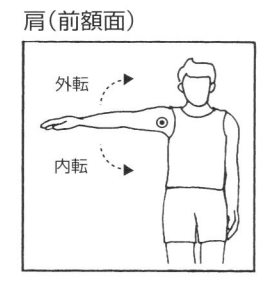

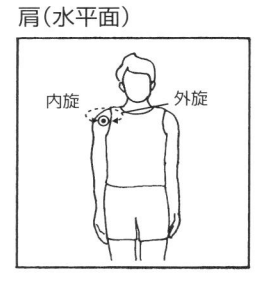

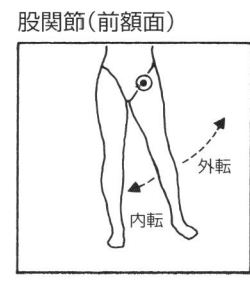

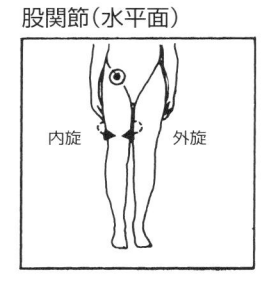

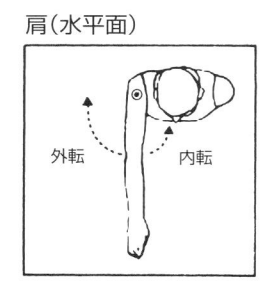

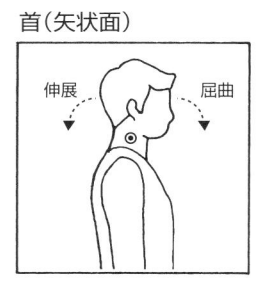

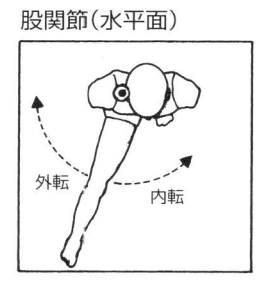

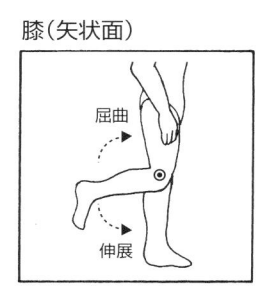

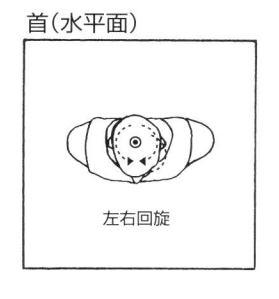

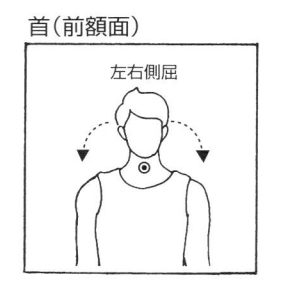

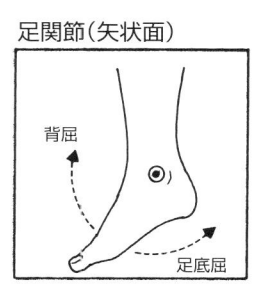

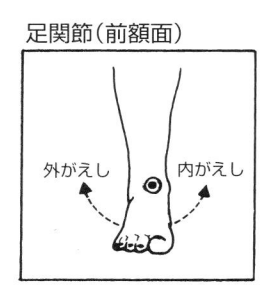

図3-29　関節運動の名称

通常，レジスタンストレーニングのプログラムデザインにおいて，ある選手に必要なエクササイズを選択するときには，身体部位を念頭において考えるであろう。どの部位を（肩か脚か？），どの筋を（上腕二頭筋，広背筋？）強化しようかと。

従来型の身体部位別の種目分類に対して，よりトレーニングにおいて実用的な分類として，提案されたのがこの動作に基づく分類である（Harman）。この基本的な考え方は，ある運動で特定の筋に抵抗が加えられるならば，スポーツで同様の動作を行う筋が強化されていくということである。例えば，エクササイズを選択するときには，アームカールを上腕二頭筋や上腕筋あるいは腕橈骨筋の運動と考えるのではなく，肘の屈曲運動として選択するのである。肘や膝関節においては一方向の運動であるが，股関節や肩など身体の中には多方向に可動する関節もある。この多方向に可動する関節の運動では，ある動作の方向の力が強化されても，他の方向の力も強化されるとは限らない。つまり，動作を行う関節と動作方向に関して競技動作に類似した運動を選び，動作様式や力発揮パターンを実際の場面に近づけることがパフォーマンスの向上につながると考えられる。

理解度チェック問題

1. カーフレイズにおける足関節のてこは次のどれか？
   a. 第一種のてこ
   b. 第二種のてこ
   c. 第三種のてこ
   d. 上記以外

2. カムを利用したトレーニングマシンについて適切なものはどれか？
   a. モーメントアームを増加させる。
   b. モーメントアームを減少させる。
   c. モーメントアームを変化させる。
   d. モーメントアームを一定にする。

3. 同じ体積の紡錘状筋と羽状筋を比較すると
   a. 紡錘状筋の方が数多くの筋線維を配列することができる。
   b. 紡錘状筋の方が生理学的断面積が大きい。
   c. 羽状筋の方が大きな力を発揮できる。
   d. 羽状筋の方が生理学的断面積が小さい。

4. スクワットの上昇局面における股関節の動きについて適切なのはどれか？
   a. 矢状面―屈曲
   b. 矢状面―伸展
   c. 水平面―伸展
   d. 前額面―屈曲

解答： 1.→b　2.→c.　3.→c.　4.→b

【文献】

1) Baechle TR, Groves BR (1992). Weight training - Steps to Success. Leisure Press.
2) Chandler TJ, Stone MH (1995). スポーツ・コンディショニングにおけるスクワットエクササイズ：安全性に関する研究報告例をみる．NSCAジャパンジャーナル．2：9-17.
3) 深代千之（1996）．負荷のかけ方と筋力発揮パターンとの関係．コーチングクリニック．10(7)：6-9.
4) 深代千之他編（2000）．スポーツバイオメカニクス．朝倉書店．
5) 福永哲夫（1988）．運動体としての身体の構造．C級コーチ教本［前期用］．日本体育協会．pp.96-105.
6) Garhammer J (1987). Strength training. Lanham,MD：Sports Illustrated Books.
7) Hakkinen et al. (1985). Changes in isometric force- and relaxation-time, electromyographic and muscle fiber characteristics of human skeletal muscle during strength training and de training. Acta Physiol Scand. 125：573-585.
8) Komi PV (1986). Training of muscle strength and power： interaction of neuromotonic, hypertrophic, and mechanical factors. Int J Sports Med. 7：10-15 suppl.
9) 宮畑虎彦（1964）．身体運動の力学．ベースボール

マガジン社.
10) 森於菟他（1982）．分担解剖学　第11版．金原出版株式会社．
11) Stone MH (1988). Implications for connective tissue and bone alterations resulting from resistance training. Med Sci Sports Exerc. 20：S162-S168.
12) Stone MH (1990). Muscle conditioning and muscle injuries. Med Sci Sports Exerc. 22:457-462.
13) トーマス・ベックレー編：石井直方総監修（1999）．NSCA決定版　ストレングストレーニング＆コンディショニング．ブックハウス・エイチディ．<Thomas. R. Baechle. (1994). Essentials of strength training and conditioning. ／National Strength and Conditioning Association. Human kinetics.>
14) ロルフ・ヴィルヘード：金子公宥他訳（1999）．目で見る動きの解剖学．大修館書店．
15) 山田茂，福永哲夫編著（1996）．生化学・生理学からみた骨格筋に対するトレーニング効果．ナップ．

4章 骨および結合組織

KEYWORDS ●骨芽細胞 ●破骨細胞 ●Ⅰ型コラーゲン ●ハイドロキシアパタイト ●リモデリング ●クローズドキネティクス運動 ●硝子軟骨 ●Ⅱ型コラーゲン ●滑液の拡散 ●膠原線維（コラーゲン線維） ●線維細胞

1. 骨に対するトレーニング効果

　人間の体には約200本の骨があるが，成人の骨も約3〜5ヶ月単位で新生され，1年間に全体の約30%が置換される。

　骨の量と構造を維持，調節する因子の中でも，運動や荷重等による局所への力学的刺激が最も影響が大きく，これら運動刺激により骨は強くなり，しかも，その刺激に対して合理的に力の作用する部位，方向に沿って強くなる。骨を強くするためには，骨の長軸方向に作用する圧縮力が有効で，クローズドキネティクスな運動が適当とされる。

　一般的には運動刺激によって骨は強くなるが，女子長距離ランナーなどにみられる運動誘発性無月経の選手は，女性ホルモン値の低下等の影響で骨量は低下し，疲労骨折の誘因となることがある。

1. 骨の構造

　骨は周囲を硬い骨皮質で覆われ，内部は硬いスポンジ状の海綿骨でできている。（図4-1）

　外殻の骨皮質は硬く厚い板状の緻密骨でできており，内部の海綿骨は硬いスポンジ様の骨梁でできている。家に例えるならば，骨皮質が外壁に相当し，海綿骨は柱や梁に相当する。

　緻密骨は，骨膜側（外側）を外基礎層板，骨髄腔側（内側）を内基礎層板と呼ぶ約5〜7μmの骨層板，およびそれらに挟まれた円柱状のハバース層板からなる。（図4-2）

　ハバース層板は血管の通るハバース管を中央に，これを取り巻くように同心円状の構造となってお

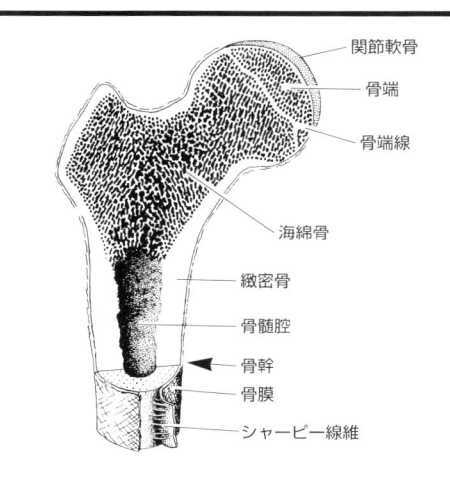

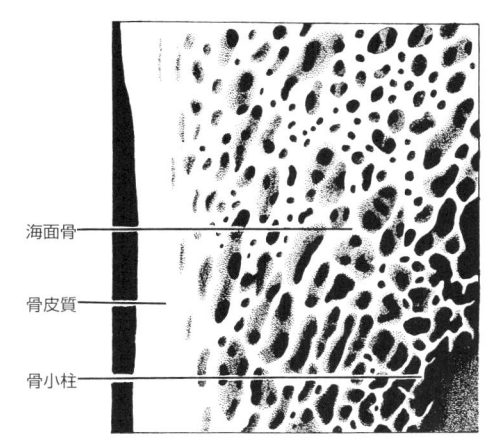

図4-1　長骨の縦断面（上）とその一部の拡大（下）
（山田安正，1994「現代の組織学　改訂第3版」金原出版株式会社より転載 一部改変）

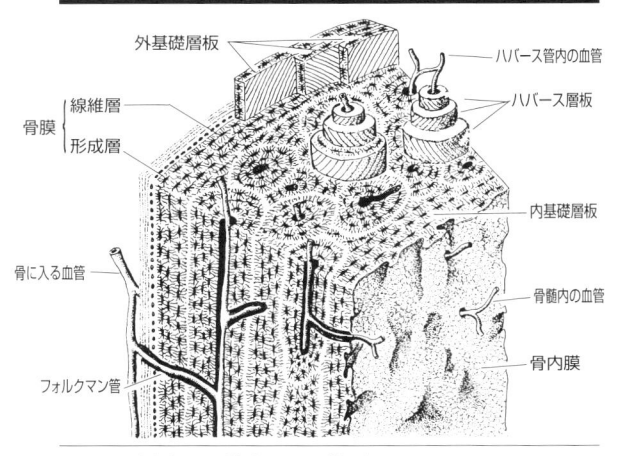

図4-2 緻密骨の構造を示す模型図
(山田安正，1994「現代の組織学　改訂第3版」金原出版株式会社より転載)

り，ハバース管とハバース層板をあわせてハバース系，または骨単位と呼ぶ。ハバース系の間の隙間は介在層板といわれる。また，層板を横切ってハバース管につながる管はフォルクマン管といわれ，この中にも血管が通る。

骨細胞は骨層板の間に挟まれるようにして並び，骨細胞の存在する空間を骨小腔と呼ぶ。骨細胞同士は互いに突起同士で結合しており，この結合をギャップ結合という。この結合を介して互いに酸素やミネラルを受け渡している。また，この突起の通る管を骨細管と呼ぶ。

骨を重量比で見るとその約24%はⅠ型コラーゲン線維，オステオカルシンなどの有機質，約76%はハイドロキシアパタイトなどの無機質で構成されている。体積比では各々約50%を占める。

2. 骨代謝

骨は一度でき上がると一生そのままではなく，生活強度，運動強度に合わせ，常に吸収，形成を繰り返し，自らの強度，構造を変化させている。骨吸収は約10日間，骨形成には約3〜5ヶ月を要し，1年間で全体の約30%が置換される。また，骨にはカルシウムの貯蔵庫としての役割もあり，体内のカルシウム量の約99%が骨に蓄えられ，筋肉などの細胞中に0.9%，血液中に約0.1%含まれる。

骨を形成する骨芽細胞は自分の周囲に骨を形成し，閉じ込められ骨細胞となる。作られた骨は刺激に応じて破骨細胞に破壊・吸収されていく。そこには新たに骨芽細胞が骨を再構築し新鮮化していく（図4-3）。

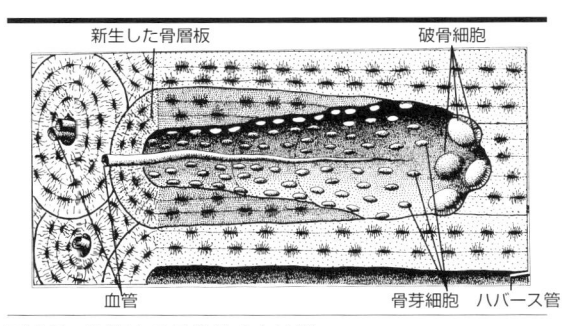

図4-3 改築中の骨単位の立体像
(山田安正，1994「現代の組織学　改訂第3版」金原出版株式会社より転載)

骨代謝に関わる因子は，遺伝的因子，ホルモン等の全身的因子，荷重などの局所因子の3つに大きく分けられる。この中でも局所因子である荷重などの力学的刺激の影響が最も大きく，全体の約40%を担うとされる。

運動は，力学的刺激としての局所因子と，何らかの機序を介する全身的因子の作用を合わせ持つとされる。

3. 加齢と骨塩量について

骨量は20代までは増加し，その後50代ぐらいまで維持される。しかし，閉経を過ぎ，女性ホルモンの分泌が著しく低下するのに伴い，骨量も急激に低下していく。そのため，骨粗鬆症を予防するには高齢期の運動も重要であるが，成長期の間に骨量のピーク値をいかに高めるかが最も重要だとも言われている。

4. 圧縮力と圧荷電

水晶などの結晶構造を有する物質に圧縮力を加えると電位が発生する現象を圧荷電と呼び，腕時計やマイク等に利用されている。骨も圧縮力を加

えると圧電位を発生し，オステオンレベルでは20mV程度の電位が計測されている。発生した負電位によりプラスに荷電したカルシウムが結合され骨形成が促進される。

▶（1）Wolffの法則

「骨には，荷重に応じて形態を修正し，量と構造を変化させる機能が備わっている。」これをWolfの法則という。

力学的刺激によって生じた骨の歪みによって骨芽細胞が刺激され，骨が新生される。骨芽細胞は鉄筋コンクリートでいう鉄筋に相当する骨マトリックスというコラーゲン分子からなるタンパク質の網目構造を形成し，ここにコンクリートに相当するリン酸カルシウムが結合され，硬い骨を形成する。

▶（2）メカノスタット仮説

骨には自らの歪みを一定範囲内に維持しようとする機構が存在するという仮説。歪みを何が感知するのかは不明であり，当然そのセンサーから骨代謝までの詳細は分かっていないが，有力な仮説として提唱されている。歪みの程度で4段階に分けられ，日常生活レベルの歪みは第2段階に相当し，保存モードといわれる。

日常生活レベルの骨の歪みによって約200～500nmの微少骨折が発生し，この損傷治癒機転として損傷部位の吸収，再形成がおこる。これをリモデリングといい，骨量の増減はない。破骨細胞が既存の骨基質を破壊，吸収し，これに引き続き，骨芽細胞が破骨細胞によって失われた骨と全く同じ量の骨を形成し新鮮化していく。

日常生活よりも大きな荷重が骨に加わると，リモデリングだけでなく新たに骨が添加される。荷重の少ない対側では骨は吸収されるが，全体として骨量は増加していく。荷重のかかる部分に骨が新たに形成され，構造が歪みに適応していく。これをモデリングという。歪みの頻度が多くなると骨形成が追いつかなくなり，疲労骨折を起こし，また，強大な歪みが一度に加わると骨折する。

日常生活よりも少ない歪みでは，破骨細胞により骨は破壊，吸収され，再形成されずに弱化して行く。これを廃用性モードという。特に筋収縮の減少よりも，起立・歩行の欠如などの荷重による圧縮ストレスの減少の方が影響は大きいとされる。高齢者の寝たきりや宇宙飛行による骨粗鬆症がその例である。

運動の全身的作用としてランニングによって骨代謝は亢進するが，体重が増えないと逆に骨密度は減少するという研究もある。実際，女子長距離ランナーで運動誘発性無月経の選手の骨量は，平均値よりも低値である。これは運動刺激以外に女性ホルモンの影響等も考えられる。

また，最近の研究では，脂肪細胞から分泌されるホルモンであるレプチンが中枢性に骨代謝に作用することが報告されている。レプチンは視床下部に作用し食欲を低下させるが，骨形成を抑制する作用もある。逆にレプチン作用の低下は骨量を増加させる。肥満患者では，血中レプチン濃度は増加しているが，一般に正常体重の人に比べ骨量は増加していることが多い。こうした肥満患者は同時にレプチン抵抗性を示す。

高齢者に対する運動効果としては，明らかに骨塩量を増やす効果は認められず，骨量を維持するにとどまり，運動療法が他の薬物療法に代わるものではないとされる。

骨量調節因子はまだまだ不明な点が多く，骨へのトレーニング効果の生理学もこれから更なる研究が期待される分野である。

5. 骨増強のための運動

特異性の原則：刺激の加わった骨が強くなる。下肢への運動刺激では下肢の骨は強くなるが，上肢の骨への影響は少ない。四肢，体幹ともに刺激が加わる様に複数のエクササイズ種目を選択する。

過負荷・漸増性の原則：適度に過剰な刺激に対し骨は適応し強度を増していく。適応を無視したエクササイズは疲労骨折等の障害を引き起こす。

運動種目としては，クローズドキネティックスな運動で骨の長軸に圧縮力が加わるスクワット，デッドリフト，クリーン，ベンチプレス，ショルダープレスなどの大筋群の構造的エクササイズが適当とされる。初心者は体重を利用したスクワットやプッシュアップ等，軽い負荷から始める。ランニング等でも骨量は増加するが，これは有酸素的な効果というよりもランニングによる着地刺激による効果と考えられる。運動不足の高齢者の場合は早足の散歩や膝をついてのプッシュアップでも十分な効果がある。

骨増強運動の対象者は必然的に高齢者が多くなる。整形外科的な骨格の疾患には十分注意が必要となり，医師との相談が必要である。

2. 関節軟骨に対するトレーニング効果

関節の運動は滑液の拡散を促進し軟骨への酸素や栄養の供給を促す事で軟骨の維持に関与する。関節の固定はこれを阻害し軟骨細胞の壊死や軟骨基質の吸収が起こる。運動による機械的な刺激が関節軟骨に直接与える影響はまだ不明な点が多い。

軟骨は軟骨基質とそれに含まれる線維の量と種類によって，硝子軟骨，弾性軟骨，線維軟骨の3種類に分類される。関節軟骨は硝子軟骨に分類される。関節軟骨は軟骨細胞とその周囲に存在する細胞外基質によって構成されている（**図4-4**）。

細胞外基質の主成分は水分であり，湿重量でその70〜80%を占める。水分以外にはコラーゲン，プロテオグリカン，非コラーゲン性タンパク，糖タンパクからなり，乾燥重量ではコラーゲンが50%，プロテオグリカン35%，非コラーゲン性タンパク15%となり，いずれも軟骨細胞から産生される。コラーゲンは殆どがⅡ型コラーゲンで，他に少量のⅨ型，ⅩⅠ型コラーゲンが含まれる。

コラーゲンのポリペプチド鎖が3本絡み合いコラーゲン分子が形成され，それらが会合し，コラーゲン細線維が作られる。これが網目構造を作り，軟骨組織の形態維持と張力に抵抗する役割を果たす。

プロテオグリカン（アグリカン）は中央にコアタンパクが存在し，これにムコ多糖が付着し形成される。ムコ多糖としてコンドロイチン硫酸，ケラタン硫酸が含まれる。ムコ多糖は陰性荷電を持ち，互いに反発し距離を保つために優れた保水性を有する。プロテオグリカンモノマーはヒアルロン酸と結合し巨大な重合体を形成する。ヒアルロン酸は滑膜B型細胞から分泌される分子量5〜50万のムコ多糖で，アセチルグルコサミンとグルクロン酸からなる。滑液に粘稠性と曳糸性を与え，軟骨基質を構成する。

これらコラーゲン線維の網目構造と，糖タンパク，ムコ多糖からなるゲル状の軟骨基質の特性により，軟骨は外力に対して形状を変化させ，力を分散・吸収し，外力が除かれると元の形を復元する。更に，滑液の粘性とも相まって，関節に滑らかさを与える働きもする。

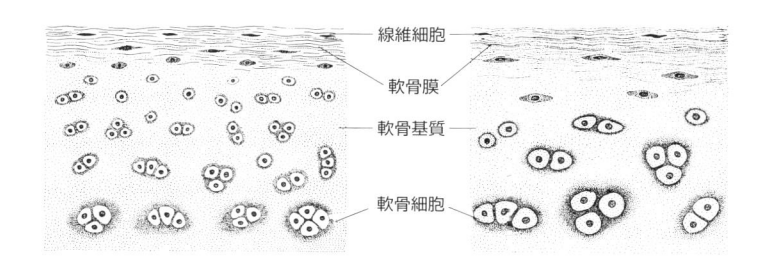

図4-4 硝子軟骨の光線顕微鏡像（左）と，軟骨膜付近の拡大（右）
（山田安正，1994「現代の組織学 改訂第3版」金原出版株式会社より転載）

軟骨組織中には血管，神経，リンパ組織等は存在しない。そのため関節軟骨に一度損傷や変性が生じると元の硝子軟骨には修復されないとされる。

軟骨の栄養供給は滑液の拡散に依存しており，関節の運動は滑液の拡散を促進し軟骨への酸素や栄養の供給を促す。関節の固定はこれを阻害し軟骨細胞の壊死や軟骨基質の吸収が起こる。つまり，関節の運動は滑液の拡散を介し関節軟骨の維持に関与しているが，運動による機械的な刺激が関節軟骨に与える影響はまだ不明な点が多い。

実験的にはランニング等の運動により，関節軟骨の肥厚と軟骨細胞の増加，軟骨基質の増加が生じるとされるが，逆に損傷された軟骨に運動負荷が加わると破壊を進行させることがある。

近年再生医療として関節軟骨培養移植術や骨髄間葉系細胞培養移植術等が試みられ，短期的には良好な成績が報告されており，今後の軟骨発生，再生のメカニズムの解明とともに大いに期待される。

3. 結合組織に対するトレーニング効果

筋膜，腱などの結合組織は運動負荷により強度を増す。高強度のトレーニングは膠原線維の増加を促し，筋肥大に伴い筋膜，腱ともに強くなる。

結合組織（connective tissue）とは広義には間葉組織に由来する様々な組織をいい，組織同士を連結し，他の組織や器官の間を埋め支持する役目をもつ組織を総称する。この場合は靱帯や脂肪組織，軟骨，骨まで含まれる。狭義には疎性結合組織等を本来の結合組織とし，これは皮下組織など全身に広く分布する。

この章で扱う結合組織とは狭義の結合組織の緻密結合組織に当たる筋膜や腱のことである。緻密結合組織は膠原線維が多く基質が少ない組織で，膠原線維が不規則に並んでいるものを不規則性緻密結合組織といい真皮が代表的なものである。膠原線維が規則的に並んでいるものを規則性緻密結合組織といい，腱，筋膜が代表例である。

膠原線維とは260〜280nmのトロポコラーゲン分子がつながったものが束になって形成される線維で，直径が約40〜100nm程あり，特徴的な横縞をもっている。これはトロポコラーゲン分子が約4分の1ずつずれて配列するためであり，横縞から横縞までが約64nm程ある（図4-5）。物理的には張力に対して強く，約500kg/cm^{2}の力に耐える。

線維細胞は膠原線維や弾性線維，基質などの全てを合成する細胞と考えられている。膠原線維はグリシンやプロリン等のアミノ酸を主成分とし，これらアミノ酸が細胞外に分泌されトロポコラーゲン分子になり，これが重合し膠原線維となる。

腱（tendon）は膠原線維の束の間に線維細胞

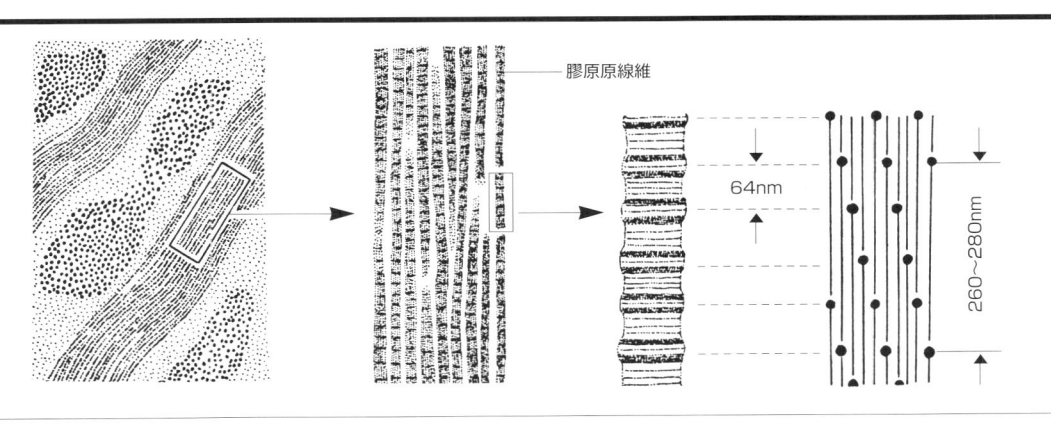

図4-5　膠原線維の構造を，左から右へ順次拡大を上げて示す
（山田安正，1994「現代の組織学　改訂第3版」金原出版株式会社より転載）

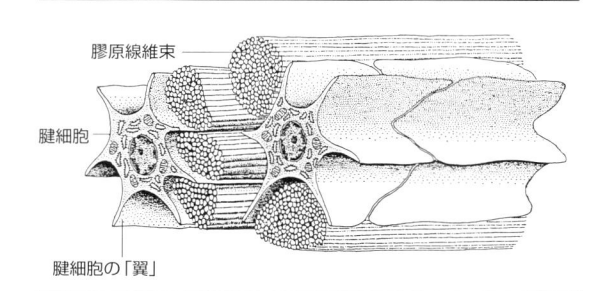

図4-6 腱の立体構造
(山田安正，1994「現代の組織学 改訂第3版」金原出版株式会社より転載)

が縦に並んだ構造をしている。腱内の線維細胞は腱細胞（または翼細胞）と呼ばれる（**図4-6**）。

筋膜や腱は筋線維が発揮した張力を骨に伝える働きを担い，靭帯は関節で骨と骨を連結させ，支持性を与えると同時に軌道を誘導する。

腱組織自体の再生能について以前は疑問視されていたが，近年は腱組織にも再生能があるとされるようになった。その成長には身体的運動に伴う力学的ストレスが有効であり，その程度は運動強度に応じて起こる。運動刺激によりコラーゲン線維の微少断裂が生じ修復過程で再生，増強される。オーバーユースの場合は十分に再生，増強される前に刺激が繰り返し加わり，微少断裂が重なり，慢性の炎症，組織の瘢痕化，弱化を引き起こす。

運動刺激による成長ホルモン，テストステロンなどのアナボリックホルモンは成長因子（Insulinlike Growth Factor：IGF-I）の分泌を促し，結合組織の適応を促進させると考えられているが，詳細は不明である。

有酸素トレーニングは膠原線維の代謝を亢進させるといわれている。高強度のレジスタンストレーニングは筋肥大に伴い，筋膜や腱などの結合組織の発達を促すとされる。

結合組織の強化や耐久性改善の得られる部位は以下の通りとされる。

・腱（あるいは靭帯）と骨表面の接合部位
・腱あるいは靭帯の本体内部
・骨格筋内の筋膜の網状構造

長期間の運動により腱骨移行部の強度は顕著に高まり，破断部位が腱実質へ変化するとされる。高強度の運動負荷による筋肥大に伴い筋内の結合組織に含まれる線維芽細胞の増加，大型化および活性化が起こり，肥大しつつある筋の筋膜に十分な量の膠原線維が提供される。

腱の運動による内部変化として以下の変化が起こり太く強くなるとされる。

・膠原線維の直径の増大
・膠原線維内の架橋結合の増加
・膠原線維数の増加
・膠原線維密度の上昇

理解度チェック問題

1. 次のうち正しいものを1つ選べ。
   a. 骨は幼少期に形成され一生維持される。
   b. 骨形成には成長ホルモンの影響が最も大きい。
   c. 骨への力学的刺激が強い程，骨は強くなる。
   d. 骨の強化には圧縮力が加わる運動が良い。

2. 次のうち正しいものを1つ選べ。
   a. 関節軟骨の栄養は滑液から拡散供給される。
   b. 硝子軟骨はほとんどがコラーゲンからできている。
   c. 運動刺激が強い程，関節軟骨は強くなる。
   d. 関節軟骨は再生力が旺盛である。

3. 次のうち正しいものを1つ選べ。
   a. コラーゲン線維はブドウ糖が重合してできる。
   b. 線維芽細胞がコラーゲン線維を産生する。
   c. 腱の強度は運動により影響されない。
   d. 腱のコラーゲン線維は不規則に並んでいる。

解答：1.→d 2.→a 3.→b

【文献】
1) 山田安正（1994）．現代の組織学 改訂第3版．金原出版株式会社．

5章 無酸素性トレーニング

KEYWORDS　●アデノシン三リン酸（ATP）　●クレアチンリン酸　●乳酸
●インターバルトレーニング

1. 無酸素性エネルギーの供給経路

　人間はいろいろな食物を摂取し，それをエネルギーにして活動しているが，身体細胞はこれらの食物からダイレクトにエネルギーをとり込んでいるわけではない。筋収縮などに必要なエネルギーは筋細胞内にあるアデノシン三リン酸（ATP）（図5-1）から放出されるエネルギーによってまかなわれている（図5-2a）。

　しかし，筋細胞のATP貯蔵量は少なく限りがあるため，ATPの消費スピードに応じて，常に再合成し，一定レベルに維持するシステムを身体は備えている[6]。このATP再合成のためのエネルギー供給経路はエネルギー代謝経路と呼ばれ，無酸素的に行う経路と，有酸素的に行う経路に大別することができる（図5-2b）。

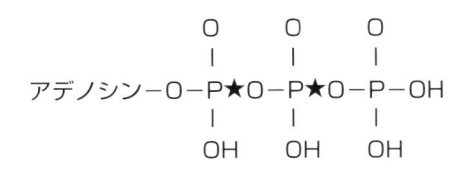

```
           O    O    O
           ‖    ‖    ‖
アデノシン−O−P★O−P★O−P−OH
           |    |    |
           OH   OH   OH
```

★：高エネルギーボンド

図5-1　アデノシン三リン酸：ATP

a.《加水分解》
　ATP → ADP+Pi+**エネルギー**
　　　↑
　　ミオシンATPアーゼ

b.《再合成》
　ADP+Pi+**エネルギー** → ATP
　　　　　　↖　↗
　　　無酸素的代謝経路　有酸素的代謝経路

図5-2　ATP加水分解と再合成

　ATP再合成のための主要なエネルギー供給経路は，その供給スピードの速いものから順番に，フォスファゲン系（ATP−PCr系），速い解糖系（無酸素的解糖系），遅い解糖系（有酸素的解糖系）/注；解糖とはグルコースからピルビン酸までの反応過程をさすので本来無酸素的に行われるものであるが，ピルビン酸が細胞内のミトコンドリアに送られ，最終的に有酸素的に代謝される過程を指すのでこの名称がある/，酸化（好気的）機構の4つに分類される[1]。これらの供給経路うち，フォスファゲン系と速い解糖系は，各反応過程で直接酸素を必要としないため無酸素性エネルギー供給経路と呼ばれる（図5-3）。

　ATP再合成のために必要なエネルギーは，全てこれら4つのエネルギー代謝経路に依存するが，運動の強度（運動継続時間）により各代謝経路の総エネルギーに占める割合は変化する。このうち

無酸素性エネルギー供給経路
・フォスファゲン系（ATP－PCr系）
・速い解糖系（乳酸系）

有酸素性エネルギー供給経路
・遅い解糖系
・酸化（好気的）機構

図5-3　エネルギー供給経路

無酸素性エネルギー供給経路でも，最大筋力に近いレジスタンストレーニングや50m最大スピードスプリントなどのように，非常に運動強度が高く，5〜10秒の短い時間で疲労困憊にいたるようなエクササイズでは，フォスファゲン系（ATP－PCr系）の供給経路がメインのエネルギー源となる。これに対して，比較的軽い負荷によるレジスタンストレーニングや400〜800mスプリントなど，30〜120秒で疲労困憊にいたるエクササイズでは，速い解糖系（乳酸系）のエネルギー供給経路がメインとなる[2]。いずれにしても，このようにエクササイズ強度が比較的高く，疲労困憊にいたるまでの運動時間が短いエクササイズでは，全供給エネルギーに対する無酸素的エネルギー供給の割合が高くなる。また，このエクササイズで動員される筋線維は速筋線維がメインとなる事も，トレーニング特性を考える上で重要な要素である[4]。逆に，長距離走などの比較的運動強度が低く，運動継続時間の長い（120秒以上）エクササイズの場合は，運動時間が長くなるにしたがって有酸素的エネルギー代謝の比率が増加する。また，このようなエクササイズでは遅筋線維がメインで動員される。疲労困憊にいたるまでの運動時間と各エネルギー代謝経路の全体に占める割合を（**図5-4**）に示した。

1. フォスファゲン系（ATP－PCr系）

体内にあるATPの総量は約85gと推定されているが[6]，これは強度の高いエクササイズを最大努力で継続すれば数秒間で枯渇してしまう。このATPを再合成するエネルギー代謝経路のうち，最も供給スピードの速いのがフォスファゲン系（ATP－PCr系；PCr＝クレアチンリン酸）である。クレアチンリン酸はATP同様に高エネルギーリン酸化合物であり，クレアチンキナーゼと呼ばれる酵素により触媒されながらクレアチンとリン酸基に分解される。この分解反応に伴い高エネルギーを放出し，これがATPの再合成に利用される（**図5-5**）。細胞内のクレアチンリン酸量はATPの約3〜5倍あるといわれているが，これで

ATP→ADP＋Pi＋エネルギー
　　　↑
　　ミオシンATPアーゼ

ADP＋クレアチンリン酸→ATP＋クレアチン
　　　　　　　↑
　　　　クレアチンキナーゼ

注）このふたつの反応は互いに可逆的であり，ATPの分解によって生じたエネルギーもクレアチンリン酸の再合成に利用される

2ADP→ATP＋AMP
　　↑
　ミオキナーゼ

注）AMPは解糖系の反応を促進する

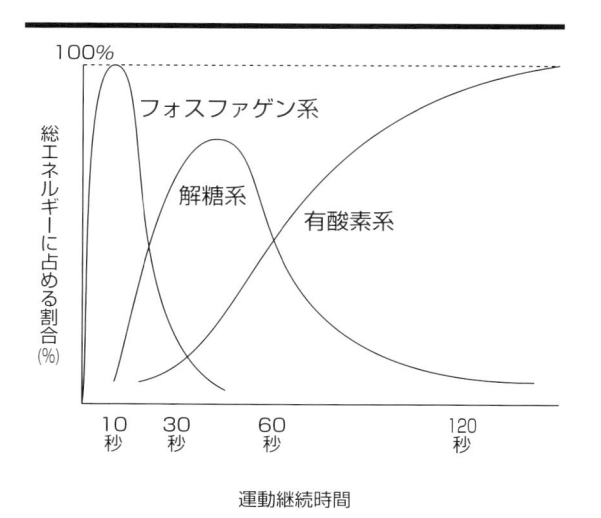

図5-4　運動継続時間と主要エネルギー代謝経路

図5-5　フォスファゲン系代謝経路

も5～10秒の高強度のエクササイズで使い尽くされてしまう[6]。このためフォスファゲン系のエネルギー供給経路が主に働きを持つ時間帯は、バスケットボールの速攻や50mスプリントなどの5～10秒位の短時間で終わる高強度の身体活動や、比較的強度の高いエクササイズの運動開始期のエネルギー供給経路として非常に重要である。

2. 速い解糖系（グリコリシス・乳酸系）

　フォスファゲン系を引き継ぐような形でエネルギー供給の割合が高まるのが、速い解糖系（乳酸系）である。これは血中グルコースや筋グリコーゲンなどの炭水化物を分解する過程で得られるエネルギーをATP再合成に利用するシステムである。このグルコースの分解には2つのステージ（速い解糖系と遅い解糖系）がある[6]。ひとつめはグルコースを変換する一連の反応過程で生じたピルビン酸を無酸素的に分解する速い解糖系（グリコリシス）である。別名その最終過程で乳酸を生成することから乳酸系とも呼ばれるエネルギー供給経路である（図5-6）。もうひとつのステージは、ピルビン酸をミトコンドリアに輸送して有酸素的に変換する過程で得られるエネルギーを利用してATPを再合成する遅い解糖系（有酸素的解糖系）と呼ばれるステージである。後者の遅い解糖系は、有酸素性代謝機構である。

グルコース（グリコーゲン）
　↓←フォスフォルクトキナーゼ（PFK）
ピルビン酸×2
　↓　　　　　　　↓
乳酸　　　　アセチルCoA
　　　　　　（ミトコンドリア）
　　　　　　遅い解糖系（有酸素系）

図5-6　速い解糖系（グリコリシス）代謝経路

　筋細胞内のグルコースはフォスフォルクトキナーゼ（PFK）と呼ばれる酵素により触媒され最終的に2つのピルビン酸を生成する。ピルビン酸はさらに無酸素的に分解され乳酸を生成する。この一連の反応過程で得られるエネルギーによりATPが再合成される。最終産物である乳酸の生成スピードがその除去能力を上回れば組織内の乳酸濃度が上昇する。乳酸濃度の上昇は筋組織のpHを低下させ、各酵素活性を阻害するため、エネルギー供給能力と筋収縮力の低下を招く。この結果としてこのエクササイズ強度での運動継続が不可能になってしまう。フォスフォルクトキナーゼ（PFK）は解糖系代謝機構の反応性を高める働きを持っているが、フォスファゲン系の代謝が高まり筋内ADPやAMPの濃度が高くなるとより活性化される。逆に、筋内のATP濃度が十分に高いとPFK活性は低下し、有酸素系の代謝機構のATP生成が増加する[6]。

2. 無酸素性トレーニングの効果

　無酸素性トレーニングの効果を知るためにはまず無酸素性トレーニングの基本的なガイドラインを知っておく必要がある。何故なら一口に無酸素性トレーニングといっても、そのエクササイズ強度や継続時間、休息時間のとり方によってトレーニング効果が異なるからである。無酸素性エネルギー供給経路の項でも触れたように、無酸素性エネルギーは疲労困憊にいたる供給時間の短いフォスファゲン系（ATP-PCr系）と比較的長い速い解糖系（乳酸系）に分けられる。このため無酸素性トレーニングでも、フォスファゲン系に的を絞りたい場合は10～30秒間のオールアウトエクササイズ、乳酸系のエネルギー供給機構に負荷をかけたいときは30～120秒のオールアウトエクササイズが一般的である[2]。この際には、エクササイズで使用された筋肉が次のエクササイズに向けて各エネルギー供給経路をリカバリーするための休息

時間が必要であり，この時間が短すぎれば次のエクササイズ強度が意図したものより低くなる可能性があり，また長すぎれば各供給機構にオーバーロードがかからなくなるためトレーニング効果が低くなってしまう可能性がある。このため休息時間の決定は非常に重要である。また休息時間の過ごし方，すなわち休息タイプのとり方も意図する供給システムにより使い分ける事が勧められる。

フォスファゲン系に的を絞ったトレーニングなら，休息形態は受動的で非活動的である方が供給エネルギーの回復には適しているし，乳酸系のトレーニングなら休息形態は能動的で活動的な方がより乳酸の除去が早まって効果的である[7]。休息時間とタイプのガイドラインは，フォスファゲン系では30～90秒（エクササイズと休息比が1対3）の静的休息，乳酸系では60～240秒（エクササイズと休息比が1対2）の動的休息が一般的である（**表5-1**）。

表5-1　無酸素系インターバルトレーニングのガイドライン（Kemper, 1990から加筆）

	短距離スプリント	中距離スプリント
エネルギー系	フォスファゲン系	乳酸系
エクササイズ	10～30秒	30～120秒
休息時間	30～90秒	60～240秒
W：R	1：3	1：2
休息タイプ	パッシブレスト	アクティブレスト
反復回数	25～30	10～20

さらに，実際の競技特性に沿って無酸素性トレーニングを処方する際には，各競技の各エネルギー供給機構への依存度合いを把握しておく必要がある[5]（**表5-2**）。

無酸素性トレーニングの効果には，まずエネルギー基質の増加が考えられている。フォスファゲン系のトレーニングによるフォスファゲン濃度の増加については今のところはっきりした結論は出されていないが，レジスタンストレーニングによるクレアチンリン酸，クレアチン量の増加やウェートトレーニングによる筋量の増加を伴ったフォスファゲン濃度の上昇の報告がある[3]。

表5-2　各競技の各エネルギー供給機構への依存度
（文献2より加筆）

競技種目	ATP-PCr (%)	乳酸系 (%)	有酸素 (%)
ダイビング 50mスイム	98	2	0
ゴルフ アイスホッケー：キーパー 100m, 200m ウェートリフティング	95	5	0
アメリカンフットボール 体操 ラグビー 陸上：フィールド競技 バレーボール レスリング	90	10	0
バスケットボール	85	15	0
野球 クリケット アイスホッケー：FW/DF サッカー：キーパー, ウィング, :ストライカー	80	20	0
100mスイム 400m走	80	15	5
バドミントン	80	10	10
テニス	70	20	10
フィールドホッケー ラクロス：ミッドフィルダー サッカー：ハーフバック	60	20	20
スカッシュ	50	30	20
200mスイム 800m走	30	65	5
1500m走	20	55	25
400mスイム 3000m走	20	40	40
1500mスイム 5000m走	10	20	70
10000m走	5	15	80
マラソン	0	5	95

乳酸系エネルギー基質であるグリコーゲンの貯蔵量に関しては，スプリントトレーニングとレジスタンストレーニングにより増加したとする報告がある。また，乳酸系のトレーニングにより，速い解糖系を触媒する酵素が増加し，酵素活性が高まったとの報告もある[5]。

　また，乳酸系のトレーニングの効果には，まず筋肉に乳酸がより貯まりにくくなる事，つまり乳酸の除去能力（緩衝能力）が高まる事があげられている[7]。この結果として，より高いエクササイズ強度で乳酸を貯めずにエクササイズできる事になる。さらに，乳酸が貯まってもエクササイズを継続できる事，乳酸に対する耐性の向上があげられる[7]。すなわちトレーニングにより，筋が低いpH環境に順応しより多くの乳酸を緩衝できるようになる。また，これらの無酸素性トレーニングでは，主に速筋線維が動員されるため，より高い筋力やパワー，そしてスピード要素の向上が見られるとともに，それらをより高いレベルで維持する事が可能になる。

　また，休息時間の短い乳酸系のインターバルトレーニングでは有酸素系エネルギー供給経路に対するトレーニング刺激もかなり高く，ストロークボリューム（1回拍出量）が増加し，有酸素系エネルギー供給機構の向上もみられる[4]。

理解度チェック問題

1. フォスファゲン機構がメインでエネルギーを供給するのはどれか？
    a. 800m走
    b. 200mスイム
    c. 1500m走
    d. 50m走
2. 乳酸系エネルギー供給経路の向上に的を絞ったインターバルトレーニングでは，次のどの組み合わせが適切か？
    a. 5秒エクササイズ：10秒休息
    b. 10秒エクササイズ：30秒休息
    c. 30秒エクササイズ：60秒休息
    d. 120秒エクササイズ：60秒休息
3. 乳酸系エネルギー供給経路を活性化させる要因は次のどれか？
    a. AMPの増加
    b. pHの低下
    c. PFKの触媒作用
    d. CKの触媒作用
4. 筋細胞が直接エネルギーをとり込める物質は次のどれか？
    a. グリコーゲン
    b. 脂肪
    c. クレアチン
    d. ATP

解答：1.→d　2.→c　3.→c　4.→d

【文献】
1) Baechle,T.R. (1994). Essentials of Strength Training and Conditioning.Human Kinetics.
2) Fox, E.L., and D. K. Mathews (1974). Interval Training. Saunders.
3) Jacobs, I. Sprint training effects on muscle myoblobin, enzymes, fiber types, and blood lactate. Med. Sci. Sports Exerc., 19：368, 1987
4) Karp, J.R. (2000). Interval training for the Fitness Professional. Strength and Conditioning Journal, 22 (4)：64-69.
5) MacDougall, J. D., et al. (1977). Biochemical ada-ptation of human skeletal muscle to heavy resistance training and immobilization. J. Appl. Physiol., 43：700.
6) Mcardle. W., Katch, F. and Katch, V. (1991). Exercise Physiology. Energy, Nutrition, and Human Perfomance：Lea & Febiger.
7) Siff, M. C. and Verkhoshansky, Y. V. (1996). Supertraining. Special Strength Training for Sporting Excellence.：Sports Support Syndicate.

8) Watts, J. H. (1996). Sports-Specific Conditioning for Anaerobic Athletes : Strength and Conditioning Journal, 18 (4) : 33-36.

6章 有酸素性トレーニング

KEYWORDS ●有酸素 ●無酸素 ●無酸素性作業閾値（AT） ●筋線維タイプ ●最大酸素摂取量 ●トレーニング効果

1. 有酸素性エネルギーの供給機構

1. 運動エネルギーの供給機構

　脳に発した運動命令は神経線維を経由して筋肉に達して神経終板から筋肉に対してアセチルコリンを分泌する。これにより筋細胞中のアデノシン三リン酸（ATP）がアデノシン二リン酸とリン酸に分解される。この分解時のエネルギー（E_1）が筋収縮のための運動エネルギーとして利用される。筋中のATPはわずか1〜2秒で消費され枯渇してしまうので，運動を持続させるためにATPが常に再合成され続けなければならない。その再合成のためにクレアチンリン酸（PCr）がクレアチン（Cr）とリン酸（P）に分解され，そのエネルギー（E_2）がATP再合成に利用される。同時に筋中のグリコーゲンがピルビン酸に分解するときに発生するエネルギー（E_3）もATP再合成に使われる。ピルビン酸は酸素が供給されない状態では乳酸に変化する。こうした酸素を要しないエネルギー供給機構による運動を無酸素的運動と呼ぶ。

　一方，呼吸によって十分な酸素が体内に摂取されると，グリコーゲンの分解によって生じたピルビン酸は，筋細胞中で働くTCA回路（クレブス回路）により酸素と反応し，化学変化をおこして，二酸化炭素と水に分解するとともにエネルギー（E_4）を発生し，運動エネルギーとして消費されたATPやPCrやグリコーゲンの再合成のために用いられる。また脂肪は，脂肪酸からアセチルCoAと変化しTCA回路の中に取り込まれ，酸素によって水と二酸化炭素に分解してATP再合成エネルギーを発生する。こうした酸素によるエネルギー供給機構による生化学的反応を有酸素性反応といい，この反応による身体運動を有酸素的運動と呼ぶ（図6-1）。有酸素性エネルギーは無酸素性のATP再合成エネルギーに比して総量として大きなエネルギーであるため，長時間運動でもATPを再合成して充分まかなうことができる。

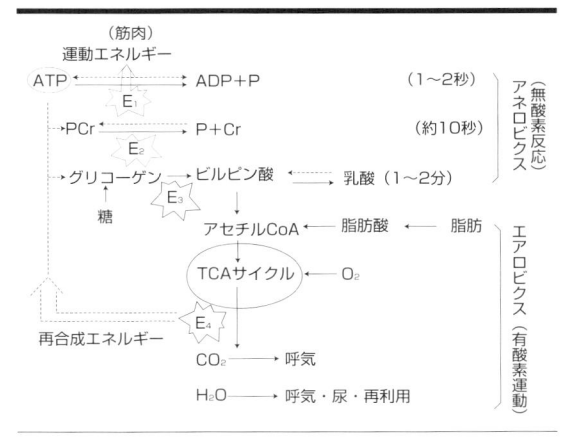

図6-1　エネルギー発生の機序

2. 有酸素的運動とエネルギー源

　ATP再合成に用いられるグリコーゲンは筋

肉・肝臓・血液中に含まれており，その総量は約370g（男性の場合）であり，熱量に換算すると約1480キロカロリーに相当する。また体に蓄積されている脂肪では，8万キロカロリーにもなる（**表6-1**）。グリコーゲンは無酸素的・有酸素的運動の両方で燃焼するが，脂肪は有酸素的運動でしか燃焼しない（**図6-2**）。有酸素エネルギーと無酸素エネルギーの特徴を**表6-2**に，またランニングで消費されるこれらのエネルギーの比率を**図6-3**に示した。短時間に大きな力を必要とする運動ではそのエネルギーのほとんどが無酸素のものでまかなわれるが，長時間の持続的運動ではそのほとんどは有酸素的エネルギーにより供給される。

3. 無酸素性作業閾値（AT）

運動の強度を次第に高めていくと，酸素不足が始まる強度から乳酸の発生が生じ（乳酸性作業閾値，Lactate Threshold：LT），上昇していた酸素摂取率は低下し始め呼吸数も増加し始める（換気性作業閾値，Ventilation Threshold：VT）。この反応の変化点の運動強度を一般的に無酸素性作業閾値（Anaerobic Threshold：AT）とも呼ぶ。言い換えれば有酸素的運動から無酸素的運動への変換点がATともいえる（**図6-4**）。AT以下では酸素不足は生じていないから，乳酸の連続的蓄積は起こらず運動は持続が可能である。

表6-1 体内の有酸素的エネルギー源

エネルギー源	量	カロリー
糖質		
筋グリコーゲン	300g	1,200
肝グリコーゲン	67g	268
血糖	3g	12
脂肪	9kg	81,000

体重60kg，体脂肪率15％として計算した。

表6-2 有酸素エネルギーと無酸素エネルギーの特徴の比較（池上，1982）

	有酸素エネルギー	無酸素エネルギー
放出の速さ	遅効的であり，盛んに放出されるようになるのに数分間が必要である。	即効的であり，突発的な運動にも応ずることができる。
酸素の必要性	必要	不要
持続性	長時間持続する	短時間しか続かない
エネルギー源	グリコーゲン，脂肪，血糖，（乳酸）	ATP，クレアチンリン酸，グリコーゲン
代謝産物	CO_2，H_2O	ADP，乳酸

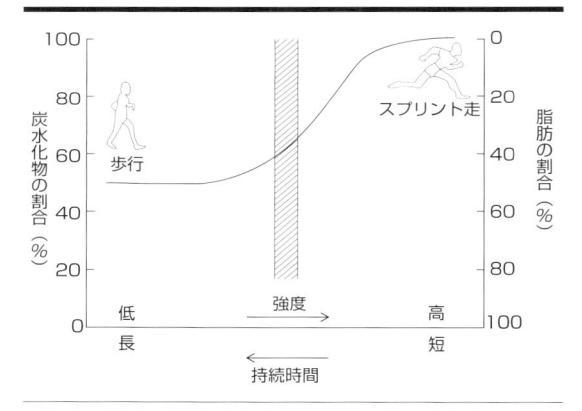

図6-2 運動の強度および持続時間と炭水化物および脂肪の燃焼する割合との関係（Fox，1979）
斜線の部分はほぼLTまたはVTのポイントを表す。

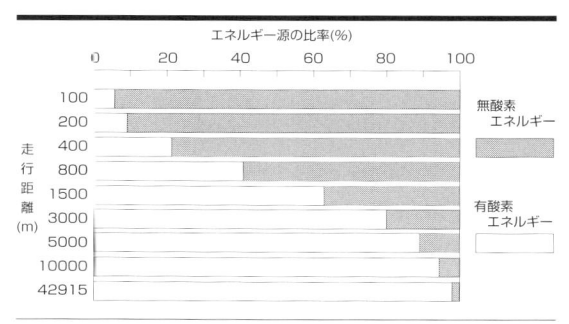

図6-3 走運動で消費される有酸素エネルギーと無酸素エネルギーの比率（池上，1982）

6章 有酸素性トレーニング

2. 有酸素性トレーニングの効果

1. 循環器系

脱トレーニングで心容積は小さくなる。反対に有酸素性トレーニングの継続によって左室肥大による心容積の増大が起きる。そのため安静時の1回拍出量は増大し、心拍数は減少する。また、最大運動時の心拍出量は増大する（表6-3）。

表6-3 一般の人と鍛錬した人の心拍出能の比較（池上, 1982）

		一般の人	鍛錬した人
安静時値	心拍数（拍/分）	70	50
	1回拍出量（ml）	70	90
	心拍出量（l/分）	5.0	4.5
最大値	心拍数（拍/分）	190	190
	1回拍出量（ml）	120	200
	拍出量（l/分）	22.8	38.0

2. 筋肉と運動

また有酸素系運動は血管を新生させて筋肉に対する血液の供給量も増加させる効果がある（図6-5）。また筋細胞中のTCA回路を含むミトコンドリアのサイズが大きくなり、数も増加する。毛細血管の新生や心容積の増大などにより血流量も

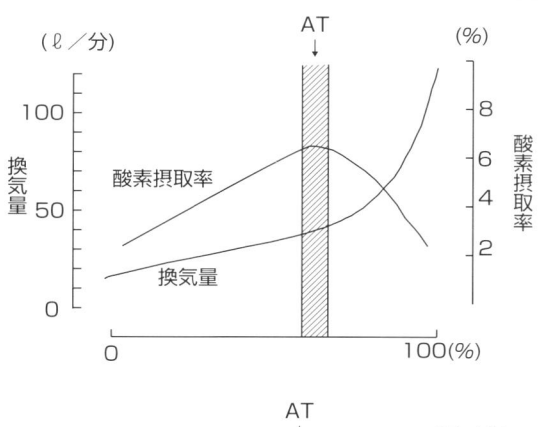

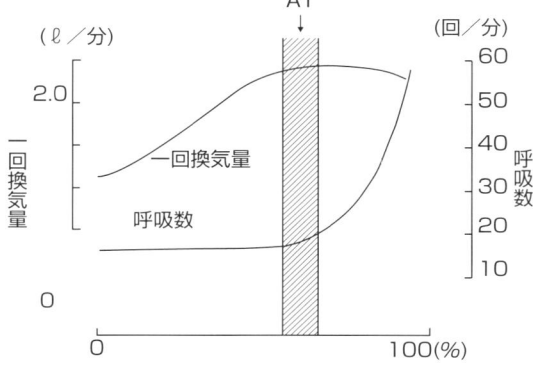

図6-4 運動強度と換気量・一回換気量・呼吸数の関係
（根本・宮下データより作図）

4. 有酸素的運動と筋線維タイプ

脊柱起立筋や中殿筋をはじめとする長時間にわたる持続的な姿勢制御に働く筋の多くは遅筋線維（ST線維）を多く含んでいる。一方、短時間で大きな力を発揮する大殿筋や腓腹筋などは速筋線維（FT線維）を多く含んでいる。有酸素運動のように長時間の運動時に動員される筋線維は遅筋線維である。一般人では遅筋線維と速筋線維の割合（面積比）がそれぞれ約50％であるのに対し、スポーツ別で見ると短距離選手では遅筋は20％くらいと少なく、長距離選手は逆に80％にもなる。無酸素的運動をしている人に比べて、有酸素的運動をしている人ほど遅筋線維の面積比が高い。

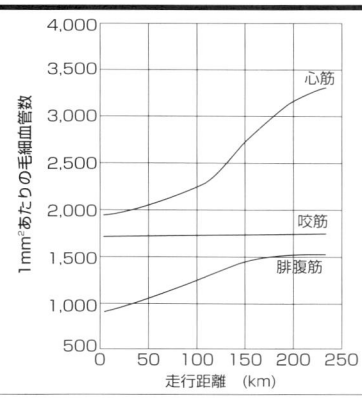

図6-5 トレーニングによる筋肉の毛細血管の変化
（Petren, 1935）

増加し，酸素供給量も増えるため作業回数も増加する（図6-6）。筋持久力が筋の肥大と毛細血管の新生によって向上するのはこの例である。

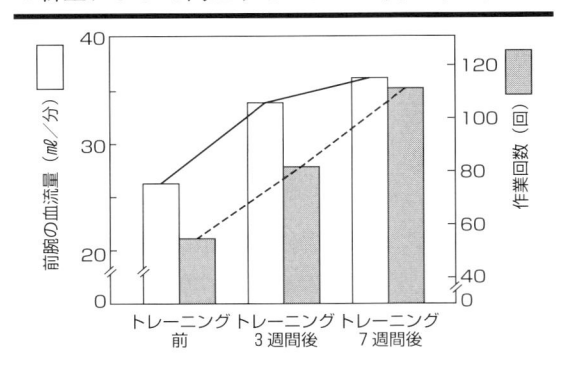

図6-6 トレーニングによる筋持久力と血流量の変化（猪飼）

2. 血液と運動

有酸素性トレーニングによって血中のHDLが増加しLDLは減少する。また，血液のコレステロール，中性脂肪は減少する（図6-7）。そのためコレステロールや中性脂肪の沈着を防ぎ血管の内径の狭小化を起こしにくくし，高血圧症や脳血管・心疾患などを起こしにくくし，中性脂肪も減少させ皮下脂肪としての沈着も防ぐため肥満も起こりにくくする。

また適度な有酸素運動は赤血球やこれを運ぶ血漿を増加させ，結果として全血液量を増加させる。

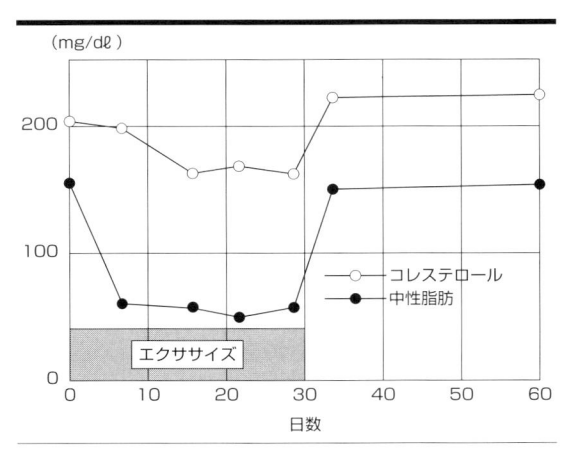

図6-7 トレーニングによる血液の変化（鈴木，1975）

そのため酸素と二酸化炭素の交換を効率よく行うことができるようになる。ただスポーツ選手では，過度な激運動によって運動性貧血症が起きることも少なくなく，適切な栄養摂取や休養にも心がけることが不可欠である。

3. トレーニングによる最大酸素摂取量の増加

有酸素性トレーニングにより心容積の増大，毛細血管の新生，これらによる血流量の増加，ミトコンドリアのサイズや数の増大などにより，酸素運搬能力は向上し，最大酸素摂取量は増大する（図6-8）。

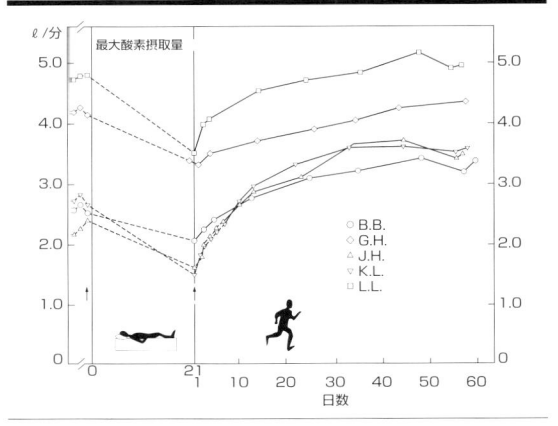

図6-8 ベッド安静及びランニングトレーニングによる最大酸素摂取量の変化（Saltin，1968）

4. 有酸素性トレーニングの処方

有酸素性トレーニングの効果が現れるためには最大酸素摂取量の50～85%の強度の運動が望まれる。これはカルボーネン法によるHRRの50～85%，最大心拍数（HRmax）の60～90%に相当し，体力に応じて至適な強度が設定されなければならない。

カルボーネン法では，その公式は，**目標心拍数＝（最高心拍数－安静時心拍数）×目標％＋安静時心拍数**であるので，例えば，安静時心拍数が60拍／分の40才の人の60％運動強度の心拍数を求

めると，**最高心拍数＝220－年齢**であるから，220－40＝180となり，目標心拍数＝（180－60）×0.6＋60＝132拍／分となる。

理解度チェック問題

1. 有酸素性トレーニングによる効果として，一般的に認められない現象はどれか？
   a. 心肺機能の向上により最大酸素摂取量が増大する。
   b. 遅筋線維より速筋線維の機能が向上し，骨密度の増加も著しい。
   c. 毛細血管の新生やミトコンドリア機能の向上がみられる。
   d. HDLの増加，LDLの減少がみられる。

2. 有酸素性エネルギーに，直接的に最も関係の深いものはどれか？
   a. アデノシン三リン酸
   b. クレアチンリン酸
   c. TCA回路
   d. 乳酸

3. 有酸素的効果が出るための至適な運動強度は，最大酸素摂取量のどの範囲か？
   a. 30～80%
   b. 40～70%
   c. 50～85%
   d. 60～90%

4. ATを説明したものでないものはどれか？
   a. ほぼ乳酸性作業閾値（LT）の運動強度
   b. ほぼ換気性作業閾値（VT）の運動強度
   c. 有酸素性作業閾値の略である
   d. 脂肪燃焼効率がよい運動強度である

解答：1.→b　2.→c　3.→c　4.→c

【文献】

1) 池上晴夫（1982）．運動処方－理論と実際－．朝倉書店．
2) 宮下充正（1980）．トレーニングの科学．講談社．
3) オストランド（1976）．運動生理学．大修館書店．
4) 小沢治夫（2000）．フィットネス基礎理論．日本エアロビックフィットネス協会．
5) Petren (1936). Die totale Anzahl der Blutkapillaren im Herzen und Skelettmusklatur bei Ruhe und nach langger Muskelubung. Verhandl Anatom. Gesellsch. 165.
6) Saltin et al (1968). Response to Submaximal and Maximal Exercise after Bed Rest and Training. Circulation, 38. 1968

7章 レジスタンストレーニングと内分泌系

KEYWORDS　●ホルモン受容体　●アナボリック・ホルモン　●カタボリック・ホルモン　●テストステロン　●成長ホルモン　●IGF-I　●コルチゾール　●トレーニングプロトコル

　適切なレジスタンストレーニングは，テストステロン，成長ホルモンなどのアナボリック・ホルモンの分泌を活性化し，これらのホルモンは筋肥大・筋力増強を助長する。局所的にはたらく成長因子も，トレーニングに対する筋の適応において重要な役割を果たす。トレーニング効果のうち，少なくとも50％は，こうしたホルモンや成長因子によると考えられる。ここでは，内分泌系についての基礎と，レジスタンストレーニングに対する内分泌系の反応について概説する。

1. 筋に対するホルモンの作用

1. ホルモンの合成と分泌

　ホルモンとは，主として内分泌器官（腺）で合成・貯蔵・分泌され，血流に乗って体内を循環し，微量で身体の機能を調節したり維持したりする物質である。主要な内分泌器官を**図7-1**に示す。内分泌器官以外でも，ある種の神経細胞（視床下部の神経細胞など）は，神経終末から血中にホルモン様物質を分泌する（神経内分泌）。また最近では，心臓や脂肪組織など，従来は内分泌器官とされていなかった多くの器官が内分泌機能を併せもつことがわかってきている。主要なホルモンとその機能を**表7-1**にまとめた。

　ホルモンが作用する器官を標的器官と呼ぶ。ホ

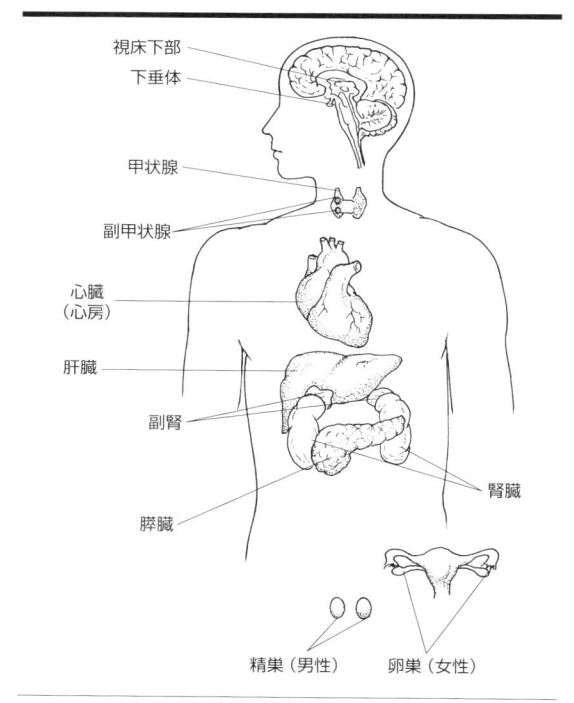

図7-1　身体の主要な内分泌器官

ルモンは通常，複数の標的器官をもち，それぞれの標的器官は同一のホルモンに対してそれぞれ異なった反応を示す。本章では，標的器官として筋を中心に述べる。筋が運動・トレーニングに対して適応する際には，身体に与えられた運動刺激やストレスの強度・量・種類に応じ，特定のタンパク質の合成が高まり，様々な機能が向上する。ホルモンはこうした過程での情報伝達の役割を果たす。一般に，筋に対して，タンパク質の合成を刺激し，成長や肥大を促すホルモンをアナボリック

7章 レジスタンストレーニングと内分泌系

表7-1 主要なホルモンと内分泌器官
*はトレーニングに対する筋の適応に関連の深いホルモンを示す。（文献4）より抜粋・改変

内分泌器官	成長ホルモン	主な効果
下垂体（前葉）	成長ホルモン*	筋や骨でのタンパク合成を刺激し成長を促す。肝臓からIGF-Iを分泌させる。
	副腎皮質刺激ホルモン（ACTH）*	副腎皮質を刺激し、グルココルチコイドを分泌させる。
	濾胞刺激ホルモン（FSH）*	卵巣に対し濾胞の成長を刺激し、精巣に対し精子形成を刺激する。
	黄体形成ホルモン*	卵巣に対し黄体形成を刺激し、精巣に対しテストステロン分泌を刺激する。
	甲状腺刺激ホルモン	甲状腺を刺激し、チロキシンなどを分泌させる。
下垂体（後葉）	抗利尿ホルモン（バソプレシン）	腎臓での尿生成を抑制し、血管平滑筋を収縮させて血圧を上げる。
	オキシトシン	子宮を収縮させたり、乳腺からの乳の放出を刺激する。
甲状腺	チロキシン	全身的にミトコンドリアでの有酸素性エネルギー代謝活性を高める。
	カルシトニン	骨へのカルシウム沈着を促し、血中のリン酸カルシウム濃度を下げる。
副甲状腺	副甲状腺ホルモン	骨からのカルシウム遊離を促す（骨吸収の活性化）。
膵臓	インスリン*	血糖の細胞への取り込みとグリコーゲン合成を刺激する。筋ではタンパク合成を促す。
	グルカゴン	肝臓でのグリコーゲン分解を刺激し、血糖を上げる。
腎臓	レニン	血中のアンギオテンシンを活性化して尿生成を抑制し、血圧を上げる。
副腎（皮質）	グルココルチコイド*（コルチゾール、コルチゾンなど）	グリコーゲン、タンパク質、脂質などを分解して糖を生成し、血糖を上げたり、エネルギー基質として供給したりする。
	塩類コルチコイド	腎臓での水の再吸収を促進し、尿の生成を抑制する。
副腎（髄質）	アドレナリン（エピネフリン）*	心収縮力、心拍数を高める。グリコーゲンや脂質の分解を刺激し、血糖を高める。
	ノルアドレナリン	アドレナリンと同様のはたらきをもつ
肝臓	インスリン様成長因子-I（IGF-I）*	筋や骨でのタンパク合成を刺激し成長を促す。
精巣	アンドロゲン（テストステロン）*	男性の性徴発現を刺激する。筋に対してはタンパク質合成を促す。
卵巣	エストロゲン（エストラジオールなど）	女性の性徴発現を刺激する。筋に対してはタンパク質合成を抑制する。女性の性徴発現を刺激
	プロゲステロン	したり、妊娠の維持にはたらく。
心臓（心房）	心房性利尿ホルモン（ANP）	腎臓での尿生成を刺激し、血圧を下げる。

（同化）・ホルモン，逆にタンパク質の分解を刺激するホルモンをカタボリック（異化）・ホルモンと呼ぶ．代表的なアナボリック・ホルモンには成長ホルモン（GH），インスリン，インスリン様成長因子-I（IGF-I），テストステロン（男性ホルモン）などがあり，カタボリック・ホルモンにはグルココルチコイド（副腎皮質ホルモン：コルチゾール，コルチゾンなど）やプロゲステロンなどがある．インスリンは，筋をはじめとする様々な器官で血糖の取り込みを促進し，エネルギー備蓄を増やすとともに，タンパク質合成を高める．脂肪細胞に対しては，同様に脂肪合成を高め，体脂肪の蓄積を助長する．一方，成長ホルモンは，筋ではタンパク質合成を高めるが，脂肪細胞に対しては，強い脂肪分解作用を示す[2]．グルココルチコイドは，エネルギー欠乏時や，身体が強いストレスにさらされたときに分泌され，筋に対しては，タンパク質と糖質を分解してエネルギーを獲得するように作用する．

2. ホルモンとその受容体

ホルモンが標的器官に作用するときには，まず細胞にあるホルモン受容体というタンパク質と結合する．ホルモンの化学的構造とホルモン受容体の化学的構造の間には，「カギとカギ穴」の関係があり，1種類の受容体は1種類のホルモン（またはそれにきわめて似た構造をもつ物質）しか結合しない．

ホルモン受容体には大きく分けて2つのタイプがある．ひとつは，細胞膜に埋まっていて，細胞外でホルモンと結合し，細胞内に2次的情報（2次メッセンジャー）を送るタイプ．他方は細胞質中または核内にあって，細胞膜を通過してきたホルモンと結合し，ホルモン－受容体複合体をつくるタイプである．ホルモン－受容体複合体は遺伝子DNAに直接結合して特定のタンパク質の合成を高める．成長ホルモンやインスリンなどのペプチドホルモン，ノルアドレナリンなどのカテコールアミンの受容体は前者のタイプであり，テストス

テロン，グルココルチコイドなどのステロイドホルモン（脂質からなるホルモンで，細胞膜を通過できる）の受容体は後者のタイプである。

3. 成長因子

　成長因子は，器官内の細胞から分泌され，局所的にはたらいて細胞の成長を調節するペプチドである。多数の因子があるが，筋の肥大や適応にきわめて関連の深いものに，インスリン様成長因子-I（IGF-I）がある。IGF-Iはインスリンに類似した構造をもち，肝臓および筋線維自身から分泌される[4]。肝臓は，下垂体で分泌された成長ホルモンの刺激を受けるとIGF-Iを血中に分泌する。このIGF-Iは体内を循環し，ホルモンとして筋をはじめとする様々な器官に作用する。一方，トレーニング中に強く活動した筋線維もIGF-Iを分泌し，自身や周囲のサテライト細胞（次項参照）に作用してタンパク質合成を促す（自己分泌・傍分泌）。

4. ホルモンと筋の成長・肥大

　筋線維は多核細胞である。細胞内のタンパク合成はまず，核内の遺伝子DNA上にある暗号が，RNA（mRNA）に写し取られること（遺伝子の転写）から始まる。ひとつの核がこうしてタンパク質を供給できる範囲には限界があると考えられ，その範囲を核領域と呼ぶ（**図7-2**）。筋線維が，個々の核領域の限界を超えて肥大する場合には，核数を増やす必要が生じる。このような場合には，筋線維の周囲にあるサテライト細胞という細胞が増殖し，筋線維に融合することによって筋線維核数が増えると考えられている[3]（**図7-2**）。成長ホルモン，IGF-I，テストステロンなどのアナボリック・ホルモンは，筋線維にはたらいて核での遺伝子の転写を活性化するとともに，サテライト細胞を刺激してその増殖を促し，筋の肥大を引き起こすと考えられている。一方，筋線維自身も，トレーニングに伴う力学的刺激によってIGF-Iを分

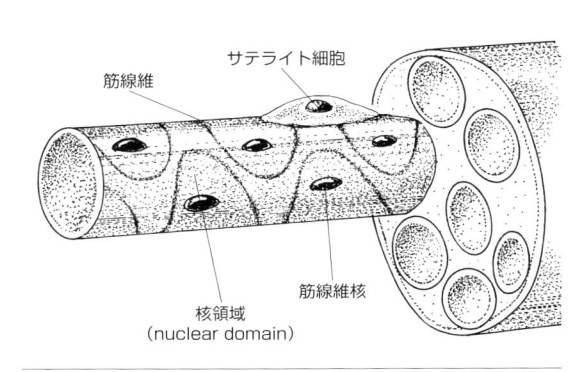

図7-2　筋線維における核領域とサテライト細胞

泌する。同時に，テストステロンや成長ホルモンの受容体の合成が活性化され，それらの数が増えることにより，筋線維やサテライト細胞のホルモンに対する感受性が増大する。したがって，筋線維の肥大を効果的に引き起こすためには，筋線維そのものが強く活動することと，ホルモンが筋線維にはたらくことの2つの条件が必要となる[3]。

2. レジスタンストレーニングとホルモン分泌

　運動・トレーニングを行うと，その直後には，様々なホルモンの血中濃度が，急性の一過的変化を示す。一方，トレーニングを繰り返すことにより，慢性的・長期的な変化も現れる。これらの変化は，運動に伴う身体的ストレスの大きさ，運動に必要なエネルギー量，運動後の回復過程に必要なタンパク質代謝活性などに依存し，きわめて多様である。したがって，レジスタンストレーニングによる内分泌系の変化も，トレーニングに用いたプロトコルに強く依存するといえる。

　血中ホルモン濃度は，内分泌器官によるホルモン分泌量だけでなく，ホルモンの分解速度や受容体との結合量にも関連する。また，活性型と不活性型の両者が血中に存在する場合もあり，血中ホルモン濃度の変化が筋にどの程度の効果を及ぼすかは，実際には解釈がむずかしい。ここでは，筋

の適応に関わる主要なホルモンの血中濃度の変化と，レジスタンストレーニングのプロトコルの関係について述べる。

1. 性ホルモン

　性ホルモンのうち，主に精巣から分泌されるテストステロンは筋のタンパク合成を高めるはたらきをもつ。女性では微量（男性の場合の約1／20）が副腎皮質から分泌される。またその前駆体であるアンドロステンジオンやジヒドロエピアンドロステロン（DHEA）も副腎皮質から分泌され，筋の適応に関与すると考えられている。テストステロンの一部は，血中では性ホルモン結合グロブリンというタンパク質に結合していて，結合していないフリー型のみが活性をもつ。一般に，総テストステロン濃度が高ければフリー型の濃度も高く，また結合型はホルモンの寿命を長くする役割をもつと考えられることから，総テストステロン濃度をその活性の指標してよいとされるが，異論もある[4]。

　一般男性では，レジスタンストレーニングにより，血中総テストステロン濃度は急性の上昇を示す（図7-3A）。より大きな上昇を引き起こすためには，次の条件が必要とされる：I）大筋群の種目（スクワットやデッドリフトなど）を用いる；II）高重量（85～95％ 1RM）を用いる；III）複数のセットを行うなど，十分な容量のトレーニングを行う；IV）セット間休息時間を短くする（60～90秒）。

　上記のようなトレーニングを長期にわたって行うと，安静時のテストステロン濃度もわずかではあるが上昇する。こうしたわずかな上昇も，長期的な筋の適応という観点では重要と考えられている。

　一方，女性では，血中テストステロン濃度もトレーニングによるその変化も小さいため，トレーニング効果には強く寄与していないと考えられている。

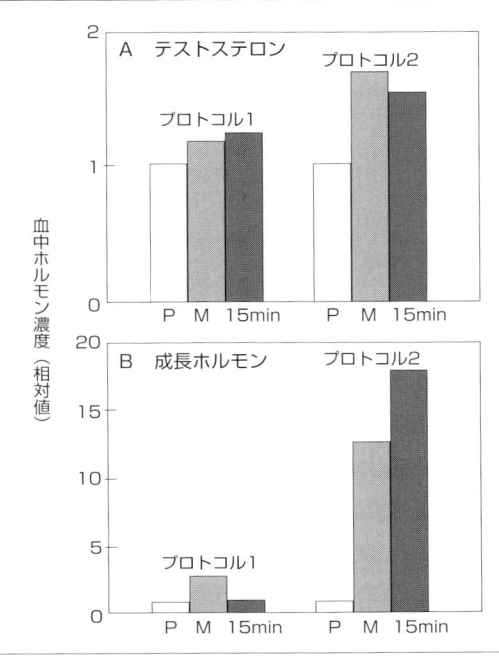

図7-3　トレーニングプロトコルが血中テストステロン及び成長ホルモン濃度に及ぼす効果（文献4および5をもとに作図）
大筋群に対する構造的エクササイズ（スクワット，デッドリフトなど）を，5RMで3分のセット間インターバルで行った場合（プロトコル1）と，10RMで1分のセット間インターバルで行った場合（プロトコル2）の比較。P，M，15minはそれぞれ，エクササイズ前，エクササイズ中，エクササイズ15分後を示す。ホルモン濃度はエクササイズ前の値に対する相対値で示す。

2. 成長ホルモンと成長因子

　成長ホルモンは下垂体から分泌されるペプチドホルモンで，その血中濃度は日内変動がきわめて大きい。筋や骨の成長を促すだけでなく，体脂肪を減らす，免疫機能を高めるなど，健康の維持増進面でも重要なホルモンである。その分泌は，間脳の視床下部による調節を受けていて，ここから神経内分泌されるGHRH（成長ホルモン遊離因子）によって活性化され，ソマトスタチンによって抑制される。視床下部は，上位の運動中枢が強く興奮した場合，および骨格筋内にある感覚神経（代謝物受容器）が乳酸などの代謝産物を受容した場合に興奮し，GHRHなどのホルモン遊離因子を下垂体に向けて分泌する[3]。したがって，成長ホルモンの分泌を活性化するためのプロトコルには，

次の条件が必要となる（図7-3B）：I）大筋群の種目を用いる；II）乳酸などの代謝産物の生成と蓄積を促すため，中～高重量（75～85% 1RM）で大容量のトレーニングを行い，同時にセット間休息時間を極力短縮する（30～60秒）。

肝臓から分泌されるIGF-Iについては，その分泌が成長ホルモンによって刺激されるため，成長ホルモンの場合と同傾向の変化を示す（変化の大きさは小さい）。筋から分泌されるIGF-Iとトレーニングプロトコルの関係はまだ不明である。

安静時または一日当たりの成長ホルモン分泌量が，トレーニングによって長期的な変化を示すかどうかはよくわかっていない。ただし，トレーニング直後に炭水化物とタンパク質を複合したサプリメントを摂取するように習慣づけると，安静時の濃度とトレーニング後の濃度上昇の程度がともに高まるという報告もある[1]。

3. カテコールアミン

交感神経の主要な伝達物質であるノルアドレナリン（ノルエピネフリン），副腎髄質から分泌されるアドレナリン（エピネフリン）などを総称してカテコールアミンと呼ぶ。これらは，エネルギー代謝を活性化するとともに，心収縮力と心拍数を上げ，筋血流を増加させるなど，運動に対する急性の身体適応をもたらす。一方，アドレナリン類似物であるクレンブテロールなど（β2-アゴニスト）のドーピングが筋肥大をもたらすことから，カテコールアミンはトレーニングによる筋肥大にもある程度関わっていると考えられている。交感神経の調節中枢は視床下部にあるため，カテコールアミンの分泌を促すトレーニングプロトコルの条件は，成長ホルモンの分泌の場合と同様と考えられる。

4. 副腎皮質ホルモン

副腎皮質からは，性ホルモンとその前駆体，塩類調節ホルモン（ミネラルコルチコイド），グルココルチコイドなど，多数のステロイドホルモンが分泌される。コルチゾール，コルチゾンなどのグルココルチコイドは，エネルギー代謝を活性化する一方，タンパク質もエネルギー基質として分解してしまうカタボリック・ホルモンである。これらの分泌は，下垂体から分泌される副腎皮質刺激ホルモン（ACTH）によって刺激される。ACTHの分泌はさらに上位にある視床下部の支配を受けており，交感神経や成長ホルモンの分泌活性化と基本的に同様の仕組みで活性化される。グルココルチコイド，ACTH，成長ホルモンなどは，身体が強いストレスにさらされたときに分泌されるため，ストレスホルモンと総称される。したがって，上述のように，アナボリック・ホルモンの分泌を強く活性化するようなトレーニングプロトコルは同時に，グルココルチコイドの分泌をも高めてしまう可能性を併せもつといえる。アナボリック・ホルモンの分泌量に対するグルココルチコイドの分泌量の割合が長期的に高まった状態は，オーバートレーニングの一症状となる。したがって，アナボリック・ホルモンの分泌を十分に活性化するプロトコルを用いながら，グルココルチコイドの過度な分泌を避けるよう，ピリオダイズされた長期的プログラムを立てることが重要である。

■■■ 理解度チェック問題 ■■■

1. 筋のタンパク質合成を促すホルモンとその内分泌器官の組み合わせとして正しいものを2つ選べ。
   a. コルチコステロン－副腎皮質
   b. IGF-I－肝臓
   c. テストステロン－精巣
   d. グルカゴン－副腎髄質

2. 次のホルモンのうち，細胞膜を通過し，細胞内にある受容体と結合して遺伝子にはたらくものはどれか。
   a. インスリンとグルカゴン
   b. アドレナリンとIGF-I
   c. テストステロンとコルチゾール
   d. 成長ホルモンとACTH

3. 次のトレーニングプロトコルのうち，成長ホルモンの分泌を最も強く刺激するものはどれか。
   a. レッグエクステンション，90％1RM×3セット，セット間インターバル1分
   b. スクワット，95％1RM×6セット，セット間インターバル3分
   c. スクワット，80％1RM×6セット，セット間インターバル3分
   d. スクワット，80％1RM×6セット，セット間インターバル1分

解答：1.→b, c　2.→c　3.→d

【文献】

1) E. R. Barton-Davis et al. (1998). Viral mediated expression of insulin-like growth factor I blocks the aging-related loss of skeletal muscle function. Proc. Natl. Acad. Sci. USA, 95 : 15603-15607.

2) Hojbjerg, C. et al. (1999). Effects of a physiological GH pulse on interstitial glycerol in abdominal and femoral adipose tissue. Am. J. Physiol., 277 : E848-E854.

3) Ishii, N. (2002). Factors involved in resistance-exercise stimulus and their relations to muscular hypertrophy. In Nose, H. (Ed.), Execise, Nutrition and Environmental Stress (in press). Traverse City MI : Cooper Publication.

4) Kraemer, W. J. (2000). Endocrine responses to resistance exercise. In Beacle, T. R. and Earle, R. W. (Ed.), Essentials of Strength Training and Conditioning (pp.91-114). Human Kinetics.

5) Kraemer, W. J. et al. (1990). Hormonal and growth factor responses to heavy resistance exercise. J. Appl. Physiol., 69 : 1442-1450.

8章 ストレングス＆コンディショニングのための食事と栄養

KEYWORDS ●フードガイドピラミッド ●食事指針 ●エネルギー比率 ●炭水化物ローディング ●サプリメント ●神経性食欲不振症 ●神経性大食症

1. 健康とパフォーマンスのための食事と栄養

1. 食事の基本

多くのスポーツ選手は，強くなるための食事，勝つための食事を知りたいと思っているだろう。その食事は一般の人の健康になるための食事とかけ離れているものではない。スポーツ選手はまず基本的な食事のとり方をマスターし，その後自分の消費エネルギーにあわせた食事量を確保し，筋肉を増やす時期にはタンパク質を多くとる，試合前に炭水化物を多くとるなどといったことを考える必要がある。

アメリカの食事指針（**表8-1**）では健康になるために実行を勧めている項目をあげている。これが食事の基本になると考えるとよい。

表8-1 アメリカの食事指針(2000年)
(Nutrition and Your Health: Dietary Guidelines for Americans, Fifth Edition. 2000)

○よい健康状態を目指そう
　健康によい体重を目指そう
　毎日，活発に体を動かそう
○健康のための基礎をつくろう
　フードガイドピラミッドで食べるものを選ぼう
　毎日，多くの種類の穀物，特に精製されていない穀物を選ぼう
　毎日，多くの種類の果物と野菜を選ぼう
　食物を安全に保とう
○賢く選ぼう
　飽和脂肪とコレステロールが少なく，総脂肪量が適度な食事を選ぼう
　砂糖の摂取が適切になるように，飲み物と食べ物を選ぼう
　より食塩の少ない食べ物と調理法を選ぼう
　アルコール飲料を飲むときは，控えめにしよう

表8-2 日本の食生活指針（厚生労働省）

○食事を楽しみましょう。
（食生活指針の実践のために）
　・心とからだにおいしい食事を，味わって食べましょう。
　・毎日の食事で，健康寿命をのばしましょう。
　・家族の団らんや人との交流を大切に，また，食事づくりに参加しましょう。
○1日の食事のリズムから，健やかな生活リズムを。
（食生活指針の実践のために）
　・朝食で，いきいきした1日を始めましょう。
　・夜食や間食はとりすぎないようにしましょう。
　・飲酒はほどほどにしましょう。
○主食，主菜，副菜を基本に，食事のバランスを。
（食生活指針の実践のために）
　・多様な食品を組み合わせましょう。
　・調理方法が偏らないようにしましょう。
　・手作りと外食や加工食品・調理食品を上手に組み合わせましょう
○ごはんなどの穀類をしっかりと。
（食生活指針の実践のために）
　・穀類を毎食とって，糖質からのエネルギー摂取を適正に保ちましょう。
　・日本の気候・風土に適している米などの穀類を利用しましょう。
○野菜・果物，牛乳・乳製品，豆類，魚なども組み合わせて。
（食生活指針の実践のために）
　・たっぷり野菜と毎日の果物で，ビタミン，ミネラル，食物繊維をとりましょう。
　・牛乳・乳製品，緑黄色野菜，豆類，小魚などで，カルシウムを十分にとりましょう。
○食塩や脂肪は控えめに。
（食生活指針の実践のために）
　・塩辛い食品を控えめに，食塩は1日10g未満にしましょう。
　・脂肪のとりすぎをやめ，動物，植物，魚由来の脂肪をバランスよくとりましょう。
　・栄養成分表示を見て，食品や外食を選ぶ習慣を身につけましょう。
○適正体重を知り，日々の活動に見合った食事量を。
（食生活指針の実践のために）
　・太ってきたかなと感じたら，体重を量りましょう。
　・普段から意識して身体を動かすようにしましょう。
　・美しさは健康から。無理な減量はやめましょう。
　・しっかりかんで，ゆっくり食べましょう。
○食文化や地域の産物を活かし，ときには新しい料理も。
（食生活指針の実践のために）
　・地域の産物や旬の素材を使うとともに，行事食を取り入れながら，自然の恵みや四季の変化を楽しみましょう。
　・食文化を大切にして，日々の食生活に活かしましょう。
　・食材に関する知識や料理技術を身につけましょう。
　・ときには新しい料理を作ってみましょう。
○調理や保存を上手にして無駄や廃棄を少なく。
（食生活指針の実践のために）
　・買いすぎ，作りすぎに注意して，食べ残しのない適量を心がけましょう。

- 賞味期限や消費期限を考えて利用しましょう。
- 定期的に冷蔵庫の中身や家庭内の食材を点検し、献立を工夫して食べましょう。

○自分の食生活を見直してみましょう。
（食生活指針の実践のために）
- 自分の健康目標をつくり、食生活を点検する習慣を持ちましょう。
- 家族や仲間と、食生活を考えたり、話し合ったりしてみましょう。
- 学校や家庭で食生活の正しい理解や望ましい習慣を身につけましょう。
- 子どものころから、食生活を大切にしましょう。

また日本では、表8-2のような食事指針が策定されている。

これら二つの指針には共通する点が多く、これらを実行することは、一般の人はもちろんスポーツ選手にも重要である。

2. フードガイドピラミッド

1日にどんな食品をどれだけとったほうがよいかは、フードガイドピラミッド（図8-1）により示されている。このピラミッドでは各食品群をどんな割合でとったらよいかがわかるようになっている。主に炭水化物を供給する穀物群は、ピラミッドの一番下にあり面積が一番多くなっている。これは食事で一番多くの量をとるのが、穀物群であることを意味している。その次に多いのが野菜と果物群（ビタミンとミネラルの供給源）、タンパク質の供給源である牛乳群と肉と豆群は少なくなっている。一番上の脂肪や甘いものはできるだけ少なくとるようにする。

このピラミッドの各群のサービング（単位）は、食べる量を具体的に示しているものである。表8-3に年齢や性別などで、1日に各食品群をどのくらいとったらよいかが分かるようになっている。

1サービングがどのくらいの量かは、表8-4を見てほしい。たとえば、穀物群で9サービングとるには、食パン3枚（3サービング）とご飯3カップ（6サービング）をとればよい。

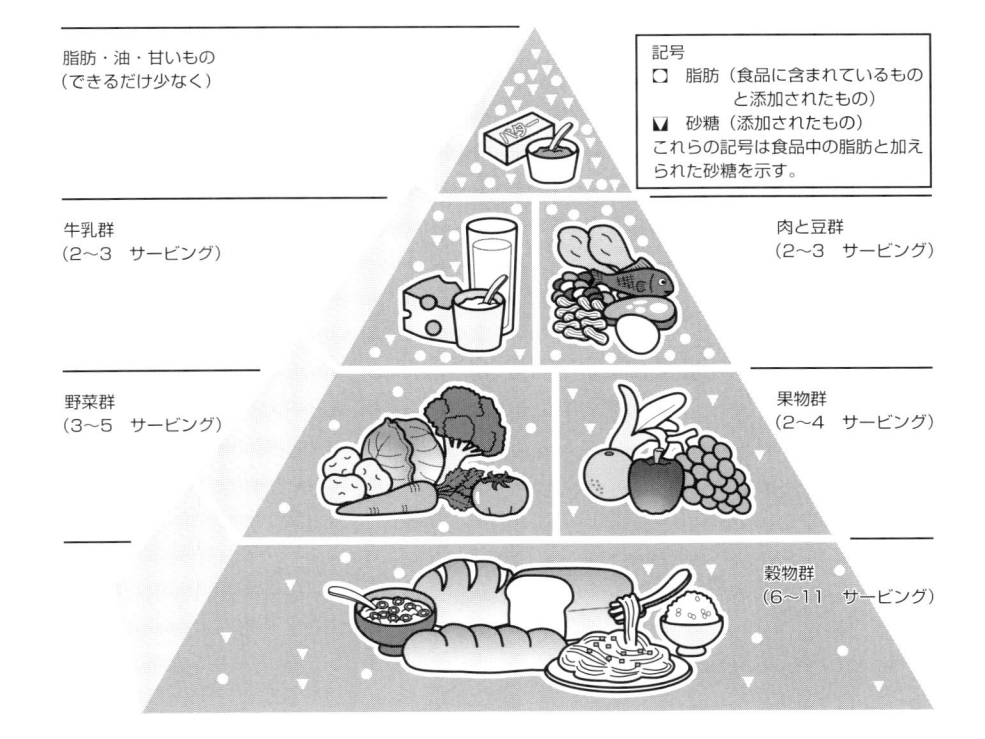

図8-1 フードガイドピラミッド （U.S.Department of Agriculture/U.S. Department of Health and Human Services）

表8-3 一日にどのくらいのサービングが必要か
(Nutrition and Your Health:Dietary Guidelines for Americans, Fifth Edition, 2000)

食品群	対象 子ども(2～6歳),女性,老齢者(約1600kcal)	子ども(7歳以上),10代の女性,活動的な女性,男性のほとんど(約2200kcal)	10代の男性,活動的な男性(約2800kcal)
穀物群（パン,シリアル,米,パスタのグループ）特に精製されていない穀物を	6	9	11
野菜群	3	4	5
果物群	2	3	3
牛乳群（牛乳,ヨーグルト,チーズのグループ）なるべく無脂肪か低脂肪ものを	2または3*	2または3*	2または3*
肉と豆群（肉,鶏,魚,乾燥豆,卵,ナッツのグループ）なるべく赤身肉か低脂肪のものを	2（全部で140g）	2（全部で168g）	3（全部で196g）

＊3サービングは9～18歳と50歳以上の人

表8-4 1サービングの量
(Nutrition and Your Health : Dietary Guidelines for Americans, Fifth Edition, 2000)

食品群	1サービングの量
穀物群	食パン　1枚 シリアル　約1カップ 調理済みシリアル,ご飯,パスタ　1/2カップ
野菜群	生の葉野菜　1カップ その他の野菜（生または調理済み）　1/2カップ 野菜ジュース　3/4カップ
果物群	リンゴ,バナナ,オレンジ,なし　中1個 切ったもの,調理済み,缶詰　1/2カップ フルーツジュース　3/4カップ
牛乳群	牛乳かヨーグルト　1カップ(カルシウム添加の豆乳でもよい) ナチュラルチーズ　42g（1.5オンス） プロセスチーズ　56g（2オンス）
肉と豆群	調理した肉（赤身肉,鶏肉,魚）　56～84g（2～3オンス） 以下のものはいずれも　肉28g（1オンス）と同じとする 　調理済みの豆*　1/2カップ　　豆腐　1/2カップ 　大豆製ハンバーガー　70g　　卵　1個 　ピーナツバター　大さじ2　　ナッツ　1/3カップ

＊乾燥豆やグリーンピース,レンズ豆は野菜のグループとしてもよい。その場合,調理済みの豆1/2カップを野菜の1サービングとする。

　日本ではどんな食品をどのくらいとったらよいかの目安を，図8-2の健康への食卓で示している。これは下の丸い部分が食卓で各食品（または料理）のグループとはしごで結ばれている。つまり，各グループの食品を食卓にそろえることを表している。毎食，主食と主菜と副菜をそろえ，果物・その他と水分は必要があれば加えるようにする。食事の中で主食が一番多く，次が副菜，主菜となっていることが，図の面積で分かるようになっている。これはピラミッドの図と同様である。

図8-2　健康への食卓（厚生労働省　食生活指針リーフレットより）

3. 栄養素とそのはたらき

▶(1) エネルギー比率

　まず，エネルギー源になる栄養素はタンパク質と脂質，炭水化物があり，これらを3大栄養素という。アルコールもエネルギー源となるが，栄養上ではエネルギー源としては重要ではない。(表8-5)

　エネルギーを摂取するとき，3大栄養素をどのような割合でとるかは健康上，重要である。この割合をエネルギー比率という。適正な比率は表8-5を参照のこと。タンパク質のエネルギー比率を15％，脂質25％，炭水化物を60％とするとき，それぞれの栄養素を何グラムとればよいかの計算例をあげる。

　摂取エネルギー　3000kcalのとき
　　タンパク質　3000×0.15÷4*＝112.5g
　　脂質　　　　3000×0.25÷9*＝83.3g

炭水化物　3000×0.6÷4*＝450ｇ
　　　　　　　　＊は1ｇあたりのエネルギー量

　実際に食べた各栄養素の重量が分かれば，その食事のエネルギー比率を求めることができる。そのエネルギー比率が適正かどうかも判断できる。

表8-5　栄養素とはたらき　その1　熱量素（エネルギー源になるもの）

栄養素	はたらき	多く含む食品
タンパク質 エネルギー比＝ 15〜20％ 体重1kg当たり 1.5〜2.0g/日	エネルギー源となる（1gで4kcal）。 筋肉や臓器の主要な構成成分。酵素や，ホルモンの構成成分。 骨や血液の構成成分。 抵抗力，免疫力に関係する。	肉，魚，貝，卵，牛乳（チーズ，ヨーグルトを含む） 大豆（豆腐，納豆などを含む）
脂質（脂肪） エネルギー比＝ 25〜30％	エネルギー源となる（1gで9kcal）。 貯蔵脂肪は体型を保ち，内蔵を保護する。体温保持。 細胞膜，神経組織，ホルモンなどの構成成分。 脂溶性ビタミンの吸収を助ける。	油脂，ナッツ，ごま，肉，魚，卵，牛乳（チーズ，ヨーグルトを含む）
炭水化物（糖質） エネルギー比＝ 50〜55％（日本では60％）	エネルギー源となる（1gで4kcal）。	穀類（ご飯，パン，めん，など），芋，果物，砂糖，はちみつ，菓子
アルコール	エネルギー源となる（1gで7kcal）。	

▶（2）タンパク質[3]

　筋肉や内臓，骨など身体を構成するための基本となる栄養素である。所要量は一般の人は体重1kg当たり0.8g/日（日本では約1g/日）となっている。スポーツ選手には，これより多くとることが勧められている。持久的スポーツでは体重1kg当たり1.2〜1.4g/日，筋力トレーニングをするときは体重当たり1.7〜1.8g/日といわれている。

▶（3）脂質（脂肪）

　脂質の適正なエネルギー比率は25〜30％と考えられている。これは，生活習慣病（心疾患やガンなど）の予防を目的として考えられている。スポーツ選手にとっては，脂肪のエネルギー比率が高くなると，炭水化物の摂取が少なくなることが問題になる。
　脂肪を多く含む食品（ロース肉やベーコン，ぶり，ポテトチップ，アイスクリーム，マヨネーズなど）や油を多く使う料理（フライやてんぷら，中華風炒め物など）を多く摂取することで，エネルギー比率が30％を超えることが多く見られる。

適正なエネルギー比率にするには，脂肪の少ない食品をとるようにし，油を使わないか少し使う料理を主にすることが必要になる。

▶（4）炭水化物

　炭水化物はエネルギー源となる血糖や筋肉と肝臓のグリコーゲンのために十分に摂取する必要がある。その量は，エネルギー比率で50〜55％以上になるように考えればよい。

▶（5）ビタミンとミネラル

　ビタミンとミネラルのはたらきなどについては，**表8-6，8-7**を参照すること。

表8-6　栄養素とはたらき　その2

脂溶性ビタミン（油や脂肪に溶けるビタミン）

栄養素	はたらき	欠乏症	過剰症	多く含む食品	その他
ビタミンA	鼻，のどなどの粘膜の保護。目の機能を正常に保つ。活性酸素の害を防ぐ。ガンの予防（β-カロテン）。		脱毛，関節痛，吐き気，頭痛，手足の骨や筋肉の痛み，下痢，吹き出物など	レバー，うなぎ，小松菜，ほうれん草，にんじんなどの緑黄色野菜	β-カロテンは体内に必要に応じてビタミンAに変わる
ビタミンD	カルシウムの腸からの吸収を促進。骨のカルシウム蓄積を促進。	くる病，骨軟化症		魚，きのこ，レバー	皮膚に日光があたると，プロビタミンDからビタミンDが生成される
ビタミンE	老化防止。生体内の過酸化反応を防ぐ。血行をよくする。			植物油，魚，緑黄色野菜，大豆	
ビタミンK	血液の凝固に関係。	新生児の出血性疾患		納豆，緑黄色野菜	腸内の細菌で合成される

水溶性ビタミン（水に溶けるビタミン）

栄養素	はたらき	欠乏症	多く含む食品	その他
ビタミンB1	糖質のエネルギー代謝に必要	疲労，食欲不振，脚気	強化米，豚肉レバー，枝豆，豆類，緑黄色野菜	
ビタミンB2	糖質，脂質，タンパク質のエネルギー代謝に必要	口内炎，口角炎	卵，牛乳，納豆，レバー，肉，緑黄色野菜	
ナイアシン	エネルギー代謝に関係	皮膚病，胃腸傷害	レバー，肉，魚，豆，緑黄色野菜	必須アミノ酸のトリプトファンから体内で合成される
ビタミンC	皮膚，血管や腱，靭帯などの結合組織，骨を正常に保つ。鉄の腸管からの吸収を促進。ストレスにより消耗。喫煙により必要量が増す。	壊血病，皮下出血，病気に対する抵抗力の低下，貧血	ブロッコリー，ほうれん草など緑黄色野菜，みかん類，いちご，キウイフルーツなど果物，芋類	

表8-7 栄養素とはたらき その3 ミネラル（無機質）

栄養素	はたらき	欠乏症	過剰症	多く含む食品	その他
カルシウム	骨や歯の主要成分、血液凝固、神経伝達、筋収縮	骨や歯の発育不全、骨粗鬆症、筋肉の痙攣、神経過敏、血液の凝固不良		牛乳、チーズ、ヨーグルト、小魚、豆、小松菜、切干大根	腸からの吸収はカルシウムとリンの比率が1:1〜1:2のときがよい。
鉄	ヘモグロビンやミオグロビンの主要成分	貧血（鉄欠乏性貧血）		レバー、卵、赤身肉、かつお、まぐろ、かき（貝）、ほうれん草など緑黄色野菜	ヘモグロビンを合成する(造血作用)には、鉄のほかタンパク質、銅、ビタミンB_{12}、葉酸も必要。
*ナトリウム	神経伝達、筋収縮	筋肉の痙攣、精神的無力、食欲減退	高血圧、むくみ	塩素と結合して食塩として多くの食品に含まれる。	通常は不足することはない。発汗が多い場合は注意が必要。
カリウム	筋肉の運動に関与	筋肉の痙攣		ほとんどすべての食品。	
リン	骨や歯の主要成分	骨が弱くなる		ほとんどすべての食品。特に多いのはスナック菓子やインスタント食品。	
亜鉛	細胞分裂や核酸代謝に関係	味覚障害			

＊食塩として1日10g未満が望ましい

▶(6) 水

運動をしていなければ、体内の水分量を一定にするためには、のどが渇いたら水分を補給すればよい。しかし、運動している場合は発汗により脱水を起こしやすいため、のどが渇かないように水分補給をするぐらいに考えたほうがよい。脱水になると運動能力の低下が起こり、熱中症の原因にもなる。

運動中の水分補給が適切かどうかは体重を量ることで分かる。運動の前後の体重差が出来るだけ少ないことが望ましい。

4. パフォーマンスのために

▶(1) 炭水化物ローディング（グリコーゲンローディング）[1]

持久性の運動種目の試合前に、筋肉中のグリコーゲンを増やすことは、試合中のエネルギー切れを防ぐために重要である。筋肉中のグリコーゲン量を食事と運動で増やす方法を炭水化物ローディングという。

古典的な方法は次のようなものである。試合の7日から4日前に強度の高い運動をして筋肉中のグリコーゲンをできるだけ使ってしまう。そのときの食事は炭水化物の非常に少ないものにする。その結果、筋肉中のグリコーゲンがほとんどなくなる。次に、試合前日まで運動量を減らし、炭水化物の多い食事に切り替える。すると、筋肉中のグリコーゲンが急激に増え、通常の量の2倍近くになる。しかしこのような方法は、前半で体調を崩しやすいといわれている。

そこで次のような方法が考えられた。試合前の1週間は運動量を徐々に減らし、食事は前半は通常の食事、後半は炭水化物を多くするというものである。この方法でも、筋肉中のグリコーゲンは古典的方法と同じくらい増加すると考えられている。この方法では、体への負担はあまりないと思われる。（図8-3）

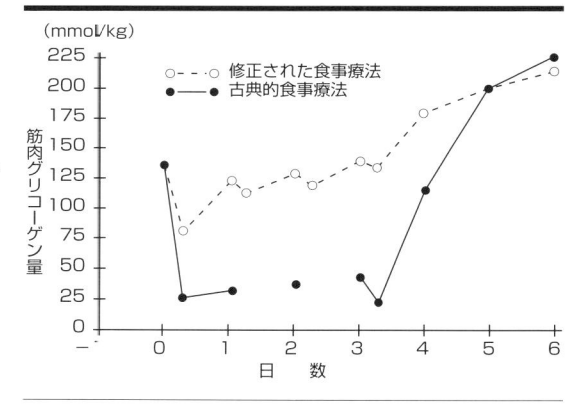

図8-3 古典的食事療法と修正された食事療法による筋肉グリコーゲン負荷後の筋肉グリコーゲン値（Sherman, W.M. and D.R.Lamb, 1988）

▶(2) 増量のための食事[4]

筋肉つまり除脂肪体重を増やしたい場合のポイントは次のとおりである。
- 摂取エネルギーを不足しないよう十分にとる。
- 体脂肪率が減少または現状を維持するようにする。
- タンパク質は体重当たり1.7〜1.8g/日確保する。
- 動物性タンパク質を十分にとる。（フードガイ

ドピラミッドの牛乳群と肉のグループをとる）
- 食事の回数を増やす。（4回以上）
- ビタミンとミネラルも十分にとる。
- 睡眠時間を確保する。

▶（3）減量のための食事[3]

体脂肪を減らすためのポイントは次のとおりである。
- 多くの体重を短期に減らさない。
- 持久性の運動で消費エネルギーを増やす。
- 摂取エネルギーを減らす。ただし、減らし過ぎないようにする。
- 減量できたかどうかは体脂肪量を目安にする。

2. パフォーマンス増強物質

1. クレアチン

エネルギー源のクレアチンリン酸は筋肉中に一定量含まれている。これはクレアチンを多く摂取することで、増やすことができるといわれている。様々な研究から、瞬発性の運動によい影響があると考えられている。しかし、実用性から考えるとまだ不明な点も多い。

2. アミノ酸

成長ホルモンを増やすもの、エネルギー源として多く使われているもの、疲労回復に役立つものなど、いろいろな働きがアミノ酸にあると考えられている。そして、いろいろなアミノ酸がサプリメントとして市販されている。しかし、アミノ酸はタンパク質を構成している物質のため、タンパク質を十分にとることで、アミノ酸は十分に補給できる。そのため、アミノ酸で補給することは、タンパク質で補給するよりどれだけ効果があるか、今後さらなる研究が必要だと思われる。

3. スポーツドリンク

運動するときの水分補給は必ずスポーツドリンクでなければならないということはない。運動時間が長い場合、水分補給の一部をスポーツドリンクにすることは勧められる。含まれている炭水化物がエネルギー補給の役に立つためである。また、発汗量が多い場合は、水分が吸収されやすいように作られているスポーツドリンクは、水分補給にとって役に立つ。

スポーツドリンクはエネルギーがあるため、飲みすぎるとエネルギーオーバーの原因になる。

4. その他

パフォーマンス増強物質は主にサプリメントの形で市販されている。しかし、ほとんどのものに実用的な効果はないと考えてよいだろう。ただし、食事で十分に栄養素が摂取できない場合は、役に立つと考えられる。たとえば、野菜や果物の食べ方が少ないときはビタミンやミネラルのサプリメントで補う、タンパク質の摂取量が少ないときはプロテインで補うなどである。その場合は、栄養士に食事内容をチェックしてもらい、どんな栄養素が不足しているかを確認したほうがよい。素人判断では、ある栄養素はサプリメントでとり過ぎになってしまうかもしれない。逆に不足しているものが摂取できない可能性もある。また、サプリメントなどに頼りすぎて、食事の内容が悪くなってしまっては本末転倒である。

3. 摂食障害[2]

1. 摂食障害とは

摂食障害は6つに分類できるといわれているが、多く見られるのは、神経性食欲不振症（いわゆる拒食症）と神経性大食症（いわゆる過食症）である。

▶（1）神経性食欲不振症

診断基準は表8-8のとおりである。特徴的なことは、体重が急激に減少する、明らかにやせすぎ

ていてもやせていると思わないこと，女性では無月経になることである

表8-8　神経性食欲不振症の診断基準（厚生省・神経性食欲不振症調査研究班，1990）[4]

1. 標準体重の−20％以上のやせ
2. 食行動の異常（不食，大食，隠れ食い，など）
3. 体重や体型についての歪んだ認識
   （体重増加に対する極端な恐怖など）
4. 発症年齢：30歳以下
5. （女性ならば）無月経
6. やせの原因として考えられる器質性疾患がない

（備考）1，2，3，5は既往歴を含む（たとえば，−20％以上のやせがかつてあれば，現在はそうでなくても基準を満たすとする）．6項目すべて満たさないものは，疑似例として経過観察する
1. ある時にはじまり，3カ月以上持続，典型例は−25％以上やせている．−20％は一応の目安である（他の条項をすべて満たしていれば，初期のケースなどでは，−20％に達しなくてもよい）．アメリカ精神医学会の基準（DSM-Ⅲ-R）では−15％以上としている．標準体重は15歳以上では身長により算定（ex.平田の方法）するが，15歳以下では実測値（ex.日比の表）により求める．
2. 食べないばかりでなく，経過中には大食になることが多い．大食には，しばしば自己誘発性嘔吐や下剤・利尿剤乱用をともなう．また，過度に活動する傾向をともなうことが多い．
3. 極端なやせ願望，ボディイメージの障害（たとえば，ひどくやせていてもこれでよいと考えたり，肥っていると感じたり，下腹や足などからだの部分がひどく肥っていると信じたりすること）などを含む．これらの点では病的とは思っていないことが多い．この項は，自分の希望する体質について問診したり，低体重を維持しようとする患者の言動に着目すると明らかになることがある．
4. まれに30歳をこえる．ほとんどは25歳以下で思春期に多い．
5. 性器出血がホルモン投与によってのみ起こる場合は無月経とする．その他の身体症状としては，うぶ毛密生，徐脈，便秘，低血圧，低体温，浮腫などをともなうことがある．ときに，男性例が多い．
6. 精神分裂病による奇異な拒食，うつ病による食欲不振，単なる心因反応（身内の死亡など）による一時的な摂食低下などを鑑別する．

▶（2）神経性大食症

診断基準は**表8-9**のとおりである．特徴的なことは，大食をした後吐くことなどをするため，体重があまり増加しないことがある．また，隠れて食べたり，ほかの人と一緒に食べたがらない，食事中によく席を立つ（吐くために）などがある．

表8-9　神経性過食症の診断基準（ICD-10研究用診断基準，WHO，1993）[4]

A．短時間の間に大量の食物を消費する過食のエピソードを繰り返すこと（週2回以上の過食が少なくとも3カ月間）
B．食べることへの頑固なこだわり，および食べることへの強い欲求または強迫感（渇望）
C．患者は，つぎに示すうちの1項目以上のことで，食物の太る効果に対抗しようと試みる
　（1）自己誘発の嘔吐
　（2）自発的な下剤使用
　（3）交替性にみられる絶食の時期
　（4）食欲抑制剤や甲状腺製剤または利尿剤のような薬物の使用，糖尿病患者が大食症になると，インスリン治療を故意に怠ることがある
D．肥満に対する病的な恐怖をともなう，太りすぎというボディイメージの歪み（結果的にやせ気味のことが多い）

2．どのような人がかかりやすいか

若い女性に多く，まじめで，何事も頑張るなどのタイプが多い．原因は精神的なことが考えられるが分からないことも多い．運動選手では体操，新体操，フィギュアスケート，マラソンなど，細い体型が要求される種目や柔道などの階級制の種目に多く見られるといわれている．

3．どのように対応したらよいか

減量が度を越したり，減量後試合が終わってから大食したりなど，減量をきっかけにして摂食障害になることが考えられる．また，指導者が気軽に「太ったな」といっただけで，神経性食欲不振症のきっかけになることもある．もし，摂食障害の疑いがある場合は，はやく専門医（心療内科など）を紹介することが重要である．もちろん，指導者として運動量の調節や食事のチェックは必要だが，専門医の助けは必須と考えたほうがよい．

▌▌▌　理解度チェック問題　▌▌▌

1. フードガイドピラミッドに関して次の文で間違っているのはどれか？
   a. フードガイドピラミッドはスポーツ選手も利用できる．
   b. スポーツ選手はフードガイドピラミッドの肉と豆群を穀物群より多くとったほうがよい．
   c. 脂肪と甘いもののグループはできるだけ少なくしたほうがよい．
   d. 穀物群はピラミッドの一番下にあり食事で一番多くの量をとることを意味している．
2. 栄養素とそのはたらきに関して正しい文はどれか？
   a. 脂肪の適正なエネルギー比率は10〜15％である．

b. タンパク質1gは7kcalのエネルギーがある。
　c. 持久性のスポーツではタンパク質を体重1kg当たり1.2～1.4g／日とるのを目標とする。
　d. 炭水化物は筋肉のグリコーゲンのためだけに摂取しなければならない。
3.「パフォーマンスのために」に関して,正しいものはどれか？
　a. 炭水化物ローディングは古典的な方法が最適である。
　b. 増量のときはタンパク質量を増やして,摂取エネルギーは消費エネルギーより減らすようにする。
　c. 減量のとき急激に体重を減らしたほうがよい。
　d. 増量のときは睡眠時間を十分にとることも重要である。
4. 摂食障害について誤っているのはどれか？
　a. 摂食障害の疑いがあるときはなるべくはやく専門医に相談する。
　b. 神経性食欲不振症の女性は無月経になることがある。
　c. 摂食障害になりやすいのは,体操,新体操,マラソン,柔道などの種目の選手である。
　d. 神経性大食症の診断基準に「肥満である」が含まれる。

解答：1.→b　2.→c　3.→d　4.→d

【文献】
1) Ann C. Snyder. Ph. D.：山崎元監訳（1999）．エクササイズと食事の最新情報．有限会社ナップ．〈Ann C. Snyder. Ph. D. (1998). EXERCISE, NUTRITION, and HEALTH. Cooper Publishing Group.〉
2) 川原建資・久保木富房（1995）．栄養療法の新知識．細谷憲政・中村丁次編．摂食障害（pp.43-48）．日本評論社．
3) 健康・栄養情報研究会（1999）．第六次改定日本人の栄養所要量　食事摂取基準．第一出版株式会社．
4) NSCA Certification Commission (1999)．パーソナル・トレーニングの基礎知識．NSCAジャパン．

9章 トレーニングとパフォーマンスの心理学

KEYWORDS ●内発的動機づけ ●運動有能感 ●目標設定 ●リラクセーション ●マイナス思考

1. スポーツ心理学の基本概念

　スポーツ心理学はスポーツ行動を心理学的に研究する領域である。このスポーツを競技スポーツに限定する立場とスポーツを競技に限定せずに広く散歩やつりなどを含んだ活動であると定義する立場がある。ストレングス&コンディショニングスタッフ（以下SCS）という限定された人々に対していうならば、スポーツを競技に限定し、競技力の向上のための心理学という捉え方が妥当であろう。

　競技力の向上という立場でスポーツ心理学を位置づけるならば、その内容は技能や体力の向上のためのトレーニングと、試合時における実力発揮を心理学の立場から支えるという二つに分類することが可能であろう。

　スポーツ競技で勝利するためには、優れた技能、体力が必要であり、トレーニングで高められた能力を試合で十分に発揮することが必要である。監督やコーチの意識は技術に関する内容や作戦・戦術に関する内容に偏っている。体力に関する監督・コーチの意識は比較的高いと思われるが、各種のトレーニング法が確立されたことによって、専門的な知識の必要性が理解され、SCSを配置するチームも多くなってきた。メンタルに関しても実力発揮や技能や体力を高めるトレーニングをサポートするスポーツメンタルトレーニング指導士の養成が行われるようになったが、メンタルサポートの担当者を配置するチームは、まだほとんど見られない。指導スタッフとしての優先順位からいえば、監督・技術コーチの次にSCS、メディカルドクター、最後にメンタルサポート担当者ということになるであろう。スポーツ競技においては心・技・体の全ての要素が必要であり、それぞれの専門家が必要であることは誰しもが認めることである。しかし、SCSが配置されているチームは恵まれているというのが現状であろう。それゆえ、メンタルに関する内容もSCSに期待される場合が多い。また、効果的なストレングス&コンディショニングを行うことに関してもスポーツ心理学の知識は重要である。

2. トレーニングの心理学

　効果的に技能や体力の向上を図るためにはトレーニングを主体的に行うこと、すなわち、指導者にやらされるのではなく、選手が自ら進んでトレーニングすることが必要である。選手が主体的にトレーニングを行う場合の動機づけを内発的動機づけ、やらされる場合の動機づけを外発的動機づけと呼んでいる。

　多くの指導者は積極的なトレーニングへの参加を促すために、叱ることや罰を用いる。このようにトレーニングに内在しない要因によって動機づけを高める方法を外発的動機づけと呼んでいる。

この外発的動機づけは，指導者が一方的に働きかけることが可能であり，一定の効果も現れやすいので，多くの指導者が多用する傾向がある。しかし，指導者がいないとトレーニングを休む選手や一生懸命やっている振りをする選手は外発的動機づけによって参加していることが多い。指導者は外発的動機づけに多くの問題点があることを理解していても，選手に苦しいトレーニングを行わせなければならず，罰という最も即効性のある外発的動機づけにたよることになってしまうのであろう。

反対に内発的動機づけは，トレーニングすることが楽しいから積極的に参加するといったトレーニングに内在する要因による動機づけのことである。しかし，この内発的な動機づけは，選手自らがトレーニングの楽しさを感じたり，トレーニングの意味を理解することが必要であり，指導者の一方的な働きかけだけで高めることは困難である。

内発的動機づけを高めることに関しては様々な理論が存在するが，デシ（1980）は有能感と呼ばれる自信と自己決定が重要であると述べている。岡沢ら（1996）は運動に対する有能感を，「運動有能感」とし自分はその運動が上手にできるという自信である「身体的有能さの認知」，努力すればできるようになるという自信である「統制感」，指導者や仲間から受け入れられているという自信である「受容感」という三つの自信から構成されていると主張しており，内発的動機づけを高めるためにこの三つの自信を高めることが有効であることを明らかにしている。それゆえ，指導者は選手の自信を高めるような指導者行動や評価の仕方を行うことが必要である。しかし，指導者の働きかけによる動機づけは全て外発的動機づけに分類されることになり，選手が内発的に動機づけられるのを待つしかないという考え方が存在する。このように考えると，選手を内発的に動機づけることは非常に難しい。鹿毛（1996）は内発的動機づけの概念に，学習者を動機づける方法と捉えるのか，学習者の動機づけられた状態であると捉えるのかによる混乱があると述べている。すなわち，動機づける方法と捉えれば，指導者からの働きかけは外発的動機づけになるが，課題の遂行それ自体が目的であるような心理的状態が内発的動機づけと捉えれば，指導者が選手を内発的に動機づけることは可能である。すなわち，叱責や罰ばかりを与える指導者のもとで練習している選手の努力は，認められることはなく，選手は受容されていないと感じるであろうし，やればできるという気持ちを持つこともできないであろう。このような選手の心理的状態は，やらされている状態であり，外発的に動機づけられていると考えられる。つまり，選手の運動有能感を高めることはできないし，内発的に動機づけられているとはいえない。

反対に選手を誉め，努力を認めるような指導者の肯定的な働きかけは，指導者に認められた，努力すればできると感じさせることができるであろう。このような指導者の肯定的な働きかけは，外発的な働きかけであると考えられる。しかし，この指導者の外発的な働きかけによって，選手は「運動有能感」を持つことができるであろうし，選手の心理的状態は，内発的に動機づけられた状態になるであろうと考えられる。

また，主体的にトレーニングに取り組む，すなわち自己決定の感覚を持つためには，将来どのような選手になりたいのかという「夢」を持つこと，その夢を実現するために夢を実現している自分のイメージを描けることが必要である。すなわち，夢を実現する時点で獲得しておかなければならない技能や体力が明確になっていることが必要である。この目標を達成するための具体的なトレーニングの方法を整理する目標設定が必要である。石井（1997）は目標設定の原理・原則について，①一般的な目標ではなく，詳しくて具体的な目標を設定すること，②現実的で挑戦的な目標を設定すること，③長期目標も大切であるが短期目標を重視すること，④目標に対してその上達度が具体的

かつ客観的に評価されるよう工夫すること等が重要であると述べている。

3. パフォーマンスとメンタルマネージメント

競技で優れた成績を修めるためには、高い技能を持っていること、優れた体力を持つことが重要である。しかし、いくら優れた技能や体力を有していても、試合でその能力が発揮できなければ、勝利することはできない。試合で持っている技能や運動能力を最大限発揮させるための方法がメンタルマネージメントである。

試合で実力を発揮するためには、なぜ実力が発揮できないのかという原因を明らかにし、実力発揮を阻害する要因をコントロールすることが必要である。選手自身が自分自身の心理的な状態をコントロールする能力を高めるためのトレーニングがメンタルトレーニングである。

1. 興奮水準のコントロール

パフォーマンス（結果）と興奮との関係は図9-1に示されているように逆Uの字になるという理論がある。この理論は、興奮が最適水準と呼ばれるその競技に適した範囲よりも低すぎても高すぎても最高のパフォーマンスを発揮できないことを示している。高すぎる興奮を低くするために用いられる方法がリラクセーション技法であり、低すぎる場合にはサイキングアップ技法が用いられる。メンタルトレーニングでリラクセーションが重視される理由は、試合ではほとんどの選手の興奮水準が最適水準を超えて高くなりすぎるからである。

興奮は研究レベルでは脳波や瞳孔の大きさの変化等によって測定されているが、日常の行動や身体の緊張からも多くの情報を得ることが可能である。むしろ、この行動レベルの情報が有効な場合が多い。すなわち、試合の直前に何度もトイレに行く、落ち着きがない、急に無口になる、早口でしゃべるようになる、筋の緊張を感じるほど緊張する等の状況は明らかに興奮が最適水準を超えた状態にあり、試合で実力発揮をすることが困難な状態である。

筆者がメンタルサポートの一環として試合に帯同したときに、この興奮水準に関する適切な情報をくれるのがSCSである。勿論、監督・コーチからもこのような情報を得ることは可能であるが、技術・作戦・戦術に意識が傾いているので、分かっていても問題にしない傾向がある。本来はメンタルサポート担当者が気づかなければならないことではあるが、身体からの情報に注目しているSCSが最もこの情報を得やすい立場にいる。なぜなら、心と体は分離して存在するのではなく、身体の状態が心に影響を与え、心の状態が身体に影響を与えるからである。

また、メンタルサポート担当者が試合に帯同するチャンスはSCSほど多くない。それゆえ、この興奮水準の調整はSCSがその方法を習得しておくことが有効であると考えられる。

競技選手が主に用いているリラクセーショントレーニング法は、呼吸法、漸進的筋弛緩法、自律訓練法の三つである。これらの方法は身体をリラックスさせることによって、心もリラックスするという、身体から心へという方向性を持っている。

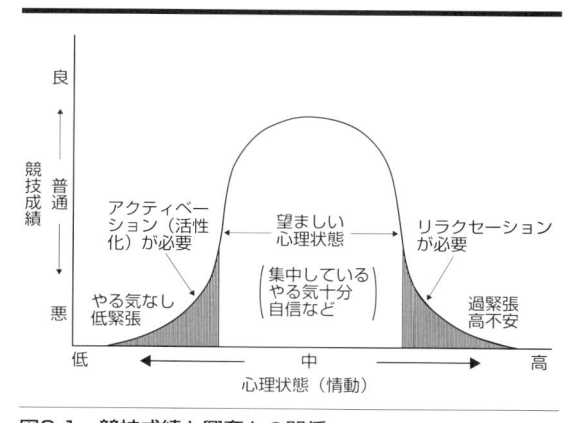

図9-1　競技成績と興奮との関係（徳永、1997より）

ここでは，SCSが習得することが比較的容易な技法であると思われる呼吸法について紹介しておくことにする。

深呼吸は興奮を静める効果がある。深呼吸の中でも腹式の深呼吸が有効であるといわれている。1，2，3と3秒でお腹をふくらませながら鼻から息を吸い込む。2秒間呼吸をとめ，その後5秒間でゆっくりお腹をグーとへこませまがら口から息を吐き出す。腹式呼吸が上手くできない人は息を吸うときに両手を肩の高さまでゆっくりと上げる。息を吐くときにはその手をゆっくりと下ろすようにすると簡単にできる。この動作を三回繰り返す。そして，目を閉じて，肩の力を抜いて全身がリラックスしている様子を感じるようにする。あなたの身体がリラックスの状態を覚え，緊張した場面でこの深呼吸を行うだけでリラックス状態に導いてくれる。

反対に興奮が最適水準よりも低すぎる「やる気がない」場合にも試合で実力を発揮することができない。このような場合に実力を発揮するためには興奮水準を高めることが必要になる。練習や試合前のアップ，すなわち，準備運動は興奮水準を高める。十分なアップは体だけではなく，最適な興奮水準を得るためにも必要である。力士が土俵に上がったときに体や顔をパチパチたたいているのも興奮水準を高める効果を期待して行っているのである。このように興奮水準を高める方法はサイキングアップと呼ばれている。一般的に用いられるサイキングアップの方法は，リラクセーションのための呼吸法と反対に，早い胸式の呼吸法を用いることが多い。

2. 選手の思考をマイナスからプラスにする

パフォーマンスに影響を及ぼす要因の一つに選手の思考がある。試合に勝ちたいと思わない選手はいない。この勝ちたいという思いは，負けたらどうしよう，失敗したらどうしようという失敗不安を高める原因になることが多い。失敗不安が高くなりすぎると，この戦術や作戦では負けるのではないか，このプレーは失敗するのではないかというマイナス思考に陥る可能性が高くなる。例えば，目の前の池にボールを入れてしまうゴルフの池ポチャのように，こんな失敗をするのではないかと恐れた失敗が現実に起こる。このように，高い技能や優れた体力を有していても，こうなってはいけないというマイナス思考をすることによって，実力発揮ができなくなる。

試合中に選手がマイナス思考に陥る場面は多くの場合共通している。対戦相手が自分たちよりも強いという評価がある場合には，胸を借りる，チャレンジする，居直るという言葉で表現されるように積極的なプレーが行えるのに，積極的なプレーの結果，リードして試合も終盤に入り，勝てるのではないかと感じたときに失敗を恐れて守りに入る。すなわちマイナス思考に陥る。例えば，卓球では19－17からの逆転，野球でも終盤での逆転が多くみられるが，この逆転負けの背景にはマイナス思考があると思われる。

メンタルサポートの経験からいえば，オリンピック等の代表選手に選ばれた段階で，選手は選ばれたことに満足し，大会でも頑張ろうと考えている。しかし，壮行会などで多くの人たちから「頑張れ」「優勝してこい」と励まされ，大会が迫ってくるとこれで負けたらどうなるのだろうかという不安が高まり，マイナス思考に陥る。多くの場合にはマイナス思考の状態で試合に臨み，負けてしまう。負けた後は比較的吹っ切れるというのが，多くの選手のパターンである。このように，どのような選手でもマイナス思考に陥る場面は多くある。しかし，オリンピックでメダルを手にする選手は少なくともマイナス思考ではなく，プラス思考でその試合に臨んでいたはずである。

それゆえ，試合が終了するまでは，どのようなプレーがしたいのかというプラス思考で考えるべきであり，負けた後は反省すべきであろう。やれ

るだけのことを，試合前も試合中もやればそれで良いのであり，失敗を恐れる必要はない。すなわち，試合で実力の120%発揮することは不可能であり，実力の100%を発揮できれば十分である。実力の100%を発揮するためにはどのようなプレーをするのかを考え，それを自信を持って行うことが必要である。このような考え方が実力発揮に必要なプラス思考である。

監督やコーチは最悪の事態に対処することを考えることも必要な立場にある。それゆえ，マイナス思考を助長する言葉を発することが多くなる。SCSもまた，体調の不安な部分をチェックする必要があり，選手をマイナス思考に導く言葉を発する可能性が高い。メンタルサポート担当者はマイナス思考に陥った選手の思考をプラス思考に変えるように働きかけている。しかし，メンタルサポート担当者の働きかけは監督・コーチ，SCSの言葉でその効果は半減してしまう。SCSとしては，選手がマイナス思考に陥る言動は避け，たとえ傷害を抱えた選手であっても，その思考をプラスに向けるように冷静に対応することが必要である。

以上のように選手が試合で実力を発揮することを妨げる原因がマイナス思考であることは明らかである。それゆえ，選手がマイナス思考ではなく，プラス思考で試合に臨めるように，SCSも言動に注意することが必要である。

3. 思考を変えるための心理トレーニング

マイナス思考が実力発揮を妨げる大きな原因の一つであり，プラス思考を行えるようにすることが実力発揮のためには重要である。しかし，ゲームが進み勝利がみえてきた時など，失敗しないプレー，すなわち安全策をとってしまうことが多くある。積極的に攻めなければと思っても積極的な行動がとれない。自分のとるべき行動がわかっているのにできない。このような状態から脱するために，自己暗示は有効である。比較的多く用いられている自己暗示の方法は，セルフトークとイメージを用いる方法である。

▶(1) セルフトーク

セルフトークとは独り言のことであり，自分自身に語りかけることである。失敗を恐れずに積極的に攻撃すべきだということは分かっている。しかし，この攻撃をすると失敗しそうな気がする。このような心の葛藤はほとんどの選手に起こる。実際にプレーするときには，自信をもって積極的に行動するのか，失敗するという予感を感じながら行動するのかのどちらかであり，二つの心が同時に存在することは不可能である。そこで，気持ちをプラスに向けるために，「こうするんだ」ということを言葉で口に出す，セルフトークが有効である。

例えば，練習中に50%ぐらいしか成功しないサーブを行うときに，「入るから思いきりいく」とセルフトークするとプラス思考でサーブを行うことができる。野球の守備でエラーを恐れ不安な気持ちになったときに，「さあ，俺のところに打たしてくれ」ということによって，気持ちを切り替える選手も多くいる。

▶(2) イメージで理想のパターンを何度も描く

プロゴルファーがボールを打つ前に，目を閉じて静止している姿をテレビで見たことがある人も多いと思う。そのゴルファーはこれからのストロークの理想のイメージを描いているのであろう。

ストレスがかかる状況でもプラス思考でプレーを行うためには，試合の前に理想のプレーを何度もイメージで描いておくことが有効である。すなわち，このような場合にはこのようなプレーをしようというイメージを定着させておくことが必要である。そのためには理想のプレーのイメージを日常何度も描くというイメージトレーニングが有効である。

理解度チェック問題

1. 内発的動機づけによってトレーニングをする選手に育てるために間違っているのはどれか？
   a. 選手を怒る。
   b. 選手の運動有能感を高める。
   c. 選手の自己決定を保証する。
   d. 選手にトレーニングの意味を理解させる。

2. パフォーマンスを発揮する興奮水準について，正しいものはどれか？
   a. 興奮水準は高い方がよい。
   b. 興奮水準が低い方がよい。
   c. 種目によって適した興奮水準がある。
   d. 興奮水準は関係ない。

3. 試合での実力発揮の妨げになる方法はどれか？
   a. 成功するイメージを描いてプレーする。
   b. こうするんだと積極的な言葉をセルフトークする。
   c. 失敗を恐れずに積極的に攻める。
   d. 失敗しないように安全策をとる。

解答：1.→a　2.→c　3.→d

【文献】

1) デシ：安藤延男・石田梅男訳（1980）．内発的動機づけ－実験社会心理的アプローチ－．誠信書房：＜Deci, E. L (1975) Intrinsic motivation. Plenum Press.＞
2) 石井源信（1997）．目標設定技術．猪俣公宏編．選手とコーチのためのメンタルトレーニングマニュアル．大修館書店．
3) 鹿毛雅治（1996）．内発的動機づけと教育評価．風間書房．
4) 岡沢祥訓，北真佐美，諏訪祐一郎（1996）．運動有能感とその発達及び性差に関する研究．スポーツ教育学研究．16(2)：145-155．
5) 徳永幹雄（1997）．情動のコントロール技術．猪俣公宏編．選手とコーチのためのメンタルトレーニングマニュアル．大修館書店．

[NSCAの認定資格について]

認定ストレングス＆コンディショニングスペシャリスト

CSCSとは，Certified Strength and Conditioning Specialist（認定ストレングス＆コンディショニングスペシャリスト）の略です。

主としてスポーツ選手に対し，スポーツ傷害の予防と競技力向上を目的とした安全かつ効果的なストレングストレーニングおよびコンディショニングのプログラムを計画・実施する専門職です。

1985年の試験開始以来，毎年全米および世界数カ国で試験が行われ，プロチームや大学のストレングスコーチ，アスレティックトレーナー，インストラクター，医師，理学療法士などのCSCS認定者がスポーツ関連の現場において高い評価を得ています。1999年より米国の認定試験と同一のものを日本語で受験することができるようになりました。

CSCS(Certified Strength and Conditioning Specialist)

【受験資格】
次の3つのすべてが必要になります。
1）出願時および受験時に，NSCAジャパンの会員であること，もしくはNSCA米国会員であること。または出願時にNSCAジャパンの入会手続き中であること。
2）下記①，②，③のいずれかに該当する者。
　①学校教育法が定める4年制大学の卒業者または卒業見込みの者。
　②学校教育法が定める4年制大学，独立行政法人大学改革支援・学位授与機構，または海外の大学より学位（学士・修士・博士）を授与された者。
　③高度専門士の称号を付与された者。
3）有効なCPR/AEDの認定を保持している。出願時に有効なCPR/AEDの認定を保持していない場合は，受験日から1年以内に，そのコピーを提出すること。

【出題内容】
○基礎科学：エクササイズ・サイエンス，栄養
○実践応用：プログラムデザイン，エクササイズ・テクニック，テストと評価，施設設計と運営

認定パーソナルトレーナー

認定パーソナルトレーナーは，個人の特性や目的，ライフスタイルに合わせたトレーニング・プログラムの作成，およびマンツーマンの指導を行う専門職です。その指導対象はスポーツ選手から中高年層や生活習慣病などの危険因子を持つ人々（生活習慣病予備群）まで広範囲にわたるため，トレーニングの知識に加え，医学的知識，また動機づけの点においても高度な知識と能力が要求されます。

フィットネス先進国である米国では，既に認知された職業として一般に広まっていますが，健康増進における運動の必要性が理解されつつあるわが国でも今後ますます社会的需要が高まると予想されています。

米国における認定試験と同一のものを日本語で受験することができます。

NSCA-CPT(Certified Personal Trainer)

【受験資格】
次の3つのすべてが必要になります。
1）出願時に満18歳以上で，高等学校卒業以上の者。または高等学校卒業程度認定試験（旧大学入学資格検定）合格者。
2）出願時および受験時に，NSCAジャパンの会員であること，もしくはNSCA米国会員であること。または出願時にNSCAジャパンの入会手続き中であること。
3）有効なCPR/AEDの認定を保持している。出願時に有効なCPR/AEDの認定を保持していない場合は，受験日から1年以内に，そのコピーを提出すること。

【出題内容】
クライアント診断／評価，プログラム計画，エクササイズ・テクニック，安全および緊急時対応

NSCA資格認定試験の出願に必要なCPR/AED認定の基準

1）講習に実技が含まれていること（オンラインのみのコースは不可）。
2）実技評価が含まれていること。
〈該当する団体〉
日本赤十字社（基礎講習のみも可），日本ライフセービング協会，国際救命救急協会，MFA JAPAN，マスターワークス，トライ・ワークス，消防署（庁）など
※ご不明な点はNSCAジャパン事務局までお問い合わせください。

PART II

ストレングス&コンディショニングの応用理論

10章 ウォーミングアップとクーリングダウン

KEYWORDS ●心拍数 ●酸素摂取量 ●アクティブウォーミングアップ ●体温調節 ●動的回復 ●血中乳酸濃度 ●エネルギーとしての乳酸

1. ウォーミングアップの必要性

1. ウォーミングアップの効果

▶(1) 運動による体温の上昇

①ヘモグロビンの酸素解離曲線が右に移動するため、酸素の解離が容易になって活動筋に対する酸素の供給が多くなる。

②生化学反応が促進されるので、多量のエネルギーを発生させるのに都合がよい。

③筋の粘性が小さくなるため、敏捷な動きを行いやすくなったり、運動による外傷の危険性が低下したりする。

④トレーニングの継続によって、一定強度の運動による体温上昇が軽減する。

▶(2) 呼吸・循環器機能に対する効果

運動を始めると以下のような現象が起こり、心拍数が増加する。

①精神的興奮

②全身からの還流量の増加に伴う右心房や大静脈の内圧の高まりにより、反射的に心拍数が増加するベインブリッジ反射が働く

③体温上昇

④副腎髄質ホルモンのアドレナリン分泌

⑤交感神経の緊張

呼吸はすぐに換気量が増え始めるが不十分である。運動をすると二酸化炭素や水素イオンなどの代謝産物が呼吸中枢を刺激し、横隔膜や呼吸筋の活動が活発になる。これによって肺に十分に酸素が送りこまれ、消費された酸素量と取り入れた酸素量のバランスが図られる。

このバランスをとるまでの時間が長すぎると乳酸が多く蓄積し、早く疲労が生じ運動が十分行いにくくなる。また、疲労の回復が遅れる。しかし、ウォーミングアップを行うことによって、必要な水準まで呼吸を高めておくことで、心拍数の立ち上がりが速くなる。

▶(3) 酸素不足の減少

運動をいきなり始めると、酸素摂取量が指数関数的に上昇し、需要に対して供給が間に合わず、運動の初期には酸素不足が生じる。不足分は無酸素エネルギーによって補われる。このため乳酸が急激に蓄積し、筋や血液が酸性になるなど運動のレベルダウンやエネルギー産生に支障をきたす。

これに対し、ウォーミングアップを行うことで酸素摂取が容易になり、酸素摂取量の立ち上がり勾配が急になる。その結果、運動初期の酸素不足は少なくなり、運動中に利用できる有酸素エネルギーは増加するので、運動の遂行には有利になると考えられる。

2. ウォーミングアップの方法

1. ウォーミングアップのタイプ

①パッシブなもの，②アクティブなもの，③両方あわせたもの，の3つに分けられる。

ウォーミングアップとは本来体温を高めることを意味している。いろいろ試されているが，パッシブなものには，運動の代わりに，温水シャワー，マッサージ，サウナ風呂などにより体温を上げ，運動能力におよぼす影響を検討したものもある。効果がある場合，ない場合，その両方の場合があるが，運動によるウォーミングアップに比べると効果は少ない。③のように両方を併用する場合，特にリハビリテーションの段階で，腰や肩などの痛めている部分にホットクリームなどを塗ってからアクティブなものを続けることは有効であろう。

アクティブなウォーミングアップは，筋肉内の温度を上昇させる。その効果も長く持続されるだけでなく，パフォーマンスの効率も良くすることが証明されている。

またさらに，アクティブなウォーミングアップは，①一般的なもの，②専門的なものにも分けられる。

一般的なウォーミングアップはウォーク，ジョグ，自転車こぎなど，全身の筋肉を温めるもので，全身の筋肉に対して血流量を増やすことができる。

専門的なウォーミングアップは，特定の筋肉群を目的としたり，専門的活動の準備段階として行ったりするものである。例えば，野球選手であれば，バットの素振りやキャッチボールといったものである。あくまでも練習としてではなく，専門的なウォーミングアップとして用いるということである。

2. ウォーミングアップの時間

種目の違い，場所，強度，温度，個々の特性によってウォーミングアップに要する時間は一定ではない。

ウォーミングアップにかける時間は，一般に30分前後といわれているが，十分に汗が出て体温が上がり，心拍数が120／分前後になる程度が目安とされることが多い。

ウォーミングアップの効果の持続時間は，一般的にはウォーミングアップ終了後40〜50分といわれているが，ウエア，毛布などで保温に努めればかなり延長できる。

3. ウォーミングアップの順序

ウォーミングアップでは，前半に呼吸・循環系の機能を穏やかに刺激して，体温を上昇させ，後半に，技術的な準備動作としての身体のコーディネーションを図るようにすると効果的である。

一般的なウォーミングアップの流れを図10-1に示す。

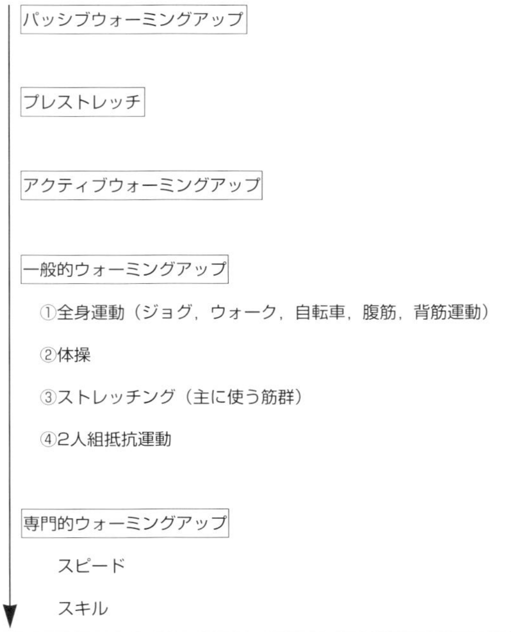

```
パッシブウォーミングアップ
  ↓
プレストレッチ
  ↓
アクティブウォーミングアップ
  ↓
一般的ウォーミングアップ
  ①全身運動（ジョグ，ウォーク，自転車，腹筋，背筋運動）
  ②体操
  ③ストレッチング（主に使う筋群）
  ④2人組抵抗運動
  ↓
専門的ウォーミングアップ
  スピード
  スキル
```

図10-1　ウォーミングアップの順序

▶(1) パッシブウォーミングアップ

非常に寒い環境で運動を行う場合などには，ホットクリームなどを塗って特定部分を温めるようにする。

▶(2) プレストレッチング

特に疲労を感じる部位や体幹についてストレッチングを行う。

▶(3) 全身運動

ジョグ，ウォークなどに並行して四肢の動きも取り入れた腹筋，背筋運動を行い，呼吸・循環機能だけでなく，身体のコーディネーションを整えていく。

▶(4) 体操

身体の基本的な動きにより関節の可動性を高める。

▶(5) ストレッチング

主に使う筋肉や腱を，ゆっくりとした，あるいはダイナミックな動作で引き伸ばしたり，リラックスさせたりし，素早い動作に対応できるようにする。

▶(6) 2人組抵抗運動

動きのポイントとなる肩関節や股関節，及び体幹を連動させた，引く，押す，ひねる動作にパートナーが適度な角度で抵抗をかけ，筋肉に刺激を加えて動きやすさを引き出す。

▶(7) 専門的ウォーミングアップ

主運動の特性を十分に引き出せるようにするために，技術的補助運動を中心に行う。例えば，サッカー選手であればボールリフティングであり，キーパーではキャッチングを行う。

日頃の練習と試合におけるウォーミングアップには，かなりの違いがある。日々の練習では限られた時間を効率的に使うため，体力的要素もふんだんに取り入れて，総合的に実施することが多い。

一方，試合のウォーミングアップでは，その時間帯に全てが発揮できるように無駄を省き，試合に集中する。

4. ウォーミングアップの要点

ウォーミングアップの要点は，次のようにまとめることができる。これらを十分に理解しておくことが必要である。

①ウォーミングアップでは体温を上昇させることを重視するため，環境温度に注意をはらう。

②ウォーミングアップのタイプと量は選手個人の競技種目や与えられたスペースなどによって異なる。

③ウォーミングアップはアクティブなものを中心とし，競技種目に近い動作を取り入れるべきである。

④ウォーミングアップには，競技特性を考慮した専門的なものを導入することが必要である。

⑤ウォーミングアップは傷害予防，筋肉痛の軽減だけでなく，主運動におけるパフォーマンスを向上することも目的としている。

3. クーリングダウンの必要性

ダッシュなどの激しい運動を行うと，乳酸が多く産生され，血中乳酸濃度が増加する。全力で400m走を行うと，血中乳酸濃度が20ミリモル近くまで上昇し，安静時の血中乳酸濃度である0.5～2ミリモルまで低下するのに1時間近くかかることもある。

このような激しい運動では，運動の最中より運動後の方が苦しく感じられることが多い。これは乳酸が溜まることが原因とされてきた。当然，乳酸が多量に筋肉に溜まり，筋の内部が酸性になることが，こうした苦しさの原因の1つになっている。

しかし，以下ようなことも乳酸とともに運動の苦しさとして影響する。

①二酸化炭素が多く排出され，運動後の方が1～2分間多く排出される。

②細胞外にカリウムが漏れ出し，呼吸を活発にする。

③運動直後にしゃがみこんでしまうことで多量の血液が脚に滞り，筋が膨れる。

また，急に運動を中止すると，筋ポンプ作用による静脈還流が急に減少するため，心臓からの血液の駆出量が減少し，血圧が急に低下する。その結果，脳への血流が不足して立ちくらみや意識喪失を起こしたりする。

10章 ウォーミングアップとクーリングダウン

1. 動的回復

激しい運動後は，すぐに座らないで，軽い運動をした方が回復が早くなる。

激しい運動によって上昇した血中乳酸濃度は，じっとしていると安静レベルに戻るまでに30分から場合によっては1時間かかる。しかし，ゆっくりでも運動をするとある程度回復が早くなる。このように，激しい運動後の軽い運動で回復が早くなることから，このことを動的回復という。

この理由として，止まってしまうことで少なくなっていた血液量が，ゆっくりでも運動することで多くなり，多量に作られた乳酸が筋から出て全身へ拡散し，乳酸を酸化する心筋やslowタイプの筋へ運ばれる。

このように動的回復は血液循環をある程度保って，筋から全身へ（そして乳酸を使う組織へ）乳酸を運びやすくすること，また，運動のエネルギー源として，より多くの乳酸を使うことにより，じっと安静にしているよりも乳酸の除去が促進され，血中乳酸濃度の低下がより早くなる。

2. クーリングダウンの効果

激しい運動時に安静時の10倍以上に増加した乳酸は，その後何もしないと，血液中の乳酸が半分になるのに30分かかるが，40%$\dot{V}O_2max$程度の軽い運動を行うと15分になる。また，同じ40%$\dot{V}O_2max$の運動を休み休み行って総運動量を半分にした場合でも同程度の乳酸除去効果があることが研究により示されている[6]。

よって，クーリングダウンには必ずしも継続した運動が必要というわけではない。例えば，ジョグとストレッチングを交互に行っても十分に効果がある。

3. クーリングダウンの要点

乳酸がより早く除去できるということは，筋の血液循環量が多く，筋での乳酸の酸化能力が高いことを表す。

乳酸以外にも，二酸化炭素の排出，カリウムの漏出，グリコーゲンの枯渇，筋の微細な損傷などが運動によって起こる。この状態から早く回復するには，不要なものを血液で運搬してしまう，すなわち，血液循環をある程度維持することが運動からの回復に重要な役割を果たしている。

理解度チェック問題

1. クーリングダウンの効果的な方法として正しくないものは次のうちどれか？
   a. 激しい運動によって増加した乳酸は，直後から何もしなくても30分で除去されるので安静にしておく。
   b. クーリングダウンには，必ずしも継続した運動を行うことが必要ではなく，ジョグとストレッチングを交互に行っても十分に効果が得られる。
   c. 激しい運動によって増加した乳酸は，40%$\dot{V}O_2max$程度の軽い運動を行うことで血中乳酸値の半減時間がおおよそ半分に短縮される。
   d. クーリングダウンは運動のエネルギー源として，より多くの乳酸を使うので，じっと安静にしているよりも乳酸の除去が促進され，血中乳酸濃度の低下がより早くなる。

2. ウォーミングアップの効果として適切でないものはどれか？
   a. ウォーミングアップによって必要な水準まで呼吸が高まり，心拍数の立ち上がりが速くなる。
   b. ウォーミングアップを行うことで，酸素摂取が容易になり，酸素摂取量の立ち上がり勾配が急になり，運動初期の酸素不足は少なくなり，運動の遂行には有利となる。

c. 運動にともなう体温上昇によってヘモグロビンの酸素解離曲線が右に移行するため，酸素の解離が容易になり，活動筋に対する酸素の供給が多くなる。
d. 運動を始めると副交感神経の緊張により心拍数が増加する。

3. ウォーミングアップについて適切でないものはどれか？

a. アクティブなウォーミングアップは，筋肉内の温度を上昇させる。その効果も長く持続されるだけでなく，パフォーマンスの効率もよくする。
b. ウォーミングアップにかける時間は様々だが，発汗，体温上昇，心拍数（120/分前後）などを目安として確認することが多い。
c. ウォーミングアップの目的である発汗を十分に促進するために，どんな条件でも同じ内容を遂行するように心がけることが肝要である。
d. ウォーミングアップは傷害の予防として，また筋疲労軽減，主運動でのパフォーマンス向上にも目的をおいて行う。

解答：1.→a　2.→d　3.→c

【文献】

1) エドワード・フォックス：朝比奈一男他訳（1982）．選手とコーチのためのスポーツ生理学．大修館書店．〈Edward L. Fox. (1979). Sports Physiology. W. B. Saunders. Company.〉
2) 八田秀雄（2001）乳酸を生かしたスポーツトレーニング．講談社
3) 池上晴夫（2000）．現代の体育・スポーツ科学　スポーツ医学Ⅱ　健康と運動．(p71)．朝倉書店．
4) 池上晴夫（2000）．現代の体育・スポーツ科学　スポーツ医学Ⅱ　健康と運動．(p88)．朝倉書店．
5) 池上晴夫編（1997）．現代の体育・スポーツ科学　身体機能の調節性―運動に対する応答を中心に．(pp5-8)．朝倉書店．
6) 池上晴夫編（1997）．現代の体育・スポーツ科学　身体機能の調節性―運動に対する応答を中心に．(っ12)．朝倉書店．
7) 池上晴夫編（1997）．現代の体育・スポーツ科学　身体機能の調節性―運動に対する応答を中心に．(pp43-46)．朝倉書店．
8) 石河利寛（1989）．杉浦正輝編．運動生理学．(pp245-253)．建帛社．
9) 魚住廣信（1987）．ウォーミングアップの重要性．コーチングクリニック　1（1）．ベースボールマガジン．
10) 山地啓司（1981）．運動処方のための心拍数の科学（p5）．大修館書店．
11) 山地啓司（1981）．運動処方のための心拍数の科学．(pp243-244)．大修館書店．

11章 ストレッチングと柔軟性のトレーニング

| KEYWORDS | ●柔軟性 ●関節可動域 ●静的ストレッチング ●動的ストレッチング ●伸張反射 ●スポーツ障害 ●機能解剖学 |

1. 柔軟性を規定する要因

1. 柔軟性とは

「柔軟性」とは，「からだの柔らかさ」をみるものであるとよく言われる。しかし，「からだの柔らかさ」と一言で言うと簡単ではあるが，この言葉は非常に抽象的で，よく考えてみると一体からだのどこが柔らかくて，どこが硬いのだろうか。筋肉などの質的な硬さや柔らかさなのか，伸び縮みのしやすさなのか，それとも関節の動きの円滑さなのか，人それぞれ様々な受け止め方がある。

「一つまたは複数の関節の運動可能な生理的最大範囲」「関節において達成することのできる最大運動域」「運動に関与する全ての筋肉が柔軟であり，各関節のもつ生理的運動範囲の最大限の獲得」「一つの関節，あるいは一連の関節の可動範囲」などのように柔軟性は定義されているが，これらの記載からわかるように，柔軟性は「関節の可動域」によって評価されるという考え方が一般的であるといえる。

2. 関節可動域の制限因子

障害のない関節において，その生理的可動範囲内で円滑に運動を行うには，
①関節の構築学的な障害がない
②関節運動を行う主働筋の筋力が十分である
③主働筋の働きに拮抗する筋（拮抗筋）が十分な伸張性を持っている
の3つの因子が少なくとも必要である（図11-1）。

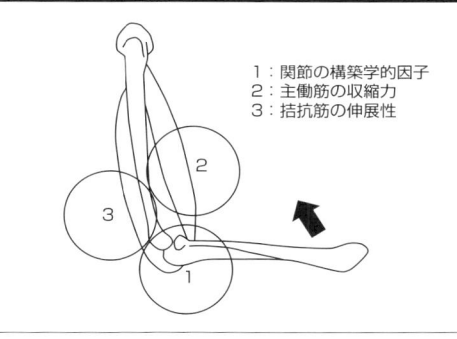

図11-1 関節可動域決定の3因子－肘関節自動屈曲の場合（和才と嶋田，1975）

1：関節の構築学的因子
2：主働筋の収縮力
3：拮抗筋の伸展性

つまり，関節可動域は，一つには関節の解剖学的形態である骨，関節包，靭帯などの構造的要素によって決定されるし，また筋や腱などの機能的な要素によっても決定される。さらに，関節を取り巻く脂肪組織や皮膚など，様々な組織の状態によっても左右される。例えば，肥満体で腹部に多量の皮下脂肪がある人は体前屈動作の際に脂肪が妨げとなって制限されるし，同様に腕や脚に顕著な筋肥大があれば，屈曲動作の妨げに，さらには関節可動域全域を使うようなスポーツ種目においてはパフォーマンスの妨げにもなるといえる。また，これらの組織の伸張度は，測定時の温度や疲労の度合いによっても影響を受ける。したがって，柔軟性（関節可動域）の評価をする場合には，得

られた値がどの要素に依存しているかをある程度知っておかなければ、過大評価をしたり、誤った対応策をアドバイスしたりすることになりかねないので注意が必要である。

また、関節外傷や麻痺性の疾患の場合、病的に関節可動域の障害が生じることも多いが、前述の関節可動域の制限因子の違いによって医学的な名称も異なっているのでその内容を理解する必要もある。筋肉、腱、皮膚などの関節構成体以外の軟部組織に異常があり関節運動が制限された状態は「拘縮」と呼ばれ、これに対して骨（関節軟骨、関節端）、関節包、靭帯などの関節構成体そのものの変化により関節が一定の肢位に固定された状態は「強直」と呼ばれている。当然、関節可動域を制限している原因の違いにより、関節可動域の改善方法も異なる。

3. 各関節の可動域の違い

前述のように、関節可動域は関節を構成する骨や靭帯などの構造によっても大きく異なる。人体には、様々な関節のタイプが存在し、部位によってその可動域に大きな差がある理由が理解できる。例えば、肩関節や股関節は、構造上多方向に動くことが可能で、その可動範囲も大きい。測定値を評価する上で、測定者は各関節の正常な可動域について理解を深めておく必要がある（**表11-1**）。

2. ストレッチング

柔軟性（関節可動域）を改善する代表的な方法として、ストレッチングがあげられる。エクササイズ前後のウォーミングアップやクーリングダウンにおいても幅広く普及しているが、その方法と、生理学的根拠を把握しておく必要がある。

1. ストレッチングの理論

人間の筋肉の中には、急激に強く引き伸ばされると危険を察知するかのように、それ以上筋肉が伸ばされないように反射的に筋肉を収縮させる生理的作用がある。これは、筋肉の中にある筋紡錘という受容器の働きによるもので、伸張反射と呼ばれている（**図11-2**）。

表11-1　正常関節可動域値（日本リハビリテーション医学会・日本整形外科学会「関節可動域表示ならびに測定法案」（1995）より）

関節名	運動	参考可動域値（°）
肩	屈曲	180
	伸展	50
	内転	0
	外転	180
	内旋	80
	外旋	60
肘	屈曲	145
	伸展	15
前腕	回内	90
	回外	90
手	屈曲（掌屈）	90
	伸展（背屈）	70
	内転（橈屈）	25
	外転（尺屈）	25
股	屈曲	125
	伸展	10
	外転	45
	内転	20
	内旋	45
	外旋	45
膝	屈曲	130
	伸展	10
足	屈曲（底屈）	45
	伸展（背屈）	20
足部	内がえし	30
	外がえし	20

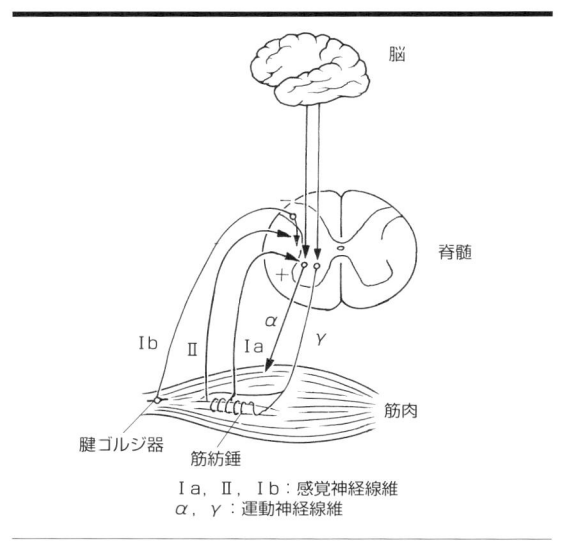

Ia, II, Ib：感覚神経線維
α, γ：運動神経線維

図11-2　伸張反射の回路（栗山節郎，山田保「ストレッチングの実際」，南江堂，1986より作成）

したがって，反動をつけて急激に筋を伸張すると，伸張反射の働きにより筋は逆に防御反応的に収縮して，結果的には筋を硬くさせる可能性がある。また場合によっては，急激に筋肉を伸ばすことによって，筋線維の一部を損傷させてしまう危険性がある。そこで反動をつけずにゆっくりと筋を伸ばし，痛みのない範囲で止めて数十秒間保持する方法をとるのが，ストレッチングである。この方法は，厳密にはスタティック（静的）・ストレッチングと呼ばれ，反動をつけて行うバリスティック・ストレッチングと区別されている。スタティック・ストレッチングとバリスティック・ストレッチングの有効性を比較した報告（デブリーズ，1960）では，どちらの方法においても柔軟性は改善されるが，バリスティック・ストレッチングでは筋組織にダメージを与える可能性があるため，痛みを伴わないスタティック・ストレッチングの方がより好ましい方法であることを強調している。またデブリーズは別の研究において，運動後のスタティック・ストレッチングが，筋肉痛の発現を防ぎ，慢性的な筋肉痛の治療にも効果があることを筋電図を用いた実験で証明している。

しかしながら，パフォーマンスとの関連性については，バリスティックなストレッチングに比べて，スタティックなストレッチングを競技前に行うと，逆にパフォーマンスが低下するというような報告も見られる。

したがって，ストレッチングにはいくつかの方法があるものの，対象や実施状況など目的に応じて使い分けることによって，ストレッチングの効果を引き出すことができるといえる。

2. ストレッチングの種類

ストレッチングには様々な分類方法があるが，ここでは3つに分類して説明する。

▶（1）静的ストレッチング（スタティック・ストレッチング）

反動や弾みをつけずに，筋をゆっくりと自己の限界付近まで伸ばしていき，その状態を維持する方法によるストレッチングである。現在，一般に"ストレッチング"といえばこの方法をさしており，最も広く普及している方法である。このストレッチングは伸張反射が起きにくく，安全で簡便である事が特徴である。

▶（2）動的ストレッチング

静的なストレッチングに対して，動きの中で行うストレッチングである（ここでは，反動を使って行うバリスティック・ストレッチングも含む）。動的なストレッチングは，特にウォーミングアップにおいて，動作の円滑化，関節可動域の拡大など，運動に対する身体の適応性を高める上で効果的といえる。

ただし，パートナーの補助を用いた際に，過度に急激な反動をつけたり，痛みを我慢しながら行った場合には，伸張反射を誘発し，筋緊張が生じた状態で筋を伸張させるため，筋損傷を起こす危険性があるので注意が必要である。

▶（3）PNFを応用したストレッチング

PNF（Proprioceptive Neuromuscular Facilitation：固有受容性感覚器神経-筋促通法）の考え方や手法を応用したストレッチングで，筋や腱の感覚受容器を刺激して，神経-筋機構の反応を促し，筋機能を高める方法である。関節可動域の改善のためには，代表的なものとして，ホールドリラックスやコントラクトリラックスといった方法が多く用いられている。ホールドリラックスは次のような方法で実施される。

①伸張させたい筋が，やや張りを感じるところまでパートナーが受動的に10秒間伸張させる。
②パートナーは伸張させたい方向へ負荷を加え，選手はこの負荷に抵抗するように等尺性の筋収縮を行う。この状態を6秒間維持する。
③選手はリラックスし，パートナーは受動的に伸張させ30秒維持する。この流れを数回繰り返す。

主に腱紡錘と呼ばれるゴルジ腱器官（GTO）の作用を利用したものであり，GTOは筋・腱の

張力変化に反応し，張力を感知すると反射的に筋を弛緩させる（自己抑制）。

このストレッチングは短時間で関節可動域の拡大などの高い効果が得られる利点はあるが，実施者の十分な熟練と知識が必要である。

3. ストレッチングの効果

ストレッチングの効果として一般に，
①筋緊張の緩和
②関節可動域の改善
③血液循環の促進

などがあげられる。これらの効果により，筋疲労の回復を促し，筋腱傷害を予防し，筋肉痛を緩和させ，競技パフォーマンスを改善することができるといわれている。

疲労によって硬縮した筋は，伸展性が低下し，関節可動域を狭くし，筋損傷や，筋付着部及び腱の炎症を起こしやすくする。また硬縮した筋肉においては血液循環も悪くなるため，筋肉への酸素の供給や，筋肉内部で発生した老廃物の除去が円滑に行われなくなり，筋硬縮がさらに悪化したり，筋けいれんを招いたりする事もありうる。ストレッチングの実施によって筋肉の硬縮を緩和する事で，筋肉中の血液循環が回復し，筋疲労の改善につながる。筋の疲労や緊張を取り除く事は，スポーツ動作に必要な関節可動域を拡大し，主働筋と共同筋及び拮抗筋との協調性を高め，動作を円滑かつダイナミックにする。

実際のスポーツ現場においては激しい運動の合間にストレッチングを挿入することが多い。運動の間にストレッチングを取り入れた場合と，何もしないで安静にしていた場合の違いを比較した報告においても，ストレッチングをしたほうが，疲労による筋肉の硬さや身体の柔軟性の低下，そして筋力の低下などが軽減され，運動するための身体の機能がアップすることが伺える（図11-3）。

スポーツ中によく，ふくらはぎの筋肉がけいれん（こむらがえり）を起こすが，この応急処置に

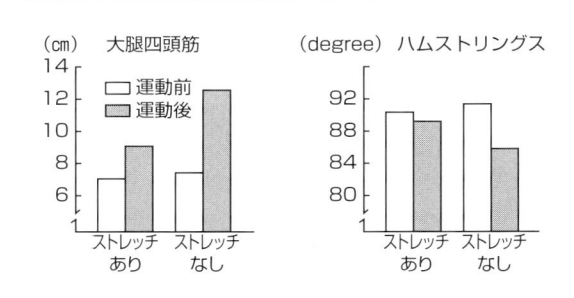

図11-3-a　ストレッチング実施の有無による筋の柔軟性の変化（山本，1990）

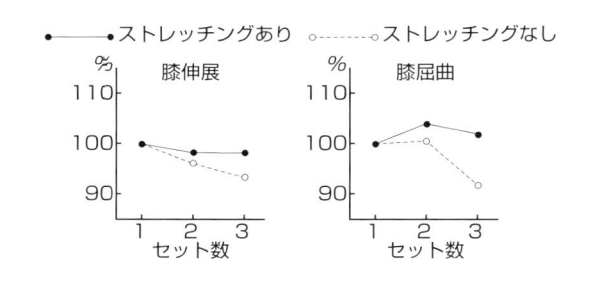

図11-3-b　ストレッチング実施の有無による最大筋力の変化
（山本，1990）数値は1セット目を100%とした場合の被験者3名の平均値

もストレッチングが有効である。こむらがえりは筋肉の異常な緊張状態の極端な例で，運動神経が興奮して，筋肉が勝手に収縮して伸ばすことができなくなる現象である。ふくらはぎの筋肉の末端はアキレス腱に連結しており，この腱の中にはゴルジ腱器官という受容体がある。ゴルジ腱器官は，張力を受けると興奮した運動神経を鎮静化させる信号を送る働きがある。したがって，こむらがえりが起きた際にもんだり，はずみをつけて伸ばしたりするのではなく，アキレス腱をゆっくり持続的に伸ばすことが効果的といえる。

4. 柔軟性低下が原因となって起こるスポーツ傷害

筋肉に疲労したり，外傷を受けたり，長期にわたって使わないでいたりすると短縮し，柔軟性が低下することが多い。柔軟性が低下した筋は，血行が悪くなったり，痛みを伴ったり伸長性が低下して関節可動域が狭くなったりして，スポーツ傷

害の原因となる。

以下に，主要部位における柔軟性の低下とスポーツ傷害の関連について述べる。

▶(1) 大腿四頭筋の柔軟性低下

大腿四頭筋は体重支持の主働筋であり，膝関節の動きや固定にも重要な役割を果たす。大腿四頭筋の柔軟性が低下すると，体重支持，着地時の衝撃吸収効率が悪くなり，筋や腱の骨付着部への負担が大きくなったり（ジャンパー膝，オスグット・シュラッテル病など），膝蓋骨が大腿骨に押しつけられる力が増し，膝蓋骨裏側の軟骨を痛める（膝蓋大腿関節障害）原因となる（図11-4）。

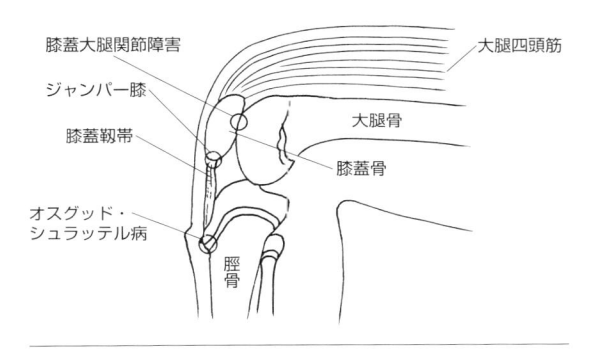

図11-4　膝伸展機構における障害

▶(2) ハムストリングスの柔軟性低下

ハムストリングスの柔軟性低下は，特にハムストリングス肉離れの発生に関連があるといわれている。ハムストリングスの肉離れは，ダッシュや全力疾走のようなランニング中の受傷だけでなく，サッカーで離れたボールを無理に取ろうと足を伸ばした時や柔道の内股をかけた時の軸足や空手の蹴り動作を行った時など，ハムストリングスの柔軟性低下による可動域制限に加えて，可動範囲をこえた無理な動作が原因となり，筋がオーバーストレッチ（過伸展）されて肉離れを生じるケースも多い。

脛骨内顆部には縫工筋，半膜様筋，半腱様筋，大腿薄筋などのハムストリングスを構成する多くの筋群（膝関節屈筋群）が鵞鳥の足の形のように

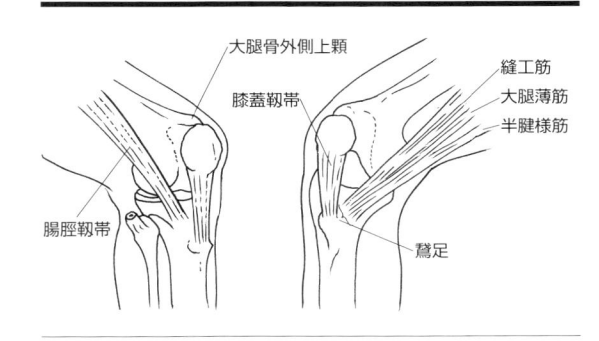

図11-5　膝の側面に付着する筋群

付着している（鵞足部という，図11-5）。したがって，ハムストリングスの柔軟性が低下するとこれらの筋腱付着部への負担が大きくなり障害の原因となる（鵞足炎）。

▶(3) 腰背筋の柔軟性低下

腰背筋の柔軟性低下に伴う筋の短縮は，腰椎の前弯を強める原因になり，腰痛を起こしやすくなる。脊柱と腰背筋を弓と弦にたとえれば，弦が短縮して短くなれば，必然と弓の弯曲は強くなるわけである。特に腹筋力の低下による腹圧低下がある場合，その傾向は大となる（図11-6）。腰椎前弯の増強は，脊柱起立筋や腸腰筋，あるいは骨盤を前傾させる大腿四頭筋の柔軟性低下によっても助長される。また，腰背筋そのものの緊張も痛みの原因となる。

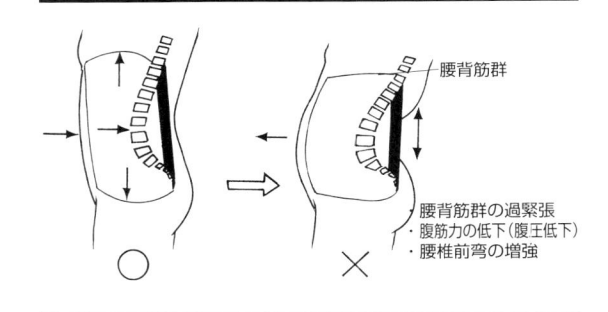

図11-6　腰椎前弯と腰背筋の関係

▶(4) 下腿三頭筋の柔軟性低下

下腿部の筋肉（腓腹筋，ヒラメ筋）はアキレス腱と連結しているため（図11-7），下腿三頭筋

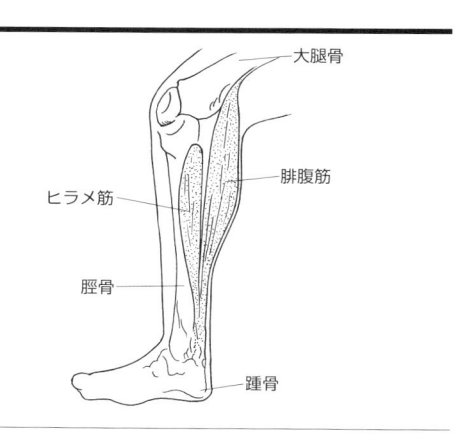

図11-7 下腿筋の起始停止

の柔軟性低下はアキレス腱の緊張を増し、アキレス腱やアキレス腱付着部に障害を生じる原因となる（アキレス腱炎）。また、ランニングの着地時には、荷重に伴って足関節が底屈しながら下腿三頭筋が伸張され、着地衝撃の緩和をしているが、下腿三頭筋の柔軟性が低下していると衝撃吸収の効率が悪くなり、足部、足関節、膝関節などにかかる負担も大きくなる。

このようにスポーツ活動で使用される主要な筋群の柔軟性が低下すると、機能的な負担の増大や運動効率の低下を引き起こし、障害につながる可能性がある。これらのことを痛みの発生要因のひとつとして認識しておくと、リコンディショニングを行う上で有効である。例えば、ある傷害を持った選手に対して、その傷害の発生要因あるいは痛みの増強因子となる筋の柔軟性をチェックして、柔軟性の低下がみられれば、その部位を意識しながら積極的にストレッチングやマッサージあるいは温熱療法（入浴、ホットパック、超音波療法など）などを行うと効果的である。また、ウォーミングアップやクーリングダウンを行うときに、柔軟性の改善を特に意識することが必要である。

5. 発育期の柔軟性低下とスポーツ障害

前述した傷害発生要因となる柔軟性低下の例の中でも、意外と知られていないのが発育期特有の柔軟性低下とスポーツ傷害との関わりである。発育期において特徴的なスポーツ傷害といえば、膝の成長痛ともいわれるオスグッドシュラッテル病であろう。オスグットシュラッテル病とは膝前面の脛骨の骨突出部（脛骨粗面部）の痛みが特徴で、10～14才の子供に多く見られる発育期の障害である。脛骨粗面部は膝蓋靭帯が付着する部位で、大腿四頭筋の強力な牽引力が作用する。また、10～14才の発育期には、著しい骨の発育に筋腱の成長が伴わないため、大腿骨の成長が大腿四頭筋の成長よりも先行し、大腿四頭筋が一時的に緊張状態になって柔軟性が低下しやすいといわれている（over growth syndrome）（図11-8）。また、この時期の脛骨粗面部は、成長軟骨の存在によって構造的にも弱い状態であることや、活発なスポーツ活動による負担が合い重なり、脛骨粗面部にかかる牽引力によって軟骨やまわりの組織に炎症を起こしたり、骨隆起や粗面における骨片の遊離などを生じることもある。

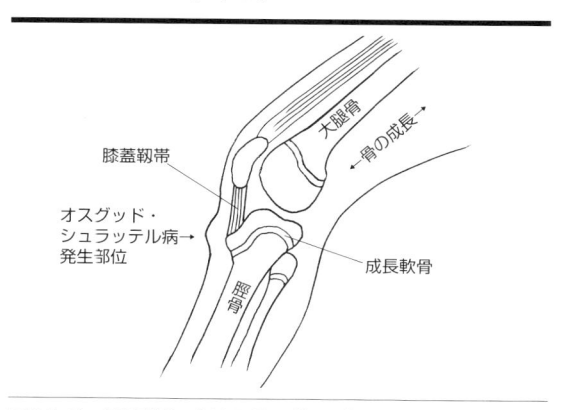

図11-8 発育期における骨と筋の成長アンバランスからみたオスグッド・シュラッテル病の発症メカニズム

図11-9は、発育期の子どもの経年的な身長の年間発育量を示すものであり、図中の黒及び白丸のプロットは実際にオスグットシュラッテル病を起こした15名の症例における発症時の数値である。症例のほとんどが身長の伸びが著しい時期に発症しており、過半数の者が全国平均を上回る発育量を示していた。このことから、オスグッドシュラッテル病の予防には、子どもの発育状態（身長、

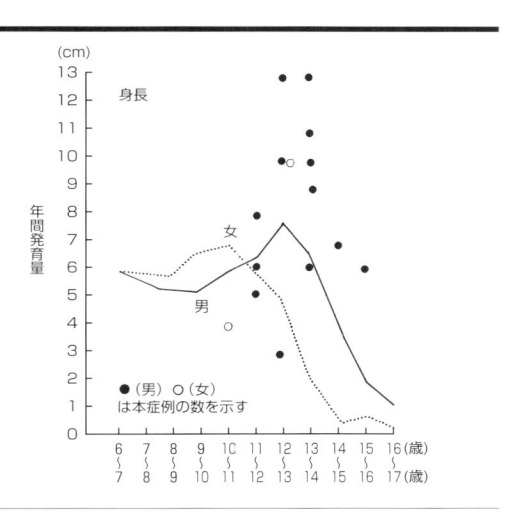

図11-9 オスグッド・シュラッテル病の発症と身長の発育量 (山本ら, 1986)

体重の増加量) と大腿四頭筋の柔軟性を定期的にチェックすることが有効であろう。

6. 競技能力と柔軟性

多くの競技種目において，古くから柔軟性は競技力向上に不可欠な要素として考えられてきた。過去の報告において，「柔軟性は，身体を各方向に曲げたり，伸ばしたりすることのできる能力である。柔軟性が優れていると，各動作を円満に，しかも大きく動かすことができるので，各種の運動を美しく，また力強く行うことができる。」(松田，1965) と記載されている。中でも動きを大きく滑らかに見せることが必要となる，体操競技，飛び込み，フィギュアスケート，ダンスなどの演技的なスポーツでは，柔軟性が特に重要視されていることはいうまでもない。

各競技特有の動作を行う上で，局所の関節の可動域が大きいことが有利であることも指摘されている。例えば，水泳選手（自由形）の場合，肩関節の可動域が大きい方がストロークを行う際により有利であるし，野球選手においても肩関節の外旋域が大きい方が速い球を投げるのに有利であるといわれている。また，サッカーやアメフト，ラグビーのようにボールをキックする競技では，股関節可動域が広く，大きなスウィング動作が可能な方が，力強く遠くにボールをキックすることができるし，岩壁を登るクライマーの場合には，足場をより上に作るために股関節屈曲の可動域が大きい方が有利であるという。

関節の弛緩性が高く，関節可動域が大きい場合には，傷害発生との関わりにおいてマイナスになることもあるが，競技力との関連では，多くの場合可動域が大きいことが競技能力にプラスに働く場合が多いといえる。

7. ストレッチングの実施上の留意点

ストレッチングの効果をより高いものとするためには，各スポーツ種目において頻繁に使われる筋，あるいは疲労しやすい筋をあらかじめ把握しておく必要がある (**表11-2**)。

さらに，柔軟性低下が傷害発生に関連する筋や腱の存在や，身体のアライメント（骨形態や姿勢），筋力の低下，フォームなどの身体的な特徴によって，特定の筋が疲労しやすくなることも認識しておくべきである。

図11-10は，主なスポーツ障害におけるストレッチングの適用例と，競技種目別にみた主働筋とストレッチングの方法についての一例を簡単にまとめたものである。このように，目的に応じて，ストレッチングを機能的に定義することが必要であるといえるだろう。また，個人個人の柔軟性をチェックし，各部位のストレッチングの必要性を評価して，合目的的なストレッチングの処方をする事も重要である。

また，目的とする筋群を伸ばすためには，機能解剖学的見地から筋肉の起始，停止を踏まえた上で，どのような姿勢で，どのような関節運動を介して行うのが効果的であるかを理解しておく必要がある。

表11-2 スポーツ活動時における筋肉の自覚的使用感および疲労感（山本，2001）

	使う筋の部位	疲労する筋の部位
野　球 N=47	1. 肩周辺,肩甲骨周辺（77%） 2. 背中上方部,腰部（36%） 3. 上腕（21%）	1. 背中下方面,腰部（47%） 2. 肩周辺,肩甲骨周辺（47%） 3. 下腿後面（23%）
サッカー N=48	1. 下腿後面（81%） 2. 大腿前面（68%） 3. 大腿前面（38%）	1. 下腿後面（72%） 2. 大腿前面（55%） 3. 大腿後面（32%）
バスケットボール N=37	1. 下腿後面（65%） 2. 大腿前面（54%） 3. 大腿後面（35%）	1. 下腿後面（81%） 2. 大腿後面（38%） 3. 大腿前面（16%）
バレーボール N=27	1. 大腿前面（48%） 2. 肩周辺,肩甲骨周辺（41%） 3. 下腿後面（33%）	1. 背中下方部,腰部（44%） 2. 足底（37%） 3. 肩周辺,肩甲骨周辺（30%）
体　操 N=21	1. 上腕（71%） 2. 肩周辺,肩甲骨周辺（29%） 3. 腕部,腹部（24%）	1. 上腕（57%） 2. 肩周辺,肩甲骨周辺（43%） 3. 背中下方部,腰部（19%）
陸　上 N=21	1. 下腿後面（58%） 2. 大腿前面（55%） 3. 大腿後面（52%）	1. 下腿後面（62%） 2. 大腿後面（37%） 3. 大腿前面（34%）
水　泳 N=22	1. 肩周辺,肩甲骨周辺（86%） 2. 大腿前面（36%） 3. 上腕（14%）	1. 肩周辺,肩甲骨周辺（68%） 2. 上腕（45%） 3. 大腿前面（41%）
柔　道 N=25	1. 前腕（67%） 2. 上腕（38%） 3. 背中下方部,腰部（29%）	1. 背中下方部,腰部（52%） 2. 前腕（48%） 3. 上腕（24%）
剣　道 N=23	1. 下腿後面（91%） 2. 上腕（43%） 3. 肩周辺,肩甲骨周辺（39%）	1. 下腿後面（91%） 2. 背中下方部,腰部（30%） 3. 上腕（26%）

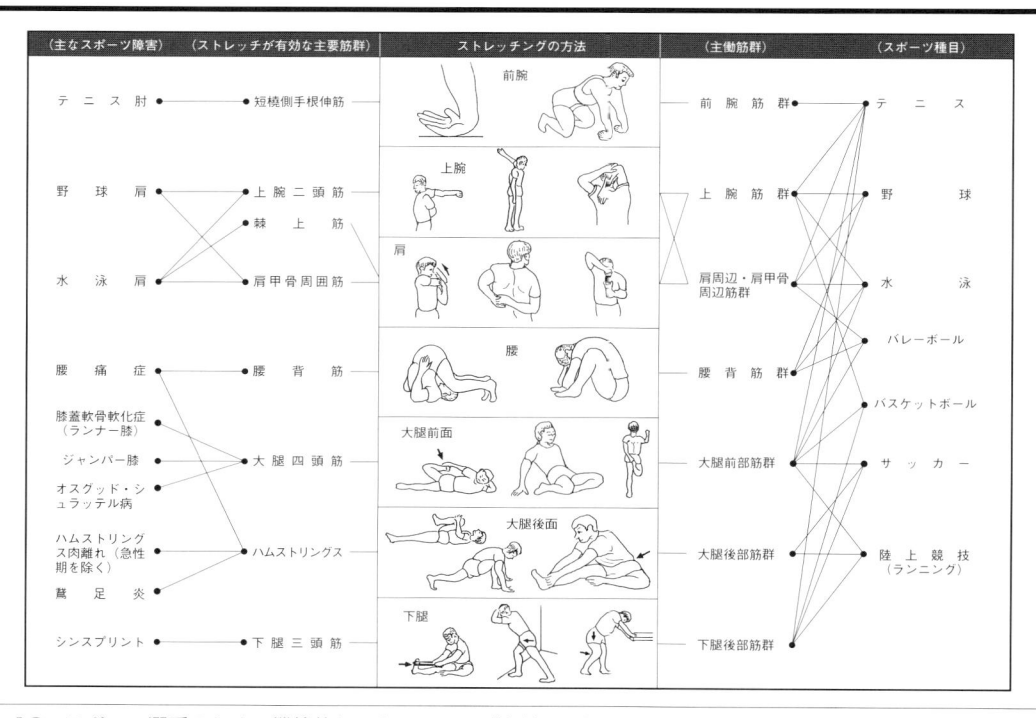

図11-10 スポーツ選手のための機能的なストレッチング方法の選択（山本，1990）

理解度チェック問題

1. 関節可動域に影響をあたえるものとして関連の少ないものはどれか？
   a. 関節運動を行う際の主働筋の筋力
   b. 主働筋の働きに拮抗する筋の伸展性
   c. 筋や皮下脂肪の発達
   d. 先天的要素

2. 伸張反射を最も誘発しにくいストレッチングは次のうちどれか？
   a. バリスティックストレッチング
   b. 静的ストレッチング
   c. PNFストレッチング
   d. 動的ストレッチング

3. 大腿四頭筋の柔軟性低下がより密接な原因となるスポーツ障害は次のうちどれか？
   a. シンスプリント
   b. ハムストリングス肉離れ
   c. オスグッドシュラッテル病
   d. 鵞足炎

4. 腰痛との関連で最も柔軟性低下が問題となる筋は次のうちどれか？
   a. 腸腰筋
   b. 下腿三頭筋
   c. 大殿筋
   d. 半膜様筋

5. 下腿三頭筋のストレッチングについて不適切なものはどれか？
   a. ヒラメ筋を効果的にストレッチするには膝関節屈曲位にて行う。
   b. 腓腹筋を効果的にストレッチするには膝関節伸展位にて行う。
   c. ヒラメ筋と腓腹筋は膝関節屈曲位の方がよりストレッチ効果が高い。
   d. 下腿三頭筋のストレッチングはアキレス腱炎にも有効である。

解答：1.→d 2.→b 3.→c 4.→a 5.→c

【文献】
1) クリストファーM．ノリス：山本利春監訳（1999）．柔軟性トレーニング．大修館書店．
2) トーマス・ベックレー：石井直方他監訳（1999）．NSCA決定版ストレングストレーニング＆コンディショニング．ブックハウス・エイチディ〈Thomas R. Baechle. (1994). Essentials of Strength Training and Conditioning / National Strength and Conditioning Association. Human Kinetics.〉
3) 山本利春（1990）．スポーツとストレッチング．理学療法　7（5）：351-361．
4) 山本利春（2000）．ストレッチング．小出清一，福林徹，河野一郎編．スポーツ指導者のためのスポーツ医学（pp234-242）．南江堂．
5) 山本利春（2001）．測定と評価．ブックハウスエイチディ．

12章 レジスタンストレーニングのプログラムデザイン

KEYWORDS ●特異性の原則 ●オーバーロードの原則 ●漸進性の原則 ●トレーニング変数

この章では，レジスタンストレーニングプログラムの基礎理論と具体的なプログラム内容，ガイドライン，トレーニング計画を解説する。

1. トレーニングの名称について

ウエイトトレーニングに関連する名称としては，様々なものがあるが，次のように説明されている。

▶（1）レジスタンストレーニング

負荷抵抗をかけるトレーニング全てのことを指す。最近では，スポーツ医学及び運動生理学系の研究でもよく使われている。

▶（2）ストレングストレーニング

競技スポーツにおいて，傷害予防とパフォーマンス向上を目的とした場合のトレーニング名称である。スポーツの目的別にピリオダイゼーションの計画を基に実施される。

▶（3）ウエイトトレーニング

バーベル，ダンベル，マシン等の重量物を用いるトレーニング名称である。一般的なフィットネスにおいてよく用いられる。

▶（4）筋力トレーニング

筋力強化のためのトレーニング名称として従来からよく使用されている。特に自体重や徒手抵抗（腹筋・背筋運動，腕立て伏せ等）を用いるトレーニングを意味する場合が多い。

2. レジスタンストレーニングの基本原則

トレーニングを効果的に実施するうえで，以下のような重要な基本原則がある。

1. 特異性の原則（SAID）
2. オーバーロードの原則
3. 漸進性の原則

1. 特異性の原則（SAID）

身体の細胞は，特定の刺激に対して特定の反応を起こし，適応が起こって変化するということから，目的とするトレーニング効果を得るためにはその特異性を考慮したプログラムデザインを実施する必要がある。例えば，柔軟性を養うにはストレッチング，スピードを高めるにはスプリント走，敏捷性を高めるにはアジリティトレーニング，胸の筋肉を鍛えるにはベンチプレス，肩の強化にはショルダープレスというように，特定の目的に合ったトレーニングを実施するということである。SAIDとは，"Specific adaptation to imposed demard"の略であり『課せられた刺激（要求）に対する特異的な適応』という意味である。（Wallis&Logan,1964）

トレーニングプログラムにおける特異性とは，エネルギー代謝的なものとバイオメカニクス的なものがある。

▶（1）エネルギー代謝的特異性

3つの主要なエネルギー代謝であるATP‐PCr系，解糖系（乳酸系），有酸素系の特質を考慮しプログラムを作成する。一般的な例では爆発的パワーが要求される野球やアメリカンフットボール，ウエイトリフティングではATP‐PCr系，高いパワーを断続的に反復する特性のあるレスリングやアイスホッケーでは解糖系（乳酸系），より長時間の動作が継続する長距離走やマラソンでは有酸素系がそれぞれ関与する。代謝特性を理解し，それに合わせたプログラムを作成しなければならない。

▶（2）バイオメカニクス的特異性

各スポーツ競技には，それぞれ特徴的な動きが観察できる。立位か座位か跳躍しているのか，両脚，あるいは片脚支持で立っているのか，膝の屈曲位は何度ぐらいが最も使われているのかなど動きを詳しく分析し，その動きにあったエクササイズを選択する必要がある。例えば，レスリングにはベンチプレスが特異的な上半身エクササイズであり，テニスのストロークに対してはダンベルフライが，バスケットボールのシュート動作には，インクラインプレスがそれぞれ特異的であろう。ビデオ等で，各スポーツ動作を観察しその特異的な点をチェックするとよい。

2. オーバーロードの原則

日常生活動作のほとんどは，通常最大筋力の約30％程度の強度であり，身体には大きな変化は起こらない。現状維持ということである。筋肉を刺激し，筋力を強化するには，最低条件として最大筋力の60％以上の負荷・強度が必要である。これが，オーバーロード（過負荷）である。オーバーロードが適正であれば，筋肉細胞に疲労やエネルギー源の枯渇，微細損傷が起こる。そして，トレーニング後に適正な栄養補給（食事）と休養（十分な睡眠，トレーニングを2日以上連続させないこと）が確保されれば，筋は約48〜72時間後に回復するといわれる（超回復）。

3. 漸進性の原則

トレーニング効果は，短期間ほど可逆性が大きく，長期間であるほど途中に中断しても可逆性は小さい。計画的に継続することが重要である。負荷・強度は，トレーニングの進行を考慮し，徐々に増強させていく。

これが漸進性の原則である。軽い負荷から重い負荷へ，基本的なエクササイズから専門的なエクササイズへ，筋持久力から筋肥大，筋力強化からパワー強化へとトレーニング刺激を変化させていくことが重要である。オーバーロード（過負荷）と漸進性を合せて，漸進性過負荷と表すこともある。

3. トレーニング変数

適正なトレーニング計画は，様々な要素・条件を意図的に変化させることにより成功する。これらの要素・条件・方法のことをトレーニング変数（プログラムデザイン変数）という。主なトレーニング変数は以下の通りである。

7つのトレーニング変数（プログラムデザイン変数）

1. ニードアナリシス
2. エクササイズの選択
3. トレーニングの頻度
4. エクササイズの順序
5. トレーニング負荷と回数（レプス）
6. 量（負荷×回数×セット数）
7. 休息時間

1. ニードアナリシス

目標を達成させるためには，スポーツの特性，競技者およびクライアントの個別性や希望等を分析し，プログラムを考慮しなければならない。これがニードアナリシスである。

▶(1) スポーツ特性の評価

スポーツ競技の特性を分析するには、以下の面から考慮するとよい。

①動作分析

体幹や四肢の動作パターンや主働筋群を把握する。

②生理学的分析

主なエネルギー代謝は何か？（ATP‐PCr系、解糖系、有酸素系）、目的となるのは、パワー・筋力・筋肥大・筋持久力のいずれか？といった点を考慮する。

③傷害分析

よく起こる関節・筋の傷害はどの部位なのか？原因となる要素は何か？といった点を考慮する。

▶(2) 競技者およびクライアントの評価

競技者およびクライアント個々の評価には、以下の点を考慮する必要がある。

①トレーニング度（トレーニングレベル）

対象が初心者なのか中級者・上級者なのかを判断する。現在のトレーニング状態、現在・過去の傷害の問題などについてもチェックする。

どのようなトレーニング、エクササイズを経験してきたかというトレーニングのバックグラウンドまたはエクササイズ歴を把握することも重要である。

・トレーニングプログラムのタイプ（スプリント、プライオメトリクス、レジスタンス等）
・以前のトレーニングプログラム（期間、最近のプログラム）
・以前のトレーニングプログラムの強度レベル
・エクササイズテクニックの経験度（適正な知識とスキル）

②体力テストと評価

現在の競技者やクライアントの体力テストを実施し、現在の状態を評価して、プログラム作成の基にする。体力的に不足している要素や、トレーニング開始前の筋力レベルが判断でき、チーム内や他者と比較することができる。

③主要なレジスタンストレーニングの目標

テスト結果の評価、スポーツ競技の特異性、クライアントの個別性を把握し、主要なトレーニング目標を第一に設定することが重要である。筋肥大、筋力強化、スピード・パワー養成等の主要な目標により、プログラム作成を実施していく。

2. エクササイズの選択

レジスタンストレーニングのプログラム作成のためには、トレーニングの目的、スポーツ動作の特異性、エクササイズテクニック経験度、使用できる施設や器具、利用可能なトレーニング時間を考慮して、エクササイズを選択する。

エクササイズのタイプには、コアエクササイズ（主要または中心）と補助エクササイズがある。

▶(1) コアエクササイズ

①複数の大筋群（胸、肩、背部、臀部、大腿部）を動員するエクササイズである。
②多関節エクササイズである（主要な関節を2つ以上使用する）。
③安全で効果的に1RMテストが実施できるエクササイズである。

例）ベンチプレス、スクワット、パワークリーン、デッドリフト、ショルダープレス

▶(2) 補助エクササイズ

①単一の小筋群（上腕二頭筋、上腕三頭筋、腹直筋、下腿部、頸部、僧帽筋、前腕部、腰背部、前脛部）を動員するエクササイズ。
②単関節エクササイズである。
③安全で効果的な1RMテストが実施できないエクササイズである。

例）バイセプスカール、トライセプスプッシュダウン、カーフレイズ、クランチ、バックエクステンション

▶(3) ストラクチュラル・エクササイズとパワーエクササイズ

コアエクササイズの中でも、姿勢の保持（脊柱に負荷のかかる）に関与するエクササイズを特にストラクチュラル・エクササイズと呼ぶ場合もあ

る。
例）バックスクワット，デッドリフト

　また，ストラクチュラル・エクササイズの中でも素早く爆発的に行うものをパワーエクササイズと呼び，よりスポーツ特異的なトレーニングに使用される。
例）パワークリーン，ハイスナッチ

3. トレーニング頻度

　トレーニング度や期分け，スポーツシーズンにより，トレーニング頻度を決定する。

　一般的に，初心者は週2〜3回，中級者は3〜4回，上級者は4〜7回の頻度で実施される。

　トレーニングプログラムにおいては，全身的プログラムでは週に2〜3回，スプリットルーチン（分割法）では週に4〜6回の頻度で実施される。

　また，競技者やクライアントの体力レベルにより疲労回復期間は異なり，小筋群は大筋群よりも疲労回復が早く，高頻度でトレーニングが実施できる。

4. トレーニングの順序

▶(1) プライオリティ・プリンシプル

　トレーニング目的に応じて，重要度の高いエクササイズを優先して実施する原則（プライオリティ・プリンシプル）によりトレーニングの順序を決定する。

①大筋群から小筋群のエクササイズの順序で行う。
②高度なテクニックが要求され，心理的負担が高いエクササイズ（パワーエクササイズなど）は先に行う。
③コアエクササイズから補助エクササイズの順序で行う。
④上半身エクササイズと下半身エクササイズを交互に行う。
⑤プッシュエクササイズとプルエクササイズを交互に行う。（押すと引く）

▶(2) スーパーセット法とコンパウンドセット法

　スーパーセット法とは，主働筋と拮抗筋を連続して交互に行う方法で，例としてはバイセプスカールの後にトライセプスプレスダウンを行う方法や，レッグエクステンションの後にレッグカールを行う方法などがあげられる。

　コンパウンドセット法とは，同じ筋群を強化する2つのエクササイズを連続して実施する方法である。例としては，バーベルバイセプスカールの後にダンベルハンマーカールを行うような方法がある。

▶(3) プレ・エクゾーション法（事前疲労法または予備消耗法）

　プレ・エクゾーション法とは，特定の部位に関連する単関節エクササイズを多関節エクササイズの前に行うことによって，より大きなトレーニング刺激を与えようとする方法である。例としては，ベンチプレスの前にトライセプス・エクステンションを実施することにより，上腕三頭筋を事前に疲労させ，大胸筋に対してより大きな刺激を与えることができる。また，ラットプルダウンの前にバイセプスカールを行う方法や，スクワットの前にレッグエクステンションを行う方法等が考えられる。

5. トレーニングの負荷と回数

　負荷とは，エクササイズ1セットあたりの重量で，回数（レプス）とは，繰り返し可能な反復回数のことである。負荷が軽ければ反復可能な回数は多くなり，負荷が重ければ反復回数は少なくなる。

▶(1) RM（repetition maximum）

　反復が可能な最大の回数をRM（repetition maximum）といい，負荷強度の指標となる。例えば，ある選手がバックスクワットを70kgの重量で10回できる場合，この選手の10RMは70kgとなる。1回やっと挙上できる重さは1RMといい，最大挙上重量（100％）である。この1RMを基に，反復回数から％が予想できる。

　表12-1はトレーニング負荷と反復回数の関係

を示したものである。

表12-1　1RMに対する%と回数の関係[1]

%1RM	回数
100	1
95	2
93	3
90	4
87	5
85	6
83	7
80	8
77	9
75	10
70	11
67	12
65	15
60	20
<60	20+

表12-1は，反復回数から負荷強度が予測でき，トレーニング効果を判断するときに有用だが，疲労していないフレッシュな状態で1セット実施した時に適用するものであり，疲労の影響が懸念される複数セットを行う場合にはあてはまらない。また，基礎的な筋力が低い初心者や筋力レベルの高い上級者には適用できないことがあり，指導の際には注意が必要である。表12-1に適応するのは，ベンチプレス，スクワット，パワークリーン等の1RMが測定できるコアエクササイズやパワーエクササイズなどがあげられる。

▶(2) 1RMテスト

1RMテストの手順は以下のとおりである。
①軽い重量で5〜10回のウォーミングアップを行う。
②1分間の休憩
③以下の割合で増量させながら，完全に3〜5回できるウオーミングアップ負荷を見積もる。
・上半身エクササイズ
　→4〜9kg，5〜10%
・下半身エクササイズ
　→14〜18kg，10〜20%
④2分間の休憩
⑤以下の割合で増量させながら，完全に2〜3回反復できる最大に近い負荷を見積もる。
・上半身→4〜9kg，5〜10%
・下半身→14〜18kg，10〜20%
⑥2〜4分間の休憩
⑦負荷を増量する
・上半身→4〜9kg，5〜10%
・下半身→4〜9kg，5〜10%
⑧1RMを試行する
⑨成功した場合は2〜4分間休憩後に，⑦に戻る。失敗した場合は2〜4分間休憩後に，以下のように負荷を減らし，もう一度1RMテストを試行する。
・上半身→2〜4kg，2.5〜5%
・下半身→7〜9kg，5〜10%

＜注意事項＞
・適正なエクササイズテクニックで完全に1回挙上できる（1RMに成功する）まで，負荷を増加または減少させる。
・1RMの試行は，5セット以内で実施する。

▶(3) トレーニング負荷の増加

トレーニングの進行により，漸進性を考慮し負荷・強度を増加する必要がある。トレーニング負荷・強度の増加は，ツーフォーツー・ルールの原則を基に決定できる。

ツーフォーツー・ルールとは，あるエクササイズの最後のセットで定められた目標回数よりも2回以上多く反復でき，これが次のトレーニングセッションでも達成できたなら，新しい目標値に負荷を増加させるということである。

具体的には，ベンチプレスを10回×3セットというプログラムの設定で，10回×3セットをすべて達成し，連続して数回のトレーニング・セッションを通じても達成できたら最後の3セットに12回のレプスが可能になり，負荷を増加させればよ

いうことである。

6. トレーニングの量

トレーニング量とは，1回のトレーニングで挙上した総重量である。トレーニング量は，重量×回数×セット数によって求めることができる。

例えば，ある競技者がスクワットを100kg×10回・3セット実施した場合は，

$100 \times 10 = 1000$ kg
$1000 \times 3 = 3000$ kg

となり，1回のトレーニング量は3000kgとなる。

このプログラムを週3回行なった場合は，

$3000 \times 3 = 9000$ kg

となり，週あたりのトレーニング量は9000kgとなる。ピリオダイゼーションを計画するためには，このトレーニング量の調節が重要となる。

7. 休息時間

休息時間とは，セットやエクササイズ間の回復時間のことであり，レストピリオドまたはセット間休息ともいう。休息時間の設定は，トレーニングの主目標により決定される。

トレーニング目標	休息時間
筋力	2〜5分間
パワー	2〜5分間
筋肥大	30秒〜1分30秒
筋持久力	30秒以下

8. ピリオダイゼーション

長期にわたるプログラムにおいて，一定期間ごとにプログラムの内容を変化させることをピリオダイゼーション（期分け，周期化）と呼ぶ。ピリオダイゼーションは，オーバーワークを避け，トレーニング効果を長期にわたって持続させるとともに，トレーニング効果を目的とする方向へと転化させるためにも役立つと考えられている。

4. プログラムデザインの実際

レジスタンストレーニングのプログラムは，以下の順序で進行させることが望ましい。

①テスト（測定）
②評価
③目標設定
④プログラム作成
⑤実行・修正

▶(1) テスト（評価）

プログラム作成の基になるトレーニング前の筋力を1RMテストまたは1RM予測テストにより測定する。一定期間後に再テストすることでトレーニング効果を調べることができる。

▶(2) 評価

現状の筋力を把握し評価する。評価の尺度は，筋力バランス，筋力レベル，年代別評価，チーム内評価によって判定する。

▶(3) 目標設定

筋肥大，筋力向上，パワー向上，筋持久力の主目標のうち，どれを設定するか。また，競技スポーツの場合は，オフシーズン，プレシーズン，インシーズン，移行期などのスポーツシーズンによる目標設定も考慮する。

▶(4) プログラム作成

エクササイズの選択，順序，負荷，反復回数，セット数，休息時間，トレーニングのシステム，頻度，ピリオダイゼーション等のトレーニング変数を調節し，目的に応じたプログラムを作成する。

▶(5) 実行・修正

実際にプログラムを進行させ，問題点が起これば，トレーニング変数を変更し，プログラムの修正を行う。

▶(6) その他

トレーニングに影響を及ぼす要素には，クライアントの状態（健康・運動歴・個人差），施設（設備），指導者の能力，プログラムの有効性，栄

養（食事），クライアントや競技者のトレーニングに対する理解度，モチベーション等があげられる。これらの要素が制限されると最良なトレーニング効果が得られないことがある。プログラムの成果を高めるには，できるだけ制限要素が少なくなるように，努力することが重要である。

＜付表＞：目的別プログラム例

1 筋肥大プログラム（週2〜3回）
①基本プログラム

		回数	セット数	セット間休息時間
コア	スクワット	10	4	1分〜1分30秒
コア	ベンチプレス	10	4	1分〜1分30秒
補助	ラットプルダウン	10	3	30秒〜1分
補助	アップライトロウ	10	3	30秒〜1分
補助	バーベルカール	10	3	30秒〜1分
補助	レッグエクステンション	10	2	30秒〜1分
補助	レッグカール	10	2	30秒〜1分
体幹	ベントニーシットアップ	15	3	

＊スクワットをレッグプレスマシン，ベンチプレスをチェストマシンで代替してもよい。
＊フォームを意識し，正確な動作で行う。

②応用プログラム

		回数	セット数	セット間休息時間
コア	スクワット	10	4〜5	1分
コア	ベンチプレス	10	4〜5	1分
補助	ベントオーバーロウイング	10	4	1分
コア	ショルダープレス	10	4	1分
補助	バーベルカール	10	4	30秒
補助	トライセプスエクステンション	10	4	30秒
補助	レッグエクステンション	10	2	30秒
補助	レッグカール	10	2	30秒
体幹	クランチ	20	3	
体幹	バックエクステンション	20	3	

③週4回筋肥大プログラム
Aプログラム（上半身）月/水

		回数	セット数
コア	ベンチプレス	10	4
補助	ダンベルフライ	10	3
補助	ラットプルダウン	12	3
補助	ベントオーバーロー	10	3
コア	ショルダープレス	10	4
補助	バイセプスカール	12	3
補助	トライセプスエクステンション	12	3
補助	クランチ	20	3

Bプログラム（下半身）火/金

		回数	セット数
コア	スクワット	10	4
コア	ランジ	10	3
補助	レッグエクステンション	12	2
補助	レッグカール	12	2
補助	ヒップアブダクション	12	2
補助	ヒップアダクション	12	2
補助	スタンディングカーフレイズ	15	2
補助	ベントニーシットアップ	20	3
補助	バックエクステンション	20	3

2 筋力強化プログラム週2〜3回

		回数	セット数	セット間休憩時間
コア	スクワット	5〜6	5	2〜3分
コア	ベンチプレス	5〜6	5	2〜3分
コア	デットリフト	5〜6	5	2〜3分
コア	ショルダープレス	10	3	2〜3分
補助	バーベルカール	10	3	1分
補助	レッグカール	10	3	1分
体幹	ツイストシットアップ	20	3	

③ パワー強化プログラム週2回（月/木または火/金）

		回数	セット数	休息時間
コア	パワークリーン	5〜6	5〜6	3〜5分
コア	プッシュプレス	5〜6	5〜6	3〜5分
コア	スクワット	10 8 6 3 3 ピラミッド法	5	3〜5分
コア	ベンチプレス	10 8 6 3 3 ピラミッド法	5	3〜5分
補助	ラットプルダウン	10	3	1〜2分
補助	トライセプスエクステンション	10	3	1〜2分
補助	バーベルカール	10	3	1〜2分
補助	スタンディングカーフレイズ	20	3	1〜2分
	クランチ	20	3	1〜2分

④ 筋持久力プログラム（週2〜3回）月/水/金
①サーキットウエイトトレーニングプログラム（マシン使用）

	回数	セット数	休息時間
チェストマシン	15〜20	2以上	30秒以下
レッグプレス	15〜20	2以上	30秒以下
ラットプルダウン	15〜20	2以上	30秒以下
ショルダープレスマシン	15〜20	2以上	30秒以下
レッグエクステンション	15〜20	2以上	30秒以下
バイセプスカール	15〜20	2以上	30秒以下
レッグカール	15〜20	2以上	30秒以下
クランチ	15〜20	2以上	30秒以下

＊一連のコースを2〜3回循環するサーキットウエイトトレーニングが効果的である。マシンを使用すると効果的に短時間でトレーニングが実行できる。上半身と下半身を交互に配列する。

②一般的筋持久力プログラム

	回数	セット数	休息時間
ベンチプレス	20	2	30秒
スクワット	20	2	30秒
ラットプルダウン	20	2	30秒
ショルダーサイドレイズ	15	2	30秒
バーベルカール	15	2	30秒
トライセプスエクステンション	15	2	30秒
レッグエクステンション	20	2	30秒
レッグカール	20	2	30秒
スタンディングカーフレイズ	20	2	30秒

＊各エクササイズの目標セットが終了後に次のエクササイズを行う。

理解度チェック問題

1. プログラム変数に含まれないものは次のうちどれか？
   a. エクササイズ種目
   b. 時間
   c. 食事
   d. 器具

2. 筋力強化のために，適正なセット間の休息時間は次のうちどれか？
   a. 30秒
   b. 1分
   c. 2分
   d. 90秒

3. 次のうちコアエクササイズではないものはどれか？
   a. ショルダープレス
   b. スクワット
   c. ベンチプレス
   d. ベントオーバーロウ

4. 次のエクササイズのうち，最初に実施しなければならないものはどれか？
   a. プッシュジャーク
   b. ベンチプレス
   c. スクワット
   d. パワークリーン

解答：1.→c　2.→c　3.→d　4.→a

【文献】

1) ロジャー・アール：NSCAジャパン監訳（1999）．ウエイトトレーニングのプログラムデザイン．パーソナル・トレーニングの基礎知識（pp63-80）
2) Thomas R. Baechle, Roger W. Earle, and DanWathen (1999). Resistance Training : Essentials of Strength Training and Conditioning. (pp395-423). Human Kinetics.
3) 財団法人日本体育協会．スポーツジャーナル（1984年6月号）：7-8

13章 プライオメトリクス

KEYWORDS ●プライオメトリクス ●ストレッチ・ショートニング・サイクル ●伸張反射 ●筋紡錘 ●弾性エネルギー ●ジャンプ・エクササイズ ●デプスジャンプ ●メディシンボール・エクササイズ

　ジャンプ・エクササイズやメディシンボール・エクササイズに代表されるプライオメトリクス（plyometrics）は，多くのスポーツ競技において必要とされる爆発的パワーを改善するための効果的なトレーニング法である。近年では，一般のフィットネスの分野でも導入されるようになってきている。

　本章では，プライオメトリクスを安全かつ効果的に実施するために必要な基礎理論として，プライオメトリクスのメカニズム，実施上の留意点，プログラムデザイン等について解説する。

1. プライオメトリクスの科学的基礎

1. プライオメトリクスとは

　プライオメトリクス（プライオメトリック・トレーニングまたはプライオメトリック・エクササイズと同義）は，短時間内に大きなパワーを発揮する能力，すなわち爆発的パワーの発揮能力を高めるための有効なトレーニング法である。これは筋が伸張性収縮を素早く行った直後に短縮性収縮を行う，ストレッチ・ショートニング・サイクル（Stretch-Shortening Cycle：SSC）と呼ばれる一連の活動を行うことによって，短縮性収縮のみによって発揮される筋力よりも，短時間内により大きな筋力を発揮できるという性質を利用したものである。ストレッチ・ショートニング・サイクルによって大きな力を発揮することができるメカニズムは，神経生理学的要因（主として伸張反射）と力学的要因（主として腱の弾性）の複合的効果によるものであると考えられている。

　プライオメトリクスの具体例としては，下肢ではジャンプ・エクササイズが，上肢や体幹ではメディシンボールを用いたエクササイズがあげられる。

　プライオメトリクス（plyometrics）の語源には諸説あるが，ギリシャ語を起源とする説が有力であり，plyoはmoreまたはincrease，metricはmeasureに相当し，「測定できるほどの増大」と解釈すると考えられている。

2. プライオメトリクスの効果と適用

　プライオメトリクスの主要な効果としては，ストレッチ・ショートニング・サイクルに関わる神経や筋の機能改善と，これに伴う爆発的パワーの向上があげられる。

　ストレッチ・ショートニング・サイクルは，多くのスポーツ競技の動作中にみられ，競技パフォーマンスに影響を与える重要な因子となっている。例えば，ジャンプの際に素早く踏み切る局面（陸上競技の跳躍種目，バスケットボールやバレーボールのジャンプ動作など），スプリント動作で足が接地してから離地するまでの局面，球技において急激に方向転換を行う局面，投動作（野球のピッチング，陸上競技の投擲種目など），打撃動作

（野球のバッティング，ゴルフスイング，テニスのストロークなど），コンタクトスポーツにおける衝突局面などにおいて，ストレッチ・ショートニング・サイクルの効率的発揮が必要とされ，これらのスポーツ動作のパフォーマンス改善に，プライオメトリクスが効果的であると考えられている。

3. ストレッチ・ショートニング・サイクルにおける神経と筋の作用

プライオメトリクスにおけるストレッチ・ショートニング・サイクルに関与する神経と筋の作用について以下に述べる（表13-1）。

表13-1 ストレッチ・ショートニング・サイクルに関わる神経と筋の作用

1. 伸張反射
2. 弾性エネルギーの蓄積と利用
3. 予備緊張
4. ゴルジ腱反射に対する制御機構

▶(1) 伸張反射

筋が急激に引き伸ばされると，筋内の感覚受容器である筋紡錘が，筋の伸張の速度と長さを感知して興奮し，感覚神経（Ⅰa線維）を介して脊髄にインパルスを伝え，脊髄を経由した後，運動神経（α運動神経）を経て筋にインパルスを送り，筋の短縮が生じる（図13-1）。このような一連の作用を伸張反射と呼んでおり，プライオメトリクスにみられるストレッチ・ショートニング・サイクルにおいて，短時間に大きな力が発揮できる主要なメカニズムであるといわれている。

伸張反射は，筋が過度に強く引き伸ばされることによって生じる筋損傷などの危険を回避するための神経生理的な制御機構であると考えられている。また，伸張反射による筋の短縮は，事前の筋の伸張速度が速いほど大きくなる。

しゃがんだ姿勢で静止した状態からジャンプした場合と，立った姿勢からしゃがんだ後に素早く切り返してジャンプした場合では，通常後者の方が高く跳ぶことができる。この現象は，しゃがんだ時に大腿四頭筋や大臀筋が急激に引き伸ばされたことによって生じる伸張反射の影響によるものである。

▶(2) 弾性エネルギーの利用

筋は腱を介して骨に付着しており，筋が収縮すると腱が引っ張られて骨の動きが発生する。筋と腱は相互に関連して機能することから，筋腱連合体と呼ばれている。

筋が強く収縮して大きな力を出すと，筋が腱よりも硬さ（スティッフネス）を増して腱が引き伸ばされ，バネのような弾性を生じる。このような作用が起こることから，筋は収縮要素，腱は弾性要素と呼ばれている。

プライオメトリクスにみられるストレッチ・ショートニング・サイクルにおいては，筋が伸張性収縮と等尺性収縮を行う局面で，腱が弾性エネルギーを蓄え，続いて行われる短縮性収縮の局面において弾性エネルギーが利用される現象が起こり，このことが大きなパワーを発揮することができるメカニズムの一つであると考えられている。

▶(3) 予備緊張

筋が引き伸ばされる前に，あらかじめ力を発揮することを予備緊張と呼んでいる。適切な予備緊張が行われると，筋の伸張を最小限に抑えることができるといわれており，トレーニングを積んだ

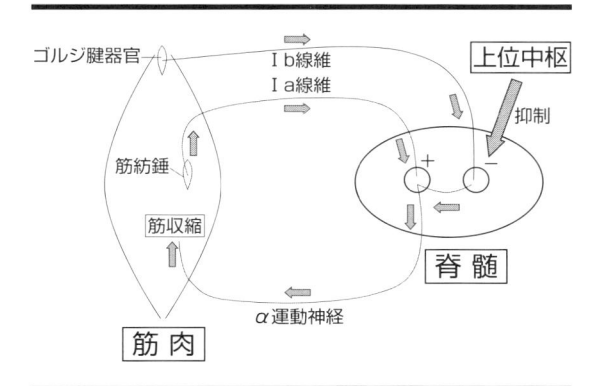

図13-1 プライオメトリクスにおける反射機構

選手では無意識のうちにタイミングよく予備緊張が行われている。例えば，デプスジャンプ（台から跳び下りて着地した後に素早く切り返してジャンプする動作）においては，着地前の空中において，下肢の筋群の適度な予備緊張を行うことによって，着地してから切り返す動作を素早く行うことが可能となり，跳び上がる動作において短時間に大きな力を発揮することができるようになる。

▶(4) ゴルジ腱反射に対する制御機構

腱が急激に引き伸ばされると，腱自体の損傷を防ぐために筋を弛緩させようとするゴルジ腱反射が生じる。腱内の感覚受容器であるゴルジ腱器官は，腱の伸張を感知して興奮し，感覚神経（Ⅰb線維）を介して脊髄にインパルスを伝え，脊髄を経由した後に運動神経（α運動神経）を抑制して，筋力の発揮を低下させる。ジャンプからの着地時に「カクン」と力が抜ける現象が起こることがあるが，これは主としてゴルジ腱反射の作用によるものである。

ゴルジ腱反射が起こると，通常は発揮される筋力が抑制されてしまうが，プライオメトリクスにみられるストレッチ・ショートニング・サイクルにおいては，ゴルジ腱反射による筋力発揮の抑制作用に対して，上位中枢が制御する働きを生じ，伸張性収縮後に動作を切り返して短縮性収縮を行った時の筋力の低下を防ぐことができると考えられている（図13-1）。

4. ストレッチ・ショートニング・サイクルの3つの局面における神経と筋の働き

①エキセントリック局面（Eccentric Phase）
・予備緊張状態の筋が，外力によって引き伸ばされながら力を発揮する局面（伸張性収縮）。
・筋の伸張性収縮に引き続いて，腱が引き伸ばされ，弾性エネルギーを蓄える。
・筋紡錘と腱紡錘が興奮する。

②切り返し（償却）局面（Transition Phase, Amortization Phase）
・エキセントリック局面の終了からコンセントリック局面の開始までの局面。
・筋紡錘と腱紡錘の興奮による神経刺激が伝達される。
・腱紡錘の興奮によるゴルジ腱反射を上位中枢が制御。
・この局面をできるだけ短時間に行うことが，コンセントリック局面において大きな力を発揮することにつながる。

③コンセントリック局面（Concentric Phase）
・筋が短縮しながら力を発揮する局面（短縮性収縮）。
・伸張反射の作用によって筋の短縮による力の発揮が促進される。
・筋の短縮性収縮に引き続いて腱が短縮し，弾性エネルギーが利用される。

2. プライオメトリクスの実施上の留意点

デプスジャンプのような高強度のプライオメトリクスにおいては，身体に対して大きな衝撃が加わる。このため，プライオメトリクスを不適切な方法で実践した場合には，傷害やオーバーワークなどの弊害を引き起こす危険性がある。プライオメトリクスを，安全かつ効果的に実施するための留意点について以下に述べる（表13-2）。

表13-2　プライオメトリクスの実施上の留意点

1. 年齢を配慮する
    高強度のエクササイズの開始は第二次性徴終了以降を目安とする
2. 一定レベルの筋力を養成する
    高強度のジャンプ・エクササイズの実施にあたっては，パラレルスクワットで体重の1.5倍の重量が挙上できることが望ましい
3. 体重が重い人の場合，強度や量を軽減する
4. ジャンプ・エクササイズは適度な衝撃吸収性のある場所で実施する
5. 疲労した状態では行わない（筋力トレーニングや持久走の後など）
6. 正しいフォームを習得する
7. 傷害に十分配慮する

1. 年齢

デプスジャンプのように，身体への衝撃が大きい高強度のジャンプドリルを本格的に導入する時期は，第二次性徴が終了し，骨や靱帯の発育がほぼ完了して，高負荷を用いた筋力トレーニングが可能になる頃を目安にすることが望ましい。中学生以下の場合には，トレーニング条件（強度，量，頻度など）を調整することが必要である。

2. 筋力レベル

プライオメトリクスの実施にあたっては，ある程度のレベルの筋力を身につけておくことが理想である。

デプスジャンプのような高強度のジャンプ・エクササイズを安全に行うための脚筋力の目安としては，大腿部の上端が床と平行までしゃがむパラレルスクワットにおいて，体重の1.5倍の重量を挙上できるようにすることが望ましいといわれている。

3. 体重

ジャンプからの着地時において，体重が重い人には軽い人に比べてより大きな衝撃が加わる。このため，ジャンプを伴うプライオメトリック・エクササイズの動作や強度，量を設定する際には，体重について十分に配慮することが必要である。例えば，体重が100kgを超える選手がデプスジャンプを行う場合には，45cm以上の高さの台は用いないようにするといった制限を加えることが望ましい。

4. 実施場所とシューズ

ジャンプ動作を伴うプライオメトリクスを実施する場合には，着地衝撃を適度にやわらげるとともに，ジャンプ動作が行いやすい場所で行うことが望ましい。具体的には，芝生のグラウンドや体操競技の床運動用のマットが理想であり，アスファルトやコンクリートのような硬いサーフェイス上では実施すべきではない。体育館に多くみられる木製の床の上で強度の高いジャンプ・エクササイズを行う場合には，適度な弾力のあるマットを敷くことが望ましい。また，ジャンプ・エクササイズを実施する際には，適度な衝撃吸収性を有し，踵の部分がしっかりとしたシューズを履くことも必要である。

5. 疲労状態

プライオメトリクスを効果的に実施するためには，疲労していない状態で行うことが理想である。例えば，筋力トレーニングや有酸素性トレーニングを長時間行った後には，高強度のプライオメトリクスは実施しないことが望ましい。

プライオメトリック・エクササイズのセット間には，十分な休息をとり，前のセットの疲労が次のセットに影響を及ぼさないように配慮することも必要である。

6. フォームの習得

プライオメトリクスを初めて導入する場合には，低～中強度のエクササイズを中心に選択し，正しいフォームの習得に努め，漸進的に強度や量を増加させていくことが望ましい。

7. 傷害の状態

プライオメトリクスの実施にあたっては，傷害の状態について把握しておくことが必要である。傷害に対して支障のあるプライオメトリック・エクササイズは，実施を控えるようにする。

3. プライオメトリクスのプログラムデザイン

1. エクササイズの選択

プライオメトリクスのエクササイズの選択や動

作の決定にあたっては，対象のプロフィール（年齢，体重，競技レベル，体力レベル，トレーニング経験，けがの状態など）に配慮した上で，パフォーマンスを向上させたい動作の特異性について分析し，できるだけ関連の深い動作パターンのエクササイズを選択することが効果的である。

競技動作との関連について注目すべき主要なポイントは以下の通りである。

▶(1) 関節角度と可動域

スポーツ競技によって，動作中に力を発揮する関節角度や可動域が異なるため，プライオメトリクスにおいても，これらの特異性を配慮することが必要である。例えば，走り幅跳びの踏み切り動作時の膝関節角度や可動域は，砲丸投げ動作に比べて小さいため，プライオメトリクスの実施においては，膝関節の可動域が小さいタイプのエクササイズを選択する。

▶(2) 力を発揮する方向

プライオメトリック・エクササイズの動作の決定の際には，パフォーマンスを向上させたい動作における力の発揮方向や，重心の移動方向について配慮することが必要である。

例えば，砲丸投げ選手の上肢のパワー改善を目的とした場合には，メディシンボールをプッシュする方向を実際の動作に合わせて，斜め前上方へ投射するエクササイズを採用する。また，バレーボールのブロック動作の跳躍能力改善のためには，重心が垂直方向へ移動するタイプのジャンプエクササイズを，ランニング動作や方向転換動作のパワー改善のためには，重心が水平方向前方に移動するエクササイズを採用する。

▶(3) 切り返し局面の時間

エクササイズの選択にあたっては，スポーツ競技によって，ストレッチ・ショートニング・サイクルの切り返し局面の時間が異なることに配慮する必要がある。例えば，垂直跳びで高く跳ぶためには，切り返し局面の時間を長めにする必要があるが，水平方向に素早い方向転換をする際には，切り返し局面をできるだけ短くすることが要求される。

2. 各部位のエクササイズの内容

▶(1) 下肢のプライオメトリクス

下肢のプライオメトリクスとしては，主としてジャンプ・エクササイズが行われている。ジャンプ・エクササイズの形態や強度などによって下記のような分類がなされている（表13-3）。

①その場ジャンプ（Jumps in place）

垂直方向への高さに重点を置き，水平方向への移動を伴わない両脚で行うジャンプ。スクワットジャンプ，スプリット・スクワットジャンプ（空中で左右の脚を入れ替えるジャンプ），タックジャンプ（空中で脚部を抱え込むジャンプ），パイクジャンプ（空中で膝を伸ばしたまま脚部を挙上するジャンプ）などが含まれる。

②スタンディング・ジャンプ（Standing jumps）

様々な方向（垂直および水平方向）に対して，1回ごとに全力努力で行うジャンプ。跳躍高や跳躍距離に重点を置く。垂直跳び，立ち幅跳び，立ち三段跳びなどが含まれる。

③マルチプル・ホップ・アンド・ジャンプ（Multiple hops and jumps）

同一形態のジャンプ動作を，両脚または片脚で連続的に行うエクササイズ。両脚ホップ，両脚ラテラルホップ，片脚ホップなどが含まれる。

④バウンド（Bounds）

両脚または片脚で，大きな水平スピードを伴いながら跳躍距離をねらって連続的に行うジャンプ。通常30m以上の距離で行う。スキッピング，両脚バウンディング，片脚バウンディング，片脚交互バウンディングなどが含まれる。

⑤ボックス・ドリル（Box drills）

ボックス（30～60cm程度の高さの台）を用いた低～中強度のジャンプ。プッシュオフ（台に乗せた片脚によるジャンプ），ジャンプ・トゥー・ボックス（台の上に跳び乗る動作）などが含まれる。

表13-3　下肢のプライオメトリック・エクササイズの分類と強度

	低強度	中強度	高強度
その場ジャンプ	両脚アンクルホップ	スクワットジャンプ スプリット・スクワットジャンプ 両脚タックジャンプ	パイクジャンプ
スタンディング・ジャンプ	垂直跳び 立ち幅跳び	ハードル・ラテラルジャンプ	立ち三段跳び
マルチプル・ホップ・アンド・ジャンプ	ヘキサゴン・ドリル 前方への両脚ホップ	側方への両脚ホップ	前方への片脚ホップ 斜め方向への片脚ホップ
ボックス・ドリル	片脚プッシュオフ ラテラル・ステップアップ	フロント・ボックスジャンプ	90秒ボックスドリル
バウンド	スキッピング	両脚バウンディング	片脚交互バウンディング 片脚バウンディング
デプスジャンプ			両脚デプスジャンプ 片脚デプスジャンプ 水平方向デプスジャンプ

⑥デプス・ジャンプ（Depth jumps）

　台から跳び降りた直後にジャンプを行うエクササイズ。衝撃法と呼ばれるトレーニング方法の一つである。着地衝撃によって，伸張反射に伴う力の発揮の促進を図ることを目的としている。強度は，台の高さと体重によって決まる。両脚デプスジャンプ，片脚デプスジャンプ，水平方向デプスジャンプなどが含まれる。

▶(2) 上肢や体幹のプライオメトリクス

　さまざまな方向へのプッシュ動作（例：バスケットボールのチェストパス），投動作（例：オーバーヘッドスロー）などにおける上肢のパワー改善や，体幹のひねり動作（ゴルフスイング，野球のバッティング，テニスのストローク動作など），身体各部を複合的に用いた動作のパワー改善を目的としたプライオメトリクスとしては，メディシンボール（1〜5kg程度のボール）を用いたエクササイズが多く行われている。その他，上肢のプライオメトリクスとしては，サンドバッグなどの器具を利用する方法や，プッシュアップのように体重を利用する方法などもある。

▶(3) 複合的動作や専門的動作を用いたプライオメトリクス

　上述した部位別のプライオメトリクスの他に，複数のエクササイズを組み合わせた複合的動作のプライオメトリクスや，パフォーマンスを向上させたい動きを再現させた専門的動作のプライオメトリクスなどがある。

　複合的動作のプライオメトリクスの例としては，ジャンプからの着地後にダッシュやサイドステップを行うエクササイズや，ジャンプした後に空中でメディシンボールを投げるエクササイズなどが含まれる。

3. 強度の設定

　プライオメトリクスのトレーニング強度は，動作中の負荷や衝撃の大きさによって決定される。強度の設定の目安となる要因は以下の通りである。

▶(1) ジャンプ・エクササイズの場合

・体重（重いほど強度は高い）
・下肢の筋力（筋力の低い人ほど相対的な強度が高くなる）
・接地時の脚部の支持形態（両脚に比べて片脚の方が強度が高い）
・切り返しのテクニック（接地時間が短いほど高強度）
・エクササイズのタイプ（表13-3参照）
・バウンドでは水平方向のスピード

- ウエイトジャケットやダンベルなどの重量物
- 目標物（ハードルなど）の高さや距離
- デプスジャンプでは台の高さ（台高は，垂直跳びの跳躍高よりも高く跳ぶことができる高さに設定し，フォームの乱れや跳躍高の低下，接地時間の遅延などが生じない範囲の高さの台を用いることが望ましい）

▶ (2) メディシンボール・エクササイズの場合

- ボールの重さ（重いほど高強度）
- ボール接触時の支持形態（両手より片手の方が高強度）
- 切り返しのテクニック（動作の切り返しを素早く行うほど高強度）
- ボールの回転半径（回転軸からの距離が遠いほど高強度）
- 投射速度（速いほど高強度）
- 目標とする投てき距離や高さ（大きいほど高強度）

4. 量の設定

プライオメトリクスのトレーニング量は，各エクササイズの回数×セット数の総計で示される。ジャンプ・エクササイズでは着地の総回数や総跳躍距離を，メディシンボール・エクササイズでは投射の総回数を目安とし，選手の経験度や体重，筋力，エクササイズの強度などを考慮して決定する。

ジャンプ・エクササイズのトレーニング量は，初心者の場合，低〜中強度のエクササイズを選択し，1回のトレーニング当たり80〜100回程度の着地回数（例：10回×2セット×4〜5種目）を目安とする。経験を積んだパワー系の競技選手の場合には，強度に配慮した上で，120〜140回以上（例：10回×2セット×6〜7種目）まで増加することも可能である。

5. トレーニング頻度の設定

プライオメトリクスによる疲労やダメージからの回復には，一般的には48〜72時間を要するため，1週間に2〜3回がトレーニング頻度の目安となる。下肢のエクササイズの実施日と，上肢及び体幹のエクササイズの実施日を分けた場合には，それぞれを週2回（合計週4回）程度実施することも可能である。

プライオメトリクスのトレーニング頻度の決定にあたっては，シーズンや他のトレーニング（筋力トレーニングやスピードトレーニング，有酸素的トレーニングなど）との関連について配慮すべきである（表13-4）。また，頻度の決定と併せて，トレーニング日ごとの強度の調整（例：高強度の日と低強度の日を設ける）や，週ごとの強度の調整（例：1週目低強度→2週目中強度→3週目高強度→4週目積極的休養）も必要である。

6. セット間の休息時間

プライオメトリクスの実施においては，前のセットの疲労が次のセットのパフォーマンスに影響を及ぼさないように，セット間には十分な休息時間を確保することが必要である。一般的に休息時間は，1セットの運動時間の4〜10倍必要であるといわれており，具体的には，低〜中強度のエクササイズでは1〜2分，デプスジャンプやバウンディングのような高強度のエクササイズでは2〜3分以上の休息時間を確保する。

7. プライオメトリクスを実施するタイミング

プライオメトリクスの効果を上げるためには，他のトレーニングの疲労による影響を避けるため，筋力トレーニングや有酸素性トレーニングの後には実施しないように配慮することが必要である。

プライオメトリクスを，技術練習や他の体力要素のトレーニングと共に実施する場合には，ウォームアップ→技術練習→スピード系トレーニング→プライオメトリクス→筋力トレーニング→有酸素性トレーニング→クーリングダウンの順で行う

表13-4 プライオメトリクスの週間プログラム例

例1）週4回筋力トレーニングを実施する場合

	月	火	水	木	金	土	日
技術練習	低強度	中強度	高強度	低強度	中強度	高強度	オフ
プライオメトリクス	下肢	上肢・体幹	なし	下肢	上肢・体幹	なし	
筋力トレーニング	上半身	下半身	なし	上半身	下半身	なし	
その他	アジリティ	なし	なし	アジリティ	なし	持久走	

例2）週3回筋力トレーニングを実施する場合

	月	火	水	木	金	土	日
技術練習	中強度	高強度	中強度	低強度	中強度	高強度	オフ
プライオメトリクス	下肢	なし	上肢・体幹	なし	下肢	なし	
筋力トレーニング	上半身	なし	下半身	なし	上半身	なし	
その他	なし	アジリティ	なし	持久走	なし	スプリント	

方法が一般的である（実施しない内容がある場合には，これを省いて行い，順序は変えないようにする）。

プライオメトリクスを筋力トレーニングと同じ日に実施する場合には，強化部位が重複しないように配慮することが必要である。通常，下肢のプライオメトリクスの後に上肢の筋力トレーニングを，上肢のプライオメトリクスの後に下肢の筋力トレーニングを行うように組み合わせる方法が多く用いられている（**表13-4**）。

爆発的パワーの改善を目的とした複合的トレーニング法として，コンプレックス・トレーニングと呼ばれる方法がある。このトレーニングにおいては，高強度の筋力トレーニングを実施した直後にプライオメトリック・エクササイズが行われる。代表例として，下肢の場合には，高強度のスクワットの直後にデプス・ジャンプを行う方法，上肢の場合には，高強度のベンチプレスの直後にデプス・プッシュアップを行う方法などがある。

8. プログラムの長期的展開

プライオメトリクスの長期プログラムは，実施者のレベルに応じて，漸進的過負荷の原則に基づいて計画する。

準備期におけるプライオメトリクスのプログラ

表13-5 下肢のプライオメトリクスのプログラム例

第1〜2週

エクササイズ	強度	回数	セット数	量
両脚アンクルホップ	低	10	2	20
前方への両脚ホップ	低	10	2	20
スプリット・ジャンプ	中	10	2	20
ハードル・ラテラルジャンプ	中	10	2	20
			合計	80

第3〜4週

エクササイズ	強度	回数	セット数	量
前方への両脚ホップ	低	10	2	20
片脚プッシュオフ	低	10	2	20
ハードル・ラテラルジャンプ	中	10	2	20
両脚バウンディング	中	10	2	20
片脚交互バウンディング	高	10	2	20
両脚デプスジャンプ	高	10	2	20
			合計	120

第5〜6週

エクササイズ	強度	回数	セット数	量
ラテラルステップアップ	低	10	2	20
ハードル・ラテラルジャンプ	中	10	2	20
側方への両脚ホップ	中	10	2	20
両脚バウンディング	中	10	2	20
片脚交互バウンディング	高	10	2	20
両脚デプスジャンプ	高	10	2	20
水平方向デプスジャンプ	高	10	2	20
			合計	140

ムの進め方については，トレーニング強度を低強度から高強度へと移行させ，量は強度に応じて調整する方法が一般的である。また，トレーニング動作については，部分的で単純な動きから複合的で複雑な動きへ，一般的な動きから競技特有の専門的な動きへと展開する（プログラム例：**表13-5**）。

理解度チェック問題

1. ストレッチ・ショートニング・サイクルを伴う動作において，伸張反射の効果を生かすために最も重要な要因は何か？
   a. エキセントリック局面における筋の伸張の長さ
   b. エキセントリック局面における筋の伸張の速度
   c. コンセントリック局面における筋の短縮の長さ
   d. コンセントリック局面における筋の短縮の速度

2. ストレッチ・ショートニング・サイクルによって大きな力が発揮できる要因として，適切でないものは次のどれか？
   a. 伸張反射の促進
   b. ゴルジ腱反射の促進
   c. 弾性エネルギーの蓄積と利用
   d. 予備緊張

3. プライオメトリクスの実施にあたって留意すべき要因として関連の高くないものは次のどれか？
   a. 年齢
   b. 体重
   c. 筋力
   d. スピード能力

4. メディシンボール・エクササイズの強度を高める方法として適切でないものは次のどれか？
   a. ボールを重くする
   b. 回転半径を小さくする
   c. 目標距離を遠くする
   d. パートナーからボールをトスしてもらうスピードを速くする

5. プライオメトリクスを実施する順序として適切な方法は次のどれか？
   a. 技術練習の後
   b. 持久走の後
   c. スピードトレーニングの前
   d. 筋力トレーニングの後

解答：1.→b　2.→b　3.→d　4.→b　5.→a

【文献】

1) 有賀誠司（2000）．プライオメトリックトレーニングの実際．北海道スポーツ医科雑誌 8：7-21.
2) ビル・アレルハイリゲン，ロブ・ロジャース（1998）．プライオメトリック・プログラムデザイン．NSCAジャパンジャーナル 5（3）：4-14.
3) Chu, D. A. (1998). Jumping into Plyometrics 2nd Edition. Human Kinetics.
4) Thomas R. Baechle, Roger Earle (2000). Essentials of Strength Training and Conditioning./National Strength and Couditioning Association-2nd ed. Human Kinetics.
5) トーマス・ベックレー編：石井直方他監訳（1999）．NSCA決定版ストレングストレーニング＆コンディショニング．ブックハウス・エイチディ．＜Thomas R. Baechle. (1994). Essentials of Strength Training and Conditioning./National Strength and Conditioning Association. Human Kinetics.＞
6) ウイリアム・R・ホルコム他（1998）．プライオメトリックス・安全かつ効果的なトレーニングに発展するための考察．NSCAジャパンジャーナル 5（9）：6-8.

14章 スピード系のトレーニング

KEYWORDS　●スピード　●アジリティ　●クイックネス
　　　　　　●ストレッチ・ショートニング・サイクル（SSC）　●爆発的パワー

　ほとんどの競技動作および技術動作において，スピード系の要素は不可欠である。スピード系の動きは，その動作形態によってスピード，アジリティおよびクイックネスに分類することができる。単に速く走り，速く動くだけでは効果的に改善することはできない。動きのメカニズムを理解することと，限定因子として関与する体力要素の改善を考慮してトレーニングを行っていくことが大切である。この章ではスピード，アジリティおよびクイックネスの基本特性とプログラムデザインについて述べていく。

1. スピード，アジリティおよびクイックネスの基本特性

1. スピード，アジリティおよびクイックネスにおける体力要素の相互関係

　スピード，アジリティおよびクイックネスの限定因子として基礎的体力要素および専門的体力要素が関与している。（図14-1）

　また，筋収縮の切り換え，反応時間，動作テクニックなど動きのメカニクスの要素なども大きく関与する。動作形態としては，循環運動と非循環運動に区別される。循環運動は同じ動きのくり返し動作で移動スピード（例；陸上の短距離走，スピードスケート）と動作スピード（例；自転車競技，ボート競技）に分けられる。非循環運動はクイックネス（一つの動きの瞬間的な速さ）の動作である（例；跳ぶ，打つ，投げる）。循環運動に非循環運動を含んだ複合的スピードがアジリティである（例；オフェンス動作のカットラン，スキーのスラローム）。

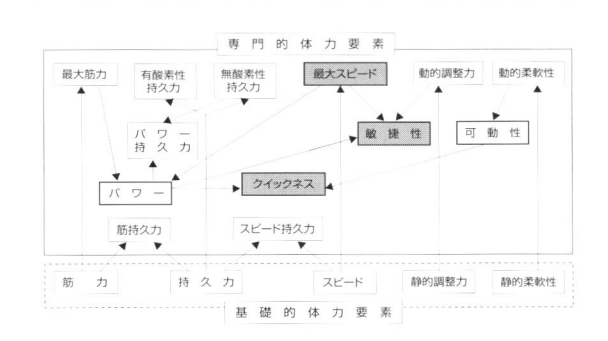

図14-1　スピード，アジリティおよびクイックネスにおける体力要素の相互関係（Bompa，1983に一部加筆）

2. ストレッチ・ショートニング・サイクル (Stretch-Shortening Cycle)

　爆発的パワー発揮は，筋の「能動的な収縮要素」と受動的な力に対しての「弾性的な要素」の複合によって行われる。この"弾性的な要素"はストレッチ・ショートニング・サイクル（以下SSCと略式表記）で引き出される。SSCとは，強くかつ速く伸張された筋肉がその弾性エネルギーと筋肉内の受容器である筋紡錘の伸張反射作用により，直後に強くかつ速く短縮される機能である。

SSCは，伸張から短縮に転化する時間（カップリングタイム＝接地時間）が短いほど，効率良く利用することができる。つまり，スピード，アジリティおよびクイックネスの改善のためには，このSSC機能の効率的な利用が不可欠である。

　SSC機能の改善には，最大筋力を高めてからジャンプトレーニングやメディシンボールトレーニングといったプライオメトリクス（13章プライオメトリクス参照）を行うことが有効である。プライオメトリクスによってカップリングタイムが短縮されるからである。

　スピード系のトレーニングによるゴールはいかに短い時間で高いパワー出力を発揮できるかである。すなわち力－時間曲線のカーブを左に変移させることである。（図14-2）

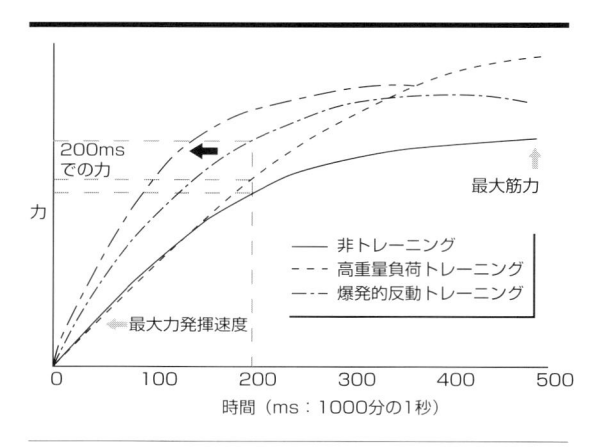

図14-2　力－時間曲線（HäKKinen and komi，1985より）

　スピード，アジリティおよびクイックネスについてそれぞれの定義とメカニズムを述べていく。

3. スピードの定義とメカニズム

▶(1) スピードの定義

　スピードとは，目的とするゴール（地点）あるいは設定された距離に対して水平面上（前方，後方，横及び斜め）を「最大速度」で移動する能力のことである。一定時間内のストライドの回数である"ストライドの頻度（ピッチ）"と1回のストライドで移動する距離である"ストライドの長さ"が制限因子となる。

▶(2) スピードのメカニズム

　ランニング動作における接地局面では，"着地と蹴り出し"，すなわち"減速と推進"の2つの局面がある。減速局面ではマイナスの水平パワー（減速パワー）が発生し，推進局面ではプラスの水平パワー（推進パワー）が発生している。（図14-3）

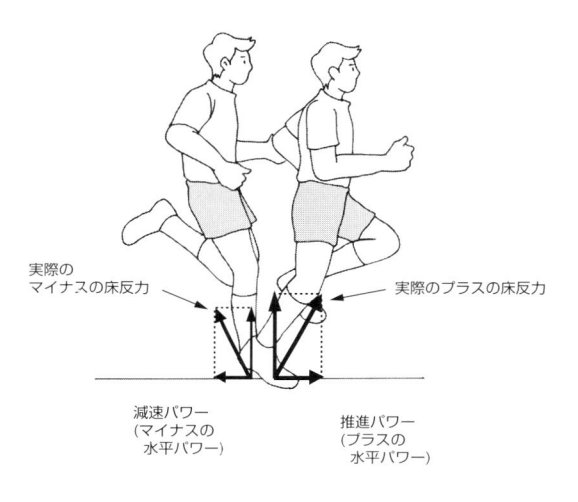

図14-3　接地における減速局面と推進局面（山内潤一郎2001より抜粋，一部加筆）

　スピード増加のためには，着地角度を垂直方向に転換し，減速パワーを抑えること（マイナスの床反力の水平分力を小さくする），蹴り出し角度を水平方向へと転換して推進パワーを増加させる（プラスの床反力の水平分力を大きくする）ことがポイントとなる。また，接地時間の短縮によりSSCが速く行われ，かつリカバリー脚のかかとを臀部につけるように素早く巻き込むことで，ストライド頻度を上げることができる。

　ランニングスピードのメカニズムを100m走を例に説明していく。

　100m走は4つのスピード局面に分けることができる。第1局面は発進姿勢からスタートにおける

"スタート局面"，第2局面は0mから30～60mくらいまでの"最大加速局面"，第3局面は40mないしは60～80mまでの"最大スピード局面"，第4局面は80～100mまでの"スピード持続局面"である。

以下に各局面におけるスプリントメカニズムのチェックポイントを示す。

1.スタート局面

－スタート準備姿勢
・3点もしくは4点支持で体重を均等に配分する。
・膝角度は前脚では～90度，後ろ脚では～100度から130度とする。

－スタートパワー
・両足で爆発的に地面を蹴って発進する。
・スタート時，後脚は推進パワーを産み出す。
・スタート時，前脚は後脚よりも地面との接地時間が長いため初加速度に影響を及ぼす。
・前脚は最適の床反力を得るために発進角度（跳び出し角度）を調整しなければならない。

－スタート姿勢
・前脚を完全に伸展すると同時に後ろ脚を前に振り上げる。
・伸展脚と上体から頭までのラインが一直線となるように発進角度をとる。
・発進角度は地面に対して42～45度である。

－腕の振り
・腕の振りも推進パワーをサポートするので，爆発的に振る。
・蹴り脚の逆側の腕は前方へ，肘を90度に曲げて頭の上まで振り上げる。
・振り上げ脚の逆側の腕は後方へ振り下ろす。手はポケットの位置を擦るように臀部の後ろまで持ってくる。その時の肘の角度は90度よりも大きくなるが，伸びきらない。

2.最大加速局面

－最適なストライド頻度とストライド距離の獲得
・スタートから最初の2歩目までは重心下に接地

図14-4　スタート局面（Schmolinsky, 2000 より）

（ i ）遊脚前期　（ ii ）遊脚中期　（ iii ）遊脚後期　（ iv ）着地局面　（ v ）蹴り出し局面

図14-5　最大スピード局面（Schmolinsky, 2000 より）

する。
- ストライド頻度（ピッチ）と距離が増加すれば，上体の前傾は徐々に小さくなり，20mまでには上体がやや前傾のスプリントポジションとなる。

ー頭の保持
- リラックスした状態で保持する。
- 視線はスタート直後までは顎を引いて地面を見るが，上体が起きていくにつれて前方を見るようにする。

3.最大スピード局面

最大スピード局面では，立脚期（着地局面及び蹴り出し局面），遊脚期に分けて説明する。

ー立脚期；着地局面
- 減速パワーを抑えるために垂直方向つまり，重心下で着地する。
- 拇趾球接地となるので，ボディバランスが崩れないようにする。

ー立脚期；蹴り出し局面
- 推進パワー（プラスの水平パワー）は床反力の大きさとその蹴り出し角度によって決定される。
- 股関節ー膝関節ー足関節の伸展が鍵である。蹴り出し角度は50から55度である。
- 上体は直立姿勢である。（前傾角度は5度未満）

ー遊脚期；滞空局面
- 蹴り脚はー足首はリラックスした状態でー臀部の下に折りたたむ。
- 振り上げ脚は，その振り上げる勢いによって前方への補助的な推進パワーとして働く。
- 最も膝を曲げたときに大腿部は垂直となる。大腿部が振り下ろされることで，下腿はスムーズに振り出される。
- 振り下ろしはしなやかに行う。
- 接地直前に足首は軽く背屈させ，重心の真下に接地する。

ー爆発的な腕の振りによるドライブ動作の促進
- 肩を中心点として腕は体側から離さないように肘を90度に固定し，前後に振る。
- 腕の振りは前方へは肩の高さまで振り上げて，後方へは"ハンマーを振り下ろす"ように激しく臀部の後ろまで振り切る。
- 頭はリラックスして真っ直ぐに起こした状態に保持する。

4.スピード持続局面
- 最大スピードでは接地時に大腿の前部および後部に同時収縮が起きやすくなっている。
- この局面では同時収縮による回転速度の低下を防ぐためにも力まずに走ることが重要である。

▶（3）スプリントトレーニング及びゴール

まず，スタートフォームおよびランニングフォームを正確に身につけることが大切である。それから漸増的にスピードを上げていく。

トレーニングのゴールはストライドの頻度および距離を向上させることである。

- 振り下ろし脚の接地による推進スピードを最大速度に高める。
- そのためには着地時の減速パワー（マイナスの水平パワー）及び蹴り出し時の垂直パワーを最小限に抑える。
- 接地時間の短縮による爆発的パワーの生産，そしてストライド頻度（ピッチ）の増加を強調する。
- 膝屈曲筋力のエキセントリック収縮力の向上は脚のリカバリー動作と適切なポイント（重心下）への接地の改善につながる。

4. アジリティの定義とメカニズム

▶（1）アジリティの定義

アジリティとは，特に球技スポーツや対人スポーツに特有の「方向転換及び切り換え局面を伴う最大スピードの動き」である。方向転換とは，進行方向（水平及び鉛直方向）の変化である。切り換えとは，次の新しい動きを行うために"減速から停止そしてスタート"（例；フォワードランか

ら後方に方向転換してバックラン，ディフェンス動作でのダッシュから横方向へ転換してのスライドステップなど），または"減速からスタート"（例；同進行方向上でのフォワードランから180度ターンしてバックラン，オフェンス動作での0度から90度未満の角度でのカットラン）というスピード＆パワー＆動的調整力の変化の局面である。切り換えは方向転換による次の動きへの方向と次の動きの種類によって決定される。

アジリティの限定因子は最大スピード，動的調整力，動的柔軟性，パワー，スピード持久力などである。

また，アジリティのタイプは2つに分類することができる。

1つは，指定されたコースまたは決められた動作を時間で競うタイプ，もう1つは，球技スポーツや対人スポーツなどで相手の動きやボールなどに反応して速く動くタイプである。

前者は，進行方向に目線を常に向けたまま動作を行わなければならないので方向転換および切り換え時に，新しい進行方向に対して先に視線を向けて（頭部を回して）から体を向ける。体から先に進行方向に向けると方向確認が遅れるため，回り切れない，もしくは回り過ぎて時間のロスを生じてしまう。

後者は視覚反応で動作を行うので，相手チームの選手，チームメイト，ボールなどの対象物を常に見ながら動くため，より動的調整力が必要となる。

▶(5) アジリティのメカニズム

アジリティ改善の鍵は，最大スピードの動きから方向転換及び切り換えをいかに速く行い，次の動作を行えるかである。方向転換及び切り換えの局面をさらに減速局面，停止局面そしてスタート局面に分けて，各局面のポイントをここではスプリント動作から次の動きへ方向転換する場合を例にあげて説明していく。

1.減速局面

－減速パワー

・最大速度で移動してきた身体をスムーズに停止させるためには，直前の減速パワーが必要である。
・減速パワーの大きさは下肢筋力のエキセントリック収縮力の大きさで決定される。
・減速パワーは進行方向とは逆方向のマイナスの水平パワーである。停止局面の直前では後傾姿勢となりやすい。

－パワーポジション（前傾姿勢）での減速動作の重要性

・次の動作のスタート準備姿勢はプラスの床反力を生産するためにパワーポジションとなる。
・後傾姿勢で減速すると，パワーポジションへの移行動作が起きてしまい，タイムロスが生じる。

－減速のためのステップ動作

・減速パワーを前傾姿勢のままでも生産できるようにステップを行う。
・重心下よりも前に接地することで，着地時のマイナスの床反力角度は鋭角となり，減速パワーを増加することができる。

－ステップ数の決定要因

・下肢筋力のエキセントリック収縮力の大きさで決定される。
・小さければステップ数は多く，減速距離も長くなり方向転換及び切り換え時のロスタイムは長くなる。
・大きければステップ数は少なく，減速距離も短くなりロスタイムは短縮される。

－エキセントリック収縮力の向上

・レジスタンストレーニングで最大筋力を高めることが大切である。
・プライオメトリクスでSSCを改善することが大切である。

2.停止局面

－停止姿勢は次の動きへのスタート準備姿勢

- スタート準備姿勢は股関節，膝関節および足関節の伸展筋群が爆発的パワーを発揮できるためのパワーポジション（骨盤前傾及び体軸曲線保持及び下腿前傾）である。**（図14-6）**

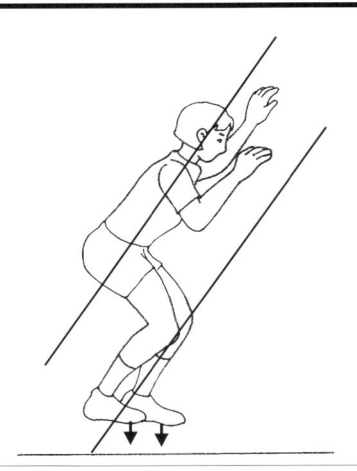

図14-6　パワーポジション

- 膝と足先を同じ向きに保持する。これはケガ防止と効率の良いパワー伝達のためである。
- バランスよく停止するためと直後の動きへの速い切り換えに対応するために両脚は前後にずらして停止する。

―動的調整力及び筋収縮のタイミング

- 下肢筋力のエキセントリック収縮力による停止と同時に重心バランスを保持することが重要である。
- 停止時に上体が進行方向に流れてバランスを崩さないように，停止した瞬間と同時に体幹の筋収縮を行うこと，つまり筋収縮のタイミングを合わせることが重要である。

3.スタート局面

―スタート（発進）姿勢

　スタート姿勢には縦方向のスプリント動作，球技スポーツにおける横方向への移動及び鉛直方向への移動がある。それぞれのスタート姿勢について説明していく。

―「縦方向」

- 最大の水平パワー（床反力の水平分力）が得られる最適な"発進角度"でなければならない。
- 発進角度が鋭角に変位すれば水平パワーが大きくなる。**（図14-7）**

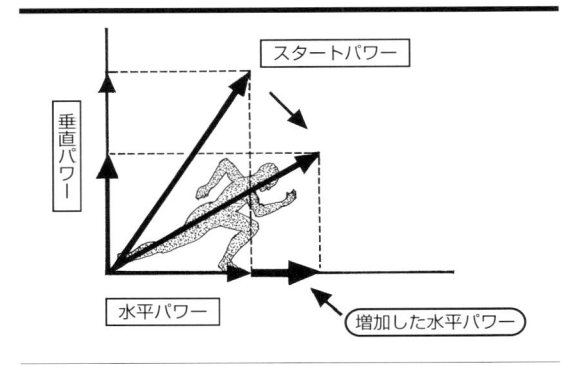

図14-7　発進角度の鋭角への変位による水平パワーの増加

- 逆に鋭角になりすぎると摩擦力が小さくなり，床反力が減少する。もしくは蹴り出し足がスリップする。

―「横方向」

　横方向への移動には大きく2つの動作パターンがある。1つは，ツイストターン（クロスステップ）で横方向に向きを変えてスプリント動作へ移行するパターン（例；オフェンス動作のカットラン）と2つめは，体の向きは正面を保持（相手に正対）したままサイド（スライド）ステップで横移動を行うパターン（例；相手の動きに対してのディフェンス動作）である。それぞれのポイントを述べていく。

―ツイストターン

- 拇趾球に重心を乗せて膝と足先が同方向のままツイストターンを行う。
- 目線を先に進行方向に向けてから体をターンさせる。
- ターン後のポイントは「縦方向」と同じである。

―サイド（スライド）ステップ

- 前傾姿勢を保持したままサイド（スライド）ステップを行う。
- 最大の水平パワー（床反力の水平分力）が得

られる最適な"発進角度"でなければならない。
・そのためには腰の高さ（重心位置）を変えずにステップを行う。

－「鉛直方向」
・停止時に進行方向への慣性による水平パワーが生じるので，それを相殺するためにやや後方に重心を残した姿勢でジャンプする。

－スタートパワー
・スタートは爆発的なパワーで行われなければならない。
・減速局面での伸張性（エキセントリック）収縮からスタート局面での短縮性（コンセントリック）収縮への切り換え（カウンター・ムーブメント）を素早く行うことがSSC機能を効率的に発揮でき，爆発的パワーを生産することにつながる。

　「鉛直方向」での片脚踏み切りの場合は，振り上げ脚は垂直方向への転換及び推進力の補助となる。

－腕の振り
・腕の振りも推進力の一部として，爆発的に振る（動かす）ことが重要である。

5. クイックネスの定義とメカニズム

▶(1) クイックネスの定義
　クイックネスは，あらゆる方向への身体移動を瞬間的に行う能力である。最大スピードにおいてはスタート局面であり，アジリティ動作においては切り換えの局面である。また各部位の素早い動き，すなわち球技スポーツにおけるフェイク動作，投動作，蹴動作などや対人スポーツにおけるパンチ，キック動作などもクイックネスの動きである。クイックネスの限定因子はパワー，可動性（各関節部位を素早くかつ効率良く動かせる能力）である。

▶(1) クイックネスのメカニズム
　クイックネスのメカニズムはスピードの項のスタート局面およびアジリティの項の切り換え局面

を参照されたい。

6. 反応スピード

　反応スピードの短縮もスピード系の動きの改善に関与する。陸上のスプリント競技のように音刺激によって動作を行う"単純反応"と，球技や対人スポーツにおいてボールなどの対象物や競技相手や周囲の状況に即応する"複雑反応"に大別される。
　前者は，音からの聴覚刺激によるスタート練習などのくり返しによって改善していく。
　後者は，特に視覚刺激による反応動作のくり返しだけでなく，予測や戦術に従った周囲の状況において「次にどう動けば良いのか」という素早い選択，そこからの反応動作を実際のスキルトレーニングの中で改善していく。

2. スピード，アジリティおよびクイックネスのプログラムデザイン

　スピード，アジリティおよびクイックネスは体力要素の相互関係（図14-1）によって構成されている。

1. トレーニングの指針

　スピード，アジリティおよびクイックネスに関与する各体力要素のトレーニングの指針を述べていく。

①スピード
　スピードトレーニングには競技動作および技術動作に直接負荷をかけてトレーニングを行う方法として次の2つがある。
　一つはレジスティッドトレーニングで，動きに抵抗を加えるやり方である。チューブの張力，重り等の負荷や上り坂を利用する。目的は負荷に打ち勝って動くことで，必要とされるパワーや筋持久力の改善を促す。特にレジスティッドスプリン

トでは，主に最大加速局面の改善に機能する。

もう一つはアシスティッドトレーニングで，動きにおける抵抗負荷を軽減するやり方である。チューブの張力，牽引マシーンや坂道の下り坂（勾配角度は2～3％）を利用する。目的は，筋収縮の速さの改善である。アシスティッドスプリントでは体幹軸の前で脚を回転させ，振り下ろしからの積極着地を意識する。リカバリーの脚は後方に流れないように引きつけを速く行う。主に最大スピード，およびスピード持続局面の改善に機能する。また，チューブによるアシスティッドは静止からのスタートスピードの改善に有効である。

負荷設定はトレーニング時のフォームが負荷のない状態でのフォームと変わらない負荷であることが大切である。

また，レジスティッドおよびアシスティッドトレーニングを行った直後には，負荷のない状態で同じ動きを行うコントラスト（比較）トレーニングを実行し，トレーニング効果を体感することが大切である。

②最大筋力

パワーや持久力の土台となる最大筋力をレジスタンストレーニングによって高めていく。

③パワー

プライオメトリクスなどのパワートレーニングによって最大筋力をパワーへと転化していく。

④動的柔軟性

スピード能力に関連のある部位（特に股関節や体幹部）の動的柔軟性をダイナミックおよびバリスティックストレッチなどで改善していく。

⑤重心バランス

瞬間的に筋収縮を行い，重心バランスを保持するためのバランストレーニングを行い，筋収縮のタイミングを改善していく。

⑥スピード持久力

エネルギー因子は主として無酸素性エネルギーであるATP-PCr系であるが，移動距離やくり返し回数によって，乳酸性エネルギーの発揮能力と耐乳酸能力も関与してくる。また，休息時の回復過程において，有酸素性能力が重要な因子となる。

持久力養成においては比較的長い距離での有酸素トレーニングから短い距離のくり返しでの乳酸性トレーニング，そして爆発的な動作のくり返しでのATP-PCrトレーニングへと段階的に移行していく。

2. 分習的および漸増的トレーニング

実際にスピード，アジリティおよびクイックネスのトレーニングを行った時にうまくできない場合は，

・それらを構成する体力要素が支配する動きに分けて観察する。
・アジリティを例にとると，「最大スピード要素のスプリント動作」と「動的調整力要素の切り換え時の重心バランス保持」と「初動作のスタートパワー」に大きく分けることができる。
・スプリント動作では，スプリントのフォームチェック，最大筋力，下肢のパワーを見直して欠点を改善する。
・切り換え局面で停止時に体が流れるのなら停止直前のフォームチェック，筋収縮のタイミング，下肢筋力およびパワーを見直して改善する。
・欠点を改善したらアジリティトレーニングを行い，チェックしていく。

このように動きを分けて，それらに関与する体力要素を改善して段階的にステップアップすることは，遠回りのようで，実は安全かつ効果的に短期間でスピード，アジリティおよびクイックネスを改善することにつながるのである。

14章 スピード系のトレーニング

理解度チェック問題

1. 100m走を4つのスピード局面に分けたときにあてはまらない局面はどれか？
   a. 最大加速局面
   b. 減速局面
   c. 最大スピード局面
   d. スピード持続局面

2. アジリティの限定因子としてあてはまらない体力要素はどれか？
   a. 最大スピード
   b. 筋持久力
   c. 動的調整力
   d. パワー

3. クイックネスの限定因子としてあてはまらない体力要素はどれか？
   a. 最大スピード
   b. スピード持久力
   c. 反応スピード
   d. パワー

解答：1.→ b　2.→ b　3.→ b

【文献】

1) 村木征人（1994）．スポーツトレーニング理論．ブックハウスエイチディー．

2) Steven S. Plisk (2000) Speed, Agility, and Speed Endurance Development：Essentials of Strength Training and Conditioning 2nd ed. (pp.471-491).：Human Kinetics

3) チューダー・ボンパ：魚住廣信訳（1988）．スポーツトレーニング．メディカル葵出版．<Tudor O Bompa. (1983). Theory and Methodology of Training The Key to Athletic Performance.：Kendall/Hunt Publishing Company.>

4) 山内潤一郎（2001. 9）．ランニングスピードファクター．トレーニングジャーナル．ブックハウスエイチディー．

15章 有酸素運動のプログラムデザイン

KEYWORDS ●最大酸素摂取量（$\dot{V}O_2max$）　●乳酸性作業閾値（LT）　●運動強度
●カルボーネン法　●主観的運動強度（RPE）　●目標心拍数　●トレーニングタイプ

　有酸素的持久力は，ランニング，サイクリング，スイミングなどの競技において勝敗を左右する重要な体力要素である。また，サッカーやラグビーのようなダッシュとジョグを繰り返す球技種目においても，前・後半を通して，筋グリコーゲンを節約しつつ高いパフォーマンスを維持する上で必要不可欠な要因である。一方，一般的には生活習慣病の予防や改善を目的に有酸素的持久力を向上させるトレーニングプログラムが実施されている。

　有酸素性トレーニングにより，呼吸系，循環系，そして骨格筋系に生理的適応（**表15-1**）が生じ，その結果として有酸素的持久力が向上する。

表15-1　有酸素性トレーニングによる生理的適応
(Potteiger, 2000)

呼吸系
・肺でのガス交換の向上
・肺への血流量の増加
・最大下運動時の呼吸数の減少
・最大下運動時の肺換気量の減少

循環系
・心拍出量の増加
・血液量，赤血球数，ヘモグロビン量の増加
・骨格筋への血流量の増加
・最大下運動時の心拍数の減少
・体温調節機能の向上

骨格筋系
・ミトコンドリアの大きさと密度の増加
・酸化系の酵素活性の増加
・ミオグロビン量の増加
・筋線維当たりの毛細血管数の増加
・動静脈酸素較差の増大

　非常に多くのタイプのトレーニングプログラムが競技選手や一般人を対象に処方されている。このトレーニングプログラムは，運動の様式，強度，時間，頻度などの変数により大きく変化する。

　この章では，有酸素的持久力を規定する要因，有酸素性トレーニングのタイプ，プログラムデザインの方法と実際について解説する。

1. 有酸素的持久力を規定する要因

1. 最大有酸素パワー（最大酸素摂取量）

　最大酸素摂取量（maximal oxygen uptake: $\dot{V}O_2max$）とは，運動中に体内に摂取することのできる酸素量の単位時間（1分間）当たりの最大値であり，持久性競技選手の最大酸素摂取量が高いことから，有酸素的持久力の指標として用いられている。有酸素的持久力が優れているかどうかの$\dot{V}O_2max$の目安として，60ml/kg/minを評価基準としているが，一流選手では80ml/kg/minを超えるような例も報告されている。最大酸素摂取量は初期体力レベルの低い者にとっては，トレーニングにより5～30％の増加が認められるが，トレーニングを積んだ競技選手ではほとんど増加は認められない。これは最大酸素摂取量には活動筋など末梢の要素が反映されず，中枢の要素である呼吸循環能力に大きく影響されるためであると思われる。初期体力レベルの低い者であっても，有酸素性トレーニングを繰り返すことで，やがて最大酸素摂取量の増加率は少なくなる。

競技選手においては，最大酸素摂取量が競技記録を反映しない場合がある。また実際の競技は，最大下で実施されることから，活動筋の要素を反映するとされる血中乳酸濃度が，有酸素的持久力の評価に多く利用されている。特に中高齢者が最大酸素摂取量を測定する場合，最大努力での運動の実施は危険を伴うことから，心拍数や血中乳酸濃度から有酸素的持久力の評価や運動強度の設定が試みられる。

2. 乳酸性作業閾値

運動中に血中乳酸濃度が安静時のレベルを超えて急激に上昇する点を乳酸性作業閾値（LT：Lactate Threshold）と呼び，最大酸素摂取量と同様に有酸素的持久力の指標として用いられる。LTが出現する強度は一般的に50～70%$\dot{V}O_2max$とされ，持久性競技選手では70～90%$\dot{V}O_2max$と報告されている。また，乳酸産生と酸化の動的平衡がとれる最も高い点を4mmol/ℓとして，OBLA（onset of blood lactate accumulation）と呼び，その際の心拍数や酸素摂取量を運動強度として用いる場合がある。しかしながらOBLA＝4mmol/ℓは，厳密に理由付けられた基準ではなく，マラソンを継続できる最大の運動強度として予測されているものである。さらに乳酸の産生と酸化のバランスがとれる最大の運動強度を最大乳酸定常として用いる場合もある。このような血中乳酸濃度による指標は，筋の酸化能力，ST線維の割合，ミトコンドリアや毛細血管密度などと関連することから，活動筋などの末梢における代謝能力を示すとされ，これらの指標が高いほど有酸素的持久力が優れていると評価される。

3. 運動効率

運動効率とは，ある運動速度でのエネルギー消費量のことである。優れた競技選手においては，ある運動速度でのエネルギー消費量は少ない。ランナーにおいてはストライド，サイクリングにおいては空気抵抗に対する体格やポジショニング，スイミングではストロークなど技術的な問題がエネルギー消費の増加を引き起こすことがある。特に長時間の運動における運動効率の向上は，重要な問題であり，技術の未熟さがストレスとなりアドレナリンを分泌し，乳酸の産生を増加させる原因ともなる。

4. エネルギー供給

筋収縮のエネルギー源であるATPは，脂肪，炭水化物，タンパク質から作られ，運動の強度，時間などにより，主たるエネルギー供給過程が変化する。70%$\dot{V}O_2max$を超える強度の運動では，一般的に脂肪よりも炭水化物が主たるエネルギー源となる。しかしながら筋肉および肝臓に蓄えられているグリコーゲン量には限りがあるため，貯蔵脂肪を効率的にエネルギー源とすることで筋グリコーゲンを節約することができる。有酸素性トレーニングによりミトコンドリア量が増加し，筋の酸化能力が向上することで，脂肪を効率的にエネルギー源として利用することができる。

5. 筋線維特性

一般的に有酸素的持久力に優れた選手の筋線維特性をみると，TypeⅠ（ST）線維の割合が多い。TypeⅠ線維には，ミトコンドリアや酸化系の酵素も多く存在する。また，トレーニングにより特定の筋線維を多くすることは不可能であるが，筋の代謝特性を変化させることは可能である。このことから，有酸素性トレーニングにより筋の代謝特性を変化させ，有酸素系のエネルギー供給を増加させることで有酸素的持久力を向上させることが可能である。

2. 有酸素性トレーニングのタイプ

有酸素性トレーニングは，ランニングによるト

レーニングを中心に，有酸素的持久力の向上を目指す場合が多い。有酸素性トレーニングの条件は，強度，時間そして頻度であり，この変数の組み合わせによって数多くのトレーニングタイプが存在する。

1. LSD

LSDとは，long, slow distance trainingの略で，長い距離をゆっくりとしたペースで走る持続走のことである。運動強度としては，およそ50～70% $\dot{V}O_2max$（心拍数では110～130拍/分）に相当し，ウォーミングアップなどで用いるジョグ程度のトレーニングである。この強度は，苦痛を伴わない，「ややきつい」程度のものであり，会話しながら運動を続けることができるのが一般的な特徴である。LSDにより循環機能，体温調節機能が向上し，また，骨格筋における酸化能力の向上により，エネルギー源としての貯蔵脂肪の利用を増加させ，筋グリコーゲンを節約する。これらの変化は，乳酸の酸化能力を向上させ，LTを高める。

一般に生活習慣病の予防や改善のために処方される有酸素性トレーニングは，まさしくLSDである。しかしながら，競技選手の場合，LSDのみではレースで要求されるようなFT線維の動員がほとんどないため，さらに高い強度でのトレーニングも実施する必要がある。

2. ペーストレーニング

ペーストレーニングは，LSDよりも高いスピードで走り続ける持久走であり，競技選手のトレーニングとして用いられる。運動強度は，70% $\dot{V}O_2max$以上（心拍数では150拍/分以上）で，競技選手におけるレース強度またはそれよりも高い強度である。これはLTに相当する強度であり，閾値トレーニングとも呼ばれる。ペーストレーニングには，一定ペース走と間欠性のペース走の二つの方法がある。一定ペース走は，20～30分間LTレベルで走り続ける方法である。間欠性のペース走は，テンポインターバル，クルーズインターバル，閾値トレーニングと呼ばれ，定常閾値レベルでのインターバル走である。ペーストレーニングでは，規定したペースを超えた高い強度でのトレーニングは避けるべきであり，強度を上げるよりもトレーニング距離を増加させるほうがよい。このトレーニングの大きな目的は，レースに近いペースでのトレーニングによりレース感覚をつかむことと身体のシステム適応である。競技中に要求される筋線維が動員され，ランニング効率の向上とLTの向上を導く。

3. インターバルトレーニング

インターバルトレーニングは，速いスピードでの急走期とジョギングによる休息期を繰り返しながら，30～60分間ランニングを持続するトレーニング方法である。最大酸素摂取量に近い強度で行われるため，最大酸素摂取量の増加と無酸素的な代謝能力の向上が引き出される。しかしながら，インターバルトレーニングは，心臓を中心とした呼吸循環系の改善が主たる目的であるため，LSDやペーストレーニングほど末梢組織での毛細管化は認められない。

運動強度を決定する場合，一般に心拍数の反応から運動時に180拍/分まで上げ，休息期に120拍/分まで回復させるという原則がある。またインターバルトレーニングは，急走期のスピード，休息期の時間の長さ，反復回数の3条件により，有酸

表15-2 インターバルトレーニングの3条件と主要エネルギー供給経路 (Viru, 1995)

主要エネルギー供給	急走期距離(m)	繰り返し回数	休息期 急走期を1とした比率(時間)
ATP-PCr	50 100	50 25	1:3 1:3
ATP-PCr-LA	200 400	16～ 8～	1:3 1:2
LA-O_2	600 800	5～ 4～	1:2 1:2
O_2	1000 1500	3～ 3～	1:1 1:0.5

素性および無酸素性の相反する能力を同時に養成することができる。トレーニングの実際の場面では，急走期の距離によって，ショートインターバルとロングインターバルに区別し，ショートでの急走期：休息期の比率は，1：3程度とし，ロングでの比率は，ほぼ1：1でプログラムされている（表15-2）。

4. レペティショントレーニング

レペティショントレーニングは，最大酸素摂取量以上の強度で，30〜90秒間持続する必要がある。無酸素的な代謝を最大限に発揮するため，運動：休養の比率を1：5とする。このトレーニングにより，ランニングスピードの向上，ランニングコストと無酸素的な代謝能力を高める。

レペティショントレーニングは，インターバルトレーニングに比べ，急走期のスピードを上げ，距離を長くし，休息期を長く，反復回数を多くする必要があり，血中乳酸濃度はインターバル・トレーニング時の3〜4倍にもなる。そのため休息期には動的休息（心拍数120拍/分以下）により，血中乳酸の除去を心がける必要がある。また反復は，急走期のスピードが急激に落ちた時点（50〜60秒，5〜6回程度）で中止とする。

5. ファルトレクトレーニング

ファルトレクトレーニングは，野外の自然環境の地形（草原や森，林，芝草地，砂浜など）を利用して行うトレーニングであり，日本ではゴルフ場などを応用してトレーニングする競技選手がいる。このトレーニングは，色々なタイプのトレーニングを組み合わせたものであり，一般的にはランニングを中心に展開されるが，サイクリングやスイミングにおいても利用可能である。ファルトレクランニングトレーニングは，比較的楽なランニング（70%$\dot{V}O_2$max以下），短時間での爆発的なランニング（85〜90%$\dot{V}O_2$max）をコンディションに応じて実施できるため，毎日の単調になりがちなトレーニングを打破することができる。また，このタイプのトレーニングにより，最大酸素摂取量およびLTが向上し，ランニングコスト，エネルギー利用も向上を示す。

6. その他のトレーニング

▶（1）クロストレーニング

クロストレーニングは，複合競技の選手がスイミング，サイクリング，ランニングにおいて最大の能力を発揮するためのトレーニングである。このトレーニングは，競技選手のポストシーズンや，ケガなどによりトレーニングの質・量ともにコントロールが必要になった際，コンディショニングを維持する目的で実施されることが多い。

クロス・トレーニングにより最大酸素摂取量を維持するためには，日頃実施している運動様式と同等の強度および時間が必要であるが，専門競技の単独トレーニングほど有酸素的持久能力を向上させることはできない。

▶（2）水中ランニングトレーニング

水中ランニングは，浮力装置としてのベルトやベストを着用し，頭を水面に出した前傾姿勢で行う水中でのランニングトレーニングである。クロストレーニングとして用いられることもあり，水中ランニングにより最大酸素摂取量を維持することが可能であるという報告もある。このトレーニングでは，下肢筋群に比べ，主に上肢筋群に対する負荷が大きい。

▶（3）高所トレーニング

高所トレーニングは，気圧の低い環境下（低酸素環境）でのトレーニングのことである。酸素分圧の低い環境下でのトレーニングは，酸素運搬能力を低下させ，呼吸数，心拍数を増加させ，生体に対する負担レベルを増大する。このような環境下でのトレーニングを継続することで，呼吸循環系に生理的な適応（高所順化）を生じ，平地での競技力の向上につながる。しかしながら，すべての持久性競技選手が適応を示すわけではなく，体

調を崩す選手もいることから，現在では一定低圧（低酸素）環境下でトレーニングするのではなく，標高1500～2000mの準高地でトレーニングを実施し，夜は2500mの高地で宿泊するという，living-high, training-low 理論が用いられている。また，現地でのトレーニングの代わりに低圧室や低酸素室など，人工気象室を用いたトレーニングも広く実施されるようになってきた。

▶ **(4) レジスタンストレーニング**

トレーニングの特異性より，有酸素的持久力を向上させるには有酸素性トレーニングが最も適し，一般的にレジスタンストレーニングでは，最大酸素摂取量を向上させることはできない。しかしながら筋力の強化によりケガからの早期回復や筋バランスの不均衡から生じるオーバーユースの予防に効果的に働くとともに，実際のレースにおいても爆発的なスパートにレジスタンストレーニングによる筋力強化は大きく影響する。

▶ **(5) サーキットトレーニング**

サーキットトレーニングは，総合的な体力づくりのためのトレーニングで，筋力，パワー，筋持久力，敏捷性，全身持久力の向上を目的としたオールラウンドなトレーニング法である。このトレーニングは，色々な種目の運動を休息を入れないで行っていくことを原則とし，サーキットを構成する種目により，トレーニングの目的を変更することが可能である。

一般にサーキットトレーニングは，レジスタンスエクササイズとエアロビックエクササイズの異なる種類・種目のエクササイズを短い休息を挟み，インターバル形式で行う方法である。この方法の変形として，上肢と下肢のレジスタンストレーニングを5種目ずつ選択し，それぞれ15回ずつ反復し，各種目間を30秒間のランニングや縄跳びでつなぐスーパーサーキットトレーニングと呼ばれる方法がある。これらのトレーニングは，オールラウンドな体力づくりに効果的であるが，それぞれ単独での有酸素性トレーニングやレジスタンストレーニングの代用になるものではない。

3. 有酸素性トレーニングのプログラムデザイン

効果的な有酸素性トレーニングプログラムには，対象者の特性に応じた運動処方が含まれなければならない。これには，4つのプログラムデザイン変数の操作が要求される（**表15-3**）。残念ながら多くの競技に関わるコーチや選手は，そのスポーツで成功した者の練習例を参考にすることが多い。このタイプのトレーニングは，選手個人の筋力や弱点を考慮しないため無駄なトレーニングになるケースがある。理論的に正しいトレーニングプログラムを処方するための最善の方法は，有酸素的持久力を向上させるための要因を理解し，対象者の特性に応じたトレーニングプログラムを計画することである。例えば，運動効率の向上を求めるのであれば，技術に焦点を当てた長い休息期を含むインターバルトレーニングを実施する必要がある。逆に，LTの向上を目的とする場合には，より高い運動強度でのトレーニングの実施が必要である。

表15-3　プログラムデザイン変数 (Potteiger, 2000)

・運動様式
・運動強度
・運動時間
・運動頻度

1. 運動様式

運動様式とは，サイクリング，ランニング，スイミングなどの競技選手が日頃実施している特異的な運動（専門競技）のことである。有酸素的持久力を向上させるためのトレーニングは，忠実に競技での動きを疑似することにある。これは，生体の特異的な生理システム（呼吸系，循環系，骨格筋系）をポジティブに適応させる。例えば，有

酸素性トレーニングで要求される筋線維の動員パターンや筋中におけるエネルギーシステムの適応は，競技においても同様に要求される。このことから競技選手を対象にする場合は，実際の競技パフォーマンスに近い運動様式を用いることが必要である。

また，健康・体力づくりを目的に有酸素性トレーニングを実施する対象者については，高強度の衝撃運動を避け，長時間，大筋群を使用するリズミカルな全身運動を個人の体力レベルに応じてプログラムする必要がある。

2. 運動強度

生体におけるトレーニング適応の中心は，運動強度と時間の相互関係である。一般的に，高い強度での運動は長く続けることはできない。しかしながら高い強度での有酸素性トレーニングは，呼吸系および循環系を向上させ，活動筋における酸素運搬能力を向上させる。運動強度の増加は，高いパワーの発揮に必要なTypeⅡ線維の動員を活性化する。このトレーニング刺激は，有酸素的トレーニングに適した筋線維を刺激し，全般的に有酸素的持久力を向上させる。

▶(1) 運動強度の設定

運動強度は，実際のトレーニングをプログラムする上で最も重要な変数である。低い強度の運動は，生体のシステムに対してオーバーロードとはならず，望まれるような生理的な適応を引き出すことはできない。また，高すぎる強度での運動は，疲労を蓄積する。

運動強度には，機械的強度，生理的強度，主観的強度がある。機械的強度とは，トレッドミルや自転車エルゴメータなどを用いて，速度や仕事量を指標とする強度である。生理的強度とは，酸素摂取量や心拍数を指標する。また，主観的強度とは，心理的な強度であり，運動中に感じる主観的（自覚的）な疲労感を利用した強度指標である。

運動強度を設定する上で最も厳密な方法は，運動中の酸素摂取量を測定し，%$\dot{V}O_2max$を決定する方法や血中乳酸濃度を定期的に測定しLTを決定する方法である。しかしながらこれらの方法は，実験室やコントロールされた環境の中でのみ可能であるため，実際のフィールドでのトレーニング時には適さない方法である。そこでより簡便に信頼性のある強度指標として用いられているのが，心拍数や主観的（自覚的）運動強度である。

▶(2) 心拍数

心拍数は，有酸素性運動処方において運動強度を設定する上で，最も頻繁に用いられる指標である。これは最大酸素摂取量の50〜90%の運動強度で，心拍数と酸素摂取量は高い相関を示すことから，心拍数による運動強度の設定は，%$\dot{V}O_2max$やLTの強度を正確に決定するものである。

心拍数を基準にした強度の設定には，年齢から予測する最大心拍数を用いて目標心拍数（図15-1）を算出する%HRmax法と%HRreserve法（カルボーネン法）があり，一般に正確性から%

図15-1　目標心拍数の算出

%HRmax法
公　式：推定最大心拍数＝220−年齢
　　　　目標心拍数＝推定最大心拍数×運動強度
例：30歳の競技選手における最大心拍数70〜80%の運動強度を求めよ。
　　最大心拍数：220−30＝190拍/分
　　下限の目標心拍数＝190×0.70＝133拍/分
　　上限の目標心拍数＝190×0.80＝152拍/分
運動中に心拍数をモニターする場合，10秒間の心拍数計測から評価する。
　　133÷6＝22　　152÷6＝25
運動中の目標心拍数の範囲＝22〜25拍/10秒

%HRreserve法
公　式：推定最大心拍数＝220−年齢
　　　　予備心拍数（HRR）＝推定最大心拍数−安静時心拍数
　　　　目標心拍数＝（HRR×運動強度）＋安静時心拍数
例：年齢20歳で安静時心拍数60拍/分の競技選手の60〜75%の運動強度を求めよ。
　　最大心拍数：220−20＝200拍/分
　　予備心拍数：200−60＝140拍/分
　　下限の目標心拍数＝（140×0.60）＋60＝84＋60＝144拍/分
　　上限の目標心拍数＝（140×0.75）＋60＝105＋60＝165拍/分
運動中に心拍数をモニターする場合，10秒間の心拍数計測から評価する。
　　144÷6＝24　　165÷6＝27
運動中の目標心拍数の範囲＝24〜27拍/10秒

HRreserve法がよく用いられる。

年齢から最大心拍数を予測する方法は，サイクリングやランニング中の運動強度をモニタリングする際には，信頼性に欠ける部分があるが，フィールドでの運動強度の設定には大変役立つ方法である。しかしながら，あくまでも推定式からの算出であるため，運動様式や初期の体力レベルなどは考慮されず，またLTに関する情報なども全くないため，トレーニングプログラムとして高い効果を求めることはできない。

▶(3) 主観的（自覚的）運動強度

RPE（rating of perceived exertion）は，Borgが提唱した方法（図15-2）で，主観的な疲労感を利用した強度指標であり，心拍数や酸素摂取量などの生理学的強度指標，および速度や仕事量といった物理的強度指標と密接な相関関係がある。

RPEは，成人の心拍変動60〜200拍/分を，安静時6，最大疲労困憊時を20として15点のスケールからなる自覚的強度を示したものであり，定常状態が成立する条件下の運動強度として非常に信頼性のある指標とされる。現在2種類のRPEスケールが広く利用されている。特に修正スケールは，運動実施者が自身の疲労感を理解しやすい表現にしたものである。RPEは，体力レベルの違いを調節することができるが，外部の環境要因（環境温度など）により影響を受ける場合もある。

有酸素性トレーニングの効果やLTは，スケールでの「ややきつい」「きつい」の段階で得られる。それは15ポイントBorgスケールの13〜16，修正スケールの4〜5に相当する。

3. 運動時間

運動時間は，トレーニングの時間の長さのことである。運動時間は，しばしば強度によって影響を受ける。最大乳酸定常以上（85% $\dot{V}O_2max$）の高い強度では，運動時間（20〜30分）が短くなる。これは乳酸の蓄積が疲労の一因となるためである。また低い強度（50〜70% $\dot{V}O_2max$）の運動では，数時間運動を行うことが可能である。

4. 運動頻度

運動頻度とは，週当たり，1日当たりのトレーニング回数のことである。運動頻度は，運動強度と運動時間に影響される。高強度での運動や長時間の運動は，十分な休養を必要とするため，頻度は少なくなる。また，対象者の体力レベルの違いも頻度に影響を及ぼす。

競技選手の場合，各シーズンによっても運動頻度は異なり，オフシーズンには，週5日のトレーニングを行うが，プレシーズンには1日2回のトレーニングが実施されている。トレーニングによって適応した生理的機能は，可逆的であるため維持する必要がある。しかしながら，耐えられないような強度や時間でのトレーニングの繰り返しは，障害や病気のリスクを増加させ，オーバートレーニングを引き起こす。休息も重要なトレーニングであると考え，超回復を生じさせることが大切である。十分な休養は，体水分量を一定に戻し，エネルギーの貯蔵を回復させる。特に，運動後の水分摂取と筋肉や肝臓のグリコーゲンを回復させるための炭水化物の摂取は，重要である。

5. 各シーズンにおけるトレーニングプログラム

年間のトレーニングを考える上で選手のスポー

RPE尺度		修正RPE尺度	
6		0	まったく何ともない
7	とても，とても軽い	0.5	とても，とても弱い
8		1	とても弱い
9	とても軽い	2	弱い
10		3	中くらい
11	まあまあ軽い	4	やや強い
12		5	強い
13	ややつらい	6	
14		7	とても強い
15	つらい	8	
16		9	
17	とてもつらい	10	とても，とても強い
18		・	最大
19	とても，とてもつらい		
20			

図15-2 主観的（自覚的）運動強度 (Borg, 1998)

ツシーズンを考慮したプログラムのデザインが必要となる。一般に年間のトレーニングは，オフシーズン（基礎トレーニング期），プレシーズン，インシーズン（競技期），ポストシーズン（積極的回復期）に分類される。それぞれのシーズンは，主な目的やタイプにより組み立てられる。

▶(1) オフシーズン

オフシーズンは，循環系のフィットネスに重点を置く期間である。主にトレーニングプログラムは，長時間・低強度運動とし，オフシーズンを通して強度は低めに，時間を長くする必要がある。トレーニング時間の増加は，週当たり5〜10％程度とし，急激な運動時間の増加は避け，段階的に増加させることで生理的な適応と連続的な発達が生じる。

▶(2) プレシーズン

プレシーズン中は，運動強度の増加に心がけ，運動時間を引き下げ，プログラムにおけるすべてのタイプのトレーニングを積極的に実施するとともに，筋力および弱点の強化を目的に，各タイプのトレーニング頻度と量を決定する。

▶(3) インシーズン

インシーズンのプログラムは，競技会やレース日を含んで計画される。試合当日に向けテーパリング（それまでのトレーニングによって向上させた運動能力を維持させながら疲労をとるために，休養を増やし，練習量を減少させる調整法）を実施する。インシーズンに用いられるトレーニングのタイプは，筋力の維持と弱点の強化が大きな目的となる。

▶(4) ポストシーズン

ポストシーズンの目的は，競技からの積極的な回復である。低強度・短時間が，アクティブレストのための代表的な運動であるが，循環系のフィットネス，筋力，除脂肪量のレベルを維持するため全般的な活動が必要となる。ポストシーズンは，インシーズンでのケガのリハビリや弱点となる筋力またはコンディショニングの必要な筋群の強化に重点をおく必要がある。

4. 有酸素性運動処方の実際

1. 健康スクリーニング・メディカルチェック

特定の競技種目のパフォーマンス向上を目的とする競技選手とは異なり，一般人が運動を実施する目的は，あくまでも健康の保持増進や体力の向上である。したがって，トレーニングの内容もその目的にあったものでなければならない。ただし，一般人の場合は，個人の体力レベルに差があり，運動不足で体力水準が低い者や，中高齢者では何らかの生活習慣病の危険因子を有している者も少なくない。

そこで，一般人を対象に有酸素性運動を処方するには，健康スクリーニングを行い，場合によっては，医師によるメディカルチェックを受けさせる必要がある（16章 4.スクリーニングの項 参照）。

2. 運動様式の選択

競技選手の運動様式は，トレーニングの特異性から専門とする競技の特性に近いタイプのトレーニングをプログラムする必要があった（特に，ランニング中心）。しかしながら一般人については，個々人の初期体力レベルの違いにもよるが，大筋群をリズミカルにまた，好気的に長時間活動させるような運動（歩行，ハイキング，ランニング，ステア・マスター，スイミング，サイクリング，ローイング，エルゴメータ，ダンス，スケート，クロスカントリースキー，縄跳び，持久的なレクリエーション活動など）を体力レベルや対象者の興味に合わせてプログラムする必要がある。

表15-4は，一般的にプログラムされる運動をグループ化したものである。体力レベルの低い対象者は，グループ1の運動から始め，個人の適応に応じて次の段階へと進む必要がある。

表15-4 有酸素性運動のグループ[1]

- ●グループ1
  一定の強度で容易に維持でき，エネルギー消費の個人差が相対的に低い運動。リハビリテーションプログラムの早期のように運動強度の正確なコントロールに望ましい。これらの運動の例は，歩行とサイクリング，とくにトレッドミルと自転車エルゴメータである。
- ●グループ2
  エネルギー消費量は技術に非常に関係するが，一定の個人に対しては一定の強度を供給することができる運動。コンディショニングの初期に有用であるが，技術レベルが考慮されなければならない。例としては，水泳，クロスカントリースキーである。
- ●グループ3
  運動の技術および強度が非常に種々である運動。このような運動はグループの相互作用および運動の多様性を与えるのに非常に有用であるが，高リスク，低体力あるいは症状のある人には注意深く考慮されなければならない。またゲームの競技性も考慮され，最小化されるべきである。これらの例は，ラケットスポーツ，バスケットボールである。

3. 運動強度の設定

運動強度を設定する場合，事前の体力テスト（最大負荷テスト）などで測定された最大酸素摂取量から，個人の体力レベルに応じた強度（%$\dot{V}O_2max$）を用いることが，最も正確な方法である。しかしながら，体力レベルの低い対象者や中高年者にとって疲労困憊にいたる最大運動は危険を伴うことから，目標心拍数やRPEを運動強度の指標として用いるのが適切である。アメリカスポーツ医学会では，運動強度が最大心拍数の60〜90%，すなわち$\dot{V}O_2max$あるいはHRreserveの50〜85%で運動強度を設定することを奨励している。

表15-5は，体力レベルに応じた運動処方のガイドラインを示し，強度，時間，頻度の目安となるものである。

心拍数を指標として用いる場合，最大心拍数は年齢とともに減少し，個人差が大きいため，最大負荷テストにより正確な値を測定する必要がある。しかしながら，最大負荷テストを行うことができない場合には，年齢から算出する推定最大心拍数（220－年齢）を用いる。ただし，この方法での推定最大心拍数は，大きなばらつきがあることを理解しておく必要がある。測定または算出された最大心拍数から目標心拍数を算出するには，%HRmax法またはカルボーネン法を用いる。表15-5より最大心拍数の60〜90%が強度として用いられていることから，ある対象者の最大心拍数が180拍/分である場合，目標心拍数の範囲は108（60%）〜162（90%）拍/分となる。またカルボーネン法では，HRreserveの50〜85%が強度であるため，安静時心拍数が60拍/分であるとすれば，目標心拍数の範囲は，120〜162拍/分となる。

RPEは，あくまでも主観的な疲労感覚であり，心拍数の補充手段と考える必要がある。しかしながら簡便に運動中の生体への負担度を知ることができることから，臨床の場面でよく用いられる指標でもある。表15-5よりRPE 11〜17が運動強度として用いられ，感覚的には「まあまあ軽い」か

表15-5 体力レベルに応じた運動処方のガイドライン[2]

体重あたりの 最大酸素摂取量	体力評価	運動強度	運動時間	運動頻度
≦34ml/kg/min	低い	60〜70% of HRmax 50〜60% of HRR 50〜60% of $\dot{V}O_2max$ RPE＝11〜13	20〜30分	週3日
35〜49ml/kg/min	中程度	70〜80% of HRmax 60〜75% of HRR 60〜75% of $\dot{V}O_2max$ RPE＝13〜15	30〜45分	週4日
≧50ml/kg/min	高い	80〜90% of HRmax 75〜85% of HRR 75〜85% of $\dot{V}O_2max$ RPE＝15〜17	45〜60分	週5日

ら「とてもつらい」の範囲である。

4. 運動時間の設定

　中枢の循環系機能を高め，心拍出量を増加させるためには，目標心拍数を維持した運動を少なくとも20分間は続ける必要がある。また，末梢の循環系機能を向上させるのであれば，30分以上の運動が必要である。アメリカスポーツ医学会のガイドラインによると，運動時間は20〜60分間であり，一般人が中枢の循環系機能を向上させ，健康・体力づくりのために運動を行うのであれば，目標心拍数を維持する運動を20〜30分間行えば十分であるとしている。

　運動時間と運動強度は反比例の関係にあり，強度を高くすることで時間は短くなる。体力レベルの低い対象者は，長時間運動を継続することは不可能であるため，低強度・短時間の運動を1日に何度か実施し，ある程度のトレーニング期間をおいて運動時間を延長し，1日1回の運動を行えるようにする。また，対象者自身の目標設定も重要な要素であるため，ガイドラインに示す20〜30分間の運動をいきなり実施するのではなく，10分間程度の運動から段階的に時間を長くすることも必要である。さらに個人のコンディションによっても運動時間を考えることが重要である。

5. 運動頻度の設定

　運動頻度は，運動の強度や時間と相関がある。したがって，これら2つの変数に依存することになる。アメリカスポーツ医学会のガイドラインでは，個人の体力レベルに応じて週3〜5日の運動を奨励している。しかしながら，1週間当たりの運動回数は対象者の好みや生活様式により規定されるため様々である。

6. 運動処方時の注意事項

　運動を実施するに当たり，ウォーミングアップ，クーリングダウン，そしてオーバートレーニングに注意する必要がある。ウォーミングアップは体温を上昇させ，有酸素性代謝に関わる酵素活性を効率的に高める。また，クーリングダウンは，身体に加わった負荷を徐々に減らしながら，筋中のリン酸塩を回復させ，乳酸を除去するためのものである。特に，有酸素性トレーニング後のクーリングダウン不足は，心臓に対して過剰なストレスとなり心疾患の要因ともなりかねない。少なくとも5〜10分間程度のウォーミングアップとクーリングダウンが必要である。

　トレーニングは，生体に対してストレスとして働く。このストレスを回避し，超回復を起こさせ，体力レベルを向上させるには，適切な栄養と十分な休養が必要である。また，精神的なストレスもオーバートレーニングを引き起こす原因となる。そのため日頃から安静時・運動時の心拍変動や体重の変化などのコンディショニングに注意する必要がある。

理解度チェック問題

1. 有酸素性トレーニングにより生じる生理的適応とは何か？
   Ⅰ. 心拍出量の増加
   Ⅱ. ミトコンドリア密度の増加
   Ⅲ. 血中乳酸濃度の増加
   Ⅳ. 最大下運動での心拍数の減少

   a. ⅠとⅡとⅢ
   b. ⅠとⅡとⅣ
   c. ⅠとⅢ
   d. ⅠとⅣ

2. 乳酸性作業閾値のレベルで実施するトレーニングタイプとは？
   a. インターバルトレーニング
   b. 高所トレーニング
   c. ペーストレーニング
   d. LSD

3. 運動強度を設定する際，頻繁に用いられる指標はどれか？
   a. 心拍数
   b. 最大酸素摂取量
   c. 主観的運動強度
   d. 血中乳酸濃度

4. トレーニングをプログラムする場合，最も重要なデザイン変数とは何か？
   a. 運動頻度
   b. 運動強度
   c. 運動様式
   d. 運動時間

解答：1.→b　2.→c　3.→a　4.→b

【文献】

1) アメリカスポーツ医学会編：日本体力医学会体力科学編集委員会監訳（1997）．運動処方の指針原著第5版．南江堂．〈American College of Sports Medicine (1995). ACSM's Guidelines for exercise testing and prescription 5th ed. Williams & Wilkins.〉

2) アンソニー・アボット：NSCAジャパン監訳（1997）．有酸素性運動の処方．パーソナル・トレーニングの基礎知識（pp. 42-62）．NSCAジャパン．〈A. Abbott. Essentials of personal training symposium. NSCA certification commission.〉

3) Borg, G. (1998). Borg's perceived exertion and pain scales. Human Kinetics.

4) 江橋 博（1996）．エンデュランストレーニング．トレーニング科学研究会編．トレーニング科学ハンドブック（pp. 62-76）．朝倉書店．

5) 八田秀雄（2001）．乳酸を活かしたスポーツトレーニング．講談社サイエンティフィック．

6) 小西哲郎（1994）．長距離ランナーのトレーニング．石河利寛，竹宮 隆編．持久力の科学（pp. 234-252）．杏林書院．

7) Potteiger, J. A. (2000). Aerobic endurance exercise training. In T. B. Baechle & R. W. Earle (Ed.). Essentials of Strength Training and Conditioning (pp. 495-509). Human Kinetics.

8) Viru, A. (1995). Adaptation in sports training. CRC Press, Inc.

16章 カウンセリングおよびテストと評価

KEYWORDS
●カウンセリング ●インフォームド・コンセント ●スクリーニング
●リスク・ファクター ●テスト ●測定 ●妥当性 ●信頼性 ●代表値 ●分散
●パーセンタイル順位 ●相関係数 ●推計学

1. はじめに

　ストレングス＆コンディショニング・コーチやパーソナル・トレーナーが新たにチームや選手あるいはクライアントから指導依頼を受けた際，すぐさま，パフォーマンス向上や健康・体力改善のためトレーニング指導を開始できるというわけではない。実際にトレーニング指導を始める前にやっておくべきいくつかの段階がある。

1. カウンセリング

　まず，依頼者の希望や条件をよく聞くとともに，こちらからも必要な情報を提供して相互の理解を深める。そのことによって両者の相性や適合性を見極める。

2. 契約

　その上で，トレーニングの目的や目標の概略を明らかにするとともに，双方の条件を明確化して契約を結ぶ

3. スクリーニング

　質問紙やインタビューによる健康状態や危険因子のチェックを行う。

4. 測定

　適切なテストを用いて身体能力要素の測定を行う。

5. 評価

　測定結果を分析して選手やクライアントの身体的特徴や体力特性を明確化する。

　このような手順を踏まえることによって，適切で無理のない目的を設定することと，効果的なトレーニング・プログラムをデザインすることが可能となる。

　測定と評価については，トレーニングを開始する前だけではなく，トレーニング・プログラムを開始してから後も，トレーニングの進捗状況や成果を確認するため，あるいはトレーニングの適・不適を確認するために定期的に繰り返して用いる。ストレングス＆コンディショニングの専門職として活動するためには，以上の5点について詳しく理解したうえでそれらを的確に実行できなくてはならない。

2. カウンセリング

　初回のカウンセリングの目的はコーチやトレーナーと選手やクライアントの双方が相互に情報を交換することによって，（1）両者の相性や適合性，（2）トレーニングの目的と目標の概略について検討し合意形成することである。

1. 相性と適合性の見極め

▶（1）提供可能なプログラムや指導の説明

　コーチやトレーナー自身の経験，学歴，指導経験，資格や現在の活動状況を説明する。

▶（2）選手やクライアントの意欲や意識の確認

　選手やクライアントのトレーニングに対する意欲ややる気，トレーニングにどれくらい時間をさけるのかを明確にする。

　チームとの契約では，監督やコーチは熱心にトレーニングを希望しているが，選手にとっては半強制的で，あまり意欲的でない場合もある。また逆に，学校や組織によってトレーニングが制度化されている場合など，監督やコーチがあまり好意的でないという特殊な場合もあるので注意を要する。

▶（3）プログラムの概略説明

　実際に指導することになった場合，どのような方針と基本的手順でトレーニングを進めていくのかを，チームの指導者や選手あるいはクライアントができるだけ具体的なイメージを持ちやすいように説明する。

▶（4）適合性の確認

　チームや選手の競技レベルと意欲あるいはクライアントの意識や期待と，コーチやトレーナーの指導方針との間に大きなずれがないかどうか，また，期待されている内容が自分の職業意識やプライドと適合するかどうかについての確認を行う。

▶（5）不適合時の処置

　時には，以上のカウンセリングを通じて双方に適合性がないと判断せざるを得ないこともある。その場合は無理をせずに適当な他の機関や指導者を紹介することが望ましい。

2. トレーニングの目的・目標の概略設定

　選手やクライアントとコーチやトレーナーとの適合性が確認できたならば，トレーニングの目的と目標の概略を決定する。最終的にはテストと評価を行いその結果から具体的なトレーニングの目標を設定するのであるが，どのようなテストを行うべきかを決める参考とするためにも，この段階で，大まかな目的と目標について明らかにする。

　実効性のある目的・目標を立てるには，以下の5つの要件の頭文字を取ったスマート（SMART）システムを用いると効果的である。

①**Specific**：目標は抽象的ではなく，具体的であれば具体的であるほどよい。

②**Measurable**：できる限り客観的に，できれば数値で測定可能な目標を設定する。このことはテストの選択や評価方法に関係する。

③**Action Oriented**：目標達成のためにどのようなトレーニング・スケジュールや生活上の改善が可能か，現実的な行動の変容がイメージできるものとする。

④**Realistic**：たんなる夢ではなく，生得的な特質，現在のレベルや年令あるいはトレーニング経験などから判断して，選手やクライアントの現状に合致した目標，すなわち努力すれば達成可能な目的と目標を設定する。

⑤**Timed**：その目的・目標をいつまでに達成するのか，時期を限定する。

　目的・目標を以上のような条件を満たす箇条書きの文章として書面化しておくことは，選手やクライアントを励まし，行動を常に前向きに導くため，およびコーチやトレーナーの指導活動を自己点検するために極めて有効である。参考となる研究資料や過去の指導データをもとにして，選手やクライアントにこのような目的・目標を書面化してもらう。以下にこの例を示す。

＊私の目標＊

　私は10月からスタートする秋季リーグにおいて全試合に出場するためのレギュラーの座を確実にする。そのことは私の将来の目的であるプロ選手になるためにスカウトの目に止

まる上で絶対に必要なことだ。10月第1週の開幕戦にスターターとしてグラウンドに立つためには，9月の遠征でほぼレギュラーの地位についていなくてはならない。しかもそこから先は絶対にケガをするわけにはいかない。そのため，次のトレーニング目標を設定する。

① 私の長所であるスピードにさらに磨きをかける。特に一歩目の出だしをもっと速くすることによって最初の10メートルダッシュのタイムを0.08秒短縮する。
② 当たり負けしないようにスピードを低下させることなく，身体をひとまわり大きくし，体重を4kg以上，除脂肪体重だけで増加させる。
③ 昨年のシーズン終盤の肉離れのようなケガをしないよう強靭でしなやかな身体を作る。

そのために，まず4月いっぱいまでの3ヶ月間は体脂肪を落とし，筋肉量を増すことを最優先の目的としてトレーニングに取り組む。と同時に5月以降の最大筋力とパワー向上のトレーニングの土台を作るため，現在の筋力を少しでも向上させておく。

週4回，1回につき1時間のウエイトトレーニングと，週3回，1回につき30分間から45分間の有酸素性トレーニングを継続することによって，

- 現在12パーセントである体脂肪率を10パーセント未満に落とす。
- 除脂肪体重を4kg以上アップする。
- 体重比1.9倍のスクワット1RMを2倍以上にする。
- 体重比1.4倍のベンチプレス1RMを1.5倍以上にする。

以上の目標を達成するためのトレーニング時間を確保するため，月曜から金曜まで毎日7時から8時半までをこれに当てる。

3. 契約の締結

契約に際しては以下に示す文書を用意し，作成する。

1. 契約書

1) 双方の氏名
2) 指導内容
3) 支払い手続き

以上が契約書に最低限記載されるべき事項であるが，詳細は21章で示される法的事項が絡んでくる

2. インフォームド・コンセント

インフォームド・コンセントとは，これから行うトレーニングやテストがどのようなものなのかを書面でわかりやすく詳細に説明するものである。以下の内容がコーチやトレーナーの責任において記載されるべきである。選手個人やクライアントの捺印または署名を必要とする。

▶(1) リスク

トレーニングやテスト中に感じるかもしれない不快感と負傷や死亡の可能性を書く。リスクを回避し，被害を最小限に食い止めるためにコーチやトレーナーが行う義務もここに記す。

▶(2) 利益

トレーニングやテストを行うことによって得られる具体的な利益（通常はリスクよりもずっと大きい）を具体的に特定する。

▶(3) 守秘義務の遵守

コーチやトレーナーがトレーニング指導や測定の過程で知り得たチームや選手個人あるいはクライアントのいかなる情報も本人の許可なく外部には漏らさないという宣誓。

▶(4) 内容照会の権利と同意の自由

選手やクライアントは，契約書，プログラム，インフォームド・コンセントの内容に関していつ

でも質問し，答えを求める権利を有すること，およびトレーニングやテストのプログラムへの参加は自由であり，いつでもやめることができることが明記されていなければならない。

3. 医師の診断書

　これから行おうとするトレーニングやテストの安全性についての医師による診断書は，トレーニングを開始してから後の健康状態を保障するものではないが，これによって選手やクライアントの現在の健康状態や危険因子を正確に把握することができる。そのため，リスクを伴う禁忌の内容を避け，より効果的で安全なプログラムを作成するために役に立つ。

4. 承諾書

　もし，選手やクライアントが医師による健康診断を拒否した場合には，リスクを前提として自己の責任においてトレーニングやテストに参加する旨の承諾書を得ておくようにする。

4. スクリーニング

　スクリーニングとは，契約段階で提出される医師の診断書とは別に，ストレングス＆コンディショニングの専門的指導者の立場から，選手やクライアントの健康状態を運動を開始する前に把握するために行われる調査や検査である。

　アメリカ・スポーツ医学会（ACSM）のガイドラインによれば，明らかに外見上健康な45歳以下の男性および55歳以下の女性で，家族歴，喫煙習慣，高血圧，高コレステロール血症，糖尿病，運動不足という冠動脈疾患のリスク・ファクターのうち1つ以下しか当てはまらない人であれば，最大酸素摂取量の60％強度を超える激しい運動（呼吸循環器に十分負荷が与えられ20分以内に疲労する程度の運動）を行うに当たって，医師による医学的検査や運動負荷試験を受ける必要はないとしている。

　また，その人の現在の能力内で60分間程度快適に継続可能な最大酸素摂取量の40〜60％強度の運動プログラムであれば，男性で40歳以下，女性で50歳以下ならば，リスク・ファクターに関係なく医師による医学的検査や運動負荷試験を受ける必要がないという規準が設定されている。

　これらの人に対しては，運動実施に関する適性を調査するために，自己申告制のPhysical Activity Readiness Questionnaire（PAR-Q）という質問紙が用いられる。

1. PAR-Q

　以下の7つの「はい・いいえ」で答える質問によって構成されている質問紙である。

①今までに心臓に問題があるので医師に許可された運動以外は行ってはいけませんと医師に言われたことがありますか？
②運動中に胸の痛みを感じますか？
③過去1ヶ月の間に，運動中以外にも胸の痛みを感じたことがありますか？
④めまいのためにふらついたことや失神したことがありますか？
⑤運動量を増やすことによって悪化する恐れのある骨や関節の問題がありますか？
⑥現在，血圧または心臓のお薬を飲んでいますか？
⑦上記の質問以外に身体活動を行えない理由が何かありますか？

　PAR-Qによるスクリーニングに加えて心疾患，妊婦，安全な運動実施に影響する薬の服用等についてさらに正確に把握するには，他の質問紙と併用する必要がある。

2. リスク・ファクターの判断基準

　他の質問紙を分析することによってリスクが高いとされる危険因子の一般的な判断基準は，次のとおりである。

①年齢：男性45歳以上，女性55歳以上。
②家族歴：55歳以前の父親あるいは1親等の男性または65歳以前の母親あるいは1親等女性に心筋梗塞または突然死がある。
③喫煙：1日20本以上の喫煙習慣は一般的にいって，冠動脈疾患の可能性を増大する。
④高血圧：収縮期140mmHg以上，拡張期90mmHg以上のいずれか，または降圧剤を服用中である。
⑤高コレステロール血症：血液中の脂質が正常範囲を超えて高い状態で，総血清コレステロール値が220mg/dlまたは，高比重リポタンパク（HDL）値が35mg/dl以上。
⑥糖尿病：血糖のコントロールができなくなる代謝異常の疾病である。30歳以上のインスリン依存型（タイプⅠ型）糖尿病またはその15年以上の病歴，あるいは35歳以上のインスリン非依存型（タイプⅡ型）糖尿病のいずれか。
⑦運動不足：定期的に運動をしていない座業従事者。

これらのリスク・ファクターのうち2つ以上に当てはまる人で，最大酸素摂取量の60％強度以上の激しい運動を希望する人については，医師による医学的検査と運動負荷試験を受けてもらう必要がある。

2つ以上のリスク・ファクターを持っているが，自覚症状がなく，最大酸素摂取量の40〜60％強度の中等度運動の範囲内でのトレーニングのみを希望する場合には医学的検査と運動負荷試験を受ける必要はない（但し，「受ける必要がない」というのは，「受けてはならない」ということではない）。

特に医師免許を持たないパーソナル・トレーナーの場合は，法的に診断や処置を行う立場にはない。もし医学的検査の必要性が認められたクライアントが検査を受けることを拒んだ場合には，希望する運動強度の引き下げに同意してもらうか，それでも医師による運動前検査の必要性がある場合には，医師の監視下でプログラムを実施できるような他のトレーニング機関を紹介することになる。

5. テストと測定

ストレングス＆コンディショニング領域におけるテストとは，身体的能力の特性を知るために行われるシステム化された一連の手続きを指す。様々なテストがあるが，そのうち特に高価な装置や実験室レベルの特別な準備を必要としないテストをフィールドテストという。トレーニングを開始する前に行うテストをプリ・テスト，トレーニング期間中に進歩の度合いを確認しプログラムの適性を判断するために用いるテストをミッド・テスト，そしてトレーニング期間の終了後にトレーニング目的が達成されたか否かを検討するために行うテストをポスト・テストと言う。

測定とは，これらのテストを用いてデータを収集する過程を指す。

評価とは，テスト結果を分析することによって判断や意思決定のための材料を得る過程である。これについては次節で取り上げる。

1. 測定の目的

トレーニングを開始する前あるいはトレーニングの進行状況に応じて測定を行う目的は以下の通りである。

▶（1）ベースラインの確認

進歩はまず現状を知るところから始まる。トレーニング開始前に行うプリ・テストの目的はここにある。新しい選手やクライアントはテストされることに対してよい気持ちを抱かないことがある。またその結果，テストで全力を発揮しないことがある。選手やクライアントに対してテスト結果の良し悪しが問題ではなく，現状を正確に把握することがいかに大切かを十分説明する必要がある。

▶（2）長所と短所の明確化

トレーニングは常に長所を伸ばし短所を改善す

る目的で行われる。トレーニングの優先順位やバランスを考えたプログラムを作成するためには長所や短所が明らかになるようなテストを実施する必要がある。

▶(3) 比較

テスト結果を基準値と比較することによって、選手やクライアントのコンディショニング・レベルをより正確に把握することが可能となる。比較には、前回あるいはそれ以前の結果との比較（縦断的比較）と性別、年令、競技レベル別の基準値との比較（横断的比較）がある。

▶(4) 進歩の度合いの確認

定期的なミッド・テストの目的はトレーニング状態の把握にある。トレーニングが当初の予定どおり進んでいるかどうかを検討することによって新たな問題点の発見につながることもある。

▶(5) プログラムの適切性の確認

進歩の度合いを確認することによって、選手やクライアントのトレーニングへの生活上の問題やトレーニングへの参加状態あるいは栄養上の問題などが明らかになることもあるが、それとは別に、プログラム自体に弱点や欠陥がある可能性もある。ミッド・テストによって最初にデザインしたプログラムの問題点を見つけ出すことも可能となる。

▶(6) 動機づけ

テスト結果で進歩が示されることは、選手やクライアントがさらに一生懸命トレーニングに取り組むための動機づけとなる。またテストの日程が明確にされていることによって、トレーニングへの参加と努力に対する自覚が高まる。

▶(7) 才能の発掘

どの選手がどのような特別な身体的能力の可能性を秘めているかが明確になれば、コーチがその才能を伸ばすことや、その選手に適したポジションや役割を決定することが効果的に行われるようになる。プレイの場面ではテクニックやタクティクスあるいはメンタル面や人間関係などでその選手の才能が隠れている場合がある。そうした隠れた才能を発掘することも測定の目的である。

2. よいテストと測定の条件

以上の目的を達成するためには、テストと測定は妥当性と信頼性という2つの条件を兼ね備えていなければならない。

▶(1) 妥当性

妥当性とは、そのテストで本来測定すべき要素をどの程度正しく測定できているかを意味し、テストの最も重要な条件である。測定値と測定したい内容との整合性の度合いと言い換えても良い。テストの妥当性を検討するときには次に示すいくつかの観点から評価することができる。

・内容妥当性

抽象的な概念、例えばスピードが測定の対象となるとき、一定の距離を走る時間を測定することによって、それが正しく測れていることになる。内容的妥当性を示す指標はなく、正しいとされる他のテスト結果と比べたり、経験のある観察者の結果との合致度を調べたりすることで評価される。表面的妥当性あるいは論理的妥当性とも言う。

・構成妥当性

そのテストによって、全体を構成するある部分がどの程度測定されているか。例えばパワーのテストとして垂直跳びを測定するとき、垂直跳びの値がその選手のパワーをどれだけ正確に表しているかを考えることが構成の妥当性を考えることになる。

・基準妥当性

あるテストで得られた値が、基準となっているものに対してどれくらい近いかを見るものが基準妥当性の検討である。最大酸素摂取量を測りたいときは、オールアウトまで運動強度を上げたときの呼気ガスに含まれる二酸化炭素の量と空気中のそれとの差から計算される酸素消費量が基準であり、12分間走はオールアウト走の呼気ガス分析によって確立されたデータを基準としたものである。あるテストをより効率よくできるテストで代替し

たいときに妥当性がすでに広く認知されているテストを基準として妥当性を検討する。

・予測妥当性

2つのテストの間に時間的間隔がある場合の基準妥当性をいう。ある測定値によって，後で別の方法で行われる測定値やパフォーマンスがどれだけ予測できるかという妥当性の検討である。例えばバスケットボール選手としての資質の程度を知るために入部時に行われた一連のコンディショニング・テストによって，数年後のその選手のリバウンド獲得率，シュート成功率，アシスト数，スチール数などの選手としてのレベルがどれだけ予測できるかということから検討される妥当性である。

▶ (2) 信頼性

信頼性とは，同一のテストをほぼ同時期に繰り返して行った場合の測定値の一致度である。もし最初のテストで高得点を取った選手が同時期の2回目のテストで低い点を取ったとするならば，そのテストの信頼性は低いということになる。データの再現性と言い換えることもできる。2つのテストの得点間の相関係数を求めることによって再測定によるテストの信頼性が確認できる。

信頼性を低下させる要因としては，以下のものがある。

- 測定日によって，体調や測定方法に対する慣れ，意欲等々，被験者に変動がある。
- 測定装置の調整（キャリブレーション）が正しく行われていない。
- 測定機器の精度が低く，ランダムエラーの発生する割合が大きすぎる。
- 測定者の測定基準が測定の途中で変化した。
- 測定者が交代したため，測定基準や測定手順が異なったものになった。

このような状況では，測定値の信頼性を得ることは困難である。測定者に問題がある場合は常に客観的な測定値が得られるように，テストの手続きや測定方法の習熟した測定者を選ぶ必要がある。測定機器に問題がある場合は機器類の保守・点検や事前のキャリブレーションが不可欠である。

信頼性のあるデータを得るために考慮するべき要因には以下のものがある。

・年齢

例えば，12分間走は大学生のテニスプレーヤーの持久力を測るには有効かもしれないが，中学生に対しては必ずしも有効でないかもしれない。身体的準備や精神的成熟がテストの遂行やテストそのものに対する選手側の受け入れ姿勢に関係してくるからである。

・性別

男子にとって有効なテストでも，女子にとっては有効とならないこともある。上半身の筋持久力を知りたいとき，男子には懸垂の回数を測ることは有効なテストとなるが，女子には不適格である。ほとんどの女子が懸垂で何回も自分の体重を持ち上げることができないので，その回数で筋持久力を測定することはできないからである。

・トレーニング経験

フリーウエイトによるスクワットやクリーンの1RMは，それまでにトレーニング経験が十分ではなく最大に近い重量を挙げた経験がない選手に対しては，最大筋力を測定するためのテストとして不適当である。それは，安全面からの理由だけでなく，高重量を支えるための四肢・体幹のコントロールのためのテクニックが未熟であり，最大筋活動のための神経系の伝達経路もまだ十分に活性化できないからである。

・環境条件

気温や湿度は有酸素性持久力のテストには大きな影響を及ぼす。風の強さやサーフェイス（地面・床面）の状態はスピードやアジリティーのテスト成績を大きく左右する。テストを行う時間帯や雰囲気といった環境要因も十分管理する必要がある。

3. テストの管理と手順

テストを実施するときには、以下に示す事柄について綿密な管理を行うとともに、それらに留意した手順を踏む必要がある。

▶ (1) テストグループの構成

チーム全体に対していくつものテスト項目の測定を実施する場合、全員で一項目ずつ測定するか、グルーピングしてローテーションするか、時間差スタートでひとりずつ全員同じ順序で行うか、グルーピングしたうえで時間差スタートするか、グループを組ませるとすれば何名が適当かといった事柄は、単にテストの効率やテストの実施に要する全体的時間に影響するだけではなく、テスト順序、休息時間、誰と競うかという心理面に対して影響を及ぼす。

▶ (2) テストの順序

安静時心拍数、形態、身体組成などの安静時の記録を必要とするテストからはじめ、神経系の反応や集中力、高度なコーディネーションを必要とするテストを疲労の影響が大きくなる前に行い、最大筋力やパワーがそれに続き、疲労度の高い有酸素系の持久力や乳酸系の持久力テストは最後に行う。

柔軟性のテストとウォーミングアップとしてのストレッチングの順序や時間的間隔は常に同じになるように注意する。

▶ (3) 測定者の能力と人数

信頼性を確保するためには、測定者の数を限定する必要がある。多くの測定者によって同じ種目のテストを同時進行するときは測定者の事前トレーニングと基準の統一化が必要である。

▶ (4) 公平性

一人当たりの試行回数と採用するデータの決定方法を統一する。もし、1人の選手に対して激励の声をかけるのであれば全員にそうする必要がある。

▶ (5) 休息時間

テストとテスト、試行と試行の間の休息時間が公平になるようにグルーピングや移動方法を計画する。

▶ (6) スコア用紙と記録方法

測定結果を記録していく用紙を個人カード型にするか、一覧表にするか、テストごとの一覧表にするか、記録やデータの読み取りは選手同志で行うか、それとも全て測定者が行うかについてあらかじめ決めておき一貫性を持たせる。

▶ (7) テストプロトコルの確立

テストの手順を詳細に説明し、選手やクライアントに十分理解してもらう。もし間違ったやり方で行った場合にどうするかということもあらかじめ説明しておく。

▶ (8) 安全性と緊急事態への対応

常に、安全性の確保と緊急事態に対する備えと敏速な対応を優先させる。夏季の高温多湿環境下での持久力テストについては、朝や夕刻に実施するとか、屋内で実施するなどの配慮が必要である。

テスト前もしくはテスト中に筋肉の張り、痙攣、痛みを感じたり、関節の痛みや違和感があると感じた場合にはテストを中止するべきである。

いつでも医療スタッフ・機関との連絡が取れる体制を確保しておくこと。

4. コンディショニング・テスト項目

▶ (1) 心拍数

1分間に心臓が収縮する回数である。測定は心電図、触診、心拍計で行われる。単位は拍/分で示される。

▶ (2) 血圧

血液が血管を外に押し広げようとする圧力であり、水銀式血圧計による水銀柱の高さで示され、単位はmmHgとなる。簡易式自動血圧計を用いる場合は、計器の種類による誤差に注意する。

▶ (3) 形態

身長、体重、周径囲を計測する。体重の測定は一日の時間帯や用便と食事との時間関係を一定に

しておく必要がある。周径囲を計測する四肢や体幹の部位が常に一定になるように，指標となる関節部位や位置を決め，筋緊張による誤差が生じないような姿勢をとらせる。

▶（4）身体組成

身体を構成する筋肉，骨，脂肪，体液などの割合をいうが，通常は体脂肪率と除脂肪体重によって示される。厳密には水中体重法によって測定され，特別な装置を必要とするインピーダンス法も用いられるが，習熟した測定者によるキャリパーを用いた皮脂厚法によっても妥当性と信頼性のあるデータが得られる。

▶（5）最大筋力

筋または筋群が一定の負荷に対して低速またはアイソメトリック活動によって最大の力を発揮する能力をいう。ベンチプレスやスクワットなどの最大挙上重量（1RM）をもって最大筋力の測定とする方法が最も簡便で一般的であるが，nRMから推定する方法もある。また，アイソキネティック装置による等速性筋力の測定を用いることもある。1RMやnRMを用いる場合の単位は本来の力の単位と異なりkgとなる。その他の場合は力の単位であるニュートン（N）や関節回転力としてのトルク（Nm）で表される。

▶（6）筋パワー（全身無酸素パワーを含む）

高速度でいかに大きな力を発揮できるかという能力であり，仕事量÷時間または力×スピードで表される。速度を一定にしておいてその速度で発揮可能な最大筋力を測定することによってパワーを求める方法と，抵抗を一定にしておいてその抵抗に対して発揮される力がどれくらいの速度で発生するかを測定してパワーを求める方法がある。

前者ではアイソキネティック装置を用い，後者では抵抗に取り付けた変位計測装置から速度を求める。簡単なパワーの測定方法としては，パワー・クリーンやスナッチなどの1RMをもって全身の筋パワーとすることもある。

また，垂直跳びや階段の駆け上がりテストによって，発揮パワーを求めることもある。パワーの単位はワットである。

▶（7）スピード

距離÷時間で示される。一般的にはスプリント・スピードを測定することが多く，距離は通常100メートルを越えることはまれである。距離が短くなればなるほど手動によるストップウォッチ計測の誤差は大きくなり，光電管の使用が必要となる。

▶（8）局所筋持久力

最大下の抵抗に対して筋肉がいかに長時間反復して活動できるかという能力である。単位は回数あるいは一定のリズムであれば時間で示される。特定重量での反復挙上回数，腕立て伏せの最大反復回数などがある。最大に近い抵抗を用いると，反復回数は局所筋持久力よりもむしろ最大筋力によって規定されてしまうため，注意を要する。

▶（9）有酸素的持久力

有酸素的エネルギー供給によって長時間運動を継続する能力をいう。酸素摂取量として，体重1kgあたり1分間にどれだけの量の酸素を消費できるかという（ml/kg/分）単位で示される。測定方法は，トレッドミル，自転車エルゴメータなどの運動中の酸素消費量を直接測定するが，一般的には，12分間でどれだけの距離を走れるかあるいは，1500m走のタイムなどのテスト結果などから判断する。

▶（10）柔軟性

柔軟性は関節の可動域として定義される。単関節の可動域はゴニオメータによる関節角度の測定値であらわす。長座位体前屈（シット＆リーチ）テストのような柔軟性テストでは下背部と股関節の双方が関与するので，基準点からの距離で表す。

▶（11）アジリティー

身体の姿勢や運動方向をバランスを維持したまま素早く変化させる能力であり，加速，減速，停止，最加速の能力全般が必要とされる。敏捷性ともいう。ストップウォッチや光電管を用い，一定

距離の移動に要した時間で表すことが多い。サーフェイス（地面・床面）とシューズの条件も測定結果に大きく影響する。姿勢，移動距離，方向など様々なものが用いられている。

これらの中でよく用いられるテストの具体的な実施方法については別冊の実技編で紹介されている。

6. 測定結果の整理と評価

評価とは，テスト結果を分析することによって判断や意思決定のための材料を得る過程である。テスト結果を詳しく分析するためには，得られたデータの統計的処理によってデータの加工を行う。

統計的処理には，データの特徴をまとめ予測や推測などの分析を行う記述統計と，一部のデータから全体を推定し確率によって判断する推計学に分けることができる。

1. 記述統計

記述統計とは，測定値を整理・要約しグループの特性を示すことである。それにより，チームとしてのベースライン，トレーニングによる変化，個々人の位置づけ，測定データの関係等々が明らかとなる。記述統計には，次のような基礎統計量が用いられる。

▶（1）代表値

・平均値
ある集団の測定値を全て加えて集団の数で除した値。最もよく用いられる代表値である。

・中央値
測定したデータを最小から最大へと順に並べておいて，ちょうど真ん中にきたもの。15名の場合は，8人目に来たものの値となり，人数が偶数の場合，例えば16名のときは真ん中2つの平均値を中央値とする。

・最頻値
最も高い頻度で表れる数値である。

以上のうち平均値が最もよく用いられるが，極端に大きい値や小さい値によって測定値の分布が大きくどちらかに偏っている場合は，平均値がそちらにずれる。

▶（2）分散

2つのグループの平均値が同じでも平均値の近くで均一に散らばっているものと，大きい値から小さい値までばらつきがあるものとでは，代表値は同じでも集団の質はかなり違ってくる。

多くの事象では，図16-1のように平均値の周辺は度数が多く，平均値から離れるにしたがって度数が減る。これを正規分布という。

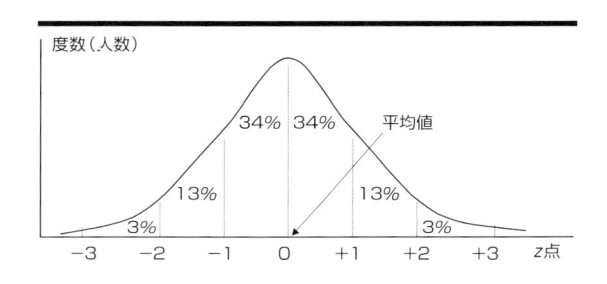

図16-1 正規分布

集団内での測定値の散らばりの度合いをあらわすものには次のものがある。

・範囲
最大値と最小値及びその差によって散らばりを捉える。

・標準偏差
個々の値と平均値の差を2乗したものの総和を個数より1少ない数で割って，単位を平均値と同じにするためにその平方根をとったもの。標準偏差 s は，次の式で表される。
データ $\{x_1, x_2, \cdots x_n\}$ に対して，

$$s = \sqrt{\frac{\sum (x_1 - \bar{x})^2}{n-1}}$$

データが正規分布しておれば，平均値±sに全データの68％，平均値±2sに94％が含まれる。こ

のような場合，平均値と標準偏差がその集団の特徴を捉えるために非常に役に立つ。

・標準得点

標準偏差を単位としてある値が平均値からどれだけ離れているかを示す値。z得点とも言う。

$$z = \frac{x - \bar{x}}{s}$$

・Tスコア

異なる測定単位や分布を比較し集団の中での位置を明らかにするために用いられる。平均値50，標準偏差10として表現された標準得点zをTスコアあるいは偏差値という。

$$T = (z \times 10) + 50$$

▶(3) パーセンタイル順位

パーセンタイル順位とは，集団全体を100%として，ある個人の位置をその中のパーセントによる順位として示す方法である。

例えば，パーセンタイル順位75ということはその選手の位置が上位25％に位置するということ，言い換えればその選手の下に75％が入るという意味である。Tスコアと異なり，分布の形にとらわれずに単純に全体に占める位置を明らかにするときによく用いられる。

各テスト項目について，選手の相対的な順位がわかるのでトレーニングに対する有効な動機付けの道具として利用価値が高い。

▶(4) 相関関係

ある対象の2つの測定値間の関連の強さの程度を相関という。一方の値が大きくなるにしたがって，他方も大きくなる場合を正の相関といい，小さくなる場合を負の相関という。相関関係の強さは相関係数rで表される。相関係数は－1.0から＋1.0までの値をとり，数値が大きいほど直線的な関係が強くなる。

相関関数から解釈する際に注意するべきことは，相関関係があるということからすぐさま因果関係があるとは言えないということである。因果関係があるかどうかを調べるためには，条件統制した実験が必要となる。

2. 推計学

集団から部分的に取り出した標本の測定によって得られた情報から，その標本が属する母集団の持つ一般的な特徴を推測する手法が推計学である。

2つ以上のグループ，あるいは同じグループのトレーニング前・後の平均値の間に差があるかどうかを調べるとき，推計学的に差があると判断されれば，その差は偶然生じたのではなく，何らかの原因があって生じたと判断できる。

推計学を用いてグループ間の差があるかどうかを調べることを有意差検定といい，通常2つのグループ間ではt検定，3つ以上のグループ間では分散分析が用いられる。

3. プロフィールの作成

各選手，チーム，あるいはクライアントごとに縦断的測定結果と評価の記録を整理したプロフィールを作成することは，全体のプログラムを評価し，選手やクライアントのカウンセリングを行う資料や動機付けの材料として有益である。

プロフィールを作成することは，ストレングス＆コンディショニングの専門職として自分の行った仕事を点検するためにもぜひとも必要である。

集団の中での個人の相対的な位置がわかるパーセンタイル順位表や，進歩の度合いが視覚的にわかるようなグラフとともに保管するようにするとよいだろう。

理解度チェック問題

1. 初回のカウンセリングの目的でないのはどれか？
    a. クライアントとの適合性の見極め
    b. 提供可能なプログラムの説明
    c. 1RM測定
    d. 選手やクライアントの意欲の確認

2. アメリカスポーツ医学会（ACSM）のガイドラインによれば，次のうちどれが高血圧の危険因子の判断基準とされているか？
    a. 100/60mmHg
    b. 120/80mmHg
    c. 140/90mmHg
    d. 160/100mmHg

3. 次の4項目のテストを実施する場合，信頼性が最も高い順序はどれか？
    Ⅰ. 12分間
    Ⅱ. 40mダッシュ
    Ⅲ. 1RM測定
    Ⅳ. シット＆リーチ

    a. Ⅰ，Ⅱ，Ⅲ，Ⅳ
    b. Ⅱ，Ⅳ，Ⅲ，Ⅰ
    c. Ⅳ，Ⅲ，Ⅱ，Ⅰ
    d. Ⅳ，Ⅱ，Ⅲ，Ⅰ

4. サッカー選手の最大酸素摂取量を知るために最も基準妥当性があるテストはどれか？
    a. 100mダッシュ
    b. 自転車エルゴメータテスト
    c. 12分間走
    d. Edgrenサイドステップ

解答：1.→c　2.→c　3.→d　4.→c

17章 ピリオダイゼーション

KEYWORDS
●汎適応症候群 ●マクロサイクル ●メゾサイクル ●ミクロサイクル ●準備期
●第1移行期 ●試合期 ●第2移行期 ●積極的休養 ●筋肥大/持久力期
●最大筋力期 ●筋力/パワー期 ●無負荷ミクロサイクル ●線形ピリオダイゼーション
●非線形(波動型)ピリオダイゼーション

1. トレーニング・プログラムのバリエーション

　よく練られたストレングストレーニング&コンディショニングのプログラムによって，スポーツ・パフォーマンスや日常動作は効率よく改善されるが，同一のプログラムの実施が長期に及んでくると，改善率が低下したり，わずかな進歩しか見られなくなったりしてくる。そして最終的には，パフォーマンスのプラトー化や低下が生じ，オーバートレーニングの兆候が認められるようになる。長期間にわたるトレーニングを促進しパフォーマンスを改善していくためには，トレーニング全体の時期区分や周期に応じてトレーニングの特異性，強度，量に対して変化をもたせる必要がある。このプログラム・デザインに関する特別な方法をピリオダイゼーションと呼ぶ。

　ピリオダイゼーションの概念は1960年代に旧ソ連のマトヴェイエフによって提起され，その後アメリカのエクササイズ・サイエンティストによって筋力・パワー系の選手のトレーニングを中心に研究が進められた。

　本章では，ピリオダイゼーションの基本概念とその具体化のための理論及び方法について解説する。

1. トレーニング・ストレスに対する応答

▶(1) ショック期または警告期

　身体が新奇なあるいは日常レベルを超える強いトレーニング・ストレスを受けると，最初にショック期または警告期とよばれる反応が生じる。この局面は，数日から数週間続き，極度の筋肉痛を起こしたり，筋肉が硬くなったりする。パフォーマンスも一時的に低下する。

▶(2) 抵抗期

　この後に抵抗期とよばれる段階がくる。この局面は，身体が刺激に適応して正常な機能を取り戻す時期である。この局面における身体内では，様々な生理学的，構造的，神経学的適応が生じる。いわゆる超回復とよばれる局面に相当する。

▶(3) 疲憊期

　しかし，大きなストレスが長期にわたって継続すると，疲憊期に入る。この段階では再び警告期と同じような諸症状が生じ（疲労，筋肉痛等々），ストレスに対する適応能力が喪失される。

　もしこの時期にトレーニングに変化がなかったり，トレーニング刺激が強すぎたりすると，トレーニングに対する単調感が増大し，進歩が停止したり（プラトー），パフォーマンスが低下したり（スランプ），あるいはオーバートレーニングに陥るといった適応障害が生じることになる。トレーニングに直接関係のないストレス（例えば，仕事，

学業，睡眠不足，不適切な食事）が全体としてのストレス状態に影響して疲憊期に入ってしまうこともある。

▶(4) ピリオダイゼーションの必要性

以上に示した3段階はハンス・セリエが示した汎適応症候群とよばれるもので，生体がストレスに直面した際にたどる一般的な反応の経過である。ピリオダイゼーションは，プラトーやオーバートレーニングを防止し適応障害をおこすことなく，目的とする時期に向けて最大の発達を促進するための手法である。

2. ピリオダイゼーションのサイクル

ピリオダイゼーションのモデルでは全体のプログラムをいくつかの時期に分割する。

▶(1) マクロサイクル

最も長期間にわたる分割である。通常，1年間全体を指すことが多いが，時には数ヶ月であったり，逆に4年間（オリンピック選手のため）あるいは2年間（ある種目の世界選手権）であったりすることもある。

▶(2) メゾサイクル

マクロサイクルの内部は2つかそれ以上のメゾサイクルに分割される。これらは数週間から数ヶ月間持続する。メゾサイクルの回数は選手の目的によって異なるとともに，マクロサイクル内の競技大会の数によって決まることもある。

▶(3) ミクロサイクル

それぞれのメゾサイクルはさらに2つまたはそれ以上のミクロサイクルに分割される。この期間は通常1週間である。このミクロサイクルを最小単位としてその内部の1日ごとのトレーニングの変化が検討されるのである。

2. ピリオダイゼーションの時期

ピリオダイゼーションにおいては，エクササイズ種目，休息時間，週頻度等々も変化させられるが，さまざまに変化させられる変数のうち，最も重要なものは強度と量に関するものである。

スポーツのトレーニングは最終的には専門的テクニックとタクティクスの習得と完成を目指す。しかし，長期間にわたって，オーバートレーニングを防止し，パフォーマンスを最適化するには，全トレーニング期間にわたって専門的なトレーニングだけを継続することは効果的ではない。最初は，量が多く強度の低い非専門的活動から開始し，徐々にスポーツ種目のための量が少なく強度の高い専門的活動に向けて，トレーニングで優先させる内容をシフトさせていく方法が効果を上げる。

トレーニング期の主な区分は，「準備期」，「試合期」，そして「移行期」である。通常，実際に構成されるマクロサイクルでは，準備期と試合期の間に，「第1移行期」を挿入し試合期の後の移行期を第2移行期とすることによって，準備期，第1移行期，試合期，第2移行期という4つの区別された時期から成り立っている。

図17-1に，初心者または低いトレーニング段階にある選手向けの基本的なピリオダイゼーションの概念図を示した。低い強度レベルから始まり徐々に高くなっていく。量は最初が多く，選手のコンディショニングが高まるにつれて少しずつ減っていく。

注意するべきことは，このモデルはあくまでも一般的なイメージ図であり，初心者レベルの選手やクライアントの場合は，実際はこうした大きな変動には耐えられない。また，レベルの高い選手の場合には，常に能力の限界付近でトレーニングを行っているため，さらなる向上の余地が小さく，量・強度ともに常日頃から安定して高い位置にある。したがって図17-2に示したように，準備期の初期に低強度かつ多量，そして試合期には高強度かつ少量へという基本的なシフトにはあてはまるが，変動幅は小さい。

以下，各トレーニング期の特徴と内容を示す。各期に対応したレジスタンストレーニング領域の

ピリオダイゼーション ……………… **17**章

強度と量に関するピリオダイゼーション・モデルは**表17-1**に示した。

1. 準備期

　準備期は，通常のトレーニング・スケジュールでは，最も長期に及ぶ局面であり，ほとんど対外試合がなく，スポーツ種目のための専門的なテクニックやタクティクスのためのトレーニング・セッションの回数も限定されている。

　この時期の主目的は，選手のコンディショニングの基礎的レベルを引き上げることによって，後でより強度の高いトレーニングに耐えることができるようにすることである。

　比較的低強度で量的に多い活動が用いられる。
・低速度での長距離ランニング（LSD）や水泳
・低強度プライオメトリクス
・軽から中くらいの強度でのレジスタンストレーニング

　この時期の量の多いトレーニングによって，必然的に選手の疲労は増大しトレーニングのための拘束時間も長くなる。このような時期のコンディションは，スポーツの専門的なテクニックを改善するのに適してはいない。したがってテクニックのトレーニングは高い優先事項とはならない。

　準備期のトレーニングの進行状況にあわせてレ

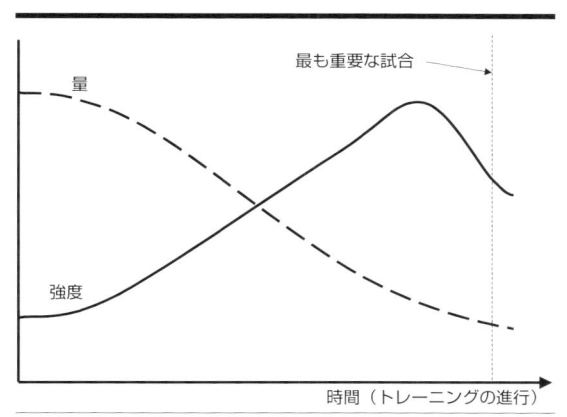

図17-1　ピリオダイゼーションの基本的概念図（初心者向け）

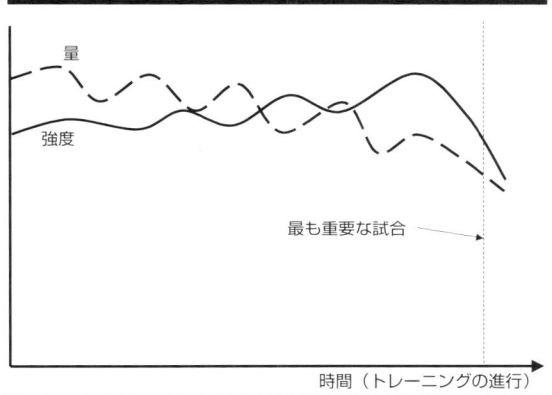

図17-2　ピリオダイゼーションの基本的概念図（上級者向け）

表17-1　ピリオダイゼーションのモデルにおけるレジスタンストレーニングの強度と量のめやす

スポーツシーズン	オフシーズン → プレシーズン			インシーズン		ポストシーズン
時期	準備期 → 第1移行期			試合期		第2移行期
局面	筋肥大／持久力	最大筋力	筋力／パワー	ピーキング	維持期	積極的休養
強度	50～75%	80～90%	60～95%	95%	80～85%	
量	3～6セット	3～5セット	3～5セット	1～3セット	2～3セット	
	10～20レップ	4～8レップ	2～5レップ	1～3レップ	6～8レップ	

ジスタンストレーニングとコンディショニングの強度が高められ，量が減らされていく。そしてテクニックやタクティクスのトレーニング時間や頻度が増大する。

レジスタンストレーニングの目的と内容に応じて準備期をさらに3つの下位局面に分割することによってさらに精巧な変化をつける方法もよく用いられる。

・筋肥大/持久力期

準備期の最も初期におかれ，達成目標の高さや現在のレベルに応じて2週間から12週間程度継続する。この期のトレーニングは極めて低強度で，かなり多くの量が行われる。主目的は体脂肪を減らし，除脂肪体重を増加させることおよび後の高い強度でのトレーニングに耐えるための持久力の基礎（筋持久力とエネルギー系の持久力）を作ることである。

テクニックのトレーニングを行ったとしても，専門性を強く意識した内容とはならず，例えばスプリンターであればスローペースでのランニング，両脚でのバウンディングやホッピングのような低強度のプライオメトリクスなどがあげられる。

この時期のレジスタンス・トレーニングで用いられる種目も必ずしもランニング動作に対してバイオメカニクス的に同じである必要はない。マシン類での単関節種目が多く，負荷も軽から中程度を用い，回数を多めにする。

・最大筋力期

次の局面は最大筋力期である。専門的スポーツ動作に必要となる筋群の基礎的な筋力を高めることを目的として行われる。先のスプリンターの例では，長くない距離でのインターバルやより専門的なプライオメトリクスのドリルを含む。レジスタンストレーニングのプログラムにおいても，スポーツ動作に対してより特異的なフリーウエイトによるスクワットやランジといった種目が採用され，筋肥大/持久力期よりも高重量を用い少ない回数で実施される。

・筋力/パワー期

準備期における最終段階が筋力/パワー期である。スプリンターの例で言うと，インターバル走やスピードトレーニングはその強度を試合のペース近くまで高め，上り坂，スレッド，ハーネス等々を用いた抵抗負荷に対するスプリントや牽引や下り坂を用いたアシステッド・スプリントなどのトレーニングが行われる。プライオメトリクスはスプリントの動作を模倣したものが中心となり，レジスタンストレーニングのプログラムはハイクリーン，スナッチ，スクワットジャンプなどの高負荷かつ少量でのパワー/爆発的エクササイズが含まれる。

2. 第1移行期

準備期の後に，それまでの高強度ストレスからいったん開放し，試合期にむけてリフレッシュさせ，より高強度のトレーニングへ移行する前の小休止を意図した第1移行期を挿入することがある。

3. 試合期

試合期においては，トレーニング強度をさらに高め，量を減らすことにより，筋力とパワーのピークを実現する。コンディショニングの時間が減少することに伴い，スキルとタクティクスのための時間が増す。スプリンターの例では，反応，スタート，加速などのテクニックや，スプリントのための専門的なプライオメトリクスなどが強調されるようになる。練習試合や記録会をそのトレーニングに充てることもある。

試合期の長さは種目やレベルによって異なるが，数ヶ月間継続することもある。通常，ピークのコンディショニング状態を維持できるのは長くて3週間程度である。これ以上の期間にわたってピークを維持させようと高強度トレーニングを継続すると，ほとんどの場合オーバートレーニングとなる。したがって，数ヶ月間にわたって多くの重要な試合をこなす必要がある競技の場合，中くらいの強

度と量を用いるプログラムによって筋力，パワー，そしてパフォーマンスを維持することが目的となる。

4. 第2移行期

　試合期が終了して次のマクロサイクルの準備期の始まる前に第2移行期がくる。この時期は，積極的休養期とか回復期とも呼ばれているものであり，1週間から4週間続く。

　非専門的なレクリエーション的活動を低強度かつ少量で実施する。長期間をかけて目標に向かって確実な進歩を積み重ねていくためには，外傷や障害の治療とリハビリテーションおよび精神的・身体的休養のための時間が必要である。スプリンターの例で言えば，レクリエーション的に他の種目のスポーツ活動を楽しむことや，軽いウエイトによる少量の非専門的なレジスタンス・トレーニングを行うことになる。

5. 無負荷ミクロサイクル

　第1および第2移行期以外にも，積極的休養や回復のために，上述の各局面や時期の間に1週間程度の小休止を挟むという方法がとられることがある。これを無負荷ミクロサイクルという。この目的は次の局面や時期におけるより高度なトレーニング要求に対して身体を準備することにある。少なくない指導者は，一時的に量と強度を思い切って減らすことによって，オーバートレーニングを防ぐことができると経験的に知っている。

3. ピリオダイゼーションにおける時期区分のスポーツ・シーズンへの適用

　ピリオダイゼーションの原則的時期区分を高等学校や大学あるいは社会人やプロフェッショナル・スポーツのシーズンに対応させるためには，これらのスポーツにおける年間スケジュールを検討し，その要求にしたがって最も妥当な対応を検討する。

　一般的には，これらのスポーツは，オフシーズン，プレシーズン，インシーズン，そしてポストシーズンというメゾサイクルから構成される年間スケジュールを持っている。

　1年間にこのサイクルが2回（春と秋がインシーズン）あるいは3回繰り返される競技や，半年以上の長期に及ぶインシーズンの間に休息期間が挟まれる場合，あるいは，ほとんど1年中がインシーズンのような競技種目もあるが，短期間であるにせよ，こうした基本的なスケジュールを全体のなかに見出すことができる。

1. オフシーズン

　オフシーズンとは前シーズンの最後の試合の数週間後から翌年のシーズンにおける最初の試合の数週間から数ヶ月前までの期間をさす。このシーズンはほとんど準備期に当てられる。オフシーズンが長期間に及ぶ場合，（例えば16週間から24週間），さらに短いメゾサイクルに分割される。筋肥大/持久力期，最大筋力期，筋力/パワー期というメゾサイクルに分割することが一般的であるが，筋肥大/持久力期と最大筋力期を2回またはそれ以上繰り返すこともある。種目や目的に応じて，筋力/パワー期もこのローテーションに含めることも可能である。これらの場合は，強調点の異なるメゾサイクルを何回か繰り返しながら，いわば螺旋的に次のシーズンへの準備を行っていくことになる。

2. プレシーズン

　プレシーズンは，直接そのシーズンにおける最初の試合につながる時期であり，オフシーズンの基礎的・一般的なトレーニングの成果を土台としてより専門的なトレーニングを行う。トレーニング量は徐々に低下させ，強度を高める。エクササイズ種目もスポーツ種目に固有のものが多く選択

される。プレシーズンは準備期の最終段階とインシーズンに向けての第1移行期を含む。

3. インシーズン

インシーズン期は、メインの大会やリーグ戦およびそれらの結果によってはより上位につながる競技大会の全てを含む。

インシーズン中は、テクニックやタクティクスを高いレベルで維持するだけではなく、シーズンの終盤に向けてさらにもう一段高い段階へ推し進める必要がある。また、試合と試合との間に部分的な修正や新たな対応が余儀なくされることもある。こうしたテクニックやタクティクスへの要求を優先しつつ、と同時にコンディショニングレベルもほぼベストに近い状態を維持していく必要がある。そして最終的な最も重要な試合でのピーキングが必要となる。

今日、試合スケジュールが過密化し、ほとんどすべてのレベルにおけるスポーツのインシーズンは数ヶ月に及び、1週間に複数回の試合が入ることも珍しくないため、試合日を区切りとすると、最も重要な試合に向けて何回ものミクロサイクルが絶え間なく連続していくことになる。その結果、コンディショニングの維持、回復、あるいは計画的な向上のためのプログラムを組むことが困難となることが多い。

したがって、数ヶ月におよぶ長期のインシーズンにおいては、トレーニング・プログラムのデザインにあたってさまざまなユニークな試みがなされている。そのひとつは、長期の試合期を複数回の2週間から4週間程度のメゾサイクルに分割するという方法である。それによって最も重要な試合に向けて選手のピークを形成するのである。例えばシーズン開始直後の3週間は強度も量も比較的高く保ち、疲労が出てくる次の3週間は強度を維持したまま量を少なくし、次の2週間は強度も下げ、最後の2週間は最も重要な試合に向けて再び強度を高め、量を思い切って落とすというように変化させる。リーグ戦であれば所属リーグ内におけるチームのレベルや次に対戦する相手との力関係でこうしたサイクルは変化する。

他の方法は、すでに述べたように、中程度の強度で小から中程度の量での維持期を設定するという方法である。

4. ポストシーズン

最後の試合の後には、翌年のオフシーズンにおける準備期が開始するまで、積極的休養のためのポストシーズンが設定される。これは第2移行期に対応する。1年間に春季と秋季というようにインシーズンが2回ある場合や、長期のインシーズン中に数週間から数ヶ月の中断がある場合も短期間のポストシーズンをリフレッシュ期間として設定することが多い。

5. ピリオダイゼーションのバリエーション

▶(1) 線形モデル

伝統的なレジスタンス・トレーニングのピリオダイゼーション・モデルは線形モデルと表現されることがある。それは時間の経過とともに、ミクロサイクルのレベルで、すなわち1週間から数週間ごとに漸進的に少しずつ強度と量を変化させていくからである。通常は強度を上げつつ量を減らすので一方向的に変化させることになる。

▶(2) 非線形(波動型)モデル

これに対して、負荷の強度と量をミクロサイクルの内部、すなわち1日ごとに変動させるモデルがある。通常はレジスタンス・トレーニングのすべてのエクササイズについて行うのではなく、コア・エクササイズに限定して行うことが多い。このピリオダイゼーション・モデルは、強度と量の変化が頻繁に大きく変動するため非線形または波動型モデルと呼ばれている。

非線形プログラムの例としては、月・水・金と週に3回トレーニングするとして、月曜日に6RM

の負荷で4セット行い，水曜日には10RMで3セット実施し，最後の金曜日には3RMで5セット行うというものがある。

この場合には，負荷の大きさ（RM）も量（レップ×セット）も同時に増減させられていることになる。線形モデルにおいても，1週間のミクロサイクルの内部で強・中・弱という変化をつけることはよく行うが，強のトレーニング日に6RMの負荷で4セット実施するというミクロサイクルが組まれているならば，弱のトレーニング日には負荷の大きさのみ変化させ（6RM負荷の80%），トレーニングの量（レップ×セット）については通常変化させない。また，中のトレーニング日には6RMの90%で行い量はやはり変化させず，6レップを4セット実施する。

▶(3) 非線形モデルの背景

線形モデルよりも非線形モデルのほうが筋力の向上にとって効果的であるとする報告がある一方で差がないという結果もある。

線形モデルでは，トレーニング強度の一方向的な増大によって神経系の疲労が生じ，そのことがオーバートレーニングの原因となるが，非線形モデルでは変化が大きくそうした神経疲労やオーバートレーニングが生じにくいという仮説が，非線形モデルを支持する背景となっている。

▶(4) インシーズンにおける非線形モデルの利用

先に述べたような長期間におよぶインシーズンに多くの試合が連続するスポーツに対して非線形のプログラムを適用する試みが行われている。そこでは筋力やパワーをピークまでトレーニングすることはせず，筋肥大，最大筋力，パワーという課題に応じた負荷を長期にわたって反復的にかけていくという方法を取る。

これによって，インシーズンにあっても筋肥大を刺激することが可能となるという利点がある反面，高いトレーニング状態にある選手においても，日々の相対的に高い強度レベルが長期間続くため，比較的早期にオーバートレーニングに陥るかもしれないという懸念もある。

理解度チェック問題

1. 高校生のバレーボール選手における準備期の開始段階において，レジスタンス・トレーニングの強度と量の関係を最も適切に示しているのはどれか？
   a. 高強度，多量
   b. 高強度，少量
   c. 低強度，少量
   d. 低強度，多量

2. スポーツ固有の専門的エクササイズが最も強調されるのはどの時期か？
   a. 準備期
   b. 第1移行期
   c. 試合期
   d. 第2移行期

3. 準備期はさらに下位の局面に分割される。それは次のどれか？
   Ⅰ. 筋肥大期
   Ⅱ. 心臓血管期
   Ⅲ. 最大筋力期
   Ⅳ. 超回復期

   a. ⅠとⅢ
   b. ⅡとⅣ
   c. ⅠとⅡとⅢ
   d. ⅡとⅢとⅣ

解答：1.→d 2.→c 3.→a

18章 特別な人のためのプログラムデザイン

KEYWORDS ●女性 ●子ども ●高齢者 ●危険因子 ●心臓病 ●障害のある人

障害のある人を始めすべての人がスポーツ活動に参加する機会が生まれている。また性，年齢をこえて身体運動が大きく健康に寄与することも明らかになっている。身体運動の中でもレジスタンストレーニングに対する関心が高まっている。

1. 子どものレジスタンストレーニング

1. 子どものおかれている身体運動環境の激変

春を待ちわびて小川にドジョウを捕り，裸足で野山を駆け回り，夏が来ると蛍を追いかけ，雑木林の中でカブト虫やクワガタを求め，秋には枯れ葉の散る雑木林に木瓜の実を見付け，冬枯れた雑木林では霜柱の中を探検した少年時代は今の子どもたちには失われた過去の昔話となってしまっている。近所には森があり魚釣りをする川が流れており，海や山が手の届くところにあった時代には，子どもたちは自然の中で走り回りあるいは跳躍してまんべんなく脳神経系と筋肉に刺激を与え成長の糧としてきた。

都市部においては作られた公園の砂場やブランコ以外に，子どもが自由に遊び回り危険を回避して身を守る訓練をする場所が失われている。少年野球や少年サッカーなどの少年スポーツが一部で熱心に取り組まれており，スポーツエリートがかつてなく大きな成功を収めていることも事実だ。一方多くの子どもにとってヒトとしてのバランスの取れた身体運動機能を獲得するための，日常生活場面での身体運動の機会が大幅に制限されている。

動脈硬化症の初期の変化である脂肪の沈着はすでに小児の動脈にも認められる。成長という素晴らしい時代の中にある小児にとっても成人病が問題となる時代になっている。子どもにふさわしい身体運動環境の確保が，動脈硬化症の予防などの健康にとっても重要な課題である。

ヒトが遺伝的に獲得した身体運動遂行の能力は数万年の歴史の中で完成してきていると考えられている。遺伝子が変化するには少なくとも2000年程度の年月が必要とされている。著しい環境変化に追いつけないでいるヒトの遺伝子資質の不十分さを，トレーニングにより環境に適応させることが求められている。

2. レジスタンストレーニング実施における子どもの特殊性

▶（1）子どもの発達の特徴

子どもは大人と異なり成長をする。思春期前とは，明らかな陰毛や腋毛・乳房の発達などの第二次性徴が出現するより前の時期をいう。少女では11〜13歳まで，少年では13〜15歳以下の時期が思春期前といえる。思春期前には筋量の増大を刺激するアンドロゲンが十分なレベルまで分泌されな

いのでレジスタンストレーニングによって得られる骨格筋肥大は成人に比べて起こりにくいと考えられている。レジスタンストレーニングによる思春期前の筋力増加は主に神経の適応（運動単位の活性化）による。

思春期になると男性では睾丸テストステロンの分泌により除脂肪体重に著しい増加が始まる。男性の思春期以降の筋力増加は筋肥大の要素も加わってくる。女性ではアンドロゲンのレベルが低いので筋肥大は制限されている。女性では成長ホルモン，インスリン様成長ホルモンが筋肥大と主に関係していると考えられている。

▶（2）長骨の骨端部とレジスタンストレーニング

身長が伸びている最中の長骨の骨端部は障害を受けると成長が止まる恐れがある。青少年の骨端部は骨格の中で弱い部分となっている。適切に処方されたレジスタンストレーニングでは，骨端部の障害や成長の停止は報告されていない。

▶（3）知性および心理的な特徴

子どもは知性および心理的な特徴において発達段階にある。レジスタントトレーニングの効果と危険性に関する十分な理解には大人より十分な配慮が必要とされる。適切に指導されたレジスタントレーニングにより大人と同様に心理的な幸福感・自己尊重（self-esteem）・自己効力（self efficacy）が得られると期待されている。

▶（4）子どもの肥満・高脂血症・糖尿病・高血圧

大人と同様に，食生活と日常身体活動の変化により子どもにおいても肥満・高脂血症・糖尿病・高血圧といった遺伝因子関連生活習慣病が増加しつつある。レジスタンストレーニングにより子どもの遺伝因子関連生活習慣病が改善される可能性が期待されている。

▶（5）子どもの身体運動の特徴

子どもは多くの競技スポーツに参加している。競技スポーツで発揮される筋力とスキルは時に激しいものがあり傷害の予防が必要とされている。

3. 子どものレジスタンストレーニング

▶（1）NSCAの青少年のレジスタンストレーニングに関する公式声明

青少年とは，「思春期前および思春期両方の年代を含む時期」と広く定義される。レジスタンストレーニングは，「力を発揮したり，力に耐えたりする能力を増大させるために利用されるコンディショニングの特殊な形態」として定義される。レジスタンストレーニングは，単に高い強度でトレーニングを行い，最大のウエイトを上げる試みをするパワーリフティングやウエイトリフティングのような競技とは異なるものである。

①正しく計画され，指導されるレジスタンストレーニングプログラムは，子どもにとって安全である。

②正しく計画され，指導されるレジスタンストレーニングプログラムは，子どもの筋力を増加させることができる。

③正しく計画され，指導されるレジスタンストレーニングプログラムは，子どもの運動適応スキルとスポーツパフォーマンスとを高めるのを助けることができる。

④正しく計画され，指導されるレジスタンストレーニングプログラムは，子どものスポーツレクリエーション活動における傷害を予防するのを助けることができる。

⑤正しく計画され，指導されるレジスタンストレーニングプログラムは，子どもの心理学的な充足感の改善を助けることができる。

⑥正しく計画され，指導されるレジスタンストレーニングプログラムは，子どもの総合的な健康を高めることができる。

▶（2）子どものレジスタンストレーニングにともなう危険

子どものレジスタンストレーニングにともなう危険は大人と同様である。すべてのレジスタンストレーニングプログラムにおける大人の丁寧な指

導と安全な器具により事故は回避できる。

▶(3) 子どものレジスタンストレーニングによる効果

　①すでに述べたように筋力の向上が見られる。
　②競技パフォーマンスの向上のためには、トレーニングの特異性の原則を考慮して行う。
　③レジスタンストレーニングによりスポーツ傷害の予防がなされる。
　④心理的に良好な効果が期待される。
　⑤健康面への寄与がある。適切な栄養と身体運動は骨形成のよい刺激となる。
　⑥身体運動の機会が少ない都市部の子どもにとってはトレーニングを通じて身体運動の喜びとスポーツ参加への機会を準備する。

▶(4) 子どものレジスタンストレーニングを行うにあたっての具体的な注意

　・参加前に医学的な診断が必要な子どもにはこれを行う。
　・子どもはレジスタンストレーニングに参加する前に生理学的および心理学的に必要な十分な準備をする。指示を受けとめ従う精神的成熟度が必要とされる。
　・全体的なコンディショニングのなかでレジスタンストレーニングを位置づける。
　・子どもが新しいスキルを学んだり、かたちにするのには十分な時間がかかることを良く教える。子どもがスキルに必要な筋力を得ることを現実的な目標とさせる。
　・トレーニングの環境は安全で危険のないものとする。
　・個々のトレーニングに関する可動域全体を含む正しいフォームのデモンストレーションを行う。
　・軽い適度なウォーミングアップの後に、低強度のエアロビックやストレッチングのような5〜10分程度の一般的なウォーミングアップエクササイズをしてからレジスタンストレーニングにとりかかる。
　・トレーニングの器具は良く手入れされ、個々の子どもに合うよう正しく設定されていなければならない。
　・すべてのトレーニングセッションは経験を積んだ指導者によって丁寧に指導されるべきである。大人の指導者は子ども10人程度に1人が必要である。トレーニング開始数週間では子ども8人に1人の指導者が必要である。
　・子どもはトレーニング内容について十分教育されなければならない。
　・子どもはプレートやダンベルなど、使用した器具をもとの場所へ戻すなどのウエイトルームでのエチケットおよび個々のヒトの身体の差異について十分教えられるべきである。トレーニング内容において競争をすることを避けるよう指導する。
　・期分けの概念は1年を通して体系的に変化するトレーニングプログラムとして取り組まれるべきである。
　・プログラムの評価とテストとして、1RM法が危険であるという考えがある。一方慎重に行われるなら安全との考えもある。16歳以下の子どもでは最大負荷の挙上は避けたほうがよいという考えが一般的である。
　・子どもがトレーニングを楽しんでいることを確かめるべきである。強制的にトレーニングに参加させてはいけない。
　・子どもが次のトレーニングに期待するようにする。
　・特別な多関節エクササイズ（ベンチプレス、スクワット、レッグプレス）は個人の必要性と能力にあわせて導入する。新しいトレーニングを行うときは筋肉痛を最小限にして正しいテクニックを学ぶために比較的軽いウエイト、場合によっては、ほうきの柄などで始めるべきである。
　・指導者と両親はすぐれたパートナーとして子どもに指示と励ましをあたえ続ける。

- 運動前・運動中・運動後に多くの飲料をとるよう指導する。
- 様々なスポーツ活動に参加するよう指導する。

▶(5) 4段階の計画

・第一段階（2〜4週）

　子どもにトレーニングの安全な進め方を紹介する。主にマシンあるいは自分の体重やダンベルを用いる。トレーニング時間は20〜30分として週に2〜3回行う。ストレッチングによるウォーミングアップやクーリングダウンを含む，1セット当たり10〜15回の比較的軽い負荷から始めるようにする。レッグエクステンション，レッグカール，ベンチプレス，ラットプルダウン，トライセプスエクステンション，バイセプスカールといった種目を選択する。

・第二段階（4〜8週）

　安全で効果的なテクニックを強調するようにする。トレーニング時間は25分から30分として週2〜3回行う。子どもにトレーニングによる傷害の危険について十分理解させる。負荷は10〜15回の範囲になるようにし主要筋群については2セット行ってもよい。オーバートレーニングを避けるために様々なスポーツ活動への参加はしっかり監視すべきである。腹部や下背部に対する準備運動をプログラムに組み込む。

・第三段階

　基本エクササイズをマスターした場合にこの段階に進む。この段階を数カ月続ける。主要なエクササイズを8〜12セット週3回行う。この段階で新しいフリーウエイトとマシーンによるエクササイズをつけ加える。

・第四段階

　主要な種目をマスターし，しっかりしたトレーニングガイドラインや安全な手順を理解した子どもだけがこの段階にすすめる。主要種目については比較的軽い重量によるウォーミングアップセット（10回挙上重量の50％）の後に6〜10回のセットを3セット行う。この時期にはオリンピックリフトやスポーツに特異的なトレーニング種目を組み込んでよい。16歳以下の子どもには最大負荷の挙上は不適当である。

2. 女性のためのレジスタンストレーニング

1. 女性の生涯と生理学的特徴

▶(1) 思春期まで

　この時期は乳幼児期，幼児期，学童期にあたりヒトとしての心理的身体的な発達の著しい時期である。この時期は男女差がほとんど見られない時期でありスポーツ活動の基本は男女差を区別することなく量的・質的に様々な種類のスポーツを体験する必要がある。

▶(2) 思春期

　思春期には明らかな陰毛や腋毛・乳房の発達といった第二次性徴にくわえて月経周期が開始する。この時期はトレーニング効果が出やすく，運動効果が著しく発達する。この時期に運動の楽しさを技術と知識の両面で確認させるために様々なスポーツを経験させる必要がある。

▶(3) 青年期・成人期

　青年期に激しいスポーツを恒常的に行うと無月経が発現する場合がある。無月経を放置すると卵巣機能の長期的な低下により難治性の無排卵や若年性骨粗鬆症がおこる。またエストロゲンの持っている動脈硬化抑制作用が失われる可能性がある。成人期は女性として妊娠・出産・育児に直面する時期であり身体的には最も安定した時期である一方，この時期を境に身体の各臓器は成熟から老化に移行する。

▶(4) 更年期

　45歳から55歳に起こる閉経期に代表される時期である。閉経にともない卵巣からのエストロゲン分泌の低下により更年期障害（ほてり・発汗・手足のシビレ・不眠・ゆううつ・めまい・全身倦

怠・筋肉痛・関節痛・頭痛・動悸）の症状が起こり骨粗鬆症や動脈硬化症が進行しやすくなる。この時期には積極的な身体運動が更年期の症状を和らげ骨粗鬆症の予防ならびに代謝的な好影響をもたらす。レジスタンストレーニングを積極的に取り組む時期である。

▶（5）老年期

身体機能の低下に加えて心理的にも様々なストレスが増加する時期となる。免疫の低下により感染症や癌にかかりやすくなる時期でもある。この時期には老化によって起こる変化を遅らせるために積極的な身体運動の一環としてレジスタンストレーニングが望まれる。

2. 月経周期と身体運動

成熟した女性では28日を1周期とする月経周期がある。月経には卵巣と子宮における生理的な変化から卵巣周期と子宮周期がある。

子宮粘膜が月経期にある頃、一個の卵母細胞が発育を開始して成熟卵胞となってエストロゲン（卵胞ホルモン）を分泌する。成熟卵胞は成熟開始14日目に破裂し、卵子を腹腔内に排卵する。排卵後の卵胞は卵胞膜が増殖した黄体となり、プロゲステロン（黄体ホルモン）を分泌する。黄体ホルモンは視床下部におけるLH-RH（黄体形成ホルモン放出ホルモン）分泌を介し、下垂体からの黄体形成ホルモン（LH）の分泌を促し卵胞刺激ホルモン（FSH）の分泌を抑制する。妊娠が起こらなければ黄体は退化して白体となる。このような卵巣周期に一致して子宮内膜にも劇的な変化が起こる。

卵胞の成熟と対応してエストロゲンの働きによって子宮内膜が増殖し増殖期となる。排卵後に黄体から分泌されるプロゲステロンやエストロゲンによって子宮内膜が浮腫状になり分泌期となる。さらに子宮内膜が脱落して血液とともに体外へと排泄され剥離再生期＝月経期となる。

月経周期は女性が妊娠・出産をするために必要なばかりでなく健康にとっても必須なものなのである。最近では若い女性の月経不順が増加している。この傾向は若い女性のやせ形志向による体脂肪の著しい減少やストレスによる排卵障害と関与している可能性がある。慢性的なストレスとダイエットによる慢性的なエネルギー不足が相まって視床下部・下垂体・副腎軸を活性化させ血中コルチゾールを増加させる一方で視床下部・下垂体・卵巣軸を抑制することにより月経異常や無月経が発現する可能性がある。コルチゾールの増加は免疫機能を抑制する。その結果生殖機能の低下・骨塩量の低下・動脈硬化の促進・免疫能の低下が起こると考えられる。身体運動は月経周期を損なうことのないようとりくまれる必要がある。

3. 妊娠出産とレジスタンストレーニング

▶（1）妊婦の身体運動

日本におけるマタニティー・スイミングやマタニティー・エアロビクスによる経験では、妊娠中の身体運動により妊娠中に起こりやすい感情の不安定化（maternity blue）を防止し、妊娠中ならびに産褥期に出現する身体的精神的症状を改善する。また高血圧症・糖尿病を罹患したハイリスク妊婦においては身体運動を妊娠中に継続することにより過度の体重増加を防止し妊娠出産の経過を安定化させている。身体運動を妊娠後期まで続けることは高齢出産においては特によい効果が期待できるという。

▶（2）妊婦の身体運動の危険性

身体運動により流産・早産が増加すると考えられてきたが日本におけるマタニティー・スイミングやマタニティー・エアロビクスによる経験では、それらがむしろ減少しているという。この報告の結論には医師の診断書による参加許可などの因子が関与している可能性もある。

妊娠中の運動による明らかな危険性としては妊娠初期の妊婦の体温上昇により奇形児が発生しや

すくなる可能性が指摘されている。運動中の妊婦の心拍数が最大酸素摂取量の運動強度の70％以上になると胎児の徐脈が認められるという。激しすぎる運動により胎児の低酸素血症の危険が指摘されている。

▶(3) 妊婦・産褥期の婦人のレジスタンストレーニングの実際

妊娠中のレジスタンストレーニングの効果としては第1に陣痛から出産への経過を順調にし，筋疲労・筋肉痛を改善する。第2には骨密度を増加させる。

妊娠・産褥期の身体運動に関する注意として，アメリカ産婦人科学会の妊婦・褥婦の運動に関するガイドラインを以下に示す。

①妊娠・産褥期間中

・規則的に運動する方が（少なくとも週三回），不規則的にときどき運動するより好ましい。競技的な性格の運動は避ける。
・蒸し暑いときや発熱しているときには激しい運動をしない。
・瞬発性の運動（ぐっと力を入れたり，飛び跳ねるような動作）は避ける。ショックを減らし滑らないように木の床やきちんと敷かれたカーペットの上で行う。
・結合組織がゆるんでいるので関節の深いまげのばしは避ける。関節が不安定なので，跳躍や振動をともなう運動，急激な方向転換などは避ける。
・激しい運動の前には5分間ほどウォーミングアップを行う。そのためにはゆっくり歩くか固定式バイクを抵抗を少なくしてこぐ。
・激しい運動の後には軽いストレッチングを含むクーリングダウンを行う。結合組織がゆるんで関節の障害を引き起こしやすいのでストレッチは抵抗が最高となる前のところでとどめる。
・運動のピーク時で心拍数を測定する。医師と相談して決定した心拍数を目標として，それを越えないようにする。
・起立性低血圧症を防ぐために床から徐々に起きあがるようにする。足を使う運動のいくつかは短期間にとどめる。
・脱水を防ぐために運動の前後に何時でも水を飲んでよい，必要なら運動を中断して飲んでもよい。
・今まではほとんど運動をしていなかった人の場合はごく軽い運動から始め少しずつ強くしていく。
・何か異常な症状が現れた場合は運動を中止して医師に相談する。
・母体の体温は38℃以下に保つ。

②妊娠中

・母体の心拍数は毎分140以下とする。
・激しい運動は15分以内とする。
・妊娠5ヶ月以降は，仰臥位での運動は避ける。
・バルサルバの操作（息を止めて怒責する）を用いる運動は避ける。
・妊娠のために必要な余分のエネルギーにさらに運動のために必要なエネルギーを加えたカロリー摂取が必要である。

以上のガイドラインに加えて日本のマタニティー・スイミングでは胎盤が安定する妊娠16週以降の参加が条件とされている。現時点では異常妊娠あるいは合併症妊娠の場合は主治医の許可が必要である。

レジスタンストレーニングが妊娠・産褥期の女性の体力の低下を防止し良好な経過をもたらす可能性は，日本において今後詳しく検討されなければならない。

4. 閉経期以降のレジスタンストレーニング

閉経期以降においては高齢者のレジスタンストレーニングで述べる内容に加えて女性に起こりやすい骨塩量の減少をモニターしながらトレーニングを行う。このモニターはトレーニングの効果を判定するのみならず骨折の危険の防止にも役立つ。

3. 高齢者のためのレジスタンストレーニング

1. 高齢者の生理学的特徴

　最大酸素摂取量は20才から80才の人において10年間で5～15％低下する。

　老化により腎臓の機能は70才では若い頃の70％に低下する。それと同様に代謝能力, ホルモン分泌, 免疫能, 神経系の全てが老化によって衰える。

　老化によって体重と体脂肪が増加し体型が太くなり, 筋力, 柔軟性, 骨密度が低下するなど, 身体組成が不健康と言われるように変化する。

　ヒトの寿命は遺伝的に90±10歳とされているが老化には大きな個人差がある。身体運動よっても生理的老化を止めることはできないが遅らせることは可能である。特に心肺機能は鍛錬者においては高いレベルを維持しうる。また疾病を予防することにより老化の加速化を防止することが出来る。

2. 高齢者のレジスタンストレーニング

▶（1）高齢者レジスタンストレーニングの目的

　超高齢者においてもレジスタンストレーニングにより筋肥大が起こることが確認されている。また身体組成・筋力・柔軟性・骨密度が改善する可能性も示されている。

　①ケガ・腰痛・肩関節痛の予防

　ストレッチ体操などによる関節可動域の改善はケガの予防に極めて重要であり腰痛や肩関節痛の治療にも有効である。レジスタンストレーニングとしてダンベルやバーベルといったフリーウエイトあるいはマシン, ゴムチューブを使ったり, 腕立て伏せのように自分の体重を使った身体運動が骨格筋量・筋力と骨塩量を増加させることによって筋肉・骨格疾患の予防と日常生活能力の改善効果をもたらす。

　②身体運動は代謝の改善により慢性疾患（糖尿病・高脂血症・動脈硬化症）の予防に役立つ。

　レジスタンストレーニングでは骨格筋量を増加させることによってHDLコレステロールの増加や, インシュリン感受性を高めるといった代謝の改善をもたらす。レジスタンストレーニングは糖質代謝には筋量の増加と維持ということから良い影響を示す。糖代謝・脂質代謝の改善から動脈硬化症の進展防止にも有効である。

　③定期的な身体運動は心理的機能の改善に大きな効果を示す。

　定期的な身体運動を続けることは鬱状態の改善, 認知能力の向上, 心理的ストレスに対する心臓血管系の反応の低下, 自信と自己尊重の向上に役に立つ。

　④ある種類の悪性腫瘍特に結腸癌の予防と治療に役立つ。

▶（2）高齢者レジスタンストレーニング施行上の危険とその回避

　危険の回避には健康状態・運動能力・運動制限について事前に評価することが必要である。具体的には血圧の測定, 身体計測, 既往歴の確認, 喫煙・飲酒などの健康に悪影響をあたえる習慣について調査する。

▶（3）高齢者レジスタンストレーニングの特徴

　①身体運動の効果は用量依存性に得られる。

　身体運動の効果は用量依存性に起こるので, どんなに簡単で短い時間の身体運動であってもそれが健康増進を目的として意識的に取り組まれているものであるとするならば有効である。高齢者では長い人生の中で多くの身体運動経験があるため個性的な身体運動プログラムを独自に開始する能力を持っている。この個性的な運動プログラムをさらに内容豊富にするように働きかける。

　②包括的な身体運動プログラムの一部としてレジスタンストレーニングを行う。

　高齢者においては全身持久力, 関節の可動性, 筋力を維持・発展させる包括的身体運動プログラムの一部にレジスタンストレーニングを位置づけ

る。高齢者は身体運動トレーニングによってかなりの改善を示し，また高齢者はトレーニングに執着しやすい。

▶(4) 高齢者レジスタンストレーニング指導の実際

①トレーニングの紹介

クライアントにウエイトルームの周辺の環境を説明する。トレーニングをしている高齢者を紹介して彼らがトレーニングを楽しんでいるのを見せる。トレーニングによって得られる効果と危険性について簡単に説明する。施設内の設備について簡単に説明する。いくつかの運動を具体的にデモンストレーションし，クライアントにもごく軽いウエイトで試してもらう。

②目的・目標の設定

椅子から楽に立ち上がりたいといった具体的な目標を設定する。

③エクササイズの指導

・エクササイズにより身体のどの部分に効果が得られるかを丁寧に説明する。
・適切な姿勢と握り方を示す。
・エクササイズをデモンストレーションする。
・一般的な体力増進トレーニングがどのような効果があるかを説明する。
・よく起こるテクニックの間違いについて説明する。
・適切で安全なテクニックについて説明する。
・適切なワークアウトの内容について説明する。例えばウォーミングアップから始まり次にエクササイズを行い最後にクーリングダウンを行う。
・エクササイズを行っているクライアントを見守る。
・少しずつ段階的に強度を上げていく。
・10〜15種類のエクササイズから構成されたプログラムを行う。
・身体全体を強くするようなエクササイズを含む。
・トレーニングは週2〜3回行うようにする。48時間以上あけて次のトレーニングを行う。

・トレーニングのセッションは有酸素系，ストレッチング，レジスタンストレーニング，クーリングダウンから成るようにする。
・初心者は1RMの30%で12レプスを2セットから始め，少しずつ1RMの70%で12レプスを2セットへと近づけていく。1回のトレーニングセッションは30分までとする。
・トレーニングの記録をしっかりつけるように指導する。
・トレーニングに詳しく，快く手助けしてくれる他の参加者達との交流を持つよう指導する。

④正しい呼吸法について指導する。

エクササイズ中は呼吸を止めないように指導する。

⑤具体的なエクササイズのメニュー例

〈例1〉

レッグエクステンション，レッグカール，レッグプレス，ヒールレイズ，シーティッドプレス，チェストフライ，ラットプルダウン，リバースペクトラル，アームエクステンション，アームカール，アブドミナルカール，バックエクステンション

〈例2〉

コアエクササイズ→チェアスクワット，ステップアップ，ベンチプレス，ラットプルダウン

補助エクササイズ→自重でのウォールプッシュアップ，レッグプレス，片腕ベントオーバーロウ，バーティカル・チェストプレス，シーテッドロウ，ダンベル・デッドリフト，トライセプス・キックバック，ショルダーシュラッグ，リストエクステンション／リストフレクション，プロネーション／スピネーション

4. 危険因子を持つクライアントのためのプログラムデザイン

1. 危険因子とは何か

もともと危険因子という考えは，米国のボストン郊外の小さな町であるフラミンガムで行われた全住民を対象とした経年的な健康調査（コホート研究）の結果生まれた言葉である。簡単に言えばタバコを吸っている人はすっていない人に比べてどのぐらい冠動脈疾患にかかるかということをタバコの冠動脈疾患に対する危険因子と呼ぶのである。ここで注意しなくてはならないことは，タバコを吸っていれば誰でも虚血性心臓病になるのではないことである。フラミンガム研究においてもタバコを一日10本以上吸う人は吸わない人に比べて男性で18%，女性で31%心臓血管死が増加すると報告している。

また同様に糖尿病については，糖尿病の男性は1.9倍，同じく女性は3.3倍，糖尿病のない人より虚血性心臓病にかかりやすいという。

危険因子にはその他に高血圧症・高脂血症・肥満等がある。

2. 高血圧者のためのレジスタンストレーニング

▶（1）身体運動と高血圧

有酸素運動は独立した降圧作用を有し，高血圧者において8〜10mmHgの降圧を，収縮期および拡張期血圧で示す。

ウエイトトレーニングの選手は最大負荷時に血圧は最高血圧400mmHg，最低血圧200mmHgまで上昇するという報告があることからレジスタンストレーニングは高血圧患者には不向きだと考えられてきたが，適切にプログラムされたトレーニングは安全であり高血圧の改善にもつながる。高血圧症の多くが，原因の明らかでない本態性高血圧症であるが，褐色細胞腫などによる二次性高血圧症では運動が禁忌となる場合がある。

▶（2）高血圧者のレジスタンストレーニングの実際

高血圧者のトレーニングの具体例は1RMの40〜60%の負荷で10〜20レプスを30〜60秒かけて行い，エクササイズ間の休息時間を15〜45秒とり8〜12種目のサーキットトレーニングを1セッション内に2から3回行う。また従来からのレジスタンストレーニングと同様に1RMの60〜90%の負荷を4〜12レプス行い，セット間の休息を1〜2分間として2〜4セット行うなどの方法がある。

これらの方法においては，心拍数は有酸素運動より上昇は少なく，また収縮期血圧・拡張期血圧も上昇に差はなく，心臓仕事量の増加にも差はない。怒責による血圧の上昇を避けるため呼吸を止めないでトレーニングを行うことは，高血圧者のトレーニングにとっては特に大切である。呼吸を止めなければ挙上できない重量を扱うことは避けなければならない。

3. 糖尿病・高脂血症者・多危険因子症候群のレジスタンストレーニング

▶（1）多危険因子症候群とは何か

エックス症候群（Syndrome X），死の四重奏，インシュリン抵抗症候群といった疾患概念が，1980年代の終わりから主に欧米を中心として相次いで提案されてきた。これらの疾患概念は，著しく肥満した人において冠動脈硬化症の多くの危険因子を同時に持ち，しかもそれぞれの危険因子が相互に関係を持ちながら全体として冠動脈硬化症を悪化させていくということから多危険因子症候群と呼ばれる。これらの症候群はいずれも肥満（上半身肥満），耐糖能異常，高血圧症，血清脂質異常を示し，インシュリン抵抗性，すなわちインシュリンは十分分泌されているにも関わらず末梢組織におけるインシュリンの作用が十分発揮されない状態が存在し，そのため高インシュリン血症が起こり，この高インシュリン血症により高血圧・冠動脈硬化症が起こりやすくなるとされている。

日本の研究者は内臓脂肪症候群という考えを提唱している。この考えは内臓脂肪の多い肥満者はインシュリン抵抗性，耐糖能異常，高脂血症，高

血圧症を示すというものである。内臓脂肪症候群の提案をしている学者によると内臓脂肪は様々な生理活性物質を出しておりこの物質によりインシュリン抵抗性や血液線溶系（血栓を溶かす働き）の阻害による血栓傾向の促進がなされ，結果として高血圧や冠動脈硬化症が発症しやすくなるという。

▶(2) 多危険因子症候群と身体運動

　身体運動は血中脂質異常，糖尿病，肥満のコントロールに役立つ。身体的な非活動性と心臓血管病による死亡率は直接的な関係があり，身体的な非活動性は冠動脈疾患の進展の独立した危険因子である。中年および老年者において週あたり約700～2000kcalの範囲での身体運動によるエネルギー消費は，その量に相関してすべての原因での死亡率および，心臓血管病による死亡率を減少させる。死亡率を低下させる最も大きな可能性は座業の人が中程度に活動的になることによる。心臓血管疾患による死亡率への最も役にたつ身体運動の効果は中程度（年齢補正を加えた最大酸素摂取量の40～60％）の強度の身体運動によって得られる。

▶(3) 危険因子のある人のレジスタンストレーニング

　骨格筋量を増やし脂肪組織を減少させることにより代謝が改善する。多危険因子症候群の改善においても，レジスタンストレーニングは慎重にプログラムされるならきわめて有効であるといえる。

　危険因子のある人に対してトレーニングを処方する際には，虚血性心臓病の存在を否定できないため，あらかじめ医学的な診断を行う。また糖尿病者においては，インスリン注射や内服薬により運動中や運動後に深刻な低血糖発作を起こす可能性があるので常にブドウ糖を携帯しておく。血糖降下剤の中には消化管での多糖類の分解吸収を遅らせるものがあるので，低血糖の際にしょ糖の内服では改善しない場合がある。

4. 心臓病患者のためのレジスタンストレーニング

▶(1) 心臓病患者における身体運動の効果

　定期的な有酸素運動は心不全歴のある障害された心臓機能の状態にある人の心肺機能を改善する。

　定期的な身体運動は同じレベルの外的な仕事量を必要とする心筋酸素需要を減少させる，この変化により運動耐用能の増加が起こる。この変化は冠動脈疾患の患者にとっても，心筋虚血を生じる酸素需要のレベルに到達する前に高いレベルの身体運動を得ることをできるという点で有利である。

▶(2) 心臓病患者のレジスタントレーニング

　心臓血管疾患の患者は，通常重い挙上動作や高重量のアイソメトリックトレーニングは差し控えるようにいわれる。低危険群の患者では中等度の強度の動的なストレングストレーニングは安全で有効である。中等症以上の心臓機能障害の患者へのレジスタンストレーニングの効果についてはいまだ不明である。

　心臓病患者へのレジスタンストレーニングは，3～4週間の管理された有酸素運動トレーニングの後に行うことが望ましい。エクササイズの前後に血圧・脈拍を測定して心臓仕事量（収縮期血圧と心拍数を掛け合わせた値）が過度にならないようにする。挙上動作中はバルサルバ法を避ける。胸痛が生じたり，呼吸が急に短く早くなったり，異常な疲労感を感じた場合には直ちにエクササイズを中止する。エクササイズの強度と量が症状を引き起こさないよう管理する。

理解度チェック問題

1. 子どものレジスタンストレーニングを考える上で大人と異なる重要な差異は以下のどれか？

　Ⅰ. 聞き分けがないのでケガをしやすい。
　Ⅱ. 子ども用のマシンやウエイトルームが

ない。
　Ⅲ．子どものレジスタンストレーニングでは骨端線が破壊され成長が止まるおそれがある。
　Ⅳ．筋肥大が起こりにくい。
　　a．ⅠおよびⅡ
　　b．ⅠおよびⅣ
　　c．ⅡおよびⅣ
　　d．ⅢおよびⅣ

2. 女性の月経について正しいものを選べ。
　Ⅰ．月経は高度のトレーニングを行う女性には無用の長物である。
　Ⅱ．月経は競技スポーツを続ける女性にはない方がよい。
　Ⅲ．月経は卵巣機能が正常にはたらいている証拠の一つである。
　Ⅳ．やせすぎた女性の月経が不順になることは健康に良くない。
　　a．ⅠおよびⅡ
　　b．ⅠおよびⅢ
　　c．ⅡおよびⅢ
　　d．ⅢおよびⅣ

3. 高齢者のレジスタンストレーニングについて正しいものを選べ。
　Ⅰ．超高齢者はホルモンの枯渇により筋肥大は起こり得ない。
　Ⅱ．高齢者では全身臓器の老化により様々な疾病が存在する可能性がある。
　Ⅲ．高齢者ではレジスタンストレーニングがけがの予防と代謝の改善に役立つ。
　Ⅳ．高齢者でもトレーニングにより若者と同様の筋力を獲得できる。
　　a．ⅠおよびⅡ
　　b．ⅠおよびⅢ
　　c．ⅡおよびⅢ
　　d．ⅡおよびⅣ

4. 糖尿病患者のレジスタンストレーニングについて誤っているものを選べ。
　Ⅰ．運動中は低血糖が起こる恐れがあるがいきなり高血糖をおこすのも困るのでなるべく糖指数の低いさつまいもなどを携帯する。
　Ⅱ．レジスタンストレーニングによる糖尿病状態の改善は膵臓からのインスリン分泌の増加による。
　Ⅲ．運動中の低血糖の対処にはブドウ糖こそが最も確実に血糖値を上昇させるのでこれを携帯する。
　Ⅳ．レジスタンストレーニングによって起こる代謝の改善はインスリン感受性を改善するばかりでなく、インスリンと関係なく骨格筋への糖の取り込みを改善する。
　　a．ⅠおよびⅡ
　　b．ⅠおよびⅣ
　　c．ⅡおよびⅣ
　　d．ⅢおよびⅣ

解答：1．→d　　2．→d　　3．→c　　4．→d．

【文献】
1) Akis Berg（1998）．真性糖尿病患者のためのウエイトトレーニング．NSCA JAPAN JOURNAL 4：15-17
2) 浅井光興 他（1999）．マタニティスポーツの現状と将来＝妊娠中毒症発症予知と予防法の実際，臨床スポーツ医学16（10）1129-1133
3) Avery D Faigenbaum（1997）．筋力トレーニング；教師とコーチのための手引き．NSCA JAPAN JOURNAL 5：12-19
4) Avery D. Faigenbaum et al.（1999）．オリンピックリフティング．子供向けの方法．NSCA JAPAN JOURNAL 12：8-10
5) Brian W. Rieger et al.（1999）特別な人達のためのレジスタンストレーニング．NSCA JAPAN JOURNAL 12：6-7
6) Chrles J Bowers et al.（1999）．高齢者のためのウエイトトレーニング．NSCA JAPAN

JOURNAL 5：8-13
7) Gary R Hunter et al.（2001）．肥満傾向にある子供に効果的な高強度運動．NSCA JAPAN JOURNAL 8：30-31
8) Gerald F. Fletcher et al.（1996）．身体運動に関する声明－すべてのアメリカ人のための身体運動プログラムの有用性と推薦－米国心臓学会臨床心臓部門身体運動と心臓リハビリテーション委員会による健康増進専門家のための勧告－．Circulation. 94：857-86
9) James B Wise（1998）．パラリンピックへの道；成功のためのバックアップ，NSCA JAPAN JOURNAL 7：10-15
10) 片山隆司（1999）．マタニティスポーツの現状と将来＝妊娠糖尿病の予防とその対策，臨床スポーツ医学16（10）1129-1133
11) 川久保清 他（1996）．更年期，臨床スポーツ医学13（12）1321-1326
12) 川野因（1997）．女性のライフサイクルと栄養・スポーツ．臨床スポーツ医学14（9）977-985
13) Kent Adams et al.（1999）．加齢がストレングス，パワー，柔軟性，骨密度に与える影響．NSCA JAPAN JOURNAL 8-9：1-9
14) Lee E. Brown（1998）．子どものための筋力テスト，NSCA JAPAN JOURNAL 5：15
15) Lee E. Brown（2002）．妊娠中のレジスタンストレーニング．NSCA JAPAN JOURNAL 9：22-23
16) Michael D. Ross（2001）．閉経後女性の骨密度における運動の効果．NSCA JAPAN JOURNAL 10：26-30
17) Molly E. Burger it al（2002）．レジスタンストレーニングに対する神経一筋，ホルモンの適応：女子選手のストレングス向上について．NSCA JAPAN JOURNAL 10：36-41
18) 中井章人 他（1999）．運動強度と感情変化ーマタニティスポーツが母体感情・精神状態に与える影響についてー．臨床スポーツ医学16（10）1117-1122
19) NSCA（1997）．公式声明 青少年のためのレジスタンスレーニング．NSCA JAPAN JOURNAL 5：1
20) NSCA（1997）．文献レビュー：青少年のレジスタンストレーニング，NSCA JAPAN JOURNAL 5：2-11
21) Sara R. Hill et al.（2000）．マスタービルダー・高齢者のストレングストレーニング．NSCA JAPAN JOURNAL 12：6-12
22) 佐々木純一 他（1992）．妊婦スポーツの安全管理，臨床スポーツ医学19（12）1347-1352
23) 鈴木泰子（1999）．マタニティスポーツの継続と中断－中止要件の現状と問題点 マタニティスイミングの場合．臨床スポーツ医学16（10）1113-1116
24) 田中泰博（1999）．マタニティスポーツの現状と将来＝妊娠・分娩経過への効果，臨床スポーツ医学16（10）1123-1127
25) Tom LaFontaine（1999）．高血圧患者のためのレジスタンストレーニング．NSCA JAPAN JOURNAL 5：14-17
26) Tom LaFontaine（1999）．レジスタンストレーニングと骨の健康状態．NSCA JAPAN JOURNAL 6：10-11
27) 友田昭二（1999）．マタニティスポーツの現状と将来＝妊娠高血圧症の予防とその対策，臨床スポーツ医学16（10）1135-1139

19章 運動による外傷と障害

KEYWORDS ●スポーツ傷害発生モデル ●スポーツ外傷 ●スポーツ障害

　運動による外傷や障害は総称してスポーツ傷害と呼ばれている。スポーツ傷害は一般に医療機関で診断が行われ治療される。しかし医療機関では現行の医療保険制度上「日常生活復帰」やQOLの向上を目的としたメディカルリハビリテーションは行われるが、コンディショニングも含めた総合的な運動機能・能力を必要とする「競技復帰」を目的としたアスレティックリハビリテーションが実施されることは少ない。

　このアスレティックリハビリテーションに従事する専門職としてアスレティックトレーナーが存在するが、経済的な問題でアスレティックトレーナを常時,臨時を問わず雇用できる環境はまだまだ少ない。このためストレングス＆コンディショニングの専門家やパーソナルトレーナー、コーチなどの指導者がアスレティックリハビリテーションに携わらなくてはならない状況が現実問題として起こりうる。

　ケガをした選手をただ単に放置もしくは安静のみにさせないため、スポーツドクターやアスレティックトレーナー以外の、ストレングス＆コンディショニングの専門家、パーソナルトレーナー、コーチなどの指導者らにとって、スポーツ医学に関する知識の需要が年々高まってきている。

　本著はスポーツドクターやアスレティックトレーナーを対象としたものではないためスポーツ傷害の診断、評価、治療に関するものではなく、ストレングス＆コンディショニングの専門家、パーソナルトレーナー、コーチなどの指導者が知っておくべき運動による主な外傷と障害について述べる。また、この章では整形外科的なスポーツ傷害を中心に記述するが、ここで叙述するもの以外にもスポーツ傷害は数多く存在する。なおリハビリテーションに関しては20章を参照して頂きたい。

1. スポーツ外傷

　スポーツ傷害を大別すると外傷と障害に分けることが出来る。外傷とは一度に強い外力が直接的または間接的に身体に加わることにより生じる損傷のことである。外傷を起こしうる機械的な力は主に3つであり、それらは圧迫、張力、剪断力である（**図19-1**）。いずれの外傷もこのうちのひとつか複数の力が加わることにより起こる。スポーツ傷害が引き起こされる要因を表すモデルはいくつもあるが以下の**図19-2**でそのうちのひとつ

圧迫　　　張力　　　剪断力

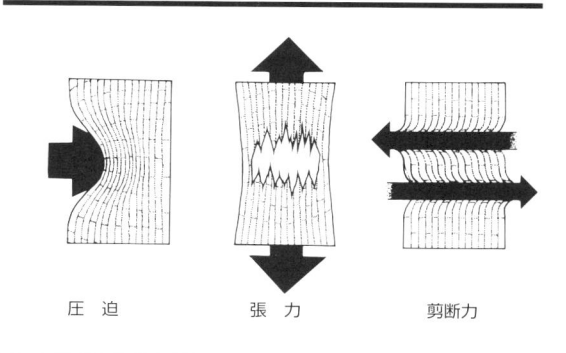

図19-1　外傷を起こしうる機械的な力

運動による外傷と障害 19章

を紹介する。

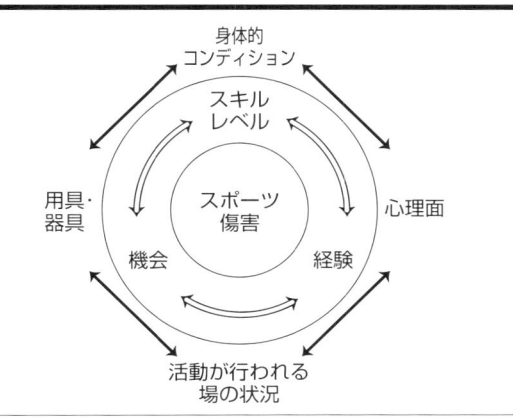

図19-2 スポーツ傷害が引き起こされる要因を表すモデル

- **スキルレベル**ーこれは運動技能のみならず分析能力，教養なども含まれる。また，ここでいうスキルレベルとは選手のみではなく，コーチ・指導者，アスレティックトレーナー，レフリー，用具係，設備管理者，運営担当者など競技が行われる環境に関わる全ての人が関係する。
- **経験**ーここでも経験は選手のみではなく，コーチ・指導者，アスレティックトレーナー，レフリー，用具係，設備管理者，運営担当者など競技が行われる環境に関わる全ての人が関係する。関与する人物の経験の差により傷害予防への好影響にもなり得るし，反対に傷害発生の悪影響にもなり得る。ただしここで言う経験とは経験の長さのみを指すものではない。
- **機会**ーここでは上記二つの要素との関係が重要となる。選手が高いスキルレベルと豊富な経験に満ちた指導者に関わる機会が増えればより良い経験として蓄えられスキルレベルの向上も見込めるが，反対にスキルレベルの高くない，もしくは経験不足の指導者に関わる機会により，選手の経験がマイナスに働いたり，傷害の可能性がより高まることがありうる。また，非計画的に過度な長時間のトレーニングセッションにさらされるという時間的な問題に直面する機会でも傷害を招きうる。
- **活動が行われる場の状態**ーここではフィールド，コート，マット，照明，気温，湿度などすべての環境が含まれる。フィールドのように人為的にコントロールできる要因もあれば，気温・湿度のようにコントロールできないものもある。練習時間をずらす等の調整が必要である。
- **身体的コンディション**ー筋力，持久力，柔軟性に加え，固有受容感覚，神経-筋コーディネーション，関節不安定性，身体組成，アライメント（骨形態），疲労度などあらゆるものを指す。また広義にとらえれば栄養も含まれる。ストレングス＆コンディショニングの専門家，パーソナルトレーナー，コーチなどの指導者がもっとも直接的に関わる要因であろう。
- **用具・器具**ーここでいう用具とはコンタクトスポーツで使われる身体保護用のものだけではなく，ノンコンタクトスポーツでのシューズなども重要な役割をもつ。競技のルール上必要となるバット，ラケット，ボールなど競技に関係するものは全て含まれる。
- **心理面（精神面）**ー選手は，怒り，あせり，不満，失望などの感情，モチベーションや集中力の欠如により技術やコーディネーションの低下を引き起こし通常であれば避けられるような事態に見舞われ傷害を起こすかもしれない。薬物使用による過剰な興奮・抑揚にも同様のことがいえる。選手の身体面のみならず，心理面の配慮もストレングス＆コンディショニングの専門家，パーソナルトレーナ，コーチなどの指導者にとって必要である。

内側の円（スキルレベル，経験，機会）が主要因であり外側のひし形（身体的コンディション，心理面，活動が行われる場の状況，用具，器具）が補助的要因となるが，それぞれが相互に関連しており主要因と補助的要因が逆転することも多々ある。またそれぞれの要因が単一の原因となることもあるが，複数の要因が重なり合って問題が引

き起こされることが多い。これらの要因を理解し、マイナスに働かぬような環境作りをすることにより、ストレングス＆コンディショニングの専門家、パーソナルトレーナー、コーチなどの指導者が傷害の予防に寄与できるであろう。

2. 主なスポーツ外傷

1. 捻挫

▶（1）定義

　捻挫とは外力によって関節が生理的運動範囲を超える動きを起こし、静的関節支持機構である関節包、靭帯などが損傷した状態をいう。関節を構成する骨と骨との関節面の関係が正常である点で脱臼とは区別される。受傷直後から疼痛があり、運動により痛みが強まる。また、腫れがあり、靭帯断裂などをともなう場合、皮下出血もみられることがある。受傷直後からの適切な処置が必要となる。重症度によって3段階に分類される。第I度（軽症）は靭帯の伸長もしくは一部の線維の損傷。第II度（中症）は靭帯の部分断裂。第III度（重症）は靭帯の完全断裂。医学的には、第III度の靭帯の損傷は捻挫には入れずに、靭帯断裂とし、手術が行われる場合も多くある。また、「sprain（捻挫）－fracture（骨折）」といい、捻挫と受傷機転、症状としては同様だが、外力が靭帯にかかった際に損傷部位が靭帯そのものではなくその靭帯が付着している骨の部分が剥離するものもあるが、これはむしろ剥離骨折として骨折に分類される。

▶（2）主な捻挫の例

足関節内反捻挫：足関節、つまり足首の捻挫はスポーツ外傷のうちで最もよくみられるものの1つであろう。足関節捻挫も大別すると内反捻挫と外反捻挫があるが、内反捻挫が圧倒的に多い。内反捻挫の受傷機転としては何らかの形で足首を内側にひねったときに起こる。内側にひねることにより足関節外側に位置する靭帯を損傷する。それらは前距腓靭帯と踵腓靭帯であり、特に前距腓靭帯が損傷しやすい。重度の場合稀に後距腓靭帯をも損傷することもある。また、内反捻挫は足関節の安定性が悪い底屈位で起こりやすい。

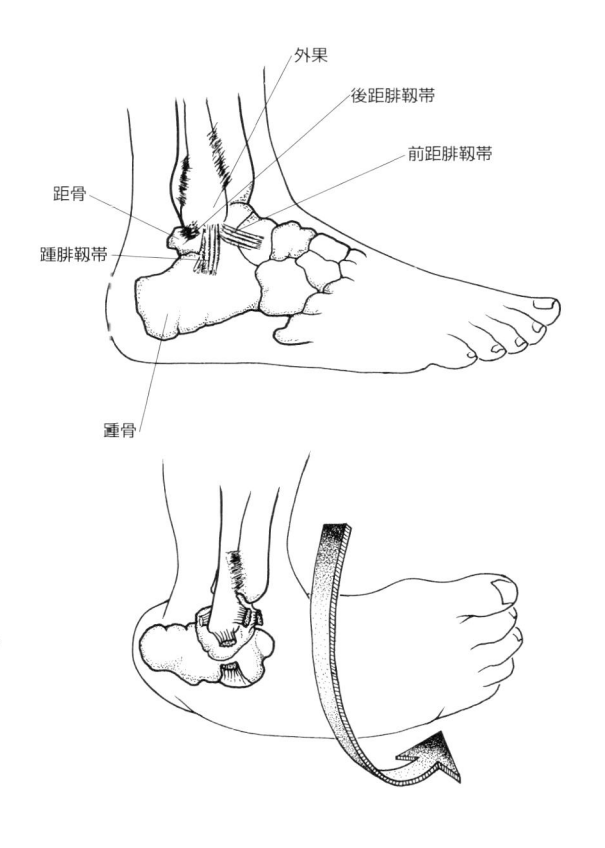

図19-3　足関節内反捻挫

2. 骨折

▶（1）定義

　外部から何らかの力によって骨の連続性が部分的にせよ完全にせよ断たれた状態、もしくはもともと1つだった骨が2つ以上に分離した状態を骨折という。骨折が起こった場合、損傷はその骨自体だけではなく周囲の軟部組織などにも影響を及ぼす。

▶（2）分類

　骨折には様々な種類があり、そのためその分類

の仕方もいくつかある。

A．骨の性状と外力の加わり方による分類

- **外傷性骨折**－健康で正常な骨に外力が働いて起こる。
- **疲労骨折**－小さい外力の繰り返しにより起こる。障害に含まれるため後述する。
- **病的骨折**－骨に疾患があり骨強度が脆弱化し正常な骨なら起こり得ないようなわずかな外力で生じる。運動による外傷と障害とはあまり関係ないので省略する。

スポーツ現場で突発的に起こる骨折は外傷性骨折に含まれる。

B．骨折の程度による分類

- **完全骨折**－骨の連続性が完全に断たれたもの。
- **不（完）全骨折**－骨の一部で部分的に連続性が断たれたもの。

C．軟部組織の状況や外界との交通による分類

- **開放性骨折**－外傷によって骨折と同時に軟部組織も損傷を受け，骨折部位が外界と交通している状態になっているもの。複雑骨折ともいう。
- **閉鎖性骨折**－骨折部位が皮膚で覆われ露出せず，外界と骨折部位の交通がないもの。非開放性骨折，単純骨折，皮下骨折ともいう。

D．骨折線の状況による分類

- **横骨折**－骨の長軸方向に対して直角に骨折線がある場合。
- **粉砕骨折**－骨折した部分がいくつもの骨片に分かれて折れている場合。強い衝撃が外力として加わって折れた状態。
- **斜骨折**－骨の長軸方向に対して斜めに骨折線がある場合。お互いの骨がずれて骨そのものの長さが短くなる。
- **螺旋骨折**－骨折した部分がコイル状になっている場合。転倒等によりねじったりすることで生じやすい。
- **若木骨折**－不全骨折。骨の途中まで亀裂がある場合。まだ骨の柔らかい幼児に起こりやすい。一種の骨膜内骨折。

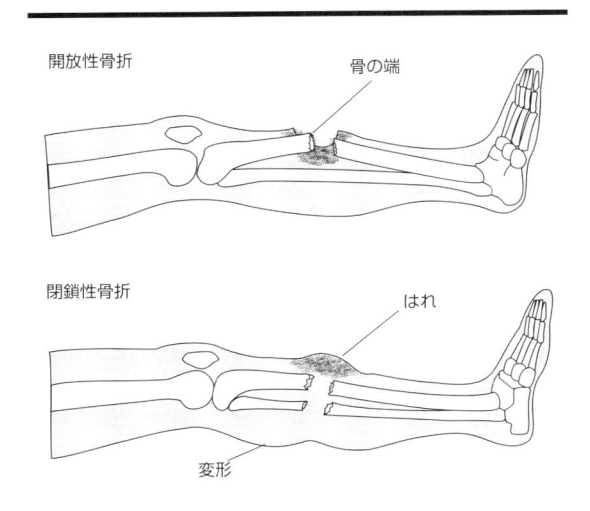

図19-4　開放性骨折と閉鎖性骨折

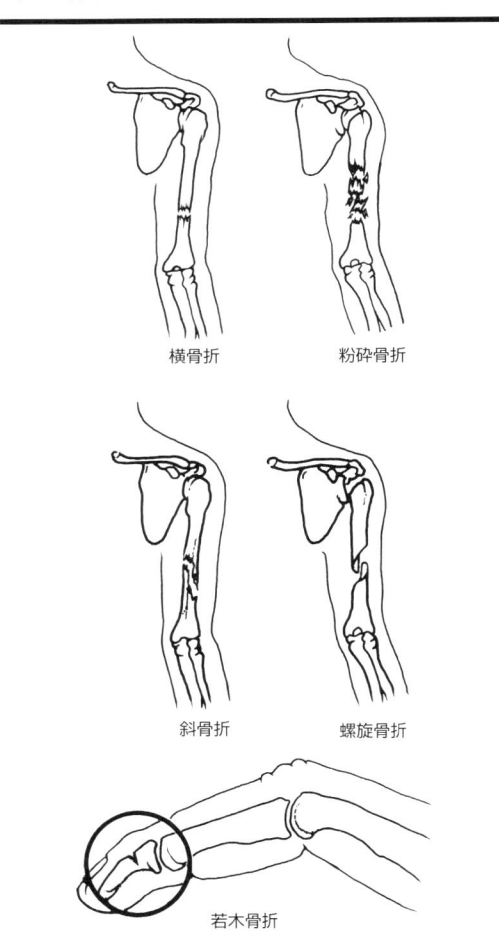

図19-5　骨折線の状況による分類の例

これら以外にも上記した剥離骨折や，陥没骨折，縦骨折，反衝骨折などがある。

E．外力の加わり方よる分類
- **介達骨折**－外力の作用点から離れた部分に骨折が生じる。
- **直達骨折**－外力が直接加えられた部位に起こる骨折。

骨折の症状は他の外傷と同じように疼痛，腫脹・血腫，機能障害のような一般的なものに加え，異常可動性，軋轢音，変形といった骨折固有のものもある。また，骨折は合併症として患部周囲の皮膚，筋腱，神経，血管，そして部位によっては内臓の損傷が起こることが少なくない。開放性骨折では外界の汚染により感染の発生率も高い。

骨折は起きた部位と程度により治るまでの期間が違い，数週間で治るものから数ヶ月経っても治らないものもある。まずは整復（骨を解剖学的に正しい位置に戻す）をし，一定期間固定させるのが一般的だが，これは医療機関に転送して行われるべきである。そのため，現場での応急処置はあまり動かさずにエアー・スプリントや段ボール紙，木などでしっかりと固定する。あとは腫れや皮下出血を抑えるために氷で冷やしながらすみやかに専門の病院へ運ぶ。

▶(3) 主な骨折の例

鎖骨骨折：スポーツ外傷のうちで最も発生頻度の高いとされる骨折のひとつである。受傷機転としては鎖骨自体への直接の打撃もあるが，転倒やコンタクトプレーなどによる肩甲帯もしくは胸部への衝撃が介達外力として鎖骨に及び骨折に至ることが多い。骨折部位は主に中央1／3から外側1／3にかけて集中している。症状としては腫脹，変形，圧痛が顕著である。

鎖骨骨折の複雑さは合併症として骨折部位を通る動・静脈などの血管や腕神経叢を骨折部位により損傷させてしまう恐れがあることである。また，受傷機転によっては肩鎖関節・胸鎖関節損傷，腱板損傷らを伴うこともある。

応急処置は三角巾を用いて患肢を保持し，患部をアイシングするとよい。このとき付近に神経や血管が走っているため，無理に患部を圧迫してはいけない。骨折の状況や程度にもよるがスポーツ現場への早期復帰を考えた場合保存療法か手術適応になるかの判断は難しい。

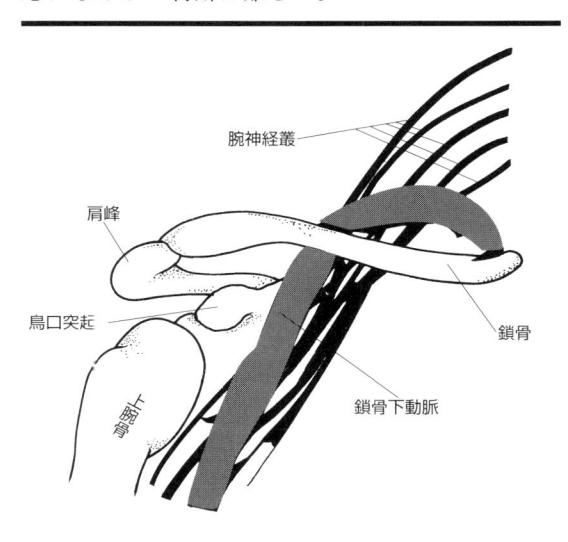

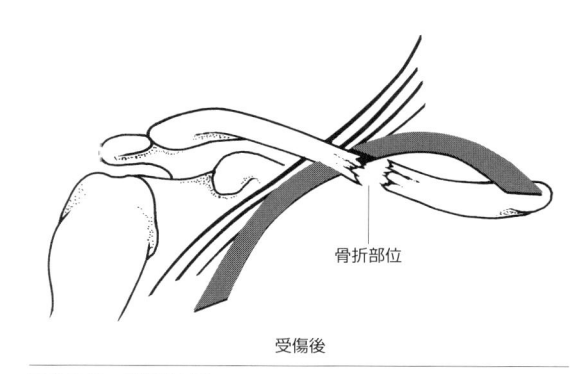

図19-6　鎖骨骨折

3. 肉離れ

▶(1) 定義

スポーツ動作の中には疾走，加速走，跳躍といった筋肉に強度の収縮を必要とする動作があるが，その時に筋肉に強く急激な張力が作用し筋線維または筋膜が損傷された状態をいう。疾走，加速走，跳躍といった動作の多い陸上競技短距離走・跳躍，

サッカー，ラグビー，アメリカンフットボールなどでの競技で発生しやすい。好発部位は下肢の二関節筋に集中している。それら二関節筋とはハムストリング（大腿二頭筋，半腱様筋，半膜様筋），大腿直筋，腓腹筋である。損傷の程度によってⅠ度（軽度），Ⅱ度（中度），Ⅲ度（重度）の3段階に分類される。Ⅰ度は筋のスパズムが主体で，Ⅱ度は筋の部分断裂，Ⅲ度は筋の完全断裂と区別されるが，このうちⅠ度とⅡ度が肉離れの範疇とされている。

万が一肉離れが起こってしまった場合，すぐに活動を中止し応急処置を施し，スポーツドクターのいる医療機関に転送し適切な診断と処置を受けた方が良い。この際，超音波エコーやMRIといった検査機器を備えている病院ならさらに良い。手術適応か保存療法かは損傷の程度によって決まる。受傷後は筋組織の修復のために瘢痕組織の形成を最小限に抑えるよう努めなければいけない。そのため発生現場での応急処置は適切にかつ確実に行いたい。瘢痕組織の形成がいわゆるシコリとなり再受傷する原因となるからである。肉離れは再受傷を起こしやすい外傷という認識が必要である。

▶(2) 主な肉離れの例

ハムストリングの肉離れ：肉離れの中で最も起こりやすい部位といわれている。競技の如何を問わず疾走時の加速期，もしくは最大速度期に起こりやすい。発生の主な原因については次のような要因が考えられている。

- ハムストリングの柔軟性の欠如
- 筋力や筋持久力の低下
- 左右の筋力のアンバランス
- 局所的筋疲労
- 主働筋と拮抗筋（大腿四頭筋とハムストリング）の筋力バランスの欠如
- ウォーミングアップやストレッチング不足
- 神経筋コーディネーションの不一致
- 不適切なランニングフォーム
- 気候（寒冷下）
- 受傷からの早すぎる復帰（不十分なリハビリテーション）

など様々な要因が挙げられているが，どれがはっきりとした原因なのかを特定することは困難である。また，この他に解剖学的に神経系の影響で大腿二頭筋（ハムストリングの一部）が腓骨神経と脛骨神経の二重支配を受けることや，ハムストリングは収縮が速く発揮する張力が大きいⅡ型線維の割合が高いことが影響するという説もある。

受傷後，痛み，スパズム，腫脹，皮下出血，機能障害などの症状が現れるが損傷の程度によって異なる。皮下出血などは受傷後1,2日後に変色し現れることもしばしばある。軽症の場合，特別な損傷も無くスパズムのみで，クーリングダウン後まではっきりせず，発見が困難な場合がある。

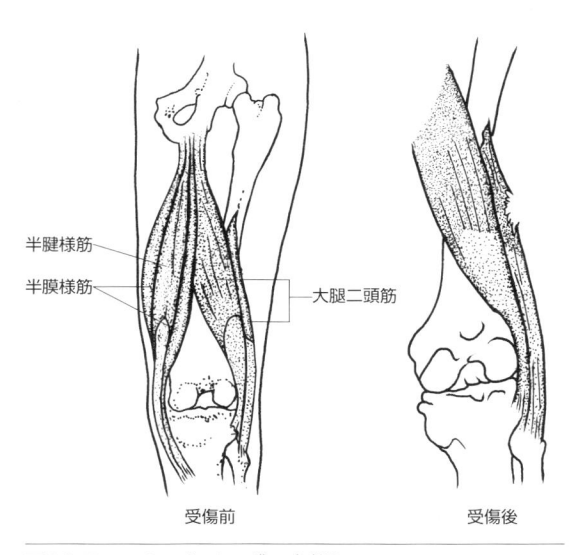

図19-7 ハムストリングの肉離れ

4. 打撲

▶(1) 定義

外部から硬い物体の直達外力による身体への衝突の際に，皮膚に外傷はなく主に皮下の軟部組織が損傷している状態をいう。場合によっては軟部組織の薄い部位で骨部に影響を与えることもあるし，神経が皮膚の表面近くを通っているような部

位では外力が加わった地点より遠位の部分に痺れや機能障害を起こすこともある。毛細血管の破裂による出血を起こし、結果として局所的な腫脹が現れ、打撲を引き起こした物体の性状や受傷部位によって表層であったり深層であたりする。軟部組織内で出血した血液が皮下の表層に達し、そこで凝固し青黒く変色する。これは重力により血液が下方に移動するため、実際の損傷部位より遠位に現れる事が多い。機能障害は一時的だったり、徐々に患部周辺が機能しなくなったり、活動中は競技が続行可能であるが一時の休憩後に機能障害に陥ったりと様々である。受傷直後は外見上と重症度は一致しないので過小評価しないよう注意が必要である。

▶(2) 主な打撲の例

大腿四頭筋打撲：アメリカでは"チャーリー・ホース"、日本では"モモカン"という別名があるくらい一般的なケガである。サッカー、ラグビー、アメリカンフットボールなどコンタクトスポーツで相手プレーヤーとの接触により頻繁に起こる。硬い物体からの外力と大腿骨にはさまれる筋群が圧迫される。直達外力の大きさに加え、受傷時の大腿四頭筋群の弛緩の度合いが傷害の重症度を左右する。痛みと共に膝関節の屈曲制限を引き起こすのが特徴的である。

重度の場合筋膜が裂け筋肉がはみ出す筋肉ヘルニアを引き起こす場合もある。また大腿骨周辺の大量の出血による腫脹が血腫に進行すると、さらに外傷性化骨性筋炎を移行する可能性がある。一度化骨性筋炎に発症すると競技復帰に数ヶ月以上の期間を要するため、応急処置を迅速にかつ適切に行わなければならない。過度のストレッチ、マッサージ、温熱療法、超音波療法、無理な荷重や歩行などは応急処置時には禁忌である。

5. 脱臼（亜脱臼）

▶(1) 定義

スポーツ外傷において脱臼といえば関節脱臼を指すことが多い。この他に長・短腓骨筋腱、上腕二頭筋長頭腱などの腱の脱臼や、尺骨神経などの神経の脱臼も稀にある。が、ここでは関節脱臼に関して述べることにする。

関節面の安定性を保持する靭帯と関節包の求心力を超える外力が関節に作用し、生理的な可動域を越えてその結果関節が外れた状態が脱臼である。関節面を構成する骨と骨の接触面が分離してしまった転位状態を指す。受傷直後から著しい痛みと機能障害が起き、腫脹・血腫も次第に現れてくる。転位による変形も明らかに見てとれるだろう。関節が生理的限界を超えるため、必然的に靭帯・関節包の損傷も免れない。外力の大きさや、部位によっては骨（骨端）、筋腱、関節唇、神経、血管、皮膚、臓器まで合併症として損傷することもある。

受傷後はできるだけ早期に専門の医療機関へ転送し整復を行わなければならない。その転送の際、愛護的に患部を副木などで正しく固定し、周辺組織の2次的な損傷を防ぐようにしたい。整復後、一般的に3週間程度の固定期間を要する。それより短期間になると習慣性脱臼に移行しやすいといわれている。好発部位としては肩関節、肘関節、手指の関節での発生率が高い。

▶(2) 分類

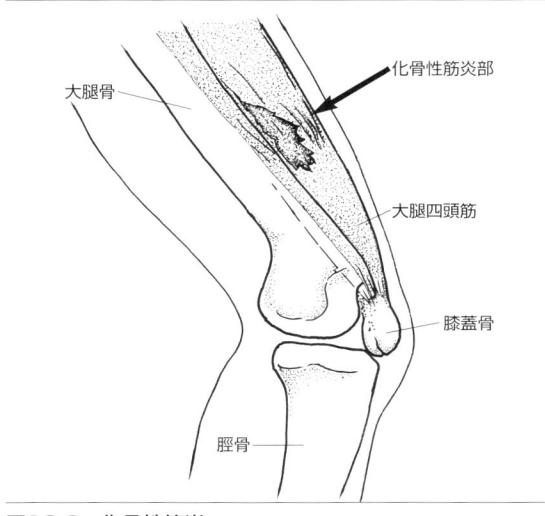

図19-8 化骨性筋炎

転位の程度により脱臼と亜脱臼に分類される。
- **脱臼** — 完全脱臼，全脱臼などと言われることもある。関節面で接触すべき2つの骨が完全に離れて関節が外れている状態。
- **亜脱臼** — 不全脱臼，部分脱臼ともいう。関節面の2つの骨が完全には分離せず一部が接触している状態。

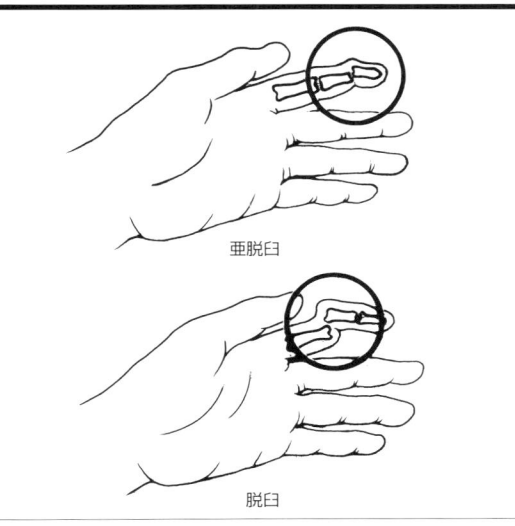

図19-9　脱臼

また，先天性脱臼と後天性脱臼に大別され，後天性脱臼はさらに外傷性脱臼，病的脱臼，習慣性脱臼，随意性脱臼，反復性脱臼などに分類される。このなかでスポーツ外傷として多くみられるのは初回としての外傷性脱臼と，それが慢性化に転じた反復性脱臼であろう。骨折のように，皮膚の外にまで出たものを複雑脱臼または開放脱臼と呼び，それ以外を単純脱臼や皮下脱臼と呼んだりする。

▶（3）主な脱臼の例

肩関節前方脱臼：肩甲上腕関節上で関節を構成している上腕骨の骨頭が肩甲骨の関節窩から前方に外れてしまう傷害である。スポーツ傷害としての肩関節脱臼は指に次いで多いといわれる。受傷機転としてはタックルなどにより肩甲上腕関節が外転および外旋位で関節支持機構に限界以上の外力が加わったときに上腕骨頭が前方に転位する際に起こる。投球動作においても選手の限界以上の異常な外力が加わった場合脱臼の原因になることもある。損傷は関節周囲の靭帯や関節包はもちろんローテーターカフや関節唇，骨に及ぶ可能性もある。また，外れた上腕骨頭が上腕神経や血管に接触することにより合併症を引き起こしうる。負傷した肩側の上肢は機能障害を起こし，痛みは激しい。変形も明らかにみてとれる。受傷後は本人の楽な肢位で三角巾を用い固定しすぐに医療機関に転送する。この際脇の下に巻いたタオルもしくは小さめのクッションのようなものを挟むと良い。出血と痛みを抑えるためのアイシングも重要である。保存療法が一般的だが，手術適応になることもある。一度脱臼になってしまうとその後に反復性前方脱臼となるケースが多い。

6. 創傷

▶（1）定義

いわゆる"キズ"のことで，何らかの外力により皮膚や皮下の組織が損傷した状態をいう。創傷はスポーツではよく起こるが往々にして軽視されがちである。だが，大したことではないと思い込み適切に処置を施さないと後々問題になることがある。

空気，土壌，人体を含めた我々を取り囲む環境にはどこにでも細菌が存在する。いったんキズを負うと，キズの大きさ如何に関わらず細菌は人体に侵入する。その時の人体の抵抗力を細菌の毒力が上回る場合，結果として感染し化膿が起こる。また，感染を防ぐとともに，キズの治癒を早めるためにも速やかに適切な処置を施すことが必要となる。キズを負った場合の基本的な応急処置の手順は以下のようになる。

- キズをきれいな水道水で十分に洗い流す。この際，キズの中にゴミや泥といったものが残らないようにする。滅菌生食水があればなお良い。
- 消毒液でキズの周囲を洗浄する（中心から外に向かって）。
- 清潔な滅菌ガーゼでキズを覆う。

●包帯やネット包帯などでガーゼがずれたりしないよう固定する。

　感染予防に加え，創傷ではほとんどの場合出血を伴うので応急処置時に止血も必要となる。重症でなければたいてい直接圧迫法と挙上で十分だが，応急処置後必要であれば速やかに医療機関に転送する。また，応急処置をする際の注意事項としては処置をするキズ，処置をする手（本人であれ他人であれ），処置に使用する器具（綿球，ピンセットなど），ガーゼなどの衛生材料のすべてを清潔な状態で処置を行わなければならない。

▶(2) 分類
●擦過創－皮膚の表面の損傷。地面などの硬く荒い表面に皮膚をこすりつけた時に起こる。俗にいう"擦り傷"のことである。キズ自体は浅いが，汚れによる化膿を起こしやすい。洗浄が特に重要となる。
●切創－鋭利なもので切られることで起こる損傷で，いわゆる"切り傷"を指す。組織の損傷は小さいが出血が多くなりやすい。キズが深くなると，筋肉・腱，神経に影響を及ぼす場合もある。
●刺創－針のような尖ったものが刺さったことでおこる損傷である。キズ口は小さいが深部まで損傷し，内出血による血腫を形成しやすい。また刺さったものに破傷風菌などの細菌が付着していると感染によるキズ以上の問題に発展しかねないので注意が必要である。
●裂創－皮膚に強い張力が働き組織が引っ張られ，組織の弾力の限界を超えたときに起こる。ギザギザのキズ口になるのが特徴的である。出血も起こしやすく，感染もしやすい。
●剥離創（裂離創）－皮膚が剥がれた状態になる損傷である。もしも剥がれた皮膚が完全に皮膚から離れてしまった場合は，その皮膚を湿らせた滅菌ガーゼで包み湿度を保ったまま冷えた状態で医療機関へ選手と共にもっていくようにする。
●キズにはこの他にも挫創，割創，杙創，剥皮創，銃創，咬創，搔創，爆創等などその他いろいろあるが，スポーツではあまり見られない。

▶(3) 主な創傷の例
膝の擦過傷：転倒時や，競技によってはスライディングなどで膝を地面に擦った時に起こる。たいていの場合キズも浅く，適切に処置が行われればそれほど問題になることも少ない。しかし，時折膝を繰り返し擦りむくということが起きることがある。この様な場合ケガが単なる事故というよりも，例えばグランドの表面が整っていない等の環境面の問題や，その選手の下肢のバランス感覚が悪い，または重心移動の際に体を支えるだけの筋力が無いなどの身体能力の問題，正しいフォームでスライディングが出来ないといった技術的な問題が潜んでいるかもしれない。適切な処置を施すことも重要だが，時にその原因となるものを発見し予防に努めることも必要になる。

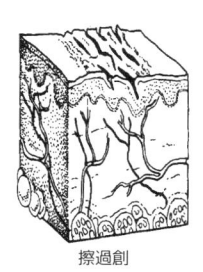

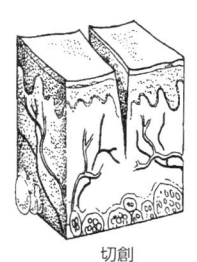

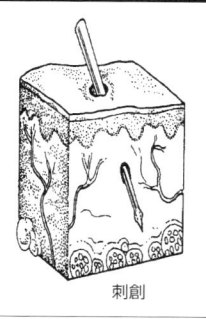

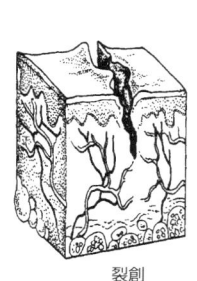

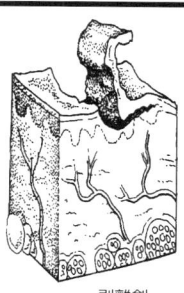

図19-10　創傷の種類

3. スポーツ障害

　はっきりとした何らかの受傷機転を伴い急性的に起こるスポーツ外傷に比べ、スポーツ障害は受傷機転も明確ではなく慢性的な症状を呈する。発症過程も痛みというより軽い違和感を感じるか感じないか程度の微損傷がおこり、その損傷が癒える前にさらなる微損傷が積み重ねられるうちにいつのまにかはっきりとした痛みに変化した時点で問題を認識する。

　障害の発生機序を明確に限定するのは困難だが、いくつかの推測は成り立つ。

- 技術的に不適切なフォームにより関節や筋腱に不必要なストレスが過度にかかる－トレーニングエラー。
- トレーニング負荷が、質・量を問わず、選手個人にとっての生理学的能力の限界を越えてしまった時－オーバーユース
- 急性の外傷が適切に処置されずにいたり、同一部位に外傷が繰り返されたりすると障害へと転化する場合なども考えられる。

　また、競技の特異性により発症部位に特徴がある。例えば

- **肩**－野球などのように何かを投げる。水泳のように腕を繰り返し回す。テニスのように頭上でボールを打つために腕を頭上に振り上げる。
- **下肢**－マラソンのように長時間・長距離を走る。バレーボールのようにジャンプを繰り返す。
- **腰**－サッカーのゴールキーパーのように前かがみで腰を曲げた姿勢を続ける。水泳のバタフライのように腰の曲げ伸ばしを繰り返す。

などがある。部位的に上肢のスポーツ障害もあるが、下肢を中心とした下半身のほうが発生率が高い。

4. 主なスポーツ障害

1. 腰痛

　腰痛というのは一般によく聞くものだが、その種類は数多く存在し腰部の痛みを総称したものである。スポーツ傷害などの整形外科的なものの他にも、内科的、婦人科的、泌尿器科的、または心因性のものと様々である。そのため、腰痛はその原因を明確に特定できないこともある。

　スポーツ傷害を含む整形外科的なものにも腰背部の肉離れ、打撲、骨折、脱臼、腰椎捻挫（靱帯や関節包の損傷）、椎間関節症、腰椎すべり症、など多数あるが、スポーツ障害の代表として以下に3つを紹介する。腰椎椎間板ヘルニアや腰椎分離症は「一度に急激な外力が腰部にかかることにより起こる外傷である」という考えもあるが、「完全に治らなくても活動が行えるまで症状が軽減すると復帰し、そのまま腰痛を抱えたまま活動を続ける」という慢性的なものとなることが多いため、ここではあえて障害として扱うことにする。

　一般に腰痛の原因には様々なものがあり事故としての急性的な外傷は不可避であるとしても、日頃からの努力により予防に貢献できることは少なくない。またすでに腰痛を患っている選手にとっては症状の悪化を抑制し、機能回復にも役立つ。

　普段からのトレーニングとしては

- 体幹（股関節を含む）周囲の筋力強化。慢性的な腰痛と体幹周囲の筋群の筋力低下には関係があるといわれており、特に腹筋が重要である。
- 体幹周囲の柔軟性の改善および向上。慢性的な腰痛を患っていると腰部の筋肉が短縮していることが多い。見過ごしがちな股関節も含め、ストレッチングなどにより常に良いコンディションにいておく。

などが挙げられる。ほかに生活面を含めた姿勢も大切である。立位、座位など静止姿勢のみならず、荷物の上げ下ろしなどの動作中の姿勢も含まれる。

- **腰椎椎間板ヘルニア**－腰椎と腰椎の間にある椎

間板という軟骨の髄核が後ろに飛び出し，そこを通っている神経を圧迫することにより起こる。痛みは腰部のほか，臀部，下肢後面に及ぶことも多い。また，下肢の筋力低下や，しびれなどの知覚障害も起きる。主に第4腰椎と第5腰椎の間の椎間板で起こることが多い。レントゲンでは鑑別は出来ないので診断にはMRIが有効である。保存療法でも改善傾向のないほどの重症には手術の適応も考慮の対象となる。

- **腰椎分離症**－腰椎後部の椎弓が分離することで起こる一種の疲労骨折である。一般の人に比べスポーツ選手の発生率は2～3倍といわれておりスポーツ傷害の中でも発生頻度は極めて高い。腰部を酷使するスポーツに参加する発育期に発生しやすく，性別では男子のほうが比率が高いという特徴がある。主に第5腰椎での発生率が高い。分離は片側からはじまってやがて両側に進行する。体幹を後ろに反らせる後屈により痛みが増す。腰椎椎間板ヘルニアのような神経症状はない。成長期に発生した場合に骨癒合の可能性があればスポーツ活動を中止しコルセットなどによる固定での保存療法が推奨されている。骨癒合が期待できないケースでは手術療法も適応対象となる。
- **筋・筋膜性腰痛症**－器質的な損傷を伴わず，主にオーバーユースによる疲労が原因で慢性的な腰痛をもよおすものである。腰部周辺の筋肉の緊張が高い。神経症状や骨の変化などはみられない。オーバーユースが原因であることが多いので，症状の度合いによるが安静もしくはトレーニング負荷の量・質のコントロールをする。腰部のストレッチングを十分に行う。症状が改善してきたら体幹の筋力強化を始める。スポーツ選手であれば症状の強さに差はあっても何度か経験するものだが，普段から体幹周囲の柔軟性の維持と筋力強化により予防と症状の低下に努めたい。

2. ジャンパー膝

膝蓋靭帯炎ともいい，オーバーユースに起因する障害の1つである。スポーツ活動の中でジャンプ，ダッシュ，キックなどの動作を繰り返す競技で多くみられる。膝蓋骨の下端と膝蓋靭帯の起始部周辺に炎症が起こり痛みを伴う。原因としては以下の要因が考えられている。
- 大腿四頭筋の柔軟性低下。
- 成長期に骨の成長に筋肉の成長が追いつかない。
- 膝関節を中心とした下肢のアライメント異常。
- 選手個人の限界を超えた練習量。
- 活動を行っている場の変化（柔らかい地面から硬い地面など）。

また，ジャンパー膝は症状により4段階に分類されている。
- 第1期－活動後のみ痛む。
- 第2期－活動前後に痛む。
- 第3期－活動中を含み常に痛む。
- 第4期－膝蓋靭帯の断裂。

第1期，第2期のうちに大腿四頭筋など大腿前面のストレッチングとアイシングを徹底して行いそれ以上障害を進行させてはいけない。市販のジャンパー膝用のサポーターも有効である。第3期に至るとスポーツ活動に支障をきたすため，活動を休止し医療機関の受診が必要となる。第4期の最重症例になるとすでに手術適応の対象である。

ジャンパー膝は障害が深刻化しない初期の段階で対処を開始する早期発見，早期治療が大事である。また，普段からのコンディショニング加え，オーバーユースに起因する要素が強いのでトレーニング量のコントロールがポイントとなる。

3. アキレス腱炎・アキレス腱周囲炎

ジャンプやランニングによる激しい動きのオーバーユースによりアキレス腱や腱周囲の組織に炎症を起こす障害である。アキレス腱・腱周囲の痛みと腫れがみられ，アキレス腱を伸長させると痛みが増す。活動中はギシギシという軋轢音がすることもある。オーバーユース以外の要因としては次のようなものが考えられている。

- 下腿三頭筋などのトレーニング不足
- 柔軟性の欠如
- 活動を行う場の地面の変化
- 足部・足関節のアライメント異常
- 不適切なシューズ

　この他アキレス腱は加齢に伴い硬化することが影響し20代後半以降に起こりやすいとの報告もある。無理なスポーツ活動の継続は症状の悪化にとどまらず最悪の場合アキレス腱の完全断裂にいたることもある。予防のために日頃の筋力強化とストレッチングにより柔軟性を高めておくことが推奨される。始めはアキレス腱への負荷を減らすために踵を上げるための足底板を用いるのもよいが、柔軟性が回復するにつれ薄めのものに切り替え、最終的には外すようにしたい。ただしアライメント異常の矯正のための足底板は半永久的に必要かもしれない。

4. 足底筋膜炎

　足の裏をおおう足底筋膜に繰り返しストレスが加わることにより起始部である踵骨内側突起付近に炎症が起こる障害である。固い地面で着地を反復する長距離ランナーに起きやすい。寝起きに初めて足に荷重をするときに一番痛みが強く、足への荷重を繰り返すたびに徐々に痛みが減少する傾向にある。また慢性的に足底筋膜炎を患わせると下腿三頭筋の柔軟性の低下を伴うし、逆にもともと下腿三頭筋の柔軟性が低いと足底筋膜にストレスがかかる。その他の要因としては

- 急激なトレーニング量増加によるオーバートレーニング
- 固い路面でのランニング
- アライメントの異常
- 不適切なシューズ

などが挙げられる。専門的な治療以上にトレーニング量の調整が重要であり、必要であればシューズや足底板によりアライメントを矯正するとよい。下腿三頭筋や足底筋膜のストレッチは予防のためにも役立つ。

5. 中足骨疲労骨折

　陸上競技、バスケットボール、サッカー、剣道、バレーボールなどで起こりやすいといわれ、ランニング、ジャンプ、つま先立ちで大きな力が繰り返し中足骨にかかることにより疲労骨折が生じる。腫れと圧痛があり、歩行でさえ痛むことがある。第2、第3中足骨骨幹部での発生頻度が高いが、第4、第5中足骨でも起こる。第1中足骨での発生はごく稀である。第5中足骨近位骨幹部の疲労骨折を特にジョーンズ骨折と呼ぶ。前足部でストップをかける動作に関係が深いといわれている。疲労骨折は初期段階でのレントゲンでは異常を確認するのに2、3週以上要することが多く、早期発見には骨シンチグラフィーでの所見が有効である。骨の癒合に1ヶ月以上かかり、その間は患部には負荷をかけることが出来ないので骨癒合後のリハビリを考慮するとスポーツ活動復帰までには数ヶ月を要することになる。ジョーンズ骨折の場合は難治例が多く復帰までさらに日数を要する。

6. 脛骨過労性骨膜炎

　シンスプリントとも呼ばれ、脛骨の内側中央から下1/3に痛みを感じる。後脛骨筋、ヒラメ筋、長母趾屈筋、長趾屈筋などが繰り返し強い収縮を起こすことにより脛骨での起始部の骨膜に炎症が起きる状態である。陸上の長距離走で発生率が高いが、それ以外でもランニング、ジャンプなどの反復を多量に繰り返す競技でもみられる。過剰なランニングの量や、ランニング量の急激な増加、硬い路面での長時間のランニングなどが原因になりやすい。また、足部の過回内などのアライメント異常も強い影響を及ぼすといわれている。脛骨疲労骨折や前部コンパートメント症候群と間違われやすい。対処としてはまず、安静もしくはランニング量のコントロールである。患部のアイシングと足関節周囲筋群のストレッチングも効果が高

い。アライメントの異常がある場合は足底板やテーピングの使用が有効であるし，使用するシューズにも注意を払うべきである。

7. インピンジメント症候群

肩峰，烏口肩峰靭帯，上腕骨頭の間のスペースでローテーターカフ，滑液包が摩擦や衝突により炎症を起こす障害である。ときにローテーターカフの損傷も起こる。例えば物を投げるような，腕を頭上に上げる動作の反復により炎症が起こる。肩関節の外転など腕の挙上にひっかかった感覚があり，痛みを伴う。肩関節の不安定性や肩甲上腕リズムの不整があるとさらに症状が悪化する。

障害による機能低下を回復させるためにも予防のためにも，ローテーターカフの筋力強化トレーニングと肩（肩甲骨も含め）関節の柔軟性維持が必須である。軽度の場合，練習後のアイシングだけでも効果があるだろう。オーバーユース的な要因以外にも不適切な動作フォームによるトレーニングエラーが問題かもしれない。そのような場合,復帰前のリハビリ中にフォームの矯正を行うようにする。一般には保存療法で十分だが，重症の場合手術の適応になることもある。

理解度チェック問題

1. スポーツ傷害の発生に関して直接的であれ間接的であれ発生の要因に関わるのは次の誰か？
   a. 選手本人
   b. コーチ
   c. アスレティックトレーナー
   d. a，b，c全て

2. 打撲の応急処置として不適当なものは次のどれか？
   a. マッサージ
   b. 痛みが出ない程度の軽いストレッチング
   c. アイシング
   d. a，b，c全て

3. 創傷の応急処置の際に気をつけなければいけないことで適切なものは次のどれか？
   a. 患部の洗浄
   b. 処置を行う手の洗浄
   c. 清潔で滅菌された用具を処置に使用する
   d. a，b，c全て

4. スポーツ障害の発生機序として主に考えられているものに当てはまらないものは次のどれか？
   a. オーバーユース
   b. トレーニングエラー
   c. ローテーターカフ
   d. a，b，c全て

5. 腰痛と呼ばれるものの中で疲労骨折の一種とみなされているものは次のうちのいずれか？
   a. 腰椎椎間板ヘルニア
   b. 腰椎分離症
   c. 筋・筋膜性腰痛症
   d. a，b，c全て

解答:1.→d　2.→a　3.→d　4.→c　5→b

【文献】

1) アーンハイム・ダニエル：岩崎由純・渡邉一夫(1991). アーンハイムのトレーナーズバイブル.医道の日本社.＜Arnheim, D. Daniel.(1987). Essentials of ATHLETIC TRAINING. The C. V. Mosby Company.＞
2) 石井直方総監修（2001）．トレーニング用語辞典．森永製菓株式会社健康事業部森永スポーツ＆フィットネスリサーチセンター．
3) 河野一郎・白木仁・宮永豊編（1998）．アスレチックトレーナーのためのスポーツ医学.文光堂．
4) 黒田善雄・中嶋寛之監訳(1992)．スポーツ医学辞典．南江堂.＜Hunt, F. Howard and Tver, F. David. (1986). Encyclopedic Dictionary of Sports Medicine.：Chapman and Hall.＞
5) Moore, Bob (1997). Science of Management of Sports Injuries. San Diego State University ENS 365 Course Supplement. KB Books.
6) 中嶋寛之編（1998）．スポーツ整形外科学　改訂第2版．南江堂．
7) 鹿倉二郎・村井貞夫・武藤芳照編（1996）．スポーツトレーナーマニュアル．南江堂．
8) 上田敏・大川弥生編（1996）．リハビリテーション医学大辞典．医歯薬出版株式会社．

20章 アスレティックリハビリテーション

KEYWORDS ●アスレティックリハビリテーション ●競技特性 ●再発予防 ●段階的プログラム ●患部外トレーニング ●疲労回復 ●リスク管理

　アスレティックリハビリテーションとは，スポーツ選手がなんらかの外傷・障害によって身体の機能を低下させたり失ったりした際に，的確なリハビリテーションを行ってスポーツ活動あるいは競技が可能となるよう身体トレーニングを行うことである。この場合のリハビリテーションは，歩く，登る，持ち上げるなどの日常生活動作を取り戻すことが目的であるメディカル・リハビリテーションとは異なり，その目標が競技復帰あるいは積極的なスポーツ活動におかれ，スポーツ競技の専門性を考慮したものでなくてはならない。また，激しい身体活動を行うことができる高い体力レベルを獲得することが必要とされ，可能な限り早期に競技復帰することが望まれている。

　ここでは専門競技に復帰することを前提にしたアスレティックリハビリテーションについて概説する。

1. アスレティックリハビリテーション実施上の留意点

　アスレティックリハビリテーションを実施する場合には，次のような点に留意しておくことが大切である。

①競技特有の体力要素の把握
　その競技で必要とされる体力要素（専門的体力）や，運動様式（特有の動作）を十分に把握した上でトレーニングを処方する。

②段階的な負荷設定
障害部位の悪化やオーバートレーニングを招かぬよう，回復の段階ごとに的確な機能評価を行い，その結果に応じた合理的なトレーニングを処方する。

③医学的制限の考慮
　特に手術を行った選手や重症の障害を有する選手に関しては，患部の保護を十分に考慮して決して無理がかからないように配慮しつつ，可能な限り積極的なトレーニングを行わせる。

④再発防止
　再発を防止するために，傷害要因を除去，軽減しておくことが重要である。加えて，さらに強化して再受傷を防止する努力をする。

⑤患部以外の活用
　患部以外の身体を十分に活用して，積極的に体力強化を図る。特に荷重制限がある場合，下肢筋機能の低下や心肺機能の低下を防ぐ努力が必要である。

⑥心理面でのコントロール
　受傷者個人のモチベーションやチーム内での役割などを把握し，「やる気」を維持させる。その逆に，復帰をあせってオーバーユースを引き起こさない配慮も必要である。障害の程度やトレーニング内容を選手自身に十分把握させる「教育」も重要である。

2. アスレティックリハビリテーションの進め方

アスレティックリハビリテーションの内容として，次の運動が挙げられる。
① 筋力・筋パワー向上のための運動（運動の源となる筋肉の出力を改善する）
② 関節可動域（柔軟性）向上のための運動（関節の動きの確保を行うために，温めたり，ストレッチングなどを行う）
③ 持久力向上のための運動（運動に必要なエネルギーを供給する能力を改善する）
④ 神経・筋協調性向上のための運動（運動をコントロールする神経系の働きを改善する）
⑤ スポーツ動作関連運動

運動の内容は，傷害の部位，症状の程度，受傷後の経過等により異なるが，ここでは基本的な運動プログラムの作成にあたっての進め方について述べる。

アスレティックリハビリテーションにおける運動プログラムの作成にあたっては，**表20-1**の如く，対象者の状態を把握するための十分な情報収集を行い，各運動（機能）の到達目標および最終目標を設定した後，運動プログラムを実行する。トレーニング処方の際には，必ず医学的な制限の有無を確認し，関節可動域や筋力レベルを踏まえた上で，運動様式や負荷強度を選択することが重要である。また，実施後には定期的にその効果を判定するための再評価を行いながら，プログラムの内容の再検討を行う。実施中にも対象者が目的意識を持ち，その運動の意義や正しい行い方を理解しているかを確認する必要がある。

1. 競技特性を踏まえたトレーニング処方

アスレティックリハビリテーションにおけるトレーニングにおいては，まず基本的なスポーツ活動に最低限必要となる基礎的な体力をより高い水準まで機能回復させることが必要であることはいうまでもないが，その競技の特性に応じた専門的な体力トレーニングの実施が必要である。リハビリテーションの最終的なゴールが専門競技への復帰であるならば，その競技を行う上で必要となる種目特有の体力要素（いわゆる専門的体力）や運動様式（特有な動作）を十分に把握し，トレーニング処方していかなければならない（**表20-2**）。

表20-1　アスレティック・リハビリテーションの進め方
（川野，1987より）

1. 情報集積とその分析（各専門家による診察，評価）
2. 治療指針の設定
3. ゴール設定（短期・中期・長期）
4. リハビリテーションプログラムの作成
　　（運動療法，物理療法，補助具の製作など）
5. リハビリテーションの実施
6. 再評価
7. 転機設定
8. ゴール達成
9. 再発予防と健康管理プログラム

表20-2　競技特性を踏まえたトレーニング処方（山本, 2002）

競技特性の把握
　① 種目特有の体力要素（体力特性）
　② 種目特有の動作（動作特性）
　↓
トレーニング処方
　③ ゴール設定（競技復帰の判断）
　④ 患部外トレーニング
　⑤ 早期競技復帰

▶（1）専門的体力の強化

スポーツ選手の体力は各競技の運動特性に応じて特異的に発達することが知られている。競技復帰のためのトレーニングを処方するためには，その競技を行う上で必要な体力の内容を知り，各競技能力により関わりの深い体力要素を重点的に強化する必要がある。主にどの筋をどのような使い方をするのか？ 静的か動的か？ 単発的か反復的か？ など，各競技種目における主働筋，運動様式，エネルギー出力様式などを踏まえたうえでトレーニングを処方することが必要となる（**表20-3**）。

表20-3 トレーニング処方のための競技特性の分類
(山本, 2002)

主働筋	上肢, 下肢, 体幹 伸筋, 屈筋
運動様式	筋力, 持久力, スピード 短縮性, 伸張性, 伸張－短縮 単関節, 複合関節 OKC, CKC, 荷重レベル 単発的, 反復的, 静的, 動的
エネルギー出力様式	エネルギー供給機構 （無酸素性, 有酸素性） 運動時間, 頻度, 量（強度） 瞬発的, 間欠的, 持久的

OKC : open kinetic chain／CKC : closed kinetic chain

たとえば，全力疾走を伴うスポーツ競技によくみられるハムストリング肉離れは，競技復帰後の再発例が多いことで知られているが，そのリハビリテーションとしての筋力強化に単純な膝関節屈曲運動（レッグカール動作）のみでは不十分である。ハムストリングは膝関節のみでなく股関節にもまたがる二関節筋であり，疾走能力に最も関与し貢献しているのは股関節伸展力である。また，疾走中には筋の伸張性収縮やスピーディーで複雑な複合関節運動も余儀なくされる。これらの運動に筋が適応できないままに競技復帰してしまえば再発の可能性も大きいといえる。したがって，競技復帰を前提とした筋力強化を行うならば，その種目で要求される特有の負荷に対応できる能力を身に付けさせるためのトレーニングを処方する必要がある（図20-1）。

同様なことは筋力のみでなく，関節可動域（柔軟性），神経－筋協調性，全身持久性，などにもいえよう。

▶(2) 競技特有の動作の習得

筋力や関節可動域などの基本的な運動機能が回復した後，あるいは回復の過程で，各競技において基本となる運動技術を習得するための「動きづくり」を実施することが重要である。投げる，走る，跳ぶ，蹴る，あるいはステップ・ターン（方向転換，急停止動作），コンタクト（対人接触動作）などスポーツにおける基本動作の段階的訓練（ドリル）を正しい肢位で反復して行わせた上で，それらを徐々に組み合わせ複雑化，負荷増させてレベルアップし，最終的な競技動作に移行していく。これらの段階的な負荷設定の参考例として**表20-4**のような要素が挙げられる。これらの動きづくりは誤ったフォームを修正するのにも役立つので，動的アライメントをチェックしながら正しい動作を指導するとよい。

表20-4 段階的負荷の例 (山本, 2002)

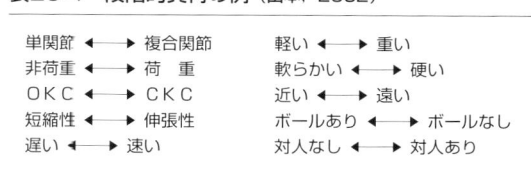

単関節 ◀▶ 複合関節		軽い ◀▶ 重い	
非荷重 ◀▶ 荷重		軟らかい ◀▶ 硬い	
OKC ◀▶ CKC		近い ◀▶ 遠い	
短縮性 ◀▶ 伸張性		ボールあり ◀▶ ボールなし	
遅い ◀▶ 速い		対人なし ◀▶ 対人あり	

個々の競技動作の運動形態を分析して，どのような動作が組み合わさっているのか，どのような基本動作の習得が必要であるかを把握すれば，目的とする競技動作の復帰（回復，習熟，）に向けたアスレティックリハビリテーションの段階的なプログラム作成が可能となる。

2. プログラムの段階的なアプローチ

前述のように専門的な体力や動作を積極的にト

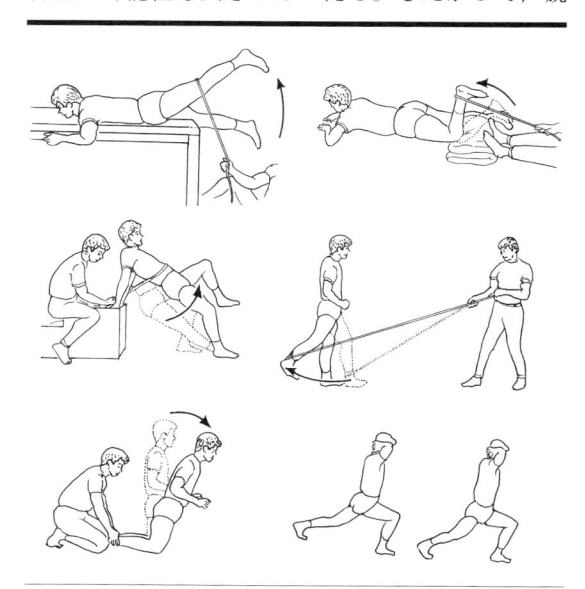

図20-1 ハムストリングトレーニングの運動様式別バリエーション 上：単関節運動，中：複合関節運動，下：エキセントリックトレーニング

レーニングすることは重要ではあるが、健常者へのトレーニングとは異なり、身体機能の回復程度に応じた適切な負荷を段階的に設定していく必要がある。リハビリテーショントレーニングにおいては、筋力トレーニングが不可欠であるが、それには、様々なアプローチの方法がある。筋力の現状と復帰の目的に合った手法を選んでいかなければならない。

▶（1）荷重負荷レベルの選択

運動の基本は体重の支持であり、自分の体重を支えることができるかどうかということは、運動を選択する上で重要な要素となる。ここでは大きく3段階に分類して説明する。

① 非荷重レベル

術後の医学的制限により荷重制限やあるいは体重支持力が著しく低く自己の体重さえも支えることが困難な場合、体重を負荷しない条件でトレーニングを設定する。

チューブや重曹、水の抵抗などを利用して、荷重をしないで行える運動。代表的な運動として、レッグエクステンション、レッグカールなどがあげられる。また、トレーニングマシーンを用いて行う際には、伸張性の収縮がおこりにくい等速性の機械や油圧式のマシーンなどがより安全に行えるといえる。

また、関節運動があまりできない時期では、等尺性やそれに近い状態での運動を行う。膝の障害であるならばクワードセッティング[注1]、SLR（Straight leg raising）[注2]などがあげられる。さらに、電気刺激を用いてトレーニングを行うとより効果的なケースもみられる。特に、ギプス除去後早期において筋力低下がみられ、随意的な筋収縮が十分にできない時期に顕著である。

注1）パテラセッティングともいい、長座位で、脚の後ろを床あるいは、丸めたタオルや枕に強く押しつけることで、大腿四頭筋を鍛えるトレーニング。

注2）仰臥位で膝を伸ばしたまま、脚全体を上にあげるトレーニング。

② 部分荷重レベル

ある程度の荷重負荷は許可されるものの、ランニングやジャンプなどの完全に荷重負荷がかかるような運動が制限される場合。

腕で体重を支えながらのスクワットやレッグプレス、空気いす、シャトル2000[注3]を用いた背臥位でのジャンプトレーニング、また、自転車ペダリングや水中での荷重運動などがあげられる。

水中では浮力の影響で荷重負荷が軽減されるので、体重支持力レベルが低レベルで陸上でのスクワットやランニングのような荷重負荷運動が困難な場合でも、早期から荷重運動を行わせることが可能である。一般的に、水位の変化において荷重負荷レベルは変化するため、自分自身の体重支持力を考慮して、水位とトレーニング内容を安全に選択することが可能となる。

注3）スライド型ベンチシートが水平や斜めに滑って移動する装置。このベンチシートに背臥位に乗り、足側の固定板を踏むことで背中のベンチシートがスライドする仕組みとなっている。重力の影響を少なくして負荷をゴムチューブの張力で調整してスクワット動作やジャンプ動作などの下肢屈伸運動を行う。

③ 全荷重レベル

荷重制限がなく、荷重の影響に左右されずに適切な負荷設定をしていけばよいレベル。具体的には、スクワット、デッドリフト、ヒールレイズなど一般的なウエイトトレーニングの種目や、スライドボードでのスケーティング、スプリットジャンプ、ハードルジャンプ、サイドジャンプなどがあげられる。

しかし、体重支持能力や選手が感じる不安感などを考慮して、トレーニング種目を選択する。同じ荷重負荷でも、運動速度の増加や急激なストップ・ターン、着地衝撃の大きさなどにより、負荷レベルが異なるので注意が必要である。

▶（2）筋の収縮様式の選択

筋はいくつかの収縮様式がある。筋は収縮様式によって、発揮される張力の大きさも違い、また、トレーニング効果も異なる。いつどのような段階でどの収縮様式を活用するかを判断することも重

要である。

①アイソメトリクス

関節を固定したまま筋を緊張させるもの。受傷後まもなく，関節の可動域に制限がある場合，あるいは前記の「非荷重レベル」，「部分荷重レベル」で実施すると有効といえる。

②アイソトニックス

関節を動かしながら筋を収縮させるトレーニング。荷重制限が少なくなり，筋力レベルがある程度回復してきたら，積極的に導入する。
アイソトニックスでは，筋が短縮しながら筋力を発揮する短縮性収縮（コンセントリック）と引き伸ばされながら筋力を発揮する伸張性収縮（エキセントリック）」，がある。図20-2のように短縮性収縮よりも伸張性収縮のほうが筋出力は大きく，運動速度にも影響を受ける。したがって，リハビリトレーニングの初期においては，エキセントリックトレーニングには注意が必要であるといえる。

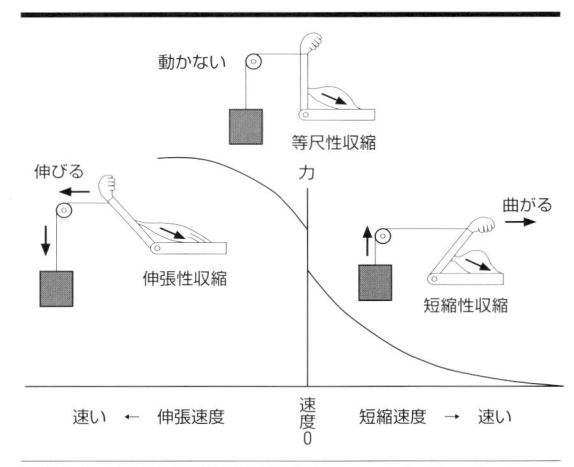

図20-2 筋の収縮様式と筋出力（ヒル，1951）

③アイソキネティクス

マシーンなどで，動作のスピードを制御し，一定スピードで運動するようにプログラムされたもの。すべての可動域で最大努力での筋収縮が可能なので，トレーニング効果も高く，活用される場合が多い。また，負荷の高いエキセントリックな刺激がほとんどかからないため，安全に行える利点もある。

④プライオメトリクス

反動を利用し，瞬間的にエキセントリックからコンセントリックの収縮を行うことで，爆発的な筋力の養成ができる実践的なトレーニングである。前記の全荷重レベルに達し，十分な筋力回復があった後，より実践力を高めるときに導入すべきである。

筋力レベルに応じてトレーニング時の筋収縮様式を選択して，段階的にアプローチしていく必要がある。特に，反動をともなう伸張性収縮を積極的に取り入れたプライオメトリックトレーニングは，競技動作に密接なパワーを高めるのには効果的であるが機能回復時の処方にあたっては外傷・障害の発生に十分注意して行う必要がある。

▶（3）運動様式の選択

①単関節運動

膝関節の屈曲・伸展。あるいは肘関節の屈曲・伸展のように，運動にかかわる関節がひとつだけの場合。単関節運動では，トレーニングしたい部分をある程度特定して強化していくことができる。リハビリでは初期のトレーニングとして用いられるケースが多い。

②複合関節運動

スクワットでは，足，膝，股関節の3つがかかわっている。このように複数の関節にかかわる運動のことを示す。ひとつの動作で多くの筋肉が動員され，神経・筋の協調性が整えられていく実践的なトレーニングである。
リハビリトレーニングでは，あるレベルまで筋力が回復した後のトレーニングとして用いられるケースが多い。

▶（4）トレーニング様式と効果

筋はトレーニング方法に基づいて発達し，トレーニング方法に基づいた筋力発揮をするという特性を持つ。例えば，ゆっくりと大きな力を発揮するようなトレーニングをしていれば，そういう力の発揮は得意になるが素早く動くことは苦手になる（図20-3）。

アスレティック
リハビリテーション ……………………… 20 章

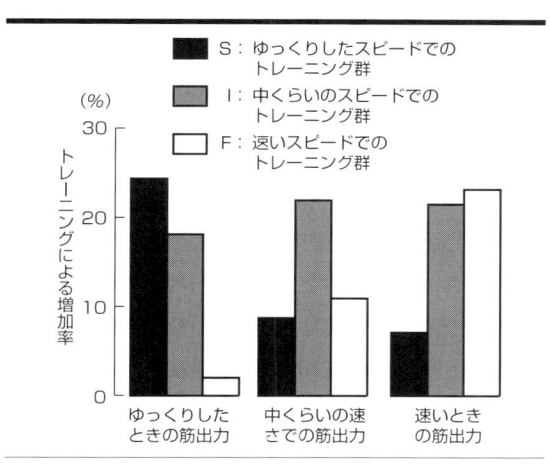

図20-3 トレーニング・スピードの重要性（金久, 宮下1982）
トレーニングするときの動作スピードによってトレーニング効果の表れ方が異なる

通常リハビリトレーニングではゆっくりとした大きな動作から, 開始することが多い。しかしそれは, 競技特性も考慮しながら, 筋力の回復と同時にトレーニング方法を変えていかなければならないといえる。

3. 再発予防への配慮

アスレティックリハビリテーションを実施するうえで必ず念頭に置かなければならないのは, 再発予防への対応である。そのためには受傷時の発生要因をできる限り明確に把握し, 受傷要因に対する予防対策を施したうえで競技に復帰させる必要がある。

▶(1) 傷害発生要因の除去と改善

まず, 受傷時の身体的コンディショニングの状況, 受傷機転, 体の使い方や用具, 運動環境の不備など傷害発生の原因と考えられる因子を把握し, 傷害要因を除去, 軽減するとともに, これらを改善して再受傷を予防する。筋力低下, 柔軟性の欠如, 肥満, 関節不安定性, 技術の未熟などの傷害発生に関与する要因を有する場合, その対応策として筋力強化, ストレッチング, テーピング, 基本技術の習得など適切な予防処置をとる。同時に, 受傷によって弱化し, 新たな傷害発生要因となりうる要素に対しても改善し, 強化・サポートすることは再受傷の防止に欠かせない。場合によっては, フォームやポジション, 得意技の変更を検討することが有効なケースもある。

▶(2) リスク管理

特に競技復帰直前の高い運動強度のトレーニングや, 競技動作に近い高度な運動技術を習得させるようなリハビリテーショントレーニング中においては, 身体機能の回復が不十分な時期であるので, 再発や悪化を回避する十分な配慮が必要である。傷害像を踏まえ症状を悪化させないような運動内容を指導する必要がある。

例として, 足関節捻挫の場合には荷重時のToe-in, ボールキック時の過度な底屈位でのインパクトの回避などに注意すること。膝前十字靭帯損傷の場合には特にストップ・ターン, 踏み込みなどのステップ動作時にknee-inなど膝関節への過度な回旋ストレスが加わらないように注意すること。肩関節前方脱臼の場合には, 脱臼肢位となる肩関節の外転, 外旋位をとらないように注意するなど, 特に競技復帰前のトレーニング時には機能解剖学的に発症メカニズムをとらえ, 受傷部位の保護や悪化防止を図ることが重要である。

また, 症状に応じた装具やテーピングの利用, 用具, 施設における安全面の配慮, 十分なウォーミングアップなども考慮すべき事項である。

▶(3) 機能解剖学的配慮

筋力の回復と強化のためにかけられる負荷は安全, かつ効果的でなければならない。そのためには, 目的の筋に対して負荷のかかる位置, 角度などが常に適切になるように, 設定を工夫する必要がある。

例えば, 前十字靭帯損傷の手術後あるいは受傷後早期には, 膝伸展運動時の筋肉の収縮力によって下腿が前方に引き出される力が働き（特に最大伸展時付近）, 受傷靭帯に大きな負荷がかかりやすいため, 図20-4のように下腿近位部（膝下）にもチューブをかけてトレーニングを行う。これに

より，膝を伸ばすに従ってチューブの抵抗が増すと同時に下腿が前方に引き出される力は抑制され，靭帯にかかる負荷は軽減される。

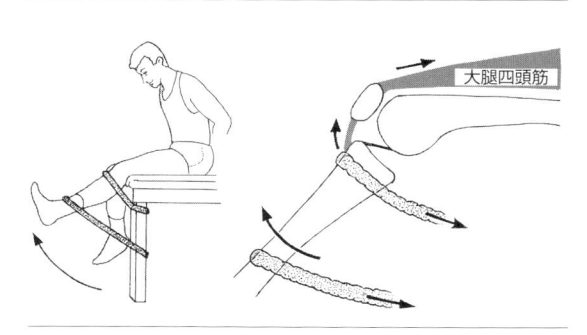

図20-4　二重チューブトレーニング
前十字靭帯を傷めている場合は，大腿四頭筋の収縮によって脛骨が前方にずれ前十字靭帯にストレスが加わるのを防ぐために，膝の下にもう1本チューブをかけて行う

　同様のことは各関節でおきるため，受傷部に過度の負担をかけないようにしながら周辺の筋力を回復していくという，リハビリテーショントレーニングの基本を忘れずに，トレーニングの負荷や角度を設定していく。

4. 各部位における筋力増強のためのトレーニングの実際

　スポーツ傷害の主要な原因の一つに筋力不足あるいは筋力のアンバランスが挙げられる。筋力不足や筋力のアンバランスが原因で傷害が生じることも多いが，逆にケガをしたことが原因で筋力低下や筋力のアンバランスが生じ，それが原因でケガの再発（再受傷）を引き起こす場合も多い。スポーツ傷害の受傷経験を持つ者の多くは，医療機関で必ずしも適切なリハビリテーショントレーニングを処方されているわけではなく，痛みがなくなったら特別なトレーニングもせずに，徐々に実際のスポーツ活動を開始する場合も少なくない。受傷後の安静や固定，競技の中断などにより，筋力低下，または，傷害によっては関節の不安定性が生じてしまっていることもあるので，スポーツ傷害予防の観点からいえば，日常の練習内容の一環として傷害予防のための補強的筋力トレーニングを実施することが望ましいといえる。

▶（1）足関節

　足関節捻挫受傷後，十分にリハビリテーションをしないで安易にテーピングをして競技復帰してしまったため，足関節の捻挫が慢性的になってしまい，不安からいつもテーピングをしている選手も少なくない。これらの対象に対しては，足関節周辺の筋力強化が有効である。足関節周辺の筋肉群は，他の大筋群に比べ筋力が弱く，しかも動く方向が多様な関節なので，マシーンやフリーウエイトによる通常の筋力トレーニングでは鍛えにくい部位でもある。したがって足関節周辺の筋力強化にはゴムチューブ（以下チューブ）やゴムバンド（以下バンド）が用いられることが多い。

▶（2）膝関節

　膝のスポーツ傷害としてよくみられる靭帯損傷，半月板損傷，ランナー膝，ジャンパー膝，オスグッド病などが原因でテーピングに頼らざるを得なくなっている選手，あるいは慢性的な障害により何度も再発を繰り返しているケースは比較的多い。これらの傷害は膝への傷害に対するショックアブソーバーとして働く大腿四頭筋の強化によって改善が可能であると言われている。したがって，膝関節傷害予防のためのエクササイズは大腿四頭筋強化が主なねらいとなる。この部位の強化としては，フリーウエイトやマシーンを使ったスクワットとそのバリエーションが代表的なエクササイズであるが，筋力不足や不安があってそれらが行えない選手が実施する場合や補強運動として日常的に実施するには，チューブや，足に重りを直接つけて行うトレーニングも有効である。

▶（3）腰部

　腰痛の原因の一つに腹筋と腰背筋の筋力不足やアンバランスが挙げられる。腰痛の症状が慢性的になっている選手の中には腹筋の筋力低下がみうけられるものが多く，これらの対象者には腹筋強化のエクササイズが有効である。しかしながら，

特に中高年者のように腹筋力の著しい低下がある人では，一般的なシットアップ（上体おこし）も実施できないことも多い．したがって，腹筋力の強さの程度や腰痛の度合いに応じて，可能な運動を選択して行うのが望ましい．

▶(4) ハムストリング

ハムストリング（大腿部後面の筋肉）の肉離れは，一度受傷すると慢性的になってしまうことが多い．その原因の一つとして，やはり筋力不足が挙げられる．痛みが取れたので走り始めたが，途端に再発してしまった，という例も多い．それらのケースは明らかに再発予防のための筋力強化が不足していたり，筋力のバランスが十分でないことが問題であり，回復程度に応じてハムストリングスの筋力を強化するエクササイズが有効となる．ハムストリングスは，膝関節屈曲と股関節伸展の二つの運動に関わる二関節筋であることや，コンセントリックな運動やエキセントリックな運動を筋力レベルに応じて段階的に処方することに留意しながらトレーニングを行うことが望ましい（図20-1）．

5. 患部以外のトレーニング

スポーツ選手の場合，患部の安静を図っている期間においても，スポーツ活動に必要な他の運動機能が低下しないように積極的にトレーニングすることが極めて重要である．患部が治癒したとしても，競技活動に必要な体力要素が低下していると，さらに再強化の期間が必要となり，早期競技復帰を妨げるからである．個々の競技特性を踏まえた上で，必要となる運動機能の強化をできるだけ積極的に実施することが大切である．特に体重支持に必要な役割を果たす大腿四頭筋や姿勢保持やバランス能力などに重要である体幹筋群や股関節周囲，肩甲骨周囲の動きの改善，筋力強化は各種目に共通して不可欠な要素である．また，患部に対して荷重制限がある場合，下肢筋機能の低下や心肺機能の低下を防ぐ努力が必要である．下肢への荷重制限がある場合の患部外トレーニングの例として，水中での浮力を利用した荷重制限下での運動や上肢の運動（サーキットトレーニングなど）を用いたトレーニングが挙げられる．

水中では水の特性を利用した様々なトレーニングが可能となる．水中での浮力を利用すれば，荷重負荷を軽減した状態でスクワットやランニングが可能である．浮力補助具を身体に装着し，水中に浮いた状態にすれば，ランニング類似動作でのダッシュやインターバルトレーニングも可能であるため，運動時間と休息時間の設定によってはその競技の代謝特性を考慮したトレーニングも可能となる．

また，水の抵抗は運動速度の2乗に比例し，水を受ける抵抗面が大きいほど負荷が大なるので，回復状況に合わせて無理なく全身のトレーニングが行える．さらに，水中での抵抗は，アイソキネテック・トレーニングに類似した負荷抵抗が得られるため安全に行える，また，マシーン・トレーニングと異なり，様々な競技動作に類似した運動が可能となるなどの利点もある．

6. 疲労回復

リハビリテーショントレーニングにおいては，患部もしくは患部周囲の症状に対して常に注意を払う必要がある．したがって，ウォーミングアップ，クーリングダウンなども含めた，疲労回復や日ごろのケアも重要となる．

▶(1) ストレッチング

ストレッチングとは，筋，腱，関節を能動的にあるいは他動的に引き伸ばすことでる．ストレッチングは，筋肉の緊張をやわらげ，柔軟性を増し，身体の可動域を大きくする効果があるので，運動後疲労によって柔軟性が低下した筋肉に対する疲労回復手段として，あるいは運動前のウォーミングアップの一環としても広く取り入れられている．それぞれのスポーツ種目によって主に使う筋肉が異なるので，特に使う筋肉，よく疲労する部位を

考えて行うことが望ましい（表11-2、図11-10）。たとえば、膝の痛みの予防には特に大腿部前側の筋肉、腰痛の予防には特に背中〜腰の筋肉のストレッチングが有効である。

▶(2) スポーツマッサージ（図20-5）

スポーツマッサージは、スポーツにおける疲労回復の手段として広く用いられている。

スポーツマッサージは、皮膚や筋肉の血行循環を高め、新陳代謝を活発にして疲労を回復させるだけでなく、反射的に神経系の機能をも調節し、筋肉や関節の過緊張やけいれん、張り、痛みなどを改善する効果がある。マッサージの基本的な手技として、①軽擦法（さする）、②強擦法（こする）、③揉ねつ法（もむ）、④叩打法（たたく）、⑤振戦法（ふるわす）、⑥圧迫法（おす）、⑦伸展法（のばす）などがある。これらの手技を対象となる部位、強さ、量などの目的に応じて使い分けたり組み合わせたりして用いる。

▶(3) アイシング（図20-6）

既に肘や肩、膝などに慢性的な障害を持っている場合は、運動直後に氷で冷やすことが効果的である。これはアイシングといって、もともと過去に傷害を起こしているような弱い身体部位での運動や使い過ぎによって熱をもったり、疲労しやすい部分を運動直後に冷やすことで、炎症を抑え、慢性的な障害を防ぐことを目的として行われてきた方法である。スポーツ選手の多くはこれをクーリング・ダウンの一環として位置付け、試合や練習後のケアとして行っている。たとえば、野球の投手における肩、肘へのアイシング（野球肩、野球肘の予防）、バレーボール選手における膝へのアイシング（ジャンパー膝の予防）などが典型的な例である。アイシングの具体的な方法として氷の塊を直接皮膚の上にあてて転がすようにするアイスマッサージや氷嚢やアイスパック（氷を入れ

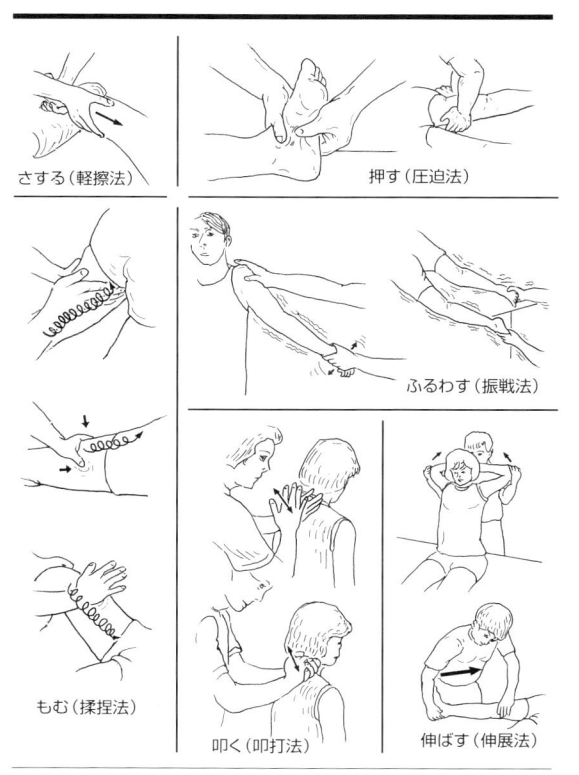

図20-5 スポーツマッサージの基本的な手技

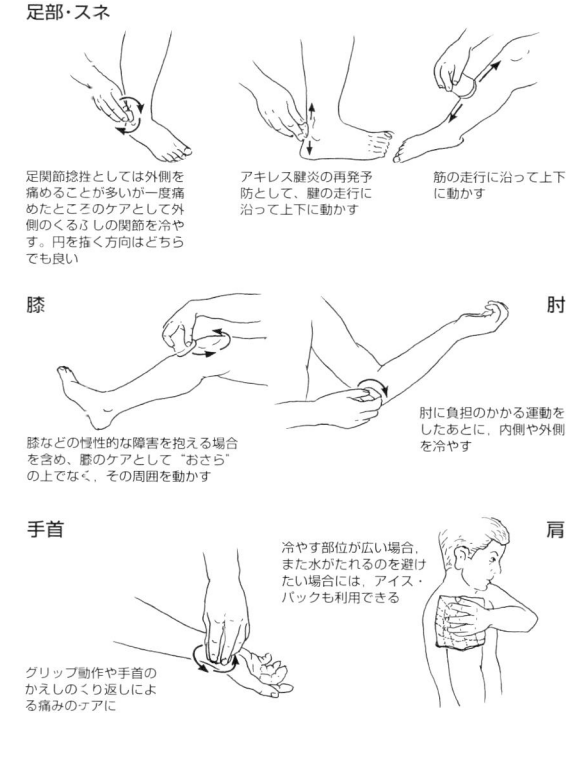

図20-6 アイシングの方法

た袋）をあてがう方法などがある。但し，冷やしすぎによる凍傷には十分注意する。

7. スポーツ選手の心理面のコントロール

スポーツ選手の場合，競技復帰を急ぐあまり無理をして症状を悪化させてしまったり，受症による失意のあまりモチベーションが低下してしまったりすることでリハビリテーションの進行に悪影響を及ぼすことも少なくない。個々のモチベーションやチーム内の位置や役割などを把握し，やる気を維持したり，逆にあせってオーバーロード（過負荷）の限度をこえないように注意する必要がある。障害程度や治療方針，トレーニング内容の意義などを選手に十分把握させる「選手への教育」も重要である。今やるべきことは何か？なぜこの部位を強化しているのか？行ってはいけないことは何か？などを理解させることで選手の誤った認識を正し，目的意識を持たせることが大切である。

多くのスポーツ選手の場合，休む必要性の認識と休む勇気が乏しいのが実状である。選手の中の多くは身体活動量の低下に対する不安感が先行し，練習を休むこと，競技の戦列から離れることを嫌う傾向がある。そのような場合，患部に負担のかからない患部外トレーニングを工夫して十分な運動量を処方してやることが，精神的な充足感をもサポートすることにつながる。スポーツ選手の心理的な側面をも理解した配慮が，意外に治療効率を高める結果となることも多い。

理解度チェック問題

1. 段階的プログラム作成において配慮すべき事項として適切でないのはどれか？
   a. 荷重負荷レベル
   b. 最新リハビリ器具の導入
   c. 筋の収縮様式
   d. 運動様式の選択

2. バーベルを用いたスクワット運動の特徴として関係の少ないものを選べ。
   a. 複合関節運動
   b. 全荷重運動
   c. アイソキネティックス
   d. 無酸素運動

3. 部分荷重（荷重制限）でのトレーニングの選択として誤りであるものを選べ。
   a. 水中ランニング
   b. クワッドセッティング
   c. レッグプレス
   d. 自転車ペダリング

4. 足関節内反捻挫のアスレティックリハビリテーションにおけるリスク管理としてあてはまらないものはどれか？
   a. ボールキック時の過度な底屈位でのインパクトの回避
   b. 荷重時のToe-in肢位の回避
   c. 足部の回内運動の制限
   d. 関節不安定性に対するテーピングの処方

5. ハムストリングス肉離れの再発予防のための筋力強化において留意すべき事項としてあてはまらないものはどれか？
   a. ハムストリングスは膝関節屈曲と股関節伸展の二関節筋であること
   b. 最終段階ではエキセントリックな運動も必要であること
   c. 大腿前面と後面の筋力のバランスが重要であること
   d. 痛みがあればテーピングをして運動させること

解答：1.→b　2.→c　3.→b　4.→c　5.→d

【文献】

1) 川野哲英（1994）トレーナーサイドからみたアスレティックリハビリテーション．福林 徹編．スポーツ外傷・障害とリハビリテーション．文光堂．

2) 増田雄一，山本利春（2000）．スポーツマッサージ．新星出版社．

3) 山本利春（1996）．リハビリテーション・トレーニング．トレーニング科学研究会編．トレーニング科学ハンドブック．（pp189-198）．朝倉書店．

4) 山本利春（1996）．トレーニングと体力測定．武藤芳照,他編．スポーツトレーナーマニュアル．（pp91-103）．南江堂．

5) 山本利春，金久博昭（1997）．筋力増強と運動学習 －Training Specificityの観点から－．PTジャーナル 31：13-20．

6) 山本利春（1998）．陸上競技におけるグラウンドでのリハビリテーション．福林徹編．整形外科アスレティックリハビリテーション実践マニュアル．（pp150-161）．全日本病院出版．

7) 山本利春（1998）．筋力とリハビリテーションメニューの組み方．福林徹・米田稔編．アスレティックリハビリテーション－復帰までのプログラミング－．（pp122-130）．南江堂．

8) 山本利春（1994）．筋力評価とスポーツ復帰－WBIを中心にして－．福林徹編．スポーツ外傷・障害とリハビリテーション．文光堂．

9) 山本利春（2002）．種目別リハビリテーション．（財）日本体育協会編．アスレティックトレーナーテキスト．（pp301-305）．（財）日本体育協会．

10) 山本利春（2000）．スポーツ傷害に対するアクアティックリハビリテーション．体育の科学 50（7）：517-521．

11) 山本利春，吉永孝徳（2001）．スポーツアイシング．大修館書店．

21章 リスク・マネジメントと法律問題

KEYWORDS ●リスク・マネジメント ●緊急事態 ●安全 ●契約 ●注意義務 ●過失 ●保険

1. リスク・マネジメント

ストレングストレーニング及びコンディショニングを指導する場合には，その活動の状況を把握し，そこに含まれる危険を認識し，その危険を最小限にしまたは回避するリスク・マネジメント能力が要求される。トレーニング指導者は，トレーニングを受ける者の健康状態を調査し，トレーニングの危険性について理解を求め，その危険の承諾を事前に得ておくことが重要である。また，トレーニング指導者は，指導及び施設面においてトレーニングのための安全な環境に配慮する義務がある。さらに，トレーニング指導者は，緊急事態に対応する能力が求められる。万が一事故が発生した場合に備えて，事前の保障手段として保険に加入しておくことは，自らが被る損害賠償に対する回復措置になると同時に，被害者の損害を補償救済する措置となる。

1. 健康状態の調査

▶(1) ヘルス・スクリーニング

トレーニング指導者は，トレーニングを受ける者がトレーニングを受けることができる健康状態にあるかどうかを見定めるために健康状態を調査する必要がある。これをヘルス・スクリーニングという。適正な調査を行うために質問紙を用意する必要がある。ヘルス・スクリーニングにおいて重要なチェックポイントとしては，病歴，投薬，アレルギー及び妊娠があげられる。トレーニングを行う上でこのような危険性の高い症状が現に確認される場合には，トレーニング指導者は，トレーニングを受ける者の主治医が許可できる範囲内でトレーニングを行わなければならない。トレーニング中にアレルギー症状など健康に悪影響を及ぼす状態が確認された場合には，直ちにトレーニングを中止しなければならない。従って，トレーニング指導者は，常にトレーニングの経過を適切に観察または監督できる措置をとることが要求されるのである。また，トレーニングの必要性と危険性を比較衡量して，トレーニングを実施するかしないかを慎重に決断しなければならないのである。

▶(2) 障害を持った人への対応

アメリカにおいては，1990年の障害を持つアメリカ人に関する法律によって，障害を持つ人が障害を持たない人と同様に社会に参加する権利が認められている。従って，トレーニング指導者は，障害を持った人に対してトレーニングについての差別的な扱いをしてはならない。障害を持った人がトレーニング契約を求めてきた場合には，ヘルス・スクリーニングを行い，医師及び理学療法士と相談して，行うことができないトレーニング内容を明確にし，通常とは異なる最善の方法を検討しなければならない。このような検討の結果，トレーニング指導者は，障害を持った人をトレーニ

ングする能力が自らにないと判断した場合に限って，トレーニング契約を行えないと伝えることができるのである。また，トレーニング施設は，障害を持った人が移動し，トレーニングできる通路及びスペースを確保する必要がある。

2. 安全管理マニュアル

全ての安全な手続き，緊急事態，事故及び負傷者への対応，設備及び施設の管理，安全な指導法の原理などを詳述した安全管理マニュアルを文章として事前に作成しておくことが必要である。特に，施設及び設備の維持管理，清掃及び調整のための点検手順を示した安全チェックリストを作成する必要がある。また，トレーニングを受ける者が施設及び設備を安全に使用できるように，施設及び設備の安全な使用法を文書にして指示徹底する必要がある。

3. 施設及び設備の維持管理

トレーニング用の施設及び設備には，多様な形態があり，誰の所有または管理下にあるのかによって当事者関係が異なる。

まず，製品・設備の製造者は，製造したその製品・設備の欠陥によって与えた損害に対する製造物責任（PL法）を負っている。従って，トレーニング指導者は，設備の使用方法を守り，設備に関する製造者の基準や指示に従う必要があり，設備を部分的に変更または改良してはならないのである。事故の損害の原因が製造物の欠陥にある場合には，その製造物の製造者に損害賠償責任があるからである。

次に，トレーニング指導者が，他者が所有管理する施設でトレーニングをする場合には，その施設・設備の大部分の維持管理責任は，施設側にある。この場合にトレーニング指導者が施設・設備に関して果たすべき対応は，施設・設備の老朽化，摩損，配置，維持管理状況を点検し，指導者としての安全に配慮することである。そして，トレー

ニング指導者は，使用する施設・設備に危険の疑いがある場合には，それを使用しないことである。

施設の維持及び管理のチェックポイントとしては，次の3つのことがあげられる。
①施設表面の評価（床，放置物，壁，鏡）
②環境因子の配慮（気温・天候，換気）
③設備（配置，整理，維持，摩損，老朽）

4 危険の承諾

▶（1）インフォームド・コンセント

トレーニング指導者は，トレーニングを受ける者に対して，事前にトレーニングの内容やトレーニングの危険度について説明し，トレーニングを行うことの承諾を得なければならない。このように説明や情報に基づいて事前の承諾を得る行為のことをインフォームド・コンセントと言う。インフォームド・コンセントを行うためには，契約書または同意書が利用される。ある一定の書式を用いてトレーニングの内容及び危険度を説明した文書をトレーニングを受ける者に読ませ，そのことを理解してもらい，承諾していることを証明するために署名してもらうようにする。単にある書式を相手に手渡し，内容を何も説明せずに署名を求めるだけでは不十分である。また，トレーニングの内容，強度，危険度，さらにはトレーニングを受ける者の健康体力に応じて，その都度，危険の説明と理解と同意を得ておく必要がある。

▶（2）免責同意書

トレーニングを受ける者が負傷した場合に，そのことを負傷者自身の責任であると承諾し，その責任をトレーニング指導者に求めることを放棄すること，契約上の請求権や不法行為上の損害賠償請求権を放棄することを権利放棄と言う。そして，この権利放棄のために事前に当事者が署名した証書のことを免責同意書（ウェイバー・フォーム）と言う。トレーニングを始める際の契約書（申込書）やトレーニング全般に関する包括的な同意書の中に免責条項が一部記載されている形式もある。

このような免責同意書または免責条項に基づく権利放棄の法的効力は，国や州によって異なり，場合によっては無効と判断されるため，地域ごとの裁判状況を確認する必要がある。しかし，トレーニングの危険に関するインフォームド・コンセントを行う意味でも免責条項を用いることは重要であり，訴訟になった場合の抗弁として用いることができる。また，危険度の高いトレーニングを双方の合意の下であえて行うような場合にも免責同意書が必要であろう。但し，免責条項によってあらゆる権利が放棄されるものではなく，トレーニング指導者は，安易な免責同意書の作成を行わないように慎重な対応が求められる。

免責条項が有効とされる条件としては，次の3つのことが上げられる。①法的責任について明確で特定的であること。トレーニング全般にわたって責任を放棄するような条項は，曖昧で認められない。具体的な危険の内容が説明され承諾されていることが求められるのである。②公序良俗に反しないこと。指導上の重大な不注意が原因で損害が生じた場合の責任まで免責できるような極端な条項は無効である。③交渉において当事者間に大きな不平等がないこと。対等な立場で契約が結ばれる必要がある[2]。

5. 緊急事態への対応

トレーニング指導者は，緊急事態に備えて，①応急措置（first-aid）及び心肺蘇生法（CPR）の資格を所持すること，②利用施設が緊急事態に対応できるものかどうかを確認すること，③緊急事態に対応できる計画を自ら用意しておくことが求められる。

特に呼吸停止，心臓停止，意識障害などの傷病者が発生した場合には，正しい応急措置を講じ，医師または救急隊に傷病者を速やかに引き継ぐまでの応急蘇生法を知っていなければならない。手当の手順，状況把握，傷病者の観察，意識，呼吸及び脈拍の確認，心肺蘇生法，止血法，運搬，体位，保温，環境の整備に関する知識が求められる。

緊急事態が起こった場合に従うべき手続きが詳述された計画書のことを，緊急時対応計画（Emergency plan）または救急医療システム計画（EMS plan）という。トレーニング指導者，さらにトレーニング施設のスタッフは，これらの計画を熟知し，実際に緊急事態に対応できるように組織的な準備をしていなければならないのである。緊急事態に対応して，次の事項を計画に含める必要がある。

①救急用品の完備及び場所の理解
②救命救助制度の内容・方法の理解
③非常用通信設備の確保
④医療行為を要する緊急事態の際の状況説明の方法
⑤救急隊員を事故現場に直行させるまでの方法
⑥救急処置時の役割分担
⑦負傷者の家族等への緊急連絡
⑧事故内容の正確な説明，記録及び報告
⑨定期訓練の実施

救急用品としては，少なくとも次のものを用意しておく必要がある。

①気道確保用のポケットマスク
②心拍測定用の聴診器
③循環確認用の血圧計
④創傷用の包帯，滅菌ガーゼ，接着テープ，はさみ，救急箱
⑤捻挫・骨折用の副木，コールドパック，氷など

6. 保険への加入

トレーニング指導者は，自らの過失の結果としてトレーニングを受ける者に損害を与える可能性を完全に排除することは不可能である。従って，過失の結果生じてしまった損害を回復できるように適切な保険に加入することが非常に重要である。例えば，高収入の人がトレーニング中に怪我をして，その人が一定期間仕事ができない場合には，損害賠償金額は莫大になる。トレーニング指導者

は，トレーニングの内容に応じて増大する危険を補償することができる賠償責任保険に加入する必要がある。また，トレーニングを受ける者に対しては，傷害保険への加入を薦めるべきである。

2. 法律問題

トレーニング指導を職業として行う上で，契約，労働，職務範囲，法的責任及び義務などの法律問題を理解しておくことは非常に重要なことである。法的理解を深めることは，トレーニング指導者の職業上の法的基盤を整備すると共に，活動の安全や保障を確保することに役立つからである。

1. 契約関係

▶(1) 契約

指導する者と指導される者との間でトレーニングをすることを合意することは，1つの契約である。トレーニング指導に関する契約とは，トレーニング指導者がある人をトレーニングし，目標，基準及び概略として従うべき行為のパターンを設定することに合意することである。この契約関係は，契約書や指導料の有無に関係なく，特定のトレーニングに関する指導者と被指導者との間で一定の合意があれば発生すると考えられる。

契約締結時の注意点としては，契約者に契約をするための法律上の能力があるかどうかを確認することがあげられる。未成年者（米各州では16歳から18歳以上）や精神的障害などのために行為能力のない者は，単独で有効な契約を締結できないからである。

▶(2) 労働契約

トレーニング指導に関する契約は，①トレーニング指導者と被指導者が直接に契約当事者となる場合と，②トレーニングジムのような施設がその施設の利用者と施設利用上の契約（登録申込み手続）を結び，その契約の中に施設側が雇用または委嘱するトレーニング指導者を通してトレーニングを行う契約を含む場合に大別される。特に後者の場合には，トレーニング指導者と施設側との間の法的関係を明確にしておくべきである。

まず，施設側と労働者である指導者との間の賃金，労働時間，労働条件，労使間の権利義務関係などに関する合意を労働契約と言う。トレーニング指導者は，施設側と労働契約を締結することによって，最低賃金，労働条件，解雇制限，労災認定などの労働法上の保護を契約内容に応じて受けることが可能となることを認識するべきである。

次に，他の者（使用者）の指図と支配のもとで働く者を被用者と言う。この場合に使用者と被用者の間で締結される契約を雇用契約という。これに対して，依頼人の注文に応じて仕事を請け負うが，自分の方法と責任で仕事を自由に選択して行い，依頼人の指図と支配を受けない者を独立契約者（independent contractor）と言う[4]。この場合に依頼人と請負人の間で締結される契約を独立的契約と言う。

特にトレーニング指導者が被用者であるか独立契約者であるかは，トレーニング指導中の損害事故が発生した場合に重要となる。使用者・被用者関係が存在する場合には，被用者であるトレーニング指導者が業務執行中に第三者に与えた損害について使用者は賠償責任を負うとする使用者責任の法理が適用されるからである。

トレーニング指導者が独立契約者であるか被用者であるかを決定する要因としては，①依頼人のトレーニング指導者への指示監督の程度，②納税方法の相違，③使用施設の所有関係，④独立的契約の有無があげられる。トレーニング指導者は，依頼人と独立的契約を締結している場合であっても，実際に依頼人からトレーニングの方法や内容に対する指示監督，勤務時間の強制などの程度が高い場合には，被用者とみなされうる。第三者に対するトレーニングに関わる依頼人とトレーニング指導者との間の使用従属関係の認定は，契約内容及び指導内容に応じてケースバイケースである

と言えるだろう。

さらに、スポーツ指導者は、指導契約に付随して各種保険への加入、関連施設の無料使用などの職務に付随する特典を契約条項に含めることも可能である。途中で契約が解消される場合には、契約書に掲げられていた職務に付随する特典に関する利益も含めて金銭賠償を請求することができる。

2. 不法行為責任

▶(1) 不法行為の類型：故意，過失，厳格責任

他人の権利を侵害する行為、契約あるいは当事者の意思とはかかわりなく法によって課せられた義務に違反する行為を不法行為と言う。不法行為が成立する場合には、被害者は加害者に対して損害賠償請求権を得る。不法行為責任は、①故意、②過失、③厳格責任に類型される[5]。

故意とは、他人の財産や身体の自由を正当な理由なく意図的に侵害する明白な不法行為のことである。権利侵害を故意に起こした場合には、保険の適用がない。さらに、故意の行為と単純な過失の間に位置する明白な不法行為として、故意の安全無視的行為（willful and wanton conduct）があり、未必の故意ないし認識ある過失がこれに含まれる。例えば、このままトレーニングを続けていると事故が生じることを予見しながらそれを無視してトレーニングを継続する行為がこれにあたる。

厳格責任とは、行為者の故意・過失にかかわりなく発生した結果について賠償責任が問われることである。いわゆる無過失責任と言われ、製造物責任などがこれにあたる。

過失とは、通常人が払うべき注意を怠ることである。過失の基準とは、責任のある者がある状況下で行為する場合に必要な行為の基準である。人身に関わるトレーニング指導を専門の職業とする場合には、そのために必要な注意義務の基準が通常の生活よりも高度に求められると言える。

▶(2) 注意義務

トレーニング指導者がトレーニングにおいて払うべき注意義務の基準は、社会や裁判やトレーニング指導者の専門家集団によって形成されるものである。注意義務の基準は、報酬や金銭に関係なく存在し、トレーニング指導者は、注意基準に基づいて行動する義務があるのである。トレーニング指導者は、トレーニングに関わる事故の発生を予見して、事故が起こらないように危険を回避する義務があるのである。注意義務に違反して損害を与えた場合には、トレーニング指導者は損害賠償責任を負い、被害者の苦痛、損失賃金、医療費を賠償しなければならない。但し、トレーニング指導者の行為と損害の発生との間に事実上の因果関係がない場合には、損害賠償責任はない。

注意義務としては、例えば次の事項が上げられる。

①**適切な監督**：常時の監視体制、トレーニング補助者・スポッターの配置、健康・体力の状況把握、危険予見時のトレーニングの中止。

②**安全な環境の提供**：施設設備の維持点検、緊急事態における適格な対応、補助具・事故防止用具の設置・着用、外部環境の把握。

③**適正な指導**：十分な説明、適正な負荷、危険の理解と警告、マナーなどの安全指導、指導による身体接触の際のセクシャルハラスメントへの対応、医療行為など無資格活動の注意。

④**トレーニング計画**：能力適性にあった計画、科学的計画、段階的な設定、ウォーム・アップ、計画書の作成、場合に応じた計画の変更。

⑤**適切な技術**：正しいトレーニング方法と技術の理解、技術革新や理論変革への対応、過誤の技術を用いないこと。

▶(3) 過失に対する抗弁

過失に対する抗弁（訴訟手続きにおける防御）としては、①寄与過失または比較過失、②危険の引受、③政府免責、④出訴期限法、⑤よきサマリア人の法理、⑥権利放棄がある。

寄与過失とは、事故の損害の発生に寄与した被

害者自身の過失のことである。比較過失とは，加害者・被害者の過失の度合いに応じて各自の過失を相対的に認定し相殺することである。寄与過失または比較過失の抗弁は，トレーニング指導者の過失を60％と認定し被害者の過失を40％と認定するように，過失の程度に応じて損害額を減額する効果がある。

　危険の引受とは，特定の活動に参加することによって生じるまだ分からない損害の可能性及び危険を自分の意思で引受けることである。この危険の引受の法理に基づく場合には，原告は被告の過失ある行為から生じる被害の危険を任意に引き受けていたと判断され，その被害について損害賠償を請求できない。危険の引受には，免責同意書の書式手続きによるような明示の危険の引受と，活動中，規則・マナー等に基づいて普通に活動していた最中に生じた事故で，通常起こりうる危険が認識されていた場合のような合理的な黙示の危険の引受の別がある。危険の引受の要件としては，①関係することがらが危険な状態を引き起こすことがあると知っていたこと，②危険な状態に置かれていることを知っていたこと，③危険の性質あるいは範囲について認識していたこと，④自ら進んでその危険に身をさらしたことがあげられる。アメリカでは危険の引受の抗弁は，比較過失法を制定していない州で認められ，比較過失法を制定している州では廃止されている[6]。

　トレーニングを通常の状況で行ったとしても避けることができない本質的危険も存在する。トレーニング指導者は，トレーニングを受ける者に本質的危険が存在することを理解してもらい，その上で最大限の安全なトレーニング環境を提供している努力を理解してもらう必要がある。危険の引受の抗弁は，特にこのような本質的危険に関わる事故において争点となるのである。

　政府免責とは，同意しない限り政府は不法行為で訴訟の被告とならないとする考え方である。アメリカの多くの州では過去にその雇用者の単純過失についての不法行為責任を政府免責として放棄してきたのである。トレーニング指導者が連邦政府や地方政府によって雇用されている場合であって，政府免責が認められている地域の場合には，このことが過失に対する抗弁として主張できる。但し，単純過失の範囲を超えた故意の安全無視的行為である場合には，政府免責は適用されない。

　出訴期限法（statute of limitation）は，出訴することができる期限を定めたものである[7]。出訴期限期間が満了した場合には，訴えても棄却されることになる。多くの州では出訴期限期間を損害の発生した日から起算して2年と定めている。

　よきサマリア人の法理とは，一般人は他人を救助する義務を負わないが，救助を行った者は救助の結果について重過失がなければ責任を負わないとする考え方である。例えば事故の被害者に施した救急措置について，救助者の無謀な行為によって状況が悪化したことが立証されなければ，被害者は救助者の責任を問うことができないとされる。しかし，応急処置及び心肺蘇生法に関する資格保持が一般に義務づけられている専門職業人としてのトレーニング指導者に対しては，緊急事態における救助措置についてよきサマリア人の法理が必ずしも適用されるとは言えないだろう。

3. 職務の範囲と義務

　トレーニング指導者は，自らの職務の範囲を知り，自うのトレーニング指導の活動の範囲にとどまることが重要である。特に，トレーニング指導者の活動の範囲を超えて被指導者に対して薬投に関する助言をすることは，医師法上の無資格活動となる。法令に基づいて国家資格免許制度に服している職業については，営業の自由が規制されており，無資格では法令に定めのある職務を行うことはできないのである。理学療法士などその他の職業資格との関係も注意する必要がある。また，トレーニング指導者に関する国家的な資格免許が明確にないことは重要な問題であるだろう。

トレーニング指導者は，トレーニング指導を受ける者に関する私的な医学的情報やプライバシーに関する情報に接することができる。トレーニング指導を受ける者は，トレーニング指導を受けるために指導者に対して医学上の情報を知る権利を与え，または医学上の情報を秘密にする権利を放棄しているとみなすことができる。これに対して，トレーニング指導者は，医師と同様に，この秘密情報に関する守秘義務があるのである。今後は，遺伝子診断結果，ドーピング行為などの情報に関して，慎重な対応が求められることが予測される。

さらに，雇用関係にあるトレーニング指導者は，自らの職務の範囲から外れたところで他人に損害を与えた場合には，使用者責任の法理が適用されないのである。

トレーニング指導者は，自らが有する法的な権利と義務を理解するべきである。そうすることが職業人としての専門性と社会的地位を高め，安全で良質のトレーニング環境を提供することにつながるからである。

理解度チェック問題

1. 過失責任の抗弁とならないものはどれか。
   a. 比較過失
   b. 政府免責
   c. 賠償責任保険
   d. 危険の引受
2. 独立契約者の説明として最も当てはまるものはどれか。
   a. 個々の顧客ごとに独立した契約を結ぶ者。
   b. 自分の仕事を自由に行い，依頼人の指図を受けない者。
   c. 使用者と被用者の関係にある者。
3. ヘルス・スクリーニングの内容として最も適当でないものはどれか。
   a. アレルギー
   b. 経験年数
   c. 病歴
   d. 薬投

解答：1.→c　2.→b　3.→b

【文献】

1) 千葉正士編（2000）．スポーツ法学入門．体育施設出版．
2) 井上洋一（1998）．スポーツ事故とウェイバー・フォーム．日本スポーツ法学会年報 5:68-74．
3) 伊藤堯他編（2000）．スポーツの法律問題．青林書院．
4) 鴻常夫他編（1986）．英米商事法辞典．商事法務研究会．
5) パークハウス・ボニーL編：日本スポーツ産業学会監訳（1995）．スポーツマネジメント．大修館書店．<Parkhose, Bonnie L. (1991) THE MANAGEMENT OF SPORT. Mosby-Year Book, Inc.>
6) 諏訪伸夫（1998）．スポーツ事故における危険引受の法理に関する考察．日本スポーツ法学会年報 5: 29-46．
7) 田中英夫編（1993）．英米法辞典．東京大学出版会．
8) NSCA Certification Commission (1999). パーソナル・トレーニングの基礎知識．NSCAジャパン．

22章 ストレングス＆コンディショニングのための施設設計と組織運営

KEYWORDS ●トレーニング器具 ●安全 ●施設設計 ●施設スケジュール ●施設管理 ●利用規則 ●器具のメンテナンス

　ストレングス＆コンディショニングコーチは，選手のストレングストレーニングとコンディショニングに関する知識だけではなく，ストレングスルームにおける機器の安全な配置と，それらのメンテナンス，さらにストレングスルームの運営に関する知識も必要とされる。

1. ストレングス＆コンディショニング施設における主なトレーニング器具

▶（1）フリーウエイト

　バーベルおよびダンベルを指す。これらの器具を使用したエクササイズは，自由（フリー）な軌道で動作を行うことができる，ということからこのような名称で呼ばれている。

①バーベル

・バー（シャフト）

オリンピックバーベル（図22-1）

　全長220cm，重量20kg，グリップする部分の径28mm注），装着するプレートの内径50mm，女性用は全長201cm，重量15kg，グリップする部分の径15mm。

　両端のプレートを装着する部分が回転する。そのため，パワークリーンのようなエクササイズ動作にバーを握っている手首の返しがあるクイックリフト種目を実施する際には不可欠である。

注）パワーリフティング用は29mm

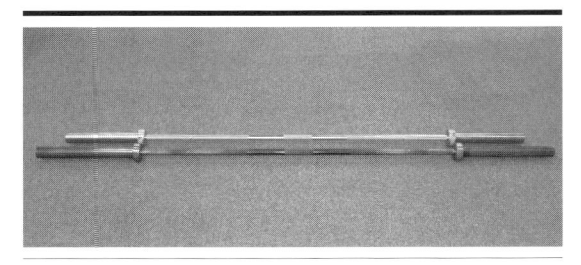

図22-1　オリンピックバーベル

非回転式バー

　全長120cm〜180cm，重量7.5kg〜15kg，装着するプレートの内径28mm。

　バーベルカールなどの小筋群のエクササイズ種目に使用することができる。

・プレート

　バーの両端に装着する。通常1.25kg，2.5kg，5kg，10kg，15kg，20kgが利用される（パワーリフティング用では50kgプレートも使用される）。また，プラットフォーム上でクイックリフトを実施する際，バーベルを落下させることがある場合はラバープレートを使用する。

・カラー（留め金）

　バーの両端に装着したプレートが外れないように固定するための器具。

②ダンベル

　重量が調節できるものと，重量が固定されているものがある。

▶（2）マシン

・ウエイトスタック方式

ピンを差し込む位置によって重量を調節する。
- プレートローディング式
オリンピックバーベルで使用するプレートを装着することにより重量を調節する。
- その他
油圧式，空気圧式，電磁抵抗方式など

▶ (3) ラック類

ベンチプレスラック，スクワットラックなどのエクササイズを実施するラックと，ダンベルラックなど器具を収納するラック。

▶ (4) ベンチ類（図22-2）

フラットベンチ，インクラインベンチなど。

▶ (5) プラットフォーム

クイックリフトを実施する場合に設置する。

▶ (6) その他

施設においてプライオメトリックトレーニングを実施する（実施可能なスペースが確保でき，床の材質が適切であることが条件となる）際には，メディシンボールやボックスといった器具を用意することができる。また，必要に応じてラバーチューブ等を用意する場合もあるだろう。

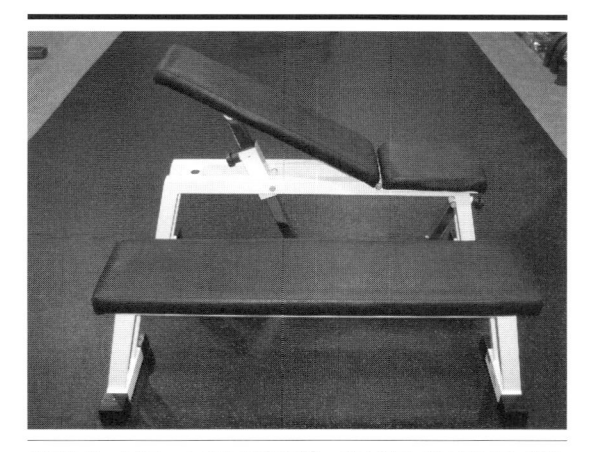

図22-2 フラットベンチ（手前），インクラインベンチ（奥）

2. ストレングス&コンディショニング施設の設計に関して

- 可能な限り1階もしくは地下に設置し，振動などの影響を最小限にする。
- スーパーバイザー（施設の管理者）の部屋は，危険を伴う場所（オリンピックリフティングを実施するためのプラットフォーム，フリーウエイトエリアなど）がよく見渡すことができる場所に設置する。
- 床の耐重量は余裕のあるものにしなければならない（1㎡あたり500〜700kg以上が望ましい）。
- 床材にはカーペットと弾力性のある素材を用いる。
- 頭上には十分なスペースが確保できるようにする（特にクイックリフトを実施するプラットフォームにおいて）。天井までの高さは4m以上確保することが望ましい。また，天井から梁，管，照明器具や案内表示などがぶら下がっていないようにする。
- 施設内の換気を考慮し窓や換気扇を設置する。
- 空調設備は通常の事務所や教室の2倍以上の能力があることが望ましい。
- 出入口は，トレーニングマシンなどの器具が搬入できるよう，可能な限り広い間口を確保する。
- 身体障害者に対する設備的な配慮も考慮する（スロープの設置，出入口，通路などの幅，エレベーターの設置など）。

3. トレーニング器具の配置

施設の機器の配置に際しては，以下の点を考慮しなければならない。
- 施設の広さ
- 施設利用者のタイプ（アスリートか，パーソナルトレーナーと一般のクライアントか，など）
- 施設利用者の人数
- 現在ある機器のリスト（既存の施設を新しくする場合）
- 施設利用者が最も頻繁に通行するエリア
- 実施するプログラムのタイプ

・予算（新たに器具を購入（またはリース）する場合）

　これらの項目を考慮し，器具の仮位置を実際に描いてみる（図22-3）。その理由は以下の通りである。
・安全性を確認する
・施設スペースと施設環境を有効利用する
・利用者が頻繁に出入りするエリアを明確にする
・施設内の通路と人の流れを良好にする

　仮位置を描く際には，トレーニングルームの見取り図と，器具の縮小図（図22-4）を用意しておく。

　機器の配置を計画する際には，安全性を第一に考慮することを忘れてはならない。さらに，機能的であるかどうかも重要である。

1. 機器を配置する際の基本的注意事項

・優先するエリアを決める（フリーウエイトエリア，マシンエリア，パワートレーニングエリア，有酸素系マシンエリア，など）。
・同じ部位のエクササイズを行う器具は，原則として同じエリアにまとめて配置する。
・1つのマシンにつき，おおよそ2㎡〜4㎡確保するようにする。
・多人数で実施するプログラムにおいて一つのエリアに密集しないようにする。
・フリーウエイトのエリアには，補助者などを考慮し1つのエクササイズステーションに3〜4名収容することが可能なスペースを設ける。
・プラットフォーム，スクワット，ベンチプレス，その他補助者を必要とするエクササイズが実施される可能性のあるエリア，また危険性が高いと予想されるトレーニング機器は，窓，鏡，出入口から離れた位置に設置する。
・ストレングスルーム内全体の見通しを良くし，スペースを最大限に利用できるようにするため，高さのある機器は壁に沿って配置し，低い機器や小さい機器は中央に配置するようにする。

・実施するプログラムを考慮し，有効な導線（通路）を確保する。通路幅は90cm以上であるようにする。
・フリーウエイトエリアでは，オリンピックバーを使用する場合を考慮し，一人の挙上者につき2.8㎡〜5.6㎡のスペースを確保する。各バーベルの端から端の間は，90cm以上確保する。
・すべてのトレーニング機器は，最低約60cm離して設置するようにする。90cm以上離して設置することが望ましい。
・鏡：フリーウエイトによる立位，または座位でのエクササイズを実施する場所の前に鏡を設置することが望ましい。これによりストレングス&コンディショニングコーチが実施者にテクニックを指導する際の補助となり，また実施者自身でフォームをチェックすることができる。また，鏡は床から50cm以上離した位置に設置する。これは，床にある（プレートが装着された）バーベルが転がりぶつかっても大丈夫な高さとして捉えることができる。さらに，すべての機器は鏡から15cm以上離す。

4. ストレングス&コンディショニング施設内の安全および環境の配慮

・非常口の場所を明確に表示しておく。
・施設内には，利用可能な電話を設置し，緊急時の連絡先を明示しておく。
・施設スタッフは，CPR（心肺蘇生法）の資格を保持し，またケガなどへの応急処置および緊急時における対応の手順を熟知していなければならない。
・施設利用者が活動するエリアの壁などに，鋭利なものが飛び出していないかどうかを確認する。
・施設利用者が移動する通路となる場所には，障害物となるものを置かない。
・照明：トレーニングルーム内は807〜1076ルク

ストレングス&
コンディショニングのための
施設設計と組織運営 ……………………… **22**章

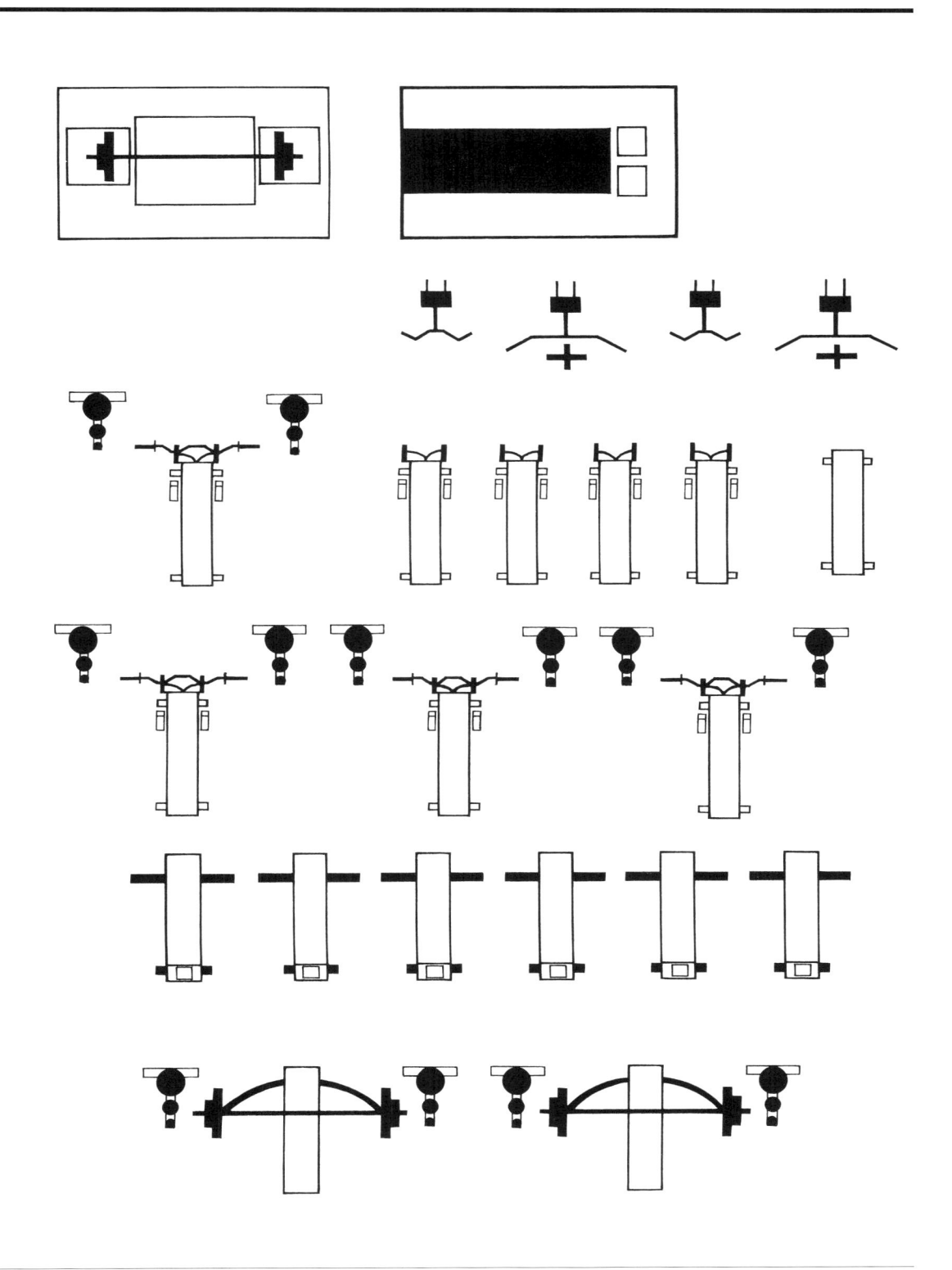

図22-3　器具の仮位置を実際に描いてみる

図22-4　器具の縮小図列

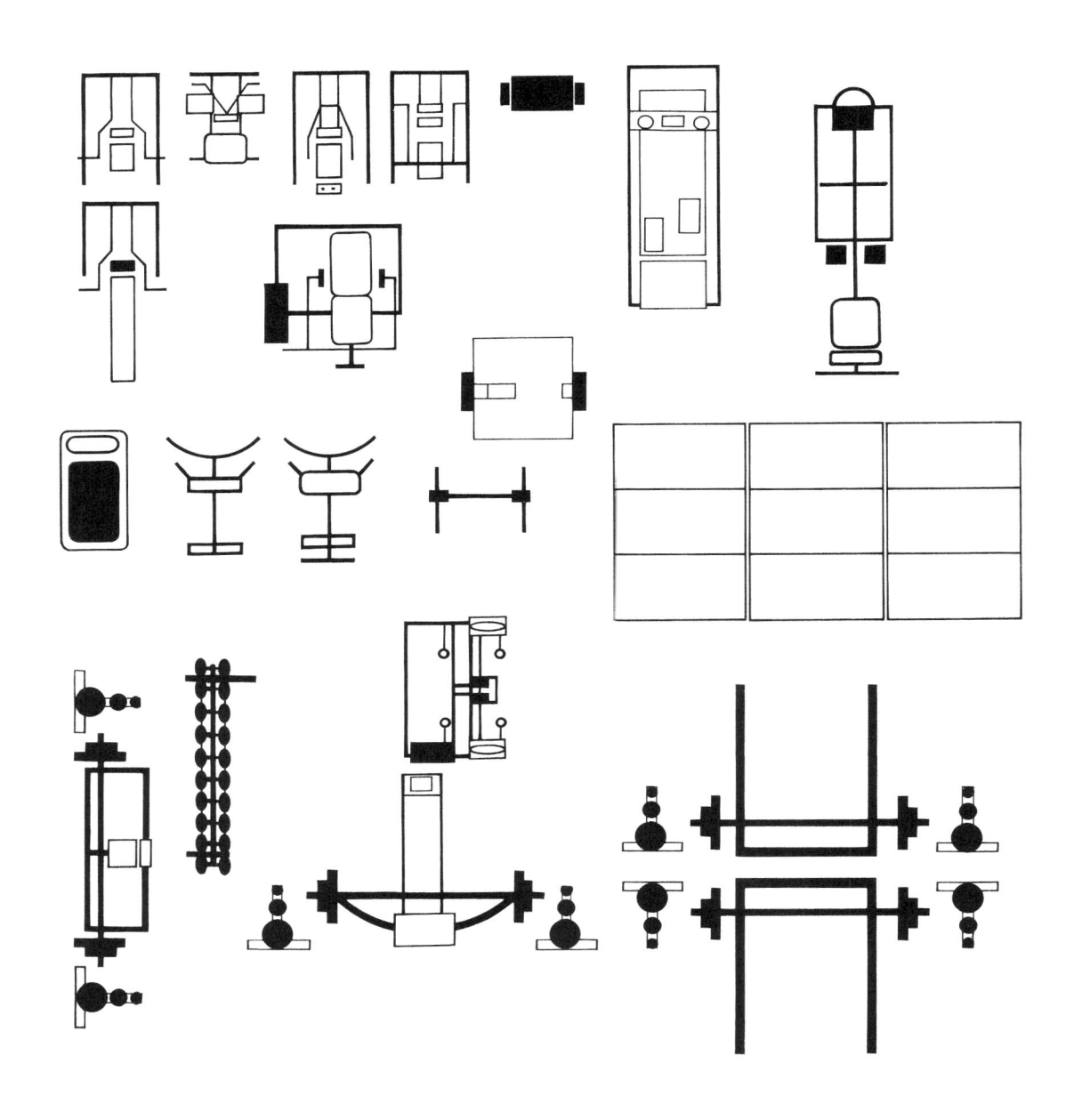

スの照度を保つべきである。床面でも最低538ルクスは確保するようにする。また，ベンチプレスなど，仰向けで行うエクササイズのエリアは天窓の下には設置しない。
・温度：20℃～22℃に設定する。
・湿度：60％以下に保つようにする。
・換気：換気装置を持たない場合，少なくとも1時間に8回～12回は室内の換気を行う（12回～15回行うのが望ましい）ようにする。
・音響：90デシベルを超えるべきではない。施設内に音楽を流すための装置はストレングス＆コンディショニングコーチのみが操作することができ，施設利用者に直接操作させない。

5. ストレングス＆コンディショニング施設の運営の際に考慮すべき事項

1. ストレングス＆コンディショニング施設の管理者＝ヘッド・ストレングス＆コンディショニングコーチの役割

・ストレングス＆コンディショニング施設の方針，利用手続きを設定し，実施する。
・利用するチームのコーチとのミーティング。
・傷害をもっている選手に関するプログラムについて，アスレチックトレーナーおよびチームドクターとのミーティング。
・選手の事前・事後テストおよび評価。
・ストレングス＆コンディショニングのプログラムを計画する。
・アシスタント・ストレングス＆コンディショニングコーチに対し，任務を理解させるための教育を行う。
・各チームにアシスタントを割り当てる。
・アシスタントの仕事を評価する。
・コーチに対して定期的に報告を行う。
・正しいエクササイズテクニックの指導，補助。

・選手やスタッフの動機づけ
・器具，施設のメンテナンス。

2. アシスタント・ストレングス＆コンディショニングコーチの役割

・ヘッド・ストレングス＆コンディショニングコーチのすべての職務を支援し，ヘッド・ストレングス＆コンディショニングコーチから依頼された仕事を遂行する。
・担当チームのストレングス＆コンディショニングプログラムを作成し，管理する。
・選手の事前・事後テストおよび評価を手伝う。
・正しいエクササイズテクニックの指導，補助。
・器具，施設のメンテナンスを手伝う。

この章で記載されている項目や，NSCAやACSMなどの施設ガイドラインをもとに，それぞれのストレングス＆コンディショニング施設において運営方針と手順に関するマニュアルを作成するべきである。施設において，利用者に常に安全かつ効果的なトレーニング環境を提供するために，スタッフは全員，その施設における方針と手順を熟知していなければならない。そのために，定期的なスタッフミーティングは欠かせないものである。

3. 施設の利用方法および規則

施設内の安全の確保と円滑な運営のため，施設利用者に対して利用方法や規則などを提供しなければならない。ストレングス＆コンディショニング施設の規則例として，以下の項目を挙げることができる。

・施設を利用する前に，メディカルチェックを受ける。
・施設を利用する前に，スタッフのオリエンテーションに参加する。
・トレーニング用のウェアとシューズを着用する。
・ネックレス，腕輪などは，トレーニング中には着用しない。

- 施設内での食事，喫煙，ガムは禁止。
- 飲み物の持ち込みは，ペットボトルのみ許可する。缶飲料を持ち込むことはできない。
- 他利用者のトレーニングの妨げになるような行為（騒ぐなど）は行わない。
- トレーニングマシン，または壁に寄りかからない。
- ヘッドホンステレオを使用しながらのトレーニングは行わない。
- セット間の休息時間は器具から離れる。
- トレーニング動作を開始する前に周囲の安全を確認する。
- 器具の故障や破損を発見した場合は，すぐにスタッフに報告する。
- 施設内においては，スタッフの指示に従う。指示に従うことを拒否した場合は，施設から退去させる場合もある。

また，特にフリーウエイトを使用する場合においては，

- フリーウエイトのエクササイズ種目を実施する際には，必ず補助者をつける。特にベンチプレス，スクワット，肩より高い位置にバーを挙上する種目は補助者なしで実施しない。
- ただし，クイックリフト種目を補助しようとしてはならない。
- バーベルのプレートの着脱は，2名で左右同時に1枚ずつ行うようにする。
- バーにプレートを装着する際は，必ずカラーで固定する。
- プラットフォーム上でクイックリフトを行う場合は，ラバープレートを使用する。
- 危険を回避する以外において，ウエイトプレートやダンベルを床に落とさない。
- ウエイトプレートやダンベルは，ベンチ上に置かない。
- 使用したウエイトプレートやダンベルは，ラックの元の位置に戻す。

4. 施設スケジュール

- 開館時間を明確にしておく。
- 施設管理者が不在であるときには，施設を閉館しなければならない。
- 複数の多人数のグループが利用する場合，ある時間帯に利用が集中しないよう利用スケジュールを計画しなければならない。
- 利用スケジュールを計画する際には，施設のキャパシティ，グループの人数，実施するプログラムおよび季節などを考慮する。大学，高等学校の施設であれば，試験や学校行事なども考慮する必要があるだろう。
- グループの人数が施設のキャパシティの範囲内であっても，プログラムを実施する上で同じエリア内に密集する可能性がある場合は，別プログラムを実施させる小グループに分割させる。
- グループの人数が施設のキャパシティを超える場合は，そのグループをさらに分割し利用時間を別に設定する。
- 施設利用者1名につき約9〜10㎡確保できることが望ましい。

5. 施設利用者とスタッフ

利用者10〜20名に対してスタッフ1名であることが薦められる。これは利用者のトレーニング経験の度合や，実施するプログラム内容などによっても考慮されるべきである。

6. 施設のメンテナンス

ストレングス＆コンディショニングコーチは，施設利用者に対し安全かつ効果的なトレーニング環境を提供するため，トレーニング器具の定期的な点検および清掃を行わなければならない。

▶(1) バーベル
- バーが錆びている場合は，錆び落とし剤を使用し処置を行う。

- （オリンピックバーベルの場合）回転する部分がスムーズに回転するかどうかをチェックし，動きが悪い場合は潤滑剤を注入する。ただし，プレートを装着する部分に潤滑剤を用いてはならない。
- グリップの部分に炭酸マグネシウム（滑り止め）が付着している時には，ブラシで落とした後に錆止め剤を塗布する。
- バーが曲がった場合は，その使用を中止する。

▶(2) ダンベル
- ウエイトを固定しているボルトなどの緩みをチェックし，緩んでいる場合はしっかりと締める。
- メッキがはがれている場合は，そのまま放置せず，はがれている周辺を透明なビニールテープなどで保護する。

▶(3) トレーニングマシン
- シートに破れやよごれがないか。
- ケーブルの磨耗，損傷，たるみがないか。
- プーリーがスムーズに回転するか，ゆるみがないか。
- ウエイトスタック部分のピンの出し入れがスムーズに行えるか。
- ピンが曲がっていないか。

▶(4) 有酸素系マシン
- シートに破れやよごれがないか。
- シートやグリップなど，汗が付着する可能性がある部分は，頻繁に拭き取りおよび消毒を行う。
- 可動部分はスムーズに動作するか。
  器具が破損，故障した場合の連絡先は明確にしておく。また，メンテナンスに必要な工具類は工具箱に入れ整理しておき，備品などを収納する部分に保管するようにする。

理解度チェック問題

1. 次のバーベルを使用するエクササイズ種目の中で，ラバープレートを使用することが薦められるものはどれか？
   a. ベンチプレス
   b. スクワット
   c. バーベルカール
   d. パワークリーン

2. 施設管理者（スーパーバイザー）の部屋を設置することが最も望ましい場所を，適切に表現しているものはどれか？
   a. 施設管理者の部屋は，ウエイトルーム全体がよく見渡せる場所に設置するべきである。
   b. 施設管理者の部屋は，スタッフが休息できるようにウエイトルームとは別の階に設置するべきである。
   c. 施設管理者の部屋は，使用器具の管理のため，備品倉庫の近くに設置するべきである。
   d. 施設管理者の部屋は，施設利用者から見えないようにウエイトルームからは隔離された状態にするべきである。

3. フリーウエイトエリアの中で，パワークリーンなどを実施するエリアの設定に望ましい場所はどれか？
   a. 出入口の近く
   b. 鏡の近く
   c. 窓の近く
   d. 利用者の導線から離れたスペース

解答：1.→d　2.→a　3.→d

【文献】
1) 有賀誠司（2001）．競技スポーツのためのウエイトトレーニング－ポイント整理で学ぶ実践・指導マニュアル．体育とスポーツ出版社

2) James A. Perterson, Stephen J. Tharrett. (1997) ACSM's Health / Fitness Facility Standards and Guidelines / American College of Sports Medicine -2nd ed. Human Kinetics
3) トーマス・ベックレー編：石井直方他監訳（1999）．NSCA決定版ストレングストレーニング＆コンディショニング．（有）ブックハウス・エイチディ．〈Thomas R. Baechle. (1994). Essentials of Strength Training and Conditioning / National Strength and Conditioning Association. Human Kinetics.〉
4) Thomas R. Baechle, Roger W. Earle. (2000). Essentials of Strength Training and Conditioning / National Strength and Conditioning Association. -2nd ed. Human Kinetics.

付録——一次救命処置

◆主に市民が行う一次救命処置*の手順

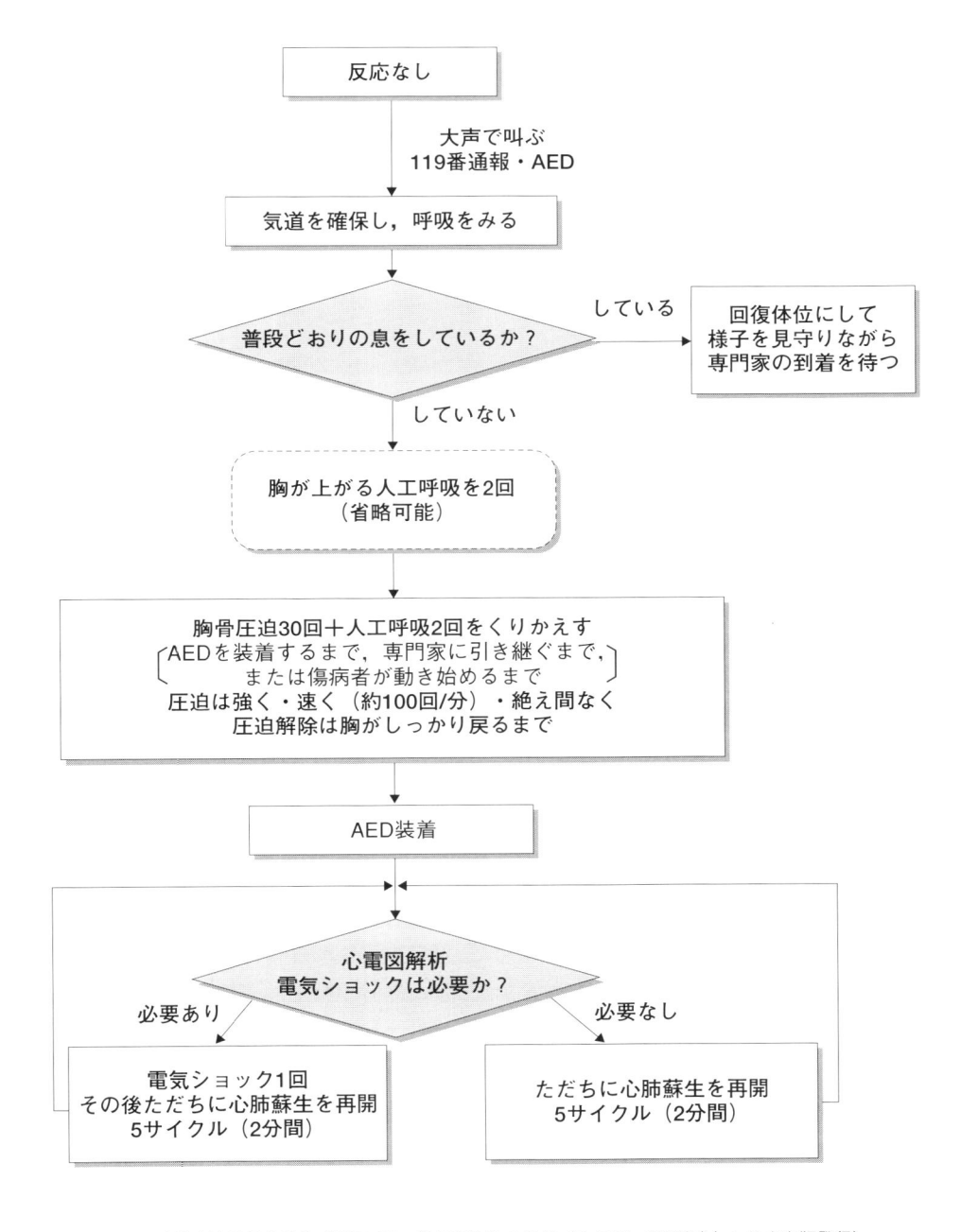

```
         ┌──────────┐
         │  反応なし  │
         └─────┬────┘
               │ 大声で叫ぶ
               │ 119番通報・AED
               ▼
    ┌───────────────────┐
    │ 気道を確保し，呼吸をみる │
    └─────────┬─────────┘
              ▼
       ◇ 普段どおりの息をしているか？ ◇ ──している──▶ ┌──────────────┐
              │                                      │ 回復体位にして │
              │ していない                            │ 様子を見守りながら │
              ▼                                      │ 専門家の到着を待つ │
    ┌───────────────────┐                           └──────────────┘
    │ 胸が上がる人工呼吸を2回 │
    │     （省略可能）      │
    └─────────┬─────────┘
              ▼
  ┌─────────────────────────────────┐
  │ 胸骨圧迫30回＋人工呼吸2回をくりかえす │
  │ [AEDを装着するまで，専門家に引き継ぐまで， │
  │  または傷病者が動き始めるまで]        │
  │ 圧迫は強く・速く（約100回/分）・絶え間なく │
  │ 圧迫解除は胸がしっかり戻るまで        │
  └─────────────┬───────────────────┘
                ▼
         ┌──────────┐
         │  AED装着  │
         └─────┬────┘
               ▼
       ◇ 心電図解析 電気ショックは必要か？ ◇
       ┌──必要あり──┐          ┌──必要なし──┐
       ▼                        ▼
  ┌───────────────┐        ┌───────────────┐
  │ 電気ショック1回  │        │ ただちに心肺蘇生を再開 │
  │ その後ただちに心肺蘇生を再開 │   │ 5サイクル（2分間）  │
  │ 5サイクル（2分間）│        └───────────────┘
  └───────────────┘
```

（出典　日本救急医療財団心肺蘇生法委員会監修「改訂3版　救急蘇生法の指針（市民用・解説編）」へるす出版発行）
*一次救命処置は，心肺蘇生，AEDの使用と気道異物除去法が含まれる。

▼図① 反応の有無を確認する方法

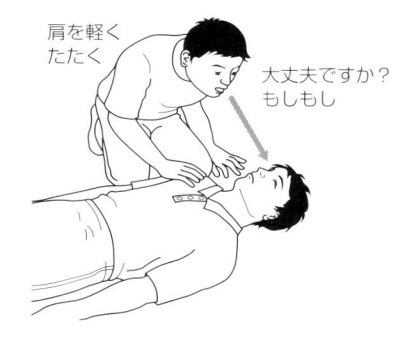

肩を軽くたたく
大丈夫ですか？もしもし

▼図② 普段どおりの息をしているかどうかを調べる方法

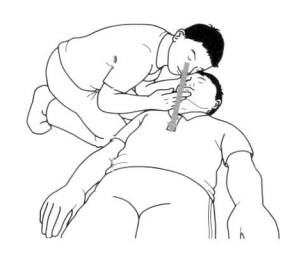

気道を確保したのち，5～10秒間で以下の観点から調べる。
・傷病者の胸部が動いているか。
・傷病者の鼻や口に耳を近づけて，呼吸音が聴こえるかどうか。
・はく息を顔に感じるかどうか。

意識がなかったら ↓
大きな声で救助を求め，119番通報とAEDの手配を依頼し，気道の確保をおこなう

呼吸が停止していたら ↓
『人工呼吸』と『胸骨圧迫』をおこなう

※上記の図は日本救急医療財団心肺蘇生法委員会監修『改訂3版 救急蘇生法の指針（市民用・解説編）』（へるす出版）より作成

▼図③ 頭部後屈あご先挙上法による気道の確保（『図説救急安全教本』）

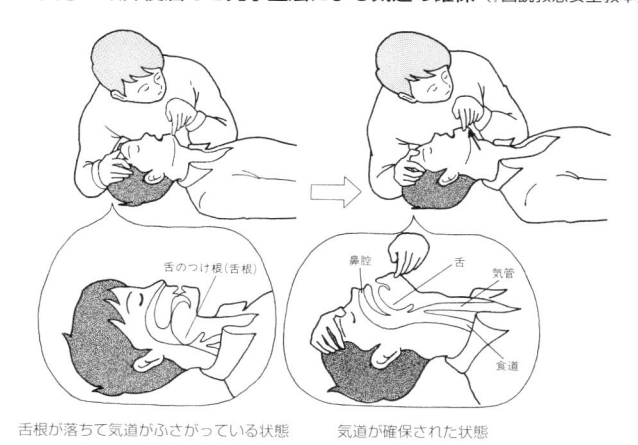

舌のつけ根（舌根）
鼻腔　舌　気管
食道

舌根が落ちて気道がふさがっている状態　気道が確保された状態

①傷病者をあお向けに寝かせる。
②片手で傷病者のひたいを押さえる。
③②を行いながら，もう一方の手の指先を傷病者のあごの先端，骨のある固い部分にあてて持ち上げる。

▼図④ 回復体位のとらせ方（『図説救急安全教本』）

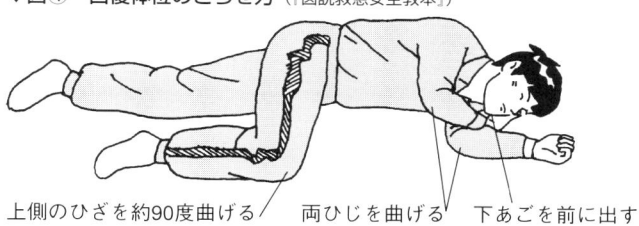

上側のひざを約90度曲げる　両ひじを曲げる　下あごを前に出す

この体位は，傷病者の呼吸がしやすくなるとともに，舌のつけ根がのどにつまるのを防ぎ，唾液や吐いた物が口から外へ流れ出やすいため，気道が確保される。

日本救急医療財団心肺蘇生法委員会監修『改訂3版 救急蘇生法の指針（市民用・解説編）』（へるす出版）より作成

一次救命処置　付録

▼図⑤　口対口人工呼吸法（『図説救急安全教本』）

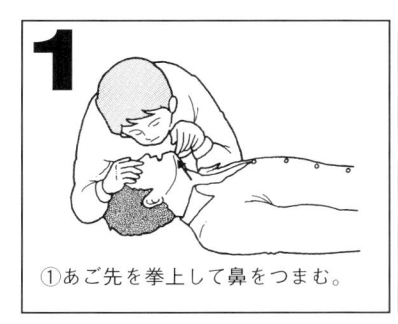

1 ①あご先を挙上して鼻をつまむ。

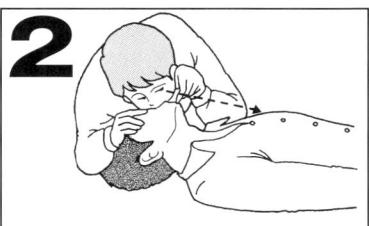

2 ②傷病者の口から息を吹きこむ（胸の動きを観察しながら）。

3 ③吹きこんだ息が自然に出るのを待つ。

① 傷病者をあお向けに寝かせ、傷病者の顔を横から見る位置に座る。片方の手で傷病者のひたいを押さえ、もう一方の手の指先を傷病者のあごの先端にあてて持ち上げる（気道確保）。このとき、ひたいを押さえている方の手の親指と人差し指で傷病者の鼻をつまむ。

② 救助者は、口を大きく開いて傷病者の口をおおって密着させ、傷病者の胸が上がるのが見てわかる程度の量を約1秒間かけて吹きこむ。うまく息が吹きこまれたときは、まるで呼吸しているように胸がもり上がる。

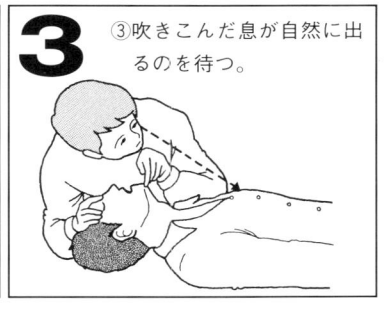

③ 息を吹きこんだら、いったん口を離して傷病者の息が自然に出るのを待ち、もう一度息を吹きこむ。うまくいかなかった場合は、もう一度気道確保をやり直して吹きこむ。失敗しても2回以上行わない。

▼図⑥　胸骨圧迫心臓マッサージのやり方（『図説救急安全教本』）

①心臓を圧迫する位置

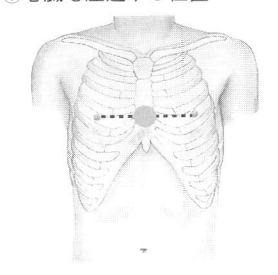

②手の組み方

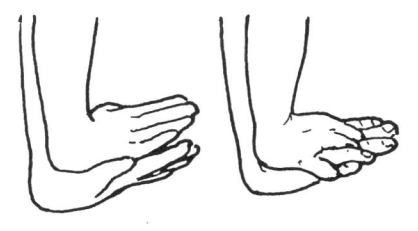

手の組み方はどちらでもよい、下側になる手の指先が、傷病者の胸から浮くように注意する。

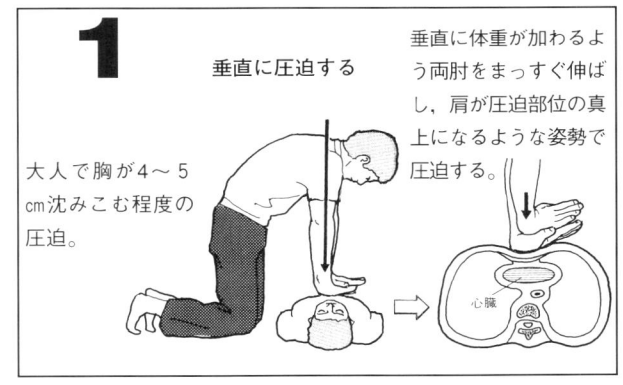

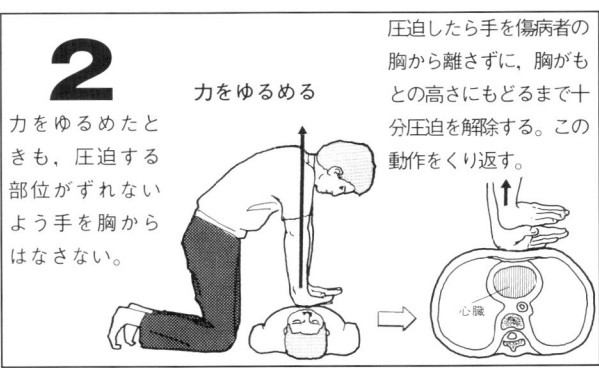

1 垂直に圧迫する

大人で胸が4～5cm沈みこむ程度の圧迫。

垂直に体重が加わるよう両肘をまっすぐ伸ばし、肩が圧迫部位の真上になるような姿勢で圧迫する。

2 力をゆるめる

力をゆるめたときも、圧迫する部位がずれないよう手を胸からはなさない。

圧迫したら手を傷病者の胸から離さずに、胸がもとの高さにもどるまで十分圧迫を解除する。この動作をくり返す。

※1分間に100回の速さで行う。

索引

あ行

アイシング　190
アイソキネティクス　186
アイソトニックス　186
アイソメトリクス　186
アキレス腱炎　96, 178
アシスティッドトレーニング　124
アジリティ　120
アセチルCoA　59
アデノシン三リン酸（ATP）　59
アドレナリン　68
アナボリック・ホルモン　64
アミノ酸　24, 75
アメリカの食事指針　70
安静時心拍数　16, 25
安全管理マニュアル　194
安全チェックリスト　194
遺伝因子関連生活習慣病　157
インシーズン　154
インスリン様成長因子-I（IGF-I）　65, 66
インターバルトレーニング　128
インピンジメント症候群　180
インフォームド・コンセント　139, 194
ウェイバー・フォーム　194
羽状筋　11, 28
運動強度　131
運動後過剰酸素消費（EPOC）　20
運動時間　132
運動神経　8
運動性貧血症　62
運動単位　8
運動頻度　132
運動有能感　79
運動様式　130
エネルギー基質　56
エネルギー代謝　24
エネルギー比率　72
エピネフリン　68

横隔膜　18
オーバーユース　177
オーバーロード（過負荷）　131
オスグットシュラッテル病　95, 96
遅い解糖系　53
オフシーズン　153
オリンピックバーベル　200

か行

外旋　43
外転　43
外発的動機づけ　78
カウンセリング　137
拡張期血圧　17
核領域　66
荷重負荷レベル　185
鵞足炎　95
滑走説　7
カップリングタイム　118
カテコールアミン　68
カルボーネン法　62, 132
換気性作業閾値（VT）　60
肝グリコーゲン　23
関節可動域　91
患部外トレーニング　189
危険の引受　198
拮抗筋　91
休息時間　105
競技特性　183
寄与過失　197
切り返し（償却）局面　110
筋外膜　6
緊急時対応計画（Emergency plan）　195
筋グリコーゲン　23
筋原線維　7
筋腱連合体　109
筋細胞　6
筋持久力　62
筋周膜　6

筋小胞体　7
筋上膜　6
筋節　7
筋線維　6
筋線維束（筋束）　6
筋線維タイプ　61
筋の収縮様式　185
筋紡錘　11, 92, 109
筋ポンプ作用　88
筋力発揮の特異性　2
クイックネス　123
屈曲　43
グリコーゲンローディング　74
グリコリシス　55
グルココルチコイド　65
クレアチン　59, 75
クレアチンリン酸（PCr）　21, 59
クロストレーニング　129
クワードセッティング　185
契約書　139
血圧　17
月経周期　160
血中グルコース　23
血中乳酸濃度　88
減量　75
コアエクササイズ　102
高所トレーニング　129
更年期　159
高齢者　162
呼吸交換比　24
呼吸効率　26
呼吸中枢　18
ゴルジ腱反射　110
骨芽細胞　48
骨折　170
骨代謝　48
こむらがえり　94
雇用契約　196
ゴルジ腱器官　11, 93, 110
コレステロール　62

コントラクトリラックス 93
コントラスト（比較）トレーニング 124
コンパウンドセット法 103

さ行

サーキットトレーニング 130
サービング 71
最高血圧 17
最小血圧 17
サイズの原理 10
最大酸素摂取量（VO₂max） 20, 62, 126
最大心拍数 62, 131
再発予防 187
サプリメント 75
サルコメア 7
酸化（好気的）機構 53
酸素借 20
酸素需要量 20
酸素消費量 20
酸素摂取量 20
酸素負債 20
試合期 152
自己受容器 11
自己抑制 94
脂質 73
思春期 159
施設スケジュール 206
施設のメンテナンス 206
膝蓋大腿関節障害 95
脂肪 59
脂肪酸 59
ジャンパー膝 95, 178
収縮期血圧 17
収縮要素 109
主観的（自覚的）運動強度 132
出訴期限法（statute of limitation） 198
準備期 151
傷害予防 88
使用者責任 196
食生活指針 70
徐脈 16
神経性食欲不振症 75

神経性大食症 76
神経伝達物質 8
神経内分泌 64
心室 15
シンスプリント 179
心臓 15
身体の3つの面 43
伸張性筋活動 11
伸張反射 92, 109
伸展 43
心電図 16
心拍出量 17, 61
心拍数 15, 61, 131
心房 15
心容積 61
信頼性 143
錘外線維 11
水中ランニング 129
錘内線維 11
スーパーセット法 103
スーパーバイザー 201
スタティック・ストレッチング 93
ストラクチュラル・エクササイズ 102
ストレッチ・ショートニング・サイクル 108, 117
スピード 118
滑り説 7
スポーツ心臓 24
スポーツドリンク 75
スポーツマッサージ 190
スマートシステム 138
成長軟骨 96
成長ホルモン 65, 67
静的ストレッチング 93
性ホルモン結合グロブリン 67
摂食障害 75
セット間休息 105
全か無の法則 8
線形モデル 154
漸進性過負荷 101
漸進性の原則 101
全米ストレングス＆コンディショニング協会 4
専門的体力 183
創傷 174

増量 74
足底筋膜炎 179
速筋線維（FT線維） 9, 61

た行

第1移行期 152
体循環 16
大腿四頭筋 95
第2移行期 153
タイプⅠ線維 9
タイプⅡ線維 9
脱臼 174
脱トレーニング 61
多頭筋 28
妥当性 142
打撲 173
単関節運動 186
短縮性筋活動 10
炭水化物 23, 73
炭水化物ローディング 74
弾性要素 109
タンパク質 24, 73
力-速度関係 10, 38
遅筋線維（ST線維） 9, 61
遅発性筋痛（DOMS） 11
注意義務 197
中性脂肪 62
張力-長さ関係 38
ツーフォーツー・ルール 104
低血糖 23
てこ 32
テストステロン 65, 67
糖質 23
動的ストレッチング 93
特異性の原則（SAID） 100
独立契約者（independent contractor） 196
トリグリセリド 23
トレーニングエラー 177
トレーニング指導に関する契約 196
トレーニング頻度 103
トレーニング変数 101
トレーニングマシン 39

トレーニング様式　186
トレーニング量　105

な行

内旋　43
内転　43
内発的動機づけ　78
内分泌系　64
長さ－張力関係　8
ニードアナリシス　101
肉離れ　95，172
乳酸系　55
乳酸性作業閾値（LT）　21，60，127
乳酸蓄積開始点（OBLA）　21
乳酸の酸化能力　89
乳酸の除去　89
妊婦　160
捻挫　170
ノルアドレナリン　68
ノルエピネフリン　68

は行

肺循環　16
賠償責任保険　196
肺胞　18
爆発的パワー　108
発育期の柔軟性低下　96
ハムストリングス　95
速い解糖系　53
バリスティック・ストレッチング　93
バルサルバ法　17
パワー　36
パワーポジション　122
半羽状筋　28
比較過失　198
膝伸展機構　95
非線形（波動型）モデル　154
ビタミン　73
ピルビン酸　59
疲労回復　189
頻脈　16

ファルトレクトレーニング　129
フードガイドピラミッド　71
フォスファゲン系　53
複合関節運動　186
不法行為責任　197
プライオリティ・プリンシプル　103
プラットフォーム　201
フリーウエイト　200
プルキンエ線維　16
プレ・エクゾーション法　103
プレシーズン　153
プログラムデザイン変数　101
プロフィール　147
平行筋　11
ペーストレーニング　128
ヘモグロビンの解離曲線　19
紡錘状筋　11，28
ホールドリラックス　93
補助エクササイズ　102
ポストシーズン　154
ホルモン受容体　65
本質的危険　198

ま行

マイナス思考　81
マクロサイクル　150
マシン　200
ミクロサイクル　150
ミトコンドリア　61
ミネラル　73
無酸素性作業閾値（AT）　21，60
無酸素的解糖系　53
無資格活動　198
無負荷ミクロサイクル　153
メゾサイクル　150
免責同意書　194
毛細血管　15，61
目標設定　79

や行

有酸素性反応　59

有酸素的解糖系　53
有酸素的持久力　126
腰椎前弯　95
腰痛　95
よきサマリア人の法理　198
予備緊張　109

ら行

リスク管理　187
リラクセーショントレーニング法　80
リン酸　59
レジスティッドトレーニング　123
レストピリオド　105
レペティショントレーニング　129
労働契約　196

英語表記　他

A-帯　7
ATP-PCr系　21，53
I-帯　7
LSD　128
over growth syndrome　96
PAR-Q　140
PNFを応用したストレッチング　93
RM　103
RPE（rating of perceived exertion）　132
SLR　185
TCA回路（クレブス回路）　59
Z-帯　7
％HRmax法　131
％HRreserve法　131

あとがき

　本書の基本構想は，NSCAジャパンが設立10周年を迎えた2001年1月に開催された，事業計画のための理事打ち合わせ会の場で確認された。ストレングス＆コンディショニングにかんする科学的知識の普及と専門的情報の交換をめざして設立されたNSCAジャパンにとって，トレーニングにかんする基礎理論やエクササイズ方法にかんする出版物を発刊することは数年来の懸案事項であり，過去にもそうした小冊子やパンフレット作成の計画が持ち上がってはいたが，いずれも実現には至らなかった。しかし折しもNPO法人として新たなスタートラインに立ったNSCAジャパンにとって，ストレングス＆コンディショニングの基礎理論と実技の全体をカバーした書籍の出版は，10年間の活動を総括し，あらたなスタートを切るうえで避けて通れない重要な課題であることが改めて確認されたのである。

　今回の出版に当たって，特に配慮した事は，第1に，理論編（本書）と実技編（『ストレングス＆コンディショニングⅡ・エクササイズ編』）を別々の書物としてほぼ同時期に上梓するということであった。科学的知識や理論は効果的で安全なトレーニングにとって不可欠である。一方，実技のテクニックをマスターすることには独自の重要性が存在する。したがって，トレーニング現場でもエクササイズ方法やそのテクニックを容易に学べるように編集された実技編と，集中して知識と理論を勉強するための理論編をあえて別々の本としたのである。その上で両者の内容に整合性と関連性を持たせるように十分に留意した。

　第2に，本書，理論編では，内容を基本的な事項にとどめることとし，またできるだけ簡単な記述スタイルにすることによって，一通りの幅広い基礎知識を短期間に習得できるように工夫した。このことは，特にこれからストレングス＆コンディショニングの勉強を本格的に始めようと志している学生の方々や他分野の方々に最初に読んでもらいたい入門書としての位置付けを鮮明にするためである。したがって専門学校や大学における基礎的な専門科目の教科書として有効に活用していただけると同時に，すでにトレーニングやスポーツの指導者であるがさらにステップアップを目指して本格的な勉強を開始しようと思われている方々にも役立つであろう。

　第3は，執筆者のほとんどが，これまでNSCAジャパンによって毎年約10回シリーズで開催してきたストレングス＆コンディショニング・ワークショップの講師経験者であるという点である。これにより，受講者からよく出される疑問や質問内容が反映されるとともに，わが国の実情を念頭においた重要事項がわかり易く解説されたと自負している。

　本書を読み通すことによりストレングス＆コンディショニングの基礎理論をマスターした読者がさらに高度な理論を学び，独創的な実践にチャレンジされる事を願っている。

2003年3月

龍谷大学教授
長谷川裕

【編集】 特定非営利活動法人　NSCAジャパン

　NSCAジャパン（National Strength & Conditioning Association Japan）は，日本国内のストレングス＆コンディショニング分野に携わる人々に，情報と活躍の場を与えることを目的とした会員制の特定非営利活動法人です。

　スポーツと健康に携わる専門職の教育・研究・普及機関としての活動，また，専門職の社会的地位向上を目指して，研究レベルとの橋渡し役となるべく活動を行っています。

　また，少子高齢化社会となった我が国において，健康と豊かな生活を守るために，ストレングス＆コンディショニングが社会に対してどのように貢献していくべきかという観点から，高齢者を含む一般人の健康増進に関わる研究と教育にも積極的に取り組んでいます。

［連絡先］〒105-0023　東京都港区芝浦1-13-16　NSCAジャパン事務局
　　　　　TEL.03-3452-1684　FAX.03-3452-1690
　　　　　ホームページ　http://www.nsca-japan.or.jp

ストレングス＆コンディショニングⅠ【理論編】
ⓒNSCA JAPAN　2003　　　　　　　　　　　　NDC781　viii, 215p　26cm

初版第1刷発行 ────────	2003年4月15日
第14刷発行 ────────	2016年9月1日
編者 ────────	特定非営利活動法人　NSCAジャパン 日本ストレングス＆コンディショニング協会
発行者 ────────	鈴木一行
発行所 ────────	株式会社大修館書店 〒113-8541　東京都文京区湯島2-1-1 電話 03-3868-2651（販売部）03-3868-2298（編集部） 振替 00190-7-40504 ［出版情報］http://www.taishukan.co.jp
装丁・本文デザイン ────	中村友和（ROVARIS）
印刷所 ────────	広研印刷
製本所 ────────	牧製本

ISBN 978-4-469-26519-4　　Printed in Japan
Ⓡ本書のコピー，スキャン，デジタル化等の無断複製は著作権法上での例外を除き禁じられています。本書を代行業者等の第三者に依頼してスキャンやデジタル化することは，たとえ個人や家庭内での利用であっても著作権法上認められておりません。